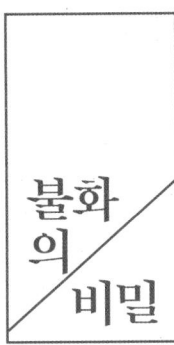

삼국시대 벽화에서 조선시대 괘불까지
1,600여 년을 이어 온 찬란한 믿음의 기록

불화의 비밀

자현 지음

조계종
출판사

머리말

불화, 부처님의 가족사진 읽기

불교미술 중 가장 복잡한 것이 바로 불화(佛畵)이다. 불상(佛像)의 입체적이고 강렬한 포스에 밀리지 않으려는 듯, 불화는 수많은 등장인물들을 통해 복잡한 인해전술을 구사하기 때문이다. 그래서 불화를 마주한 많은 사람들은 이 작전에 휘말려 척 보고 고개를 절레절레 흔들기 일쑤이다.

물론 종교미술은 태생적으로 어려운 것일 수 없다. 종교미술에는 그것에 담긴 의미를 쉽게 전달함으로써 해당 종교를 포교하려는 목적이 녹아 있기 때문이다. 그러나 과연 그렇기만 할까? 물론 아니다. 종교미술이 어렵지 않다는 것은 말 그대로 태생적인 것이다. 마치 신라문화가 신라인에게는 쉽지만 현대의 우리에게는 결코 쉬운 것일 수 없는 것과 마찬가지이다. 그럼에도 불구하고 종교미술의 탄생에서부터 시작된 목적은 희석되지 않는다. 결국 태생적으로 갖추어진 '쉬운 읽기'를 위한 코드는 종교미술 속에 언제나 선명한 지문으로 유전하는 것이다.

종교미술에 속한 불화 역시 이러한 지문을 가지고 있다. 그러므로 이 지문을 읽을 수만 있다면 불화를 보고, 그것을 해석하는 것은 오히려 즐거운 일이 된다.

이 책은 불화 속에 녹아 있는 지문, 코드를 해독하는 법을 제시하기 위해 만들어졌다. 이를 위해 먼저 불화의 기원에서부터 한국불화의 역사를 두루 살피게 된다. 스마트폰이 제아무리 사용자의 편의를 고려해 만들어졌다 해도 아마존 원주민에게 덥석 쥐어 줘 봤자 그것을 자유자재로 사용하기란 불가능하다. 그러므로 스마트폰의 역사와 기능의 변화를 이해하도록 도와주는 일은 그것을 사용하기 위해 선행되어야 할 필수적인 과정이다. 이와 같이 불화를 읽기 전 한국불화의 역사와 그 전개 양상을 이해하는 것은 불화의 지문을 읽고, 그것을 해독하기 위한 첩경이 된다고 하겠다.

불화의 역사를 앎으로써 그 안에 담긴 지문의 흐름을 파악하고, 그것을 보는 안목에 근육이 만들어지면, 다음으로 대표적인 한국불화의 특징을 살펴보게 된다. 즉 사찰에서 만나볼 수 있는 한국불화의 실제 예를 들어 읽고 이해해 보는 것이다.

종교미술의 특징 중 하나는 대동소이한 구조가 반복적으로 등장한다는 점이다. 이것을 법칙성이라고 하는데, 이것만 이해하면 일견 복잡한 듯 보이는 불화는 완전히 한 꺼풀 벗겨진다. 하지만 불화가 그려지는 데에는 불교의 교리, 사상 등의 내용도 영향을 미친다는 점에서 다시 한 번 어려움을 맞게 된다. 다행인 것은 불화가 사상가나 철학자들에 의한 그림이 아니라는 점이다. 결국 이러한 장애물의 난이도 자체도 그리 높지만은 않다. 그러므로 추적자가 되어 불화에 새겨진 발자국을 따라가다 보면 불화의 암호, 지문을 해독하는 것이 결코 어려운 일은 아니란 걸 알게 된다.

불화를 농담 삼아 부처님의 가족사진이라고 부르곤 한다. 불화에는 불보살님을 포함하여 관련된 주변 인물들이 모두 등장하기 때문이다. 특히 불화는 불교미술의 여러 분야 중에서 가장 많은 등장인물과 내용을 다룬다. 이런 점에서 불화를 이해하는 것은 불교미술의 상당 부분을 이해하는 것이나 다름없다. 결국 불화에 대한 이해는 불교미술을 이해하는 데 가장 중요한, 핵심에 위치한다고 하겠다.

우리가 머릿속에 '토끼'라는 개념만 명확히 가지고 있으면, 무수한 종의 토끼들을 만났을 때 그 특징과 범주를 구분하는 게 가능하듯, 이 책은 한국의 대표 불화를 중심으로 설명함으로써 불화의 구조와 그 내용에 대한 개념을 확립할 수 있게 돕는다. 그러므로 이후의 응용은 모든 불화에 충분히 적용할 수 있을 것이다.

끝으로 이 책이 나오는 데 조계종출판사 관계자분들의 노고가 많았다. 언젠가 '조계종출판사니까 가능한 일이었고, 앞으로 이런 책은 10년 안에 감히 안 나올 것'이라고 얘기했던 기억이 있다.

모쪼록 많은 분들이 노력한 결과물이니 좋은 성과를 거두어 이렇게 시도하기 어려운 책들이 더 많이 만들어질 수 있었으면 하는 바람을 가져 본다.

에세이가 범람하는 불교출판계에 어렵고 힘든 결정을 해 준 조계종출판사에 감사드리며, 이런 작업이 독자들로 하여금 불교를 보다 쉽게 이해할 수 있는 통로가 되기를 기원해 본다.

불교미술의 올바른 이해가 많은 분들의
행복한 이정표가 될 수 있기를 기원하며
자현

차례

머리말 • 004

I 불화의 탄생

그림의 기원과 종교미술 • 015
초기불교 2대 정사와 최초의 불화 • 022
벽화부터 탱화까지, 불화 양식의 변화 • 033
불화의 용도와 구분 • 043

II 한국불화의 역사

한국의 불교 전래와 삼국시대의 불화 • 063
고려불화의 시대에 따른 특징과 변화 • 097
고려불화의 주제와 구도적 특징 • 113
조선불화의 시대 구분과 특징 • 140

III 사찰에서 만나는 불화들

한국불화의 대표 주제, 영산회상도	• 193
서방정토 극락세계의 불보살, 아미타불회도	• 235
세 개의 몸, 세 곳의 세계, 삼신불도·삼계불도	• 256
불법의 수호자들, 신중도	• 292
감로를 통한 조상 천도의 염원, 감로도	• 313
지옥 중생들을 반드시 구제하리라, 지장보살도	• 333
망자의 심판과 지옥의 묘사, 시왕도	• 358
사찰에 장엄된 석가모니불의 생애, 팔상도	• 418
조선 후기 민중의 상처와 야단법석의 상징, 괘불도	• 501

주석 • 519
도판 목록 • 541

일러두기

- 특정 불화를 지칭하는 경우 〈 〉로 표시하였습니다. 시왕도나 팔상도와 같이 여러 폭의 불화를 하나로 묶어 지칭하는 경우와 세부 불화를 지칭하는 경우에도 같은 기호를 사용하였습니다.
  예) 통도사 시왕도 진광대왕도 → 통도사 〈시왕도〉 〈진광대왕도〉
- 불화를 의미하는 접미어로 "탱(幀)"은 모두 "도(圖)"로 통일하여 수정하였습니다.
- 석가모니에 대한 지칭은 시점이나 시각을 구분하지 않고 "석가모니불"로 통일하였습니다.
- '깨달은 자' 혹은 타방(他方)·타시(他時)불 등을 일컫는 대명사로 "부처님"을 사용하였습니다.
- 본문에서 불화의 좌·우측에 대한 지칭은 영산회상도와 같이 중심인물이 나타나는 경우 중심인물의 시각과 보는 이의 시각에 따른 차이가 있을 수 있습니다. 그리하여 전자의 경우 '~을 중심으로 좌측(혹은 우측)'으로, 후자의 경우 '향 좌측(혹은 향 우측)'으로 구분하였습니다. 단 팔상도와 같이 불화 전체를 포괄하는 중심인물이 나타나지 않는 경우 보는 이의 시각을 중심으로 지칭하였습니다.
- 본문의 다른 부분에서 동일한 불화를 예시로 든 경우 도판이 있는 쪽의 쪽수를 달아 놓았습니다.
- 본문에 실린 도판의 설명 중 크기 앞에 '(그림)'이라 적힌 경우는 각 불화의 그림 부분에 대한 수치를 나타냅니다.

불화의 탄생

I

그림의 기원과 종교미술
초기불교 2대 정사와 최초의 불화
벽화부터 탱화까지, 불화 양식의 변화
불화의 용도와 구분

그림의 기원과
종교미술

인류 최초의 그림과 주술성

언어 체계가 갖추어지기 전 인류는 자신들의 표현 수단으로서 그림을 이용했다. 실례로 구석기시대 미술의 대표적인 사례이자 기원전 15,000~13,000년경 그려진 것으로 추정되는 프랑스 도르도뉴 지방의 '라스코(Lascaux) 동굴 벽화', 신석기시대의 것으로 판단되는 우리나라 울산의 '울주 대곡리 반구대 암각화'(국보 제285호)를 들 수 있다.

  이 두 벽화의 공통점은 다양한 동물들이 표현되어 있다는 점이다. 라스코 동굴 벽화의 들소나 말 등이, 반구대 암각화의 고래와 물고기, 사슴 등이 그러하다. 특히 반구대 암각화에는 고래를 사냥하는 인간도 표현되어 있다. 이는 성공적인 사냥과 풍요로운 생활, 사냥 중의 위험에 대한 안녕과 무탈을 기원하는, 생존을 위한 주술적 의미를 담고 있다.

  이러한 점은 원시사회의 문화 여러 부분에서도 확인할 수 있다. 실제로 원시사회에서 확인되는 바디페인팅이나 문신은 자신을 더 강하게 표현하여 외부의 위협 요소로부터 보호하려는 주술성에 기원을 두고 있다. 또한 신석

라스코 동굴 벽화 모사도, 구석기시대, 기원전 15,000~13,000년경, 프랑스(ⓒ연합뉴스)

기시대를 대표하는 유물인 빗살무늬토기의 빗살무늬는 현재까지도 벽사(辟邪), 즉 '삿된 것을 물리친다'는 상징적 문양으로 사찰의 창호 등에 유전되고 있다.

결국 최초의 예술 활동으로서 그림은 생존과 관련된 가장 오래되고 원초적인 표현 방식으로 주술적인 속성을 내포하는 예술이라고 하겠다. 이는 이들 선사시대의 그림이야말로 종교의 근원과 관련된 가장 오랜 연원을 보이는 종교미술이란 이해를 가능하게 한다.

종교화의 특징

하지만 주술성을 지닌 선사시대의 그림을 곧장 후대 종교의 종교화(宗敎畵)

울주 대곡리 반구대 암각화, 신석기시대, 약 800.0×500.0cm, 울산, 국보 제285호(ⓒ울산암각화박물관)

로 연결시키는 것은 곤란하다. 다만 종교미술이란 큰 범주 안에 원시 종교미술이란 하나의 카테고리를 이루고 있다고 이해하면 되겠다.

그럼 오랜 시간동안 역사를 구축해 온 각 종교의 종교화는 공통적으로 어떤 특징을 가지고 있을까?

종교화는 우리가 이야기하는 일반적인 회화와 달리 각 종교가 추구하는 종교적 기능과 목적에 부합해야만 한다. 다시 말해 해당 종교의 목적을 달성시켜 주기 위한 수단으로서의 기능이 우선시된다는 말이다. 그러므로 종교화는 각 종교가 추구하는 방식에 따라 도식적이고 일관된 방식을 취하게 된다. 결국 이러한 이유 때문에 작자의 개성이나 정신, 표현 방식 등의 자유로운 구현이 불가능하다. 즉 종교화라는 규범 안에서만 작가의 자유가 허락될 뿐이다. 이는 일반 회화와 다른 종교화만의 가장 큰 특징이다. 만약 이렇게 하지 않으면 해당 종교 안에서 표현의 동질성을 확보할 수 없고, 혼란을 야

기할 수 있기 때문이다. 이러한 종교화의 특징은 종교화가 일반 회화 작품에 비해서 단순해지는 요인이 된다.

종교화의 단순성은 또 다른 목적으로 인해 발현되기도 한다.

모든 종교는 민중을 교화하여 포교(布敎)하려는 공통된 목적을 가지고 있다. 그런데 포교에 있어 종교화는 매우 유용한 도구인 동시에 결코 난해한 대상이 되어선 안 된다. 그리하여 이 '보이지 않는 손'이 종교화를 단순하고 쉽게 유지시키고 있는 것이다.

이렇듯 단순성을 지닌 종교화는 해당 종교가 가진 특수한 코드만 알면 전반적인 의미를 파악하는 게 어렵지 않다. 물론 종교화를 이해하고자 할 때에는 해당 종교에 대한 약간의 지식이 필요하다.

다음, 마지막으로 언급해야 할 종교화의 특징은 성(聖)스러움이다.

종교화는 일반적인 회화와 달리 성스러움에 대한 표현을 중심으로 한다. 불교로 이야기하면 깨달은 구제자(救濟子)로서 불격(佛格)과 보살격(菩薩格)에 대한 표현이 이루어지는 것이다. 그런데 이 성스러움에 대한 표현은 현실과 괴리되어선 안 된다. 그래야만 각 종교가 추구하는 이상을 표현하면서, 구제의 대상이자 지금을 살아가는 우리와 유리되지 않는 구원자의 모습을 나타낼 수 있기 때문이다. 그리하여 각 종교에서 예배 대상인 성스러운 존재는 탈속적인 동시에 현세적인 측면을 갖춘 존재로 표현된다.

영취사 〈영산회상도〉, 조선, 1828, 비단에 채색,
364.0×244.0cm, 국립중앙박물관(ⓒ국립중앙박물관)

불화의 의미와 범주

그렇다면 종교화로서 불화는 무엇을 의미하는 것일까?

'불화(佛畫)'란 불교회화의 준말로 불교 그림에 대한 통칭이다. 그러므로 불화는 불보살을 표현한 그림으로서의 의미로만 한정되지 않는다.

불화는 크게 두 가지로 분류할 수 있다. 첫째 예배의 대상으로서 불보살 등을 표현한 '존상화(尊像畫)', 두 번째로 사찰 전각의 벽과 천장, 기둥 등에 그림이나 무늬를 그려 넣어 장식하는 '장엄화(莊嚴畫)'가 그것이다.

이러한 불화는 화려하게 조성됨으로써 예배 대상을 최대한 돋보이게 하고, 예배자가 집중할 수 있도록 구성된다.

한편 종교에서 그림은 표현할 수 없는 대상에 대한 묘사인 동시에, 종교적인 성스러움을 경험케 하는 도구이다. 결국 종교화는 각각이 독립된 동시에 상호 간 연결되는 관계를 구성해야만 한다.

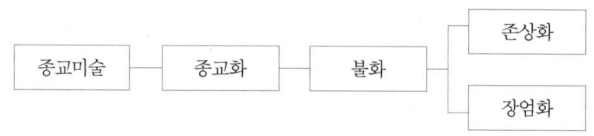

우리나라 사찰의 경우로 예를 들면, 대웅전 안팎의 장엄화들은 독립적인 동시에 전각 중앙 불단의 불상과 후불화를 중심으로 어우러지면서 거대한 불(佛)세계를 만들어 낸다. 이처럼 불화는 상호 유기적이고 연기(緣起)적인 관계를 통해서 불교의 세계관을 구현하고 거대한 성스러움의 상승작용을 일으키게 된다.

아잔타석굴의 벽화와 존상, 6세기경, 아잔타석굴 2굴, 인도(ⓒ자현)

초기불교 2대 정사와
최초의 불화

사원의 발생과 장엄화

주술성이 짙었던 원시의 그림 문화를 지나, 인류는 문명을 구축하면서 왕궁과 같은 구조물을 채색함으로써 그 권위를 확보한다. 건물에 칠해진 화려한 색으로 신분의 격차와 위계가 한눈에 드러나도록 한 것이다. 이는 제례(祭禮)와 관련된 신성한 장소에도 적용된다.

우리나라의 경우 전통 건물 채색 방식인 '단청(丹靑)'은 조선시대까지 왕궁, 사찰, 사묘(祠廟) 등과 같은 건축물에만 제한적으로 이루어졌다. 단청은 아무리 재상가라 하더라도 사용할 수 없었는데, 그만큼 최상위 계층을 위한 건축물과 종교 시설에만 용인되던 특수한 권위의 상징이었다.

이러한 건물 채색은 부식의 방지라는 실용적인 측면에서도 기능을 한다. 건물을 채색함으로써 습기나 빗물 등에 의한 부식, 또는 곤충에 의한 피해를 일정 부분 방어할 수 있었던 것이다.

불화의 시작도 이러한 건물 채색으로부터였음을 짐작할 수 있다. 주지하다시피 석가모니불은 고대 인도 카필라(Kapila, 迦毘羅)국의 태자 출

평창 월정사 적광전 내부 단청

신으로 건물 채색에 따른 긍정적인 측면에 대해 충분히 인지하고 있었을 가능성이 크다.

한편 당시 석가모니불은 제자와 신도들의 깊은 존경의 대상이기는 하였지만, 오늘날과 같은 예배의 대상은 아니었다. 그가 예배의 대상이 된 것은 그의 입적 이후 불교의 종교화가 가속화되고, 기원전후 불상이 만들어지게 되면서부터이다. 결국 장엄화와 존상화의 발생 사이에는 무려 500년 이상의 시차가 있는 것이다. 이로써 석가모니불 당시 불화가 그려졌다면 그것은 장엄화로서의 불화였음을 짐작할 수 있다.

그렇다면 최초의 불화이자 최초의 장엄화는 언제부터 시작된 것일까?

최초의 불교 사원으로 알려져 있는 죽림정사(竹林精舍)의 경우 동남아시아 등 아열대 기후 지역에서 흔히 볼 수 있는 소박한 건물로 이루어졌던 것으로

죽림정사 터, 인도(ⓒ하지권)

추측된다. 그렇기 때문에 건물에 색을 칠하거나 외벽에 그림을 그리는 등의 일은 없었던 것으로 보인다. 하지만 죽림정사와 함께 초기불교 2대 정사로 손꼽히는 기원정사(祇園精舍) 관련 기록에서 불화에 대한 최초의 기록이 확인된다.

불화에 대한 최초의 기록 - 『근본설일체유부비나야잡사』

기원정사는 코살라(Kosalā, 拘薩羅)국 기타(祇陀) 태자의 토지에 당시 전 인도의 최고 재벌인 급고독(給孤獨) 장자가 지은 대규모 사찰이다.

전승에 따르면 당시 건축의 총감독은 석가모니불의 수제자인 사리불(舍利弗)이 담당했다고 한다. 이는 기원정사가 불교적 관점에 따라 지어질 수 있었음을 의미한다. 즉 기원정사는 시작과 규모 면에서 죽림정사와는 사뭇 달랐던 것이다.

399년부터 14년간 인도를 순례한 법현(法顯)은 『고승법현전(高僧法顯傳)』(『佛國記』)에서 기원정사에 처음부터 칠 층 건물이 있었음을 기록하고 있다. 석가모니불 당시를 고려한다면 이는 기원정사가 막대한 자본에 의해 조성된 거대한 사원이었음을 짐작할 수 있게 한다. 또한 이와 같은 점은 기원정사의 사원 건물에 장엄화가 조성되었을 가능성을 시사한다. 실제로 『근본설일체유부비나야잡사(根本說一切有部毘那耶雜事)』 권17에는 기원정사의 채색과 불교 그림에 대한 기록이 남아 있어 주목된다.

급고독 장자가 기원정사를 보시한 뒤에 다시금 이러한 생각을 했다. '만약 기원정사에 채색과 그림이 없다면 단정하고 엄숙(端嚴)하지 않을 것이다. 부처님께서 허락하신다면 내가 이 장식도 마저 했으면 한다.' 이에 부처님께 가서 여쭈었더니, "채색과 그림을 그리라."고 하셨다. 이에 여러 채색장과 화공(畫工)을 불러 모은 뒤에 어떤 색과 그림을 그릴지를 물었으나, 이들 역시 불교 사원은 처음이므로 어떻게 해야 할지를 몰랐다. 그래서 부처님께 어떤 채색과 그림을 그려야 하는가를 여쭈었다.

그러자 부처님께서 다음과 같이 말씀하셨다. "문의 양 옆에는 집장야차(執杖藥叉)를 그리고 그 옆의 한쪽에는 (내가 사위성에서 나타낸) 천불화현(千佛化現)의 대신통변(大神通變)을 그려라. 또 다른 맞은편에는 5취(五趣)의 생사윤회도(生死輪廻圖)를 그리고, 처마에는 본생담(本生譚)을 그려라. 또 불전(佛殿)의 문 옆에는 지만야차(持鬘藥叉)를 그리고, 강당에는 노숙(老宿)한 비구 스님이 가르침을 펴는 모습을 그려라. 또 식당에는 지병야차(持餅藥叉)를 그리고, 창고 문 옆에는 집보야차(執寶藥叉)를 그려라. 또 물을 저장하는 안수당(安水堂)에는 물병을 가지고 묘한 영락(瓔珞)으로 장식한 용을 그리고, 욕실의 물을 끓이는 화당(火堂)에는 『천사경(天使經)』의 내용에 입각한 그림과 크기에 맞는 적절한 수의 지옥도(地獄圖)를 그려라. 또 환자와 관련된 병실에는 여래(如來)가 몸소 간병하는 상을 그리고 스님들이 다니는 여러 곳에는 죽은 시체가 부패되는 모습을 그려라. 끝으로 승방 안에는 백골(白骨)의 뼈와 해골의 모습을 그려 놓아라."
이 말을 듣고 급고독 장자는 부처님의 발에 예를 갖추고 물러난 뒤 가르침에 따라 그려서 작업을 마무리하였다.

- 『근본설일체유부비나야잡사』 권 17 중(밑줄은 저자)

기원정사 터, 인도(ⓒ하지권)

믿기 힘들지만 믿지 않을 수도 없는 기록

『근본설일체유부비나야잡사』는 서북 인도에 위치했던 '설일체유부'라는 부파불교의 율(律)과 관련된 잡사(雜事), 즉 주된 내용이 아닌 부수적인 내용에 관한 기록이다. 그런데 최초의 불화와 관련한 내용인 만큼 주목할 필요가 있으나 사실 여기에는 이 기록이 실제인지 의심케 하는 대목이 있어 주의가 요구된다.

그것은 첫째, '대신통변(大神通變)'이라는 표현, 둘째는 『천사경(天使經)』이라는 경전의 등장, 마지막 세 번째는 여래(如來)의 형상에 대한 표현이다.

먼저 대신통변은 석가모니불의 생애에서 가장 대표적인 신통(神通)으로 사위성(舍衛城)에서 전개된 '천불화현(千佛化現)'을 의미한다. 이는 『사분율(四分律)』 권51과 『아비달마대비바사론(阿毗達磨大毗婆娑論)』 권83, 그리고 『근본설일체유부비나야잡사』 권26 등에서 폭넓게 확인된다. 그런데 석가모니불은 기원정사가 만들어지기 전 사위성에 방문한 일이 없다. 결국 천불화현은 기원정사 건립 이후의 일로서 여기에는 발생 시점에 따른 오류가 있는 것이다. 이는 이 기록이 후대의 것이라는 점을 의미한다.

두 번째 『천사경』의 등장이다. 『천사경』[2]은 『중아함경(中阿含經)』 권12에 수록되어 있는 「왕상응품(王相應品)-천사경」을 의미한다. 그런데 불교사에서 경전의 체계가 갖추어지는 것은 석가모니불의 입적 후인 1차 결집(기원전 486) 이후이다. 그러므로 이 기록에 나타난 불화의 조성 시점과 기원정사의 건립 시점 사이에 차이가 있다는 것을 알 수 있다.

마지막 세 번째는 '여래의 형상', 즉 부처님의 형상에 대한 부분이다. 불교사에서 부처님이 형상화되는 것은 기원전후의 일이다. 그 이전 인도불교

산치대탑 부조, 인도(ⓒ자현)
무불상시대에는 부처님을 직접 형상화하지 않고 보리수와 같은 상징물로 대체하였다. 부조 원편의 보리수는 이러한 경향을 단적으로 보여준다. 합장한 인물과 천신이 함께 부조되어 있다.

는 완전한 존재란 형상으로 표현될 수 없다는 무형상주의(無形相主義)적 관점을 가지고 있었다. 이 때문에 부처님의 형상화라는 일대의 사건은 무려 500년이란 오랜 시간을 요구받게 된다. 이렇듯 부처님이 형상화되지 않았던 기간을 불교미술사에서는 '무불상시대(無佛像時代)'라고 한다. 그러므로 인용된 내용은 기원후의 영향을 입고 있는 셈이 된다.

결국 앞에 제시한 『근본설일체유부비나야잡사』의 내용은 석가모니불 당시부터 기원후에 이르기까지 여러 층위의 내용들을 포함하고 있는 것이다. 그러므로 이를 모두 당시의 상황이라 보기엔 어려움이 따른다.

물론 급고독 장자가 '만약 기원정사에 채색과 그림이 없다면 단정하고 엄숙하지 않을 것이다'라고 말했다는 점이나, 석가모니불이 태자 출신이라는 점에서 건물 위계와 관련된 장엄이 이루어졌을 가능성은 충분하다. 그러나 인용문의 불화 관련 내용 중 어떤 내용이 석가모니불 당시로까지 소급될 수 있을 것인지에 대해 현재로서는 명확한 판단이 불가능하다.

야차도와 경계도의 세부적인 의미

앞에서 살펴본 바와 같이 『근본설일체유부비나야잡사』의 내용을 전부 석가모니불 당시로까지 소급시키기엔 한계가 있다. 그러나 일부는 석가모니불 당시의 내용으로 용인될 수 있는 가능성도 충분히 있다. 그러므로 불화에 대한 최초의 기록으로서 인용문에 나타난 그림의 배경과 세부적 의미를 파악하는 것은 불화의 전체적인 이해를 위해 필연적인 작업이라 생각된다. 그럼 『근본설일체유부비나야잡사』에 기록된 그림에 대해 알아보자.

인용문에 다수 등장하는 '약차', 즉 '야차'[3]는 불교와 부처님의 가르침인 불법(佛法)의 수호자이다. 기록된 바에 따르면 먼저 문의 양 옆에 몽둥이를 들고 지키는 '집장야차(執杖藥叉)'가 배치된다. 그리고 불전(佛殿)의 문 옆에는 일종의 꽃목걸이인 화만(華鬘)을 받들어 올려 존경과 예경을 표하는 모습의 야차인 '지만야차(持鬘藥叉)'가 있다. 또 식당에는 귀한 음식인 떡을 공양하는 야차로 '지병야차(持餠藥叉)'를, 창고 문에는 보물을 지키는 야차인 '집보야차(執寶藥叉)'를 그려서 배치하였다고 한다. 이는 각각의 건물 용도에 따라 특성에 맞는 야차에게 임무를 부여하는 형식으로 그림을 배치한 것인데, 이는 이 글이 기록될 당시 야차신앙이 민간에 널리 유행하고 있었다는 것을

아잔타석굴 오취생사윤회도, 5세기 말경, 아잔타석굴 17굴, 인도
아잔타석굴 17굴에 남아 있는 오취생사윤회도로서 기원정사에 그려졌다고 전해지는 생사윤회도의 모습을 조금이나마 추측해 볼 수 있다.

의미한다.

　천불화현도의 맞은편에 그리라고 했다는 5취(五趣)의 생사윤회도(生死輪廻圖)는 수레바퀴 모양의 원 안에 6도(六道) 중 아수라를 제외한 천(神)·인간·축생·아귀·지옥세계의 생사윤회를 표현한 그림이다. 이를 통해 윤회의 고통과 깨우침을 얻은 부처님을 대비해서 스님들의 수행을 권면(勸勉)하고자 한 것이다.

또한 인용문의 기록에는 일상에서 스님들의 수행 목적을 분명히 하기 위해 그려진 그림도 묘사되어 있다. 욕실 화당(火堂)의 지옥 그림이 그러한데, 이는 끓는 물속에 사람을 넣어서 고통을 주는 확탕지옥(鑊湯地獄)을 떠올리게 하기 위함이다.

더불어 승려들이 다니는 여러 장소에 시체가 부패되는 모습을 표현하고, 승방에 백골과 해골을 그리게 한 것은 육신에 대한 탐착을 버리라는 의미인 동시에 백골관(白骨觀), 무상관(無常觀)과 같은 수행이 잘되도록 하기 위한 보조적인 수단이다.

한편 병실에 부처님이 친히 간병하는 모습을 그린 것은 간병이 부처님께서 권면한 공덕의 길임을 보이기 위한 것이고, 안수당(安水堂)에 그린 귀한 모습의 용은 물이 마르지 않고 언제나 맑기를 기원하는 의미가 담겨져 있다.

지금까지 살펴본 바와 같이 『근본설일체유부비나야잡사』에 나타나는 기원정사의 불화는 크게 건물 용도에 따라 배치된 야차도(藥叉圖)와 백골 그림 등과 같이 수행을 권면하는 경계도(警戒圖)의 두 종류가 주축이 됨을 알 수 있다. 다시 말해 야차도가 건물의 용도를 알 수 있는, 우리 식으로 말하면 현판과 같은 기능을 하고, 경계도는 출가자의 목적을 완성하기 위한 보조적인 기능을 하는 것이다.

벽화부터 탱화까지
불화 양식의 변화

장엄화와 벽화의 문제점

불화는 건물(사원)의 단순한 채색과 벽화에서 시작된다.

초기의 벽화는 『근본설일체유부비나야잡사』의 기록에 나타난 야차도나 경계도처럼 각 건물의 기능에 따른 그림이나 승려들의 수행에 도움이 되는 그림이었다. 한편 이외에도 건물의 기둥이나 천장에 단순한 채색이나 복합적인 문양이 표현되었을 것이란 추정을 해 보는 것은 그리 어렵지 않다. 여기서 복합 문양은 건물의 부식을 방지하고 장엄함을 부여하기 위한 것에서 시작되는데, 반복적으로 되풀이되는 특징을 보인다.

벽에 직접 그림을 그리는 것은 누구나 쉽게 생각할 수 있는 장엄 방식이다. 그러나 벽이 태양광 등의 빛에 장기간 노출되면 탈색되고 만다. 또 벽의 질료가 매끈한 성질을 가진 경우 안료가 제대로 착색되지 않아 문제가 발생하기도 한다. 그림이 벗겨져 일어나는 박락(剝落) 현상이 발생하는 것이다. 박락은 환경적 요인에서 자유로울 수 없는데, 이 중 가장 위험한 요소가 바로 빛과 건조함이다.

아잔타석굴 천장화, 6~7세기경, 아잔타석굴 12굴, 인도(ⓒ자현)

    이 문제를 해결하기 위해서 고안된 방법이 '프레스코(Fresco)' 기법[4]이다. 이는 벽이 무너지기 전까지 벽화가 유지될 수 있도록 하는 매우 견고한 방식이다. 실제 인도 아잔타석굴의 1번 굴에는 흔히 '연화수보살(蓮華手菩薩)'로 불리는 관세음보살의 벽화가 있는데, 이 그림의 제작 시기는 5세기 말로 거슬러 올라간다. 즉 채색화가 1,400년 이상을 견뎌낸 것이다(물론 이 그림의 유지가 가능했던 것은 햇빛이 차단된 석굴 내부의 벽화라는 점 때문이기도 하다).

    그러나 프레스코 기법에도 단점은 있다. 이 기법으로 벽화를 그릴 때에는 벽의 회칠이 마르기 전 그려야 하므로 신속한 작업이 요구된다는 점이다. 하지만 선 채로 그림을 그려야 하는 벽화 작업의 특성상 빠른 시간 내의 작업이 용이하지 않다. 한편 벽화는 주기적으로 이동하며 살아가는 유목문화권

아잔타석굴 연화수보살 벽화, 5세기경, 아잔타석굴 1굴, 인도(ⓒ자현)

의 사람들에게 적당한 양식이 될 수 없다는 문제점도 있다.

권자형 그림의 탄생과 액자형 그림으로의 변화

벽화는 제작 조건이 까다롭고 이동이 불가능하다.

그리는 이가 서서 빠른 시간 내에 그려야 하는 벽화는 불화의 발전을 저해했다. 종이나 천을 바닥에 펼쳐 놓고 그리는 등 제작자의 여건에 맞추어 그리는 경우와 비교해 보았을 때 작품의 치밀도 등에서 그 수준이 낮을 수밖에 없다는 점을 쉽게 떠올릴 수 있을 것이다.

이러한 점을 통해 우리는 불화의 핵심인 존상화가 벽화로 시작해 점차 그려서 붙이는 방식으로 변모하게 된 연유를 생각해 볼 수 있다.

이 같은 변화에는 주기적으로 이동하며 살아야 하는 유목민의 문화적 측면도 영향을 끼쳤다. 유목민은 정기적으로 이동하며 살아야 하기 때문에 예배 대상 역시 운반이 용이할 필요가 있다. 이에 따라 제작의 편의성과 이동성이 고려되어 나타나는 것이 바로 권자(卷子)형 그림이다. 이는 천이나 종이에 그려, 족자와 같은 형태로 말아서 보관했다가 펼쳐 거는 그림이다.

우리가 잘 알고 있는 불화의 명칭인 '탱화(幀畵)'도 이 권자형 그림으로부터 연유한다. 탱화는 티베트어 '탕카(Thangka)'에서 유래한 '탱'과 그림을 나타내는 한자어인 '화'가 결합된 말로 '걸개그림(거는 그림)'이라는 뜻이다.

우리나라에 이러한 형태의 불화가 일반화된 것은 고려시대 몽고 침략기인 원 간섭기에 티베트 라마불교가 영향을 미치면서부터이다. 다만 우리나라는 농경을 기반으로 하는 정착문화를 가지고 있어 이동성을 고려할 필요

티베트 쇼톤 축제 현장(ⓒ연합뉴스)
2011년 8월 29일에 있었던 티베트 최대의 불교 행사인 쇼톤(Shoton) 축제 현장. 평소 말려 있던 천 재질의 탕카를 펼쳐 산등성이를 따라 건다.

(위) 영취사 〈영산회상도〉 부분 - 풍대(ⓒ국립중앙박물관)
(아래) 해남 대흥사 〈영산회상도〉 부분 - 풍대(ⓒ국립중앙박물관)
위 불화 부분에서 확인할 수 있는 상단의 끈 표현은 권자형 그림을 말아 묶는 끈이 양식화된 모습을 보여준다.

가 없다. 결국 권자형 탱화를 변형해 뒤쪽에 틀을 만들고 그것에 고정하는 액자형 불화로 형태가 바뀌게 된다. 그럼에도 불구하고 탈착이 가능한 모든 불화의 통칭으로서 '탱화'가 일반화된 것은 권자형의 탱화가 단순히 액자형으로 그 형태만 바뀌었기 때문이다.

이러한 변천 과정을 엿볼 수 있는 것이 우리나라 불화에 나타나는 '풍대(風帶)'[5]이다. 풍대는 불화 위쪽에 아래로 늘어져 있는 두 줄의 두툼한 선 장식을 일컫는다. 이는 기존의 권자형 그림을 말아 묶는 끈을 그림 속에 양식화시킨 것이다. 탱화라는 명칭뿐만 아니라 이러한 양식적인 부분에서도 권자형 그림의 영향을 짐작해 볼 수 있게 된다.

탱화의 가장 큰 특징은 존상화 가운데서도 정면 위주의 구도를 보이는 예배화(禮拜畵)가 주로 그려졌다는 점이다. 유목문화 전통에서 장식화는 거추장스러울 수 있다. 그렇기 때문에 예배를 목적으로 한 본존 중심의 존상화가 집중적으로 조성되었던 것이다. 오늘날 사찰 전각에 조성된 다양한 불교 그림 중 '탱화'라 불리는 불화는 거의 걸개그림인 동시에 예배화인 경우가 일반적이다.

  최근까지 우리나라에서는 불화를 가리키는 용어로 탱화를 축약한 '탱(幀)'을 많이 사용했다. 예를 들어 '영산회상탱'이나 '지장보살탱'과 같은 것이다. 하지만 근래에는 이 '탱' 대신 '도(圖)'라는 표현을 일반적으로 사용하고 있다.

또 하나의 불화

장엄화로서
불교 문양들

사찰에는 예배와 관련된 중심 존상화 외에도 주변에 다양한 그림들이 있다. 때로 이 그림들은 전각의 내부와 외부에 직접 그려지는 단청 문양 속에 표현되기도 하고, 또 때로는 존상화 속에서 중앙의 존상을 부각하는 다양한 요소들로 배치되기도 한다. 이를 통칭해서 '장엄화'라고 하는데, 장엄화는 존상화를 부각시키는 다양한 상징들로 구성된다. 장엄화 중에서 흔히 볼 수 있는 몇 가지 문양을 정리하면 다음과 같다.

먼저 길상(吉祥)과 번영을 상징하는 만자문(卍字紋)을 들 수 있다. 보통 불교의 상징으로 잘 알려진 '卍' 자는 산스크리트로 '스와스티카(swastika, śrīvatsa-lakṣana)'라

강서중묘(고구려) 묘실 동쪽 천장화 부분 - 당초문(ⓒICOMOS 한국위원회)

〈지장보살도〉 부분 - 인동문(일본 네즈미술관)

불린다.

불교에서 '卍' 자는 부처님의 가슴에 새겨져 있던 것을 상서로이 여겨 만덕(萬德)을 나타내는 문양으로 여겨 왔는데, 당나라 측천무후 때인 693년에 '만 가지 길상이 모여 있다'는 의미에서 '萬'과 같은 글자로 정해졌다.

만자문은 하나만 사용될 때도 있으며, 여러 개가 연결된 연속 무늬로 사용되기도 한다. 만자의 연속 무늬는 사찰뿐만 아니라 창덕궁 후원의 담장 등 유교식 건축물에서도 흔히 살펴지는 전통 문양의 역할도 담당하고 있다.

한편 넝쿨 문양은 포도 넝쿨과 같은 것을 기원으로 한다. 멀리 이집트와 메소포타미아에서 시작되어 그리스와 로마에서 발전한 이 문양은 동아시아의 경우 페르시아 아라베스크(arabesque) 무늬의 영향을 받아 당나라에서 완성되는 당초문(唐草紋, 蔓草紋)이 대표적이다. 당초문이란 새삼 넝쿨을 바탕으로 당나라 초에 완성되는데, 이후 당에서 유행한 넝쿨 문양의 통칭으로 불리게 된다. 이는 '唐'이 새삼 넝쿨의 의미를 가진 동시에, '唐草'는 '당나라의 식물 문양'이라는 해석도 가능하기 때문이다.

당초문과 유사한 것으로는 인동문(忍冬紋)이 있는데, 이는 메소포타미아의 종려나무 잎인 팔메트(palmette)를 기원으로 한다. 이것이 당나라에서 '인동초'라는 넝쿨 식

〈지장시왕도〉 부분 - 연화문(독일 베를린동아시아박물관)

〈아미타삼존도〉 부분 - 보상화문(미국 메트로폴리탄미술관)

물과 결합하여 완성되는 문양이다. '인동'이란 겨울을 이겨낸다는 의미로 겨울을 잘 견디는 습성을 가지고 있다. 동아시아에서는 현재의 완성보다 미래에 닥칠 내재적 가치를 더 존귀하게 여긴다. 그래서 겨울에도 죽지 않고, 다가오는 봄을 맞아 만개하는 인동초의 습성을 외래의 팔메트 문양과 결합시켜 인동문을 완성하게 되는 것이다.

이외에 천장과 같은 정적인 구조에서는 넝쿨 문양처럼 흐르는 듯 유연한 문양보다 방형의 방정한 문양이 선호된다. 장엄될 장소에 따라 동적인 문양을 넣느냐, 혹은 정적인 문양을 넣느냐에 차이가 발생하는 것이다.

정적인 문양의 예로 연화문(蓮花紋)과 보상화문(寶相華紋)을 들 수 있다. 연화문은 연꽃을 위에서 내려다 본 모습을 형상화한 것이다. 또 보상화문이란 연꽃을 바탕으로 하는 이상화된 꽃 장식으로서 연화문이 보다 화려하게 변모된 문양이다. 연화문은 단독 문양으로만 나타나지만 보상화문은 넝쿨 형태로 발전하여 불상의 광배 장식 등에서 사용되기도 한다. 즉 보상화문은 연꽃, 새삼 넝쿨, 인동초처럼 특정한 식물을 배경으로 하는 것이 아니라, 이러한 식물 도안이 더욱 화려하게 표현된 2차 도안의 성격을 가진다고 이해하면 되겠다.

중심 문양이 아닌 주변의 장식 문양으로는 동그란 구슬 무늬가 연이어진 도안이 많이 사용된다. 이를 염주 같다고 해서 '염주문(念珠紋)'이라고도 하고, 물고기 알과 같다고 해서 '어자문(魚子紋)'이라고도 한다.

불화의 용도와 구분

불화의 분류

불화는 불교와 관련된 채색과 그림 전체를 아우르는 말이라는 점에서 외연이 넓다. 이러한 불화를 앞에서는 존상화와 장엄화로 구분하였다. 그러나 보다 심도 있는 이해를 위해 세분화된 여섯 분류로 나누어 볼 수 있다. 첫째 존상화(尊像畵), 둘째 경전화(經典畵), 셋째 이상화(理想畵), 넷째 천도화(薦度畵), 다섯째 장엄화(莊嚴畵), 마지막으로 공양장식화(供養裝飾畵)가 그것이다.

먼저 존상화는 예배 대상이 되는 존상을 표현한 그림이며, 경전화는 중요하고 귀감이 되는 경전의 내용을 그림으로 나타낸 것이다. 한편 이상화는 종교의 목적이라고도 할 수 있는 이상세계에 대한 그림이며, 천도화는 죽은 조상과 망자를 좋은 곳으로 보내 주기 위한 불교 의식용 그림이다. 이런 점에서 이상화와 천도화는 상호 유사한 의미를 가진다고 볼 수 있다. 마지막으로 장엄화와 공양장식화는 모두 사찰과 불전의 장엄을 위한 그림들로 이들 그림 역시 필연적으로 의미적 연관성을 가지게 된다.

존상화

불전화 (佛傳畵)	석가모니불의 생애에 대한 그림으로 교육과 감동을 목적으로 하지만 예배용은 아니다. 팔상도(八相圖), 본생도(本生圖) 벽화 등이 이 범주에 속한다.
예배화 (禮拜畵)	불보살, 아라한, 조사, 고승 등 예배 대상에 대한 예배 목적으로 조성된 그림을 말한다. 불교를 수호하는 호법천신(護法天神)인 제석천(帝釋天)과 범천(梵天), 그리고 사천왕(四天王)과 위태천(韋馱天) 등이 단독의 예배 대상이 되는 불화의 경우 여기에 포함된다.
기타	전각 안의 보나 포벽에 그려지는 불보살의 그림으로 예배용은 아니다.

〈아미타극락회도〉, 조선, 1828, 비단에 채색, 263.5×181.8cm, 국립중앙박물관(ⓒ국립중앙박물관)

경전화

경계화 (警戒畵)	사찰에서 수행하는 승려들을 북돋우려는 목적으로 경전 및 수행 관련 내용을 그린 그림이다. 화엄경 변상도나 목우도(牧牛圖) 십우도(十牛圖) 벽화 등이 이 범주에 속한다.
감계화 (鑑戒畵)	사찰을 찾는 신도들을 감화시키고 권선징악을 드러내려는 목적으로 경전의 내용을 그린 그림이다. 부모은중경도(父母恩重經圖)나 지옥도 등이 이 범주에 속한다.

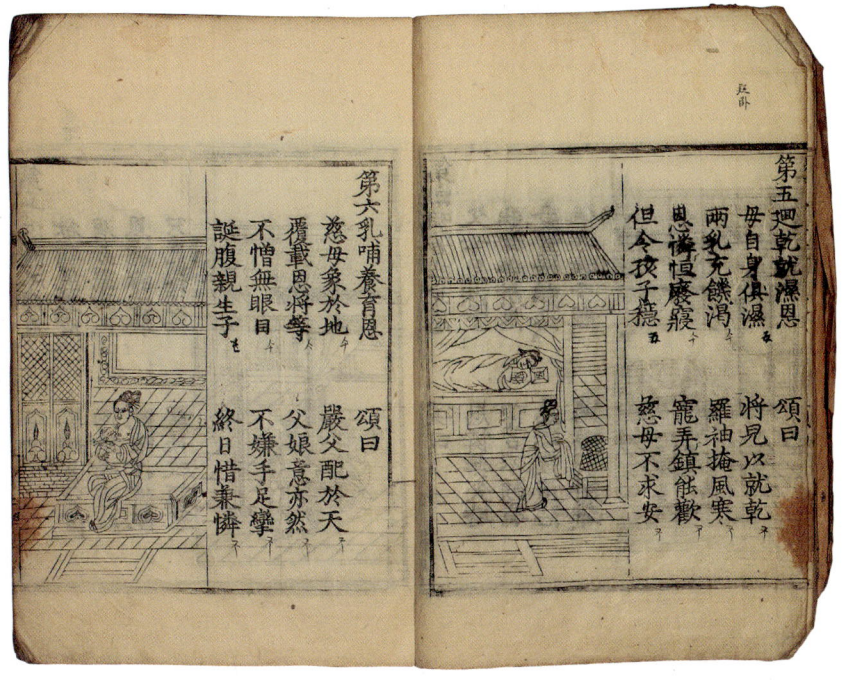

불설대보부모은중경, 조선, 1681, 종이에 수묵, 국립중앙박물관(ⓒ국립중앙박물관)

부산 범어사 보제루 〈목우도〉(ⓒ석공)
범어사 보제루 벽화였던 이 그림은 현재 남아 있지 않다.

① ②
③ ④

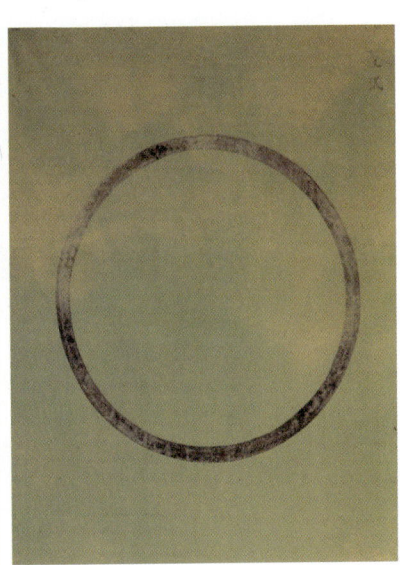

⑤ ⑥ ⑦
⑧ ⑨ ⑩

	이상화	
	불교적 이상화	아미타불의 서방극락정토나 약사여래불의 동방유리광정토 또는 미륵의 도솔정토 및 이와 관련된 그림들을 말한다.
	불교 외 이상화	한나라 때의 신선인 왕교(王喬)의 그림이나 선경(仙境)에 사는 청학(靑鶴) 등을 그린 그림이다.

영천 은해사 〈염불왕생첩경도〉, 조선, 1750, 비단에 채색, 159.8×306.5cm, 은해사성보박물관, 보물 제1857호(ⓒ불교중앙박물관)

천도화

기간을 초월한 천도화	죽은 사람을 천도시키기 위한 목적에서 그려진 그림 중 망자가 사망한 기간과 관련 없이 사용될 수 있는 천도화를 말한다. 감로도(甘露圖), 즉 우란분회도(盂蘭盆會圖)나 삼장보살도(三藏菩薩圖) 등이 여기에 속한다.
기간이 정해진 천도화	죽은 사람의 천도를 목적으로 그려졌지만, 49재처럼 특정 기간과 관련해서 사용되는 그림을 말한다. 망자의 심판과 지옥을 묘사하고 있는 시왕도(十王圖)가 여기에 속한다. 참고로 천도화를 대표하는 감로도는 이 경우에도 사용될 수 있다.

〈삼장보살도〉, 조선, 18세기, 비단에 채색, (그림)214.5×213.0cm, 국립중앙박물관(ⓒ국립중앙박물관)

장엄화	
사찰장엄화	사찰의 장엄을 목적으로 하는 그림으로 식물로는 당초문·인동문·연화문·보상화문·모란문 등이, 동물로는 황룡·적룡·사자·코끼리·학 등이 표현된다. 그리고 천룡팔부(天龍八部)도 여기에 해당한다.
공양장식화	사찰을 장엄하려는 목적이란 점에서 장엄화에 속하지만 꽃과 화병 또는 여러 종류의 악기와 보병 등 공양물과 관련된 그림을 말한다. 악기를 연주하는 주악천신(奏樂天神)도 여기에 해당된다.

평창 월정사 용금루 해탈문 천장화(ⓒ하지권)
월정사 용금루 하단의 해탈문 천장 그림으로 악기를 든 비천의 모습을 확인할 수 있다.

특수한 형태의 불화들

경전 삽화 변상도와 이야기 그림 변문도

티베트불교의 영향으로 우리나라에 탱화가 나타나기 이전, 현존하는 가장 오래된 불화는 고구려의 고분벽화 속 불교 그림이다. 그러나 탱화 이전 종이나 천 위에 그려진 불화 중 현존하는 가장 오래된 유물은 변상도(變相圖)이다.

변상도는 경전의 내용을 그림으로 표현한 일종의 삽화이다. 그런데 내용의 이해를 돕는 목적으로서 일반적인 삽화와 달리 변상도에는 경전의 장엄을 위한 목적도 있다. 변상도가 삽입되는 위치는 경전의 맨 앞쪽이며, 이는 고·중세시대에 문맹이 많았다는 점을 고려한다면 그 무게감은 매우 컸을 것이다. 특히 두루마리 형태의 권자본 경전을 펼쳤을 때 가장 앞에 등장하는 변상도는 오늘날 보아도 압도적이다. 이는 병풍처럼 접을 수 있는 절첩본에서도 마찬가지이다.

고·중세시대에는 경전을 단순한 학습 도구로서가 아니라, 그 자체를 신성시하는 모습도 확인된다. 즉 읽는 목적으로서의 경전과 장엄용으로서의 경전 두 가지가 존재했던 것이다. 이 중 화려한 변상도가 그려져 있는 경전은 후자에 속한다. 그렇기 때문에 경전은 표지부터 매우 아름답고 삿된 기운을 물리치는 벽사의 기능으로 장식되어 있으며, 글자 역시 먹이 아닌 금니와 은니가

나전경함, 고려, 나무-골각패갑·나전,
높이 22.6cm · 폭 20.0×41.9cm,
국립중앙박물관(ⓒ국립중앙박물관)
나전경함은 일본에 있던 것을 국립중앙박물관회에서 구입, 2014년 국립중앙박물관에 기증한 유물이다. 이 외에 현존하는 나전경함은 모두 여덟 점으로 일본과 미국, 유럽 등에 흩어져 있다.

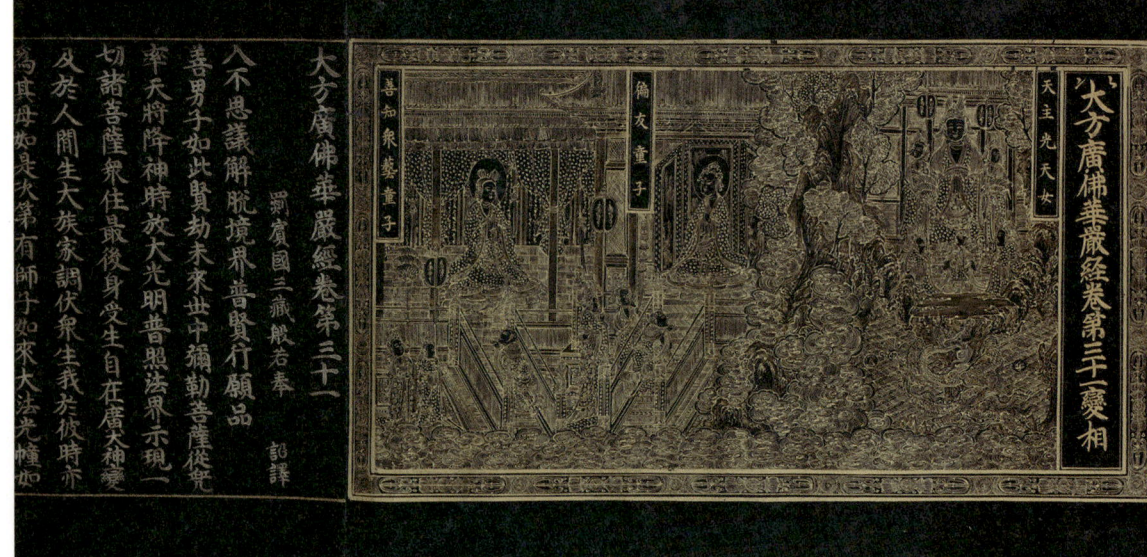

大方廣佛華嚴經卷第三十一

罽賓國三藏般若奉　詔譯

入不思議解脫境界普賢行願品

善男子如此賢劫未來世中彌勒菩薩從兜率天將降神時放大光明普照法界示現一切諸菩薩衆住最後身受生自在廣大神變及於人間生大族家調伏衆生我於彼時亦為其母如是次第有師子如來大法光幢如

감지은니대방광불화엄경 정원본 권 31, 고려, 1337, 감색 종이에 금·은니, (전체)31.0×881.7cm, 삼성미술관 리움, 국보 제215호(ⓒ삼성미술관 리움)
감지은니대방광불화엄경 정원본 권 31은 두루마리 형태의 권자본 경전이다. 변상도는 금으로 그려졌고, 경전 글자는 은으로 쓰였다.

화엄경행원품신상합부, 고려, 감색 종이에 금니, 국립중앙박물관(ⓒ국립중앙박물관)
화엄경행원품신상합부는 병풍과 같이 접을 수 있는 절첩본 형태의 경전이다. 변상도와 경전 글자 모두 금으로 조성되었다.

사용되곤 하였다. 또한 경전을 담아 보관했던 고려시대의 나전경함(螺鈿經函)은 그 정교함과 화려함이 상상을 넘어선다. 이는 특정 경전을 읽는 용도가 아닌 존귀하게 모셔두는 용도로 사용하고 있었다는 것을 의미한다. 이러한 경함이 보관된 장소는 당연히 왕공귀족의 집 별실이나 대규모 사원의 불단이었을 것이다.

변상도 외에 수나라 및 당나라 시기부터 유행한 속강(俗講) 그리고 전변(轉變)과 관련하여 특이한 불화 양식이 나타난다. 여기서 속강은 쉽게 편집된 불교적인 강경문(講經文)을 가지고 저잣거리 등에서 민중들에게 이야기를 해주는 방식을 말한다. 이에 비해 전변은 석가모니불의 생애나 목건련(目犍連)이 지옥에 빠진 어머니를 구하는 것과 같은 내용을 그림판을 동원해서 보다 생생하게 설명하는 방식이다. 이때 사용되는 대본과 그림판을 각각 '변문(變文)', '변문도(變文圖)'라고 한다.

문맹이 많던 시대에 재미있게 각색된 이야기의 활용은 포교의 효율적인 수단인 동시에 좋은 생계 수단이 되기도 하였다. 한편 이런 속강과 전변의 소재가 민간의 통속적 이야기로까지 범위를 확대해 가는 상황에서 이야기의 전개를 돕는 그림의 역할은 상당히 강력했다.

불교는 일찍부터 포교의 수단으로 그림자극과 같은 것을 활용하곤 했다. 변문도의 사용 역시 그림자극 정도까지는 아니어도 매우 훌륭하고 유효한 교화 수단이었을 것임에 틀림없다. 그러나 이런 그림들은 성스러운 측면이 부각되는 존상화와 같은 그림이라기보다는 다분히 속화된 그림일 수밖에 없다는 점에서 정통적인 불화의 영역에서는 벗어나 있다.

야단법석 전용 불화, 괘불도

'괘불(掛佛)'은 '괘불도(掛佛圖)'를 축약한 표현으로 탱화와 같은 걸개그림, 즉 거는 그림을 의미한다. 그러나 탱화가 실내에 걸리는 비교적 작은 크기의 예배화를 가리키는 것이라면, 괘불도는 야외에서 펼쳐지는 거대한 예배화라는 점에서 차이가 있다.

티베트불교는 걸개그림 문화가 발전해 있는데다가 많은 민중을 수용하기 위해서 초대형의 괘불도를 내걸기도 한다.[6] (37쪽) 말 그대로 야외에 단(壇)이 차려져 행해지는 야단법석(野壇法席) 전용 불화인 셈이다.

괘불도는 야외에 걸리는 민중적인 예배화란 점에서 실내화인 탱화와는 다르다. 이런 민중에 대한 배려가 오늘날까지 유지되는 것은 티베트불교의 한 저력이라고 하겠다.

고려불교 역시 티베트불교의 영향으로 괘불도의 전통이 있었을 것이다. 그러나 우리나라에 현존하는 괘불도 100여 점 중 고려시대에 조성된 불화는 현재까지 전해지는 바가 없다. 이는 대형 불화의 특성상 오랜 보관이 용이하지 않기 때문이다. 현재 우리나라에 전해지는 괘불도 중 가장 오래된 불화는 조선 후기인 1622년에 조성된 나주 죽림사 〈세존괘불도〉(보물 제1279호)이다.

괘불도는 보통 주불전 앞의 쌍으로 된 괘불대에 마치 국기가 게양되듯 걸려 양쪽이 동시에 펼쳐진다. 그런데 괘불도는 크기가 거대하기 때문에 설치하거나 거두어들이는 일이 쉽지 않다. 그리하여 괘불도가 걸리는 야단법석이 베풀어지는 날에 비라도 오게 되면 괘불도 자체가 회복 불가능한 상태로 훼손된다. 이렇다 보니 괘불도는 거대한 크기 때문에 제작도 쉽지 않거니와 오래 보존하는 것도 녹록치 않다. 여기에 조선 초 강력한 숭유억불정책의 시행으로 대다수의 사찰들이 파괴되었다는 점, 또 임진과 병자의 양란에 승병

나주 죽림사 〈세존괘불도〉, 조선, 1622, 삼베에 채색, 509.0×263.0cm, 나주 죽림사, 보물 제1279호(ⓒ성보문화재연구원)

양산 통도사 괘불재(ⓒ하지권)
괘불도는 한 쌍으로 된 괘불대에 걸려 동시에 펼쳐지면서 걸리게 된다.

동해 삼화사 국행수륙재, 국가무형문화재 제125호(ⓒ동해 삼화사)

이 적극 개입하면서 사찰들이 소각 대상이 되었다는 점 등으로 인해 나주 죽림사 〈세존괘불도〉 이전의 오래된 괘불도는 현재 전해지는 것이 없다.

조선 후기가 되면 조선의 국가 통제 능력이 급격히 약화되면서 불교가 점차 세력을 확대하게 된다. 이 과정에서 다시금 괘불도가 제작되기에 이르는데, 괘불도의 필요성이 대두되었다는 것은 그만큼 신도가 많아졌다는 뜻이다. 왜냐하면 이것은 대형 불화의 제작을 위한 금전적인 요소가 증대되었음을 의미함과 동시에 야단법석을 할 정도로 민중적인 요구가 대규모로 강렬해졌다는 것을 의미하기 때문이다.

불화에서만 본다면 괘불도는 일반적인 그림이 아니다. 이런 점에서 괘불도는 변상도나 변문도까지는 아니더라도 특수한 그림으로 이해하는 것이 타당하다. 괘불도와 관련해서는 Ⅲ부에서 더 자세히 이야기하도록 하겠다.

한국 불화의 역사

II

한국의 불교 전래와 삼국시대의 불화

고려불화의 시대에 따른 특징과 변화

고려불화의 주제와 구도적 특징

조선불화의 시대 구분과 특징

한국의 불교 전래와
삼국시대의 불화

불교 전래에 대한 다양한 기록들

우리나라에 불교가 전래된 길은 크게 세 가지로 구분할 수 있다.

첫째는 중국을 통한 전래로 고구려와 백제의 경우가 여기에 해당한다.

위진남북조 왕조 중 북조에 속하는 전진의 왕 부견(苻堅)은 372년 고구려에 불교를 전한다. 부견은 불교를 중국 통일의 원동력이자 지배 이데올로기로 삼고자 했다. 이로 인해서 서쪽으로는 쿠차(Kucha, 龜玆)국의 구마라집(鳩摩羅什)을 모셔오고자 했고, 동쪽으로는 고구려에 불교를 전하게 된다.

한편 고구려에 가로막혀 해상무역을 할 수밖에 없었던 백제에는 384년 남조의 동진으로부터 불교가 전래한다. 하지만 백제의 불교 전래는 단순히 동진에 의한 것만은 아니었다. 『삼국사기』 권24 「백제본기(百濟本紀)」에는 '침류왕이 직접 불교의 최초 전래자인 마라난타(摩羅難陀)를 맞이하고 왕궁에 모셨다'는 기록이 있다. 이는 불교를 통한 선진문화의 수용과 국가 발전을 도모하고자 했던 백제의 요청이 있었음을 짐작할 수 있게 한다.

둘째는 해상교역로를 통한 인도로부터의 직접적 전래이다. 인도에서 인도네시아의 자바섬을 경유하는 해상 실크로드를 통해 남방으로 불교가 전해졌다는 것이다. 이에 대한 기록은 현재 두 가지가 확인된다.

먼저 『삼국유사』의 「가락국기(駕洛國記)」와 「금관성파사석탑(金官城婆娑石塔)」에 기록된 것으로, 1세기 중반 가야의 김수로왕에게 인도의 공주인 허황옥(許黃玉)이 해상의 안전을 기원하는 파사석탑을 가지고 왔다는 내용이다. 이 이야기에는 후에 오빠인 허보옥(許寶玉)이 출가해서 장유화상(長游和尙)이 되었다는 내용이 첨가된다.

다음은 고려 후기의 대표적 문신인 민지(閔漬)가 1297년에 찬술한 『금강산유점사사적기(金剛山楡岾寺事蹟記)』에 등장하는 내용이다. 이에 따르면 불교는 기원후 4년 인도에서 직접 동해 금강산으로 전해지면서 유점사가 창건되었다고 한다. 그러나 여기에는 부처님의 열반 직후에 제작된 53구(軀)의 불상에 대한 내용이 중심을 이루고 있어 신뢰하기 어려운 측면이 있다.

셋째는 실크로드 북쪽 유목민들의 이동로인 초원의 길을 통한 전래이다. 이는 현 우즈베키스탄의 사마르칸트에서 초원을 곧장 가로질러 고구려와 연결되는 길을 통해 불교가 전래했다는 것으로 『삼국유사』「요동성육왕탑(遼東城育王塔)」에서 확인된다.

이러한 이야기들을 종합해 보면 불교가 인도 및 인도문화권으로부터 직접 전파된 것으로 나타나는 두 번째, 세 번째 설은 4세기에 중국을 통해 전달되었다는 첫 번째 설보다 연대가 훨씬 빠르다. 그러나 현재로서는 이를 변증할만한 유물이나 유적이 부족하며, 특히 회화 자료는 전하는 것이 전혀 없는 실정이다.

고구려의 불화

고구려의 불화는 무덤 속의 고분벽화를 통해서 확인해 볼 수 있다. 이 중에서 가장 주목되는 것은 중국 집안현에 위치한 5세기의 장천 1호분이다. 여기에는 흔히 〈예불도〉로 알려져 있는 고분벽화가 있다.

벽화 중앙의 불상이 안치된 방형 좌대는 수미산(須彌山)을 상징하는 수미단인데 3단으로 되어 있는 모습이 확인된다. 또 수미단의 좌우에는 사자가 배치되어 있어 사자좌(獅子座)를 묘사하려고 했다는 것을 알 수 있다. 좌대나 의자에 사자를 조각하는 문화는 인도로부터 시작된 것으로 국왕과 성자에 대한 존경의 표시이다. 즉 그 자리에 앉은 자는 적이 없는 강력한 존재라는 의미이다. 또 수미단의 중앙에는 신선이 사는 이상향인 박산(博山)을 표현한 박산향로가 표현되어 있다.

수미단의 위에는 수염¹이 인상적인 불상이 품이 큰 옷소매 안으로 두 손을 마주잡고 있는 것이 확인된다. 두 손을 맞잡은 것은 중국식 예법인 공수(拱手)이다. 동아시아문화권의 초기불상에서는 인도의 명상 자세인 선정인(禪定印)을 잘못 파악해서 공수로 표현하곤 하였다. 이 그림에서도 이와 같은 양상이 확인되는 것이다.

〈예불도〉의 향 우측 아래에는 남녀가 불상에 예배를 드리는 모습이 뚜렷하다. 이들의 모습은 머리를 너무 내려 엉덩이가 들린 다소 우스꽝스러운 형태이다. 본래 절은 몸 중 가장 높은 곳인 정수리가 상대의 가장 낮은 곳인 발에 닿도록 하는 것이다. 이 그림에서는 정수리를 땅에 대는 원칙을 고수하려다 보니 자연히 엉덩이가 들리는 자세가 나타나게 된다. 우리가 흔히 아는 절의 방식은 조선 후기에 온돌의 확산으로 좌식문화가 일반화되면서 변형된

장천 1호분 〈예불도〉, 고구려, 5세기 중·후반, 회벽에 채색, 중국 길림성 집안시(ⓒICOMOS 한국위원회)

것으로 이 〈예불도〉에 표현된 방식이 원형이라고 할 수 있다. 결국 이 벽화는 우리나라에서 가장 오래된, 불상에 대한 예배화인 동시에 고대의 절하는 방식이 분명하게 나타나 있는 그림이라고 하겠다.

불상의 위로는 연꽃으로 된 대(帶)를 두어 그 위에 천상계를 표현하고 비천(飛天) 등을 배치하고 있다. 이렇듯 장천 1호분의 〈예불도〉에는 불상과 연꽃 및 비천상 등 예배화와 장엄화가 갖추어야 할 측면들이 고르게 나타나고 있는 것을 알 수 있다.

〈예불도〉 외에 주목되는 벽화로는 무덤의 주인이 승려를 접대하며 법담을 나누고 있는 모습이 그려져 있는 집안현 무용총의 〈접객도〉와 평안남도 쌍영총의 〈행렬도〉를 들 수가 있다.

먼저 무용총은 우리가 고구려 고분벽화 하면 가장 먼저 떠올리게 되는 〈수렵도〉가 있는 무덤이다. 그런데 〈접객도〉 부분의 박락이 심하여 승려의 정확한 모습을 확인하는 데 다소 어려움이 있다.

쌍영총 〈행렬도〉의 경우도 현재 훼손되어 이전보다 선명하진 않으나 가사를 착용한 승려가 석장을 짚고 있는 모습을 확인할 수 있다. 승려 앞으로는 향로를 머리에 이고서 향 연기로 길을 인도하는 안내자가 표현되어 있어 흥미롭다. 인도에는 귀한 사람을 모실 때 앞의 행렬이 먼저 향 연기로 길을 쓸어 잡된 냄새를 제거하고 꽃을 뿌려 환영하는 풍습이 있다. 그런데 이와 같은 모습이 고구려에서도 확인되는 것이다.

한편 쌍영총 〈행렬도〉에는 일렬로 늘어선 인물 간 크기가 매우 차이 나는데, 이를 '주대종소법(主大從小法)'이라 한다. 이는 원근법과 무관하게 그림의 핵심 인물(지배계급)을 크게 표현하고 덜 중요한 인물(종속계급)은 작게 나타내는 방식이다. 이와 같은 양상은 고려불화에서도 두드러지며, 조선불화에서

무용총 〈접객도〉, 고구려, 5세기 전반, 회벽에 채색, 중국 길림성 집안현 우산남록(ⓒICOMOS 한국위원회)

쌍영총 〈행렬도〉, 고구려, 5세기 후반, 회벽에 채색, 평안남도 남포시 용강군 용강읍(ⓒICOMOS 한국위원회)
쌍영총 〈행렬도〉는 현재 박락이 심하게 일어나 승려의 정확한 모습을 확인할 수 없다(위). 하지만 과거의 〈행렬도〉를 보면 승려의 모습을 선명히 파악할 수 있다(아래).

도 일부 확인된다.

평안남도 순천시에 위치한 4세기 말~5세기 초에 조성된 요동성총의 벽화도 중요하다. 이 무덤에는 "遼東城(요동성)"이라는 묵서명과 함께 〈요동성도(遼東城圖)〉 벽화가 그려져 있어 주목된다. 여기에는 우리나라에서 가장 오래된 삼층목탑의 모습이 표현되어 있다. 시대상으로만 놓고 본다면, 이 탑 그림은 우리나라에서 가장 오래된 불교 그림이

요동성총〈요동성도〉 모사본
붉은 원으로 표시된 부분이 탑의 모습이다.

된다. 특히 이 탑은 『삼국유사』「요동성육왕탑」에 등장하는, '본래는 칠 층의 목탑이었는데, 새롭게 층수를 줄여서 다시 건축했다'는 기록과 관련해 이해될 수 있어 주목된다.

이외에 5세기 중엽의 것으로 알려진 중국 환인시 미창구 장군묘에는 화려한 연화문이 줄지어 그려져 있으며, 이 시기의 다른 무덤에서도 연화문은 다수 확인된다. 실제로 평안남도 대안시의 덕흥리고분에서는 연못을 표현한 〈연지도(蓮池圖)〉도 확인된다. 그리고 벽화 한켠에 달의 상징으로 두꺼비 대신 토끼가 들어가는 것은 석가모니불의 본생담과 관련된 불교적 영향으로 판단해 볼 수 있다.

위와 같은 고분벽화를 제외한 고구려의 불교 그림으로는 일본 나라현 주구지(中宮寺)에 소장되어 있는 〈천수국만다라수장(天壽國曼茶羅繡帳)〉이 주목

동명왕릉 묘실 벽면 연화문,
고구려, 4세기 말~5세기 초,
회벽에 채색, 평양시 역포구역
용산리(ⓒICOMOS 한국위원회)

덕흥리고분 〈연지도〉, 고구려, 408, 회벽에
채색, 평안남도 대안시

〈천수국만다라수장〉, 아스카시대, 비단에 자수, 88.5×82.7cm, 일본 주구지

된다. 이는 극락의 전각과 극락에 태어나는 구품연지 등을 화려하게 묘사하고 있는데, 622년에 사망한 쇼토쿠[聖德] 태자의 극락왕생을 기원하기 위해서 제작된 자수(刺繡) 작품이다. 그런데 이 작품의 밑그림을 고구려와 가야 및 신라의 화공이 그렸다는 점에서 주목된다. 물론 〈천수국만다라수장〉이 비단 고구려와만 연관되는 것은 아니지만, 고구려 불화의 영향을 인식해 볼 수 있는 작품이라고 하겠다.

이야기 속의 이야기

호류지 〈금당벽화〉는
담징이 그린 것일까?

고구려와 관련된 불화 중 일본에 있으면서도 우리에게 익히 잘 알려져 있는 것이 있다. 그것은 일본 나라현 호류지[法隆寺]의 〈금당벽화〉이다. 소위 고구려 승려 '담징의 〈금당벽화〉'로 잘 알려진 이 벽화는 국어 교과서에 수록되어 있었던 정한숙의 「금당벽화」로 인해 우리나라 사람들에게 유명세를 타게 된다. 그러고 보면 전 국민을 대상으로 하는 교과서의 위력이란 실로 놀라운 것이 아닐 수 없다. 그런데 이 소설의 내용은 사실에 기초하고 있긴 하지만, 그렇다고 담징의 〈금당벽화〉가 실재하는 것은 아니다.

호류지는 일본불교의 전설적 인물인 쇼토쿠 태자에 의해 늦어도 7세기 초 건립된 일본 대표 고찰이다. 그 창건 과정에 백제와 고구려의 영향이 강하게 미쳐 우리 역사와도 밀접한 관계를 보인다. 특히 호류지 주불전인 금당(金堂)의 벽에 존상화와 예배화를 그린 인물이 바로 고구려 승려 담징이다. 즉 담징의 〈금당벽화〉는 사실인 것이다.

그러나 일본의 역사서인 『일본서기』에는 현재의 호류지가 670년 벼락에 의한 화재 이후 중건된 것으로 기록되어 있다. 담징이 사망한 연도는 631년으로 알려져 있으니 결국 이후 새롭게 중건된 호류지의 벽화는 담징의 그림임을 주장하기 어렵게 된다.

호류지 금당 내 〈아미타정토도〉 모사도

    그러나 옛것을 유지하려는 종교적 특성상 벽화를 다시 조성하는 데 있어 담징과 그 제자들의 영향을 완전히 지우기는 어려웠을 것이다. 결국 현재의 〈금당벽화〉는 담징의 것은 아니지만, 이를 통해서 고구려 불화의 경향과 그것이 일본 불교회화에 미친 영향 등을 추론해 볼 수 있다.

백제의 불화

위진남북조 시기 북주의 사서인 『주서(周書)』 권49 「백제전(百濟傳)」에는 '백제에는 절과 탑이 매우 많았다'라는 기록이 있다. 그러나 백제는 고구려와 달리 무덤에 다양한 소재의 벽화를 그리지 않았기 때문에 현재까지 전해오는 불화가 상대적으로 제한되어 있다. 현재 확인 가능한 것은 부여 능산리 고분군(사적 제14호)의 1호분 내부 벽화 중 연화비운문(蓮花飛雲紋)과 국보 제164호로 지정되어 있는 공주 무령왕릉의 두침(頭枕), 즉 머리를 받치는 나무 베개에서 확인되는 연화문 및 비천상 정도가 고작이다.

그러나 일본에는 백제 및 신라와의 관계성 속에서 주목되는 유물로 호류지 옥충주자(玉蟲廚子)가 있다. 옥충주자는 '옥충'이라 불리는 비단벌레의 날개를 가지고 장식한 일종의 불감(佛龕)이다. 이 옥충주자에는 전후에 〈공양도

부여 능산리 고분벽화 연화비운문 모사도 (ⓒ국립부여박물관)

두침, 백제, 6세기, 나무-금속·금제, 길이 40.0cm · 높이 33.7cm, 국립공주박물관, 국보 제164호(ⓒ국립중앙박물관)

두침 부분 - 연화문

(供養圖)〉와 〈수미산도(須彌山圖)〉, 그리고 좌우에는 〈시신문게도(施身聞偈圖)〉와 〈사신사호도(捨身飼虎圖)〉 등이 그려져 있다.

먼저 〈공양도〉는 중앙의 향로를 중심으로 좌우에 세잔한 모습의 두 노승이 이동식 향로인, 자루 달린 병(柄) 향로를 들고 공양하는 모습이 그려져 있다. 그리고 그 위로는 쌍비천이 공양물인 향로를 받쳐 들고 내려오는 모습이 표현되어 있는데, 유려하고 우아한 선 놀림이 놀라운 생동감을 부여하고 있어 주목된다.

옥충주자 모사본, 7세기, 일본 호류지

다음으로 〈수미산도〉는 아래쪽의 바다 밑 용궁 표현과 중간의 용이 수미산을 감싸고 있는 모습이 이색적이다. 그 위로 버섯 모양의 수미산과 가장 위쪽 도리천의 제석천궁인 묘승전(妙勝殿)의 모습이 확인된다. 그리고 상단의 수미산 좌우로는 삼족오와 옥토끼로 상징되는 태양과 달의 표현을 볼 수 있다. 여기에는 봉황을 타고 있는 두 선인(仙人)의 모습도 살펴진다.

용이 산을 감싸고 그림의 상부에 봉황이 그려진 구조는 부여 능산리의 능사(陵寺)에서 출토된 국보 제287호 백제금동대향로와 형태면에서 유사성을 보이고 있어 주목된다. 이와 같은 유사성은 옥충주자에 반영된 백제의 영향

옥충주자 모사본 부분 - 〈공양도〉

옥충주자 모사본 부분 - 〈수미산도〉

백제금동대향로, 백제, 6세기, 금속 - 금동제, 높이 61.8cm, 국립중앙박물관, 국보 제287호 (ⓒ국립중앙박물관)

을 고려해 볼 수 있게 하는데, 이는 옥충이 신라 남부 지역에만 사는 벌레란 점과 더불어 신라와 백제의 불교미술적인 요소가 일본에 영향을 미치고 있다는 점을 알게 해 준다.

끝으로 〈시신문게도〉와 〈사신사호도〉는 각각 『대반열반경(大般涅槃經)』권14의 「성행품(聖行品)」과 『금광명경(金光明經)』권4의 「사신품(捨身品)」에 근거하는 대승불교의 구도(求道)와 희생정신을 강조하는 그림이다.

〈시신문게도〉는 진리를 구하는 설산대사(雪山大士)[2]가 진리가 설해진 게송(偈頌)의 반쪽을 얻기 위해서 자신의 육신을 버리는, 치열한 구도심을 나타내는 그림이다. 〈사신사호도〉는 새끼를 낳고 굶주린 호랑이가 자신이 낳은 새끼를 도로 잡아먹으려 하자 그 모습을 본 살타(薩埵) 왕자(태자)가 이러한 비극을 차마 보지 못하고 스스로 먹이가 되었다는 이야기를 그린 그림이다.

〈시신문게도〉가 치열한 구도를 권면하는 경계도라면, 〈사신사호도〉는 살신성인의 정신을 북돋아 주는 감계도(鑑戒圖)라고 하겠다.

문헌을 통해서 확인되는 옥충주자 상단의 본존은 아미타불과 관세음보살이다. 그러나 옥충주자에 압출된 형태의 천불상(千佛像)이 조성되어 있다는 점과 후면에 〈수미산도〉가 배치되어 있다는 점 등을 통해서, 처음에는 석가

옥충주자 모사본 부분 - 〈시신문게도〉　　　　옥충주자 모사본 부분 - 〈사신사호도〉

옥충주자 모사본 부분 - 천불상

모니불이었을 가능성이 크다. 왜냐하면 전면의 〈공양도〉의 경우 본존에 대한 공양을 의미하며, 후면의 〈수미산도〉는 불교의 우주론에서 우주의 중심에 있다고 일컬어지는 수미산을 표현해 석가모니불의 권위를 높이려는 목적에서 제작되기 때문이다. 실제로 아미타불의 극락세계에는 평탄한 지형으로 되어 있기 때문에 수미산이 존재하지 않는다. 즉 도상의 의미와 상징적인 이해를 통해서 옥충주자 본존상의 본래 모습에 대한 추론이 가능한 것이다.

옥충주자 모사본 부분-〈영산회도〉

또 하나의 불화

태양의 까마귀
달의 옥토끼

동아시아의 고대인들은 태양을 상징하는 동물로 까마귀를, 달을 상징하는 동물로 두꺼비를 생각했다. 이는 중국의 고대 문헌인 『회남자(淮南子)』, 『초사(楚辭)』, 『산해경(山海經)』 등에서 살펴진다. 이들 상징과 관련한 이야기는 '예(羿)'라고 불리는, 지상에 내려온 천신에 대한 영웅담이다. 서양의 헤라클레스 신화와 유사한 이 이야기는 참담하기 이를 데 없는 비극적 결말을 지닌 이야기다. 간추려 보면 아래와 같다.

요 임금 때에 태양이 10개가 동시에 뜨는 기이한 현상이 일어나게 된다. 이로 인해 세상이 뜨거워 살기 어렵게 되자, 요 임금은 천신(天神)인 활의 명수 예에게 태양을 활로 쏘아 떨어뜨려 줄 것을 부탁한다. 이때 아홉 개의 태양이 화살을 맞고 떨어지게 되는데, 이들 태양의 주검이 바로 까마귀였다. 그런데 태양은 동방을 관장하는 하느님인 제준(帝俊)과 아내 희화(羲和)의 아들들이었다. 이로 인해 예는 미움을 사게 되고, 결국 예와 그의 아내인 항아(姮娥, 嫦娥)는 천상으로 돌아가지 못한 채 인간과 같이 죽을 운명에 처해진다. 이 문제를 해결하기 위해서 예는 천신만고 끝에 곤륜산의 서왕모에게서 불사약을 구하는 것에 성공한다. 그러나 항아는 예를 저버리고 혼자서만 불사약을 마신 후 예의 분노를 피하여 달, 즉 월궁(月宮)으로 달아난다. 이 사

덕화리 1호분 묘실 동쪽 천장 벽화 부분, 고구려, 5세기 말~6세기 초, 회벽에 채색, 평안남도 대동군 덕화리(ⓒICOMOS 한국위원회)

실을 뒤늦게 안 예의 저주로 달에 도착한 항아는 추한 두꺼비로 변하게 된다.

이 이야기는 태양과 까마귀, 달과 두꺼비 상징의 기원을 보여주고 있다. 그런데 우리는 왜 하필 태양을 세 발 달린 까마귀인 삼족오로 표현하는 것일까? 중국의 경우 한나라와 당나라 때 무덤을 장식했던 무늬벽돌인 화상석(畵像石)을 보면, 삼족오보다는 이족오로 표현되는 경우가 압도적으로 많다. 이에 비해 고구려 고분벽화의

덕화리 2호분 묘실 서쪽 천장 벽화 부분, 고구려, 5세기 말~6세기 초, 회벽에 채색, 평안남도 대동군 덕화리(ⓒICOMOS 한국위원회)

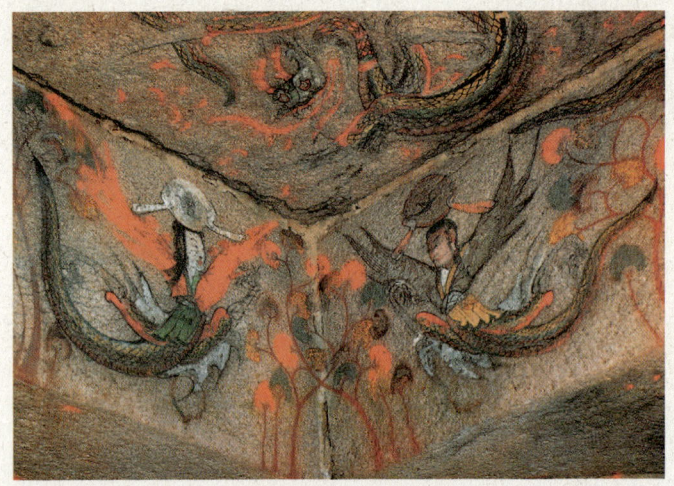

오회분 제4호묘 묘실 북쪽 천장 벽화 부분, 고구려, 6세기 말~7세기 초, 회벽에 채색, 중국 길림성 집안시 대왕촌(ⓒICOMOS 한국위원회)

쌍영총 현실 천장화 부분, 고구려, 5세기 후반, 회벽에 채색, 평안남도 남포시 용강군 용강읍(ⓒICOMOS 한국위원회)

표현에는 삼족오가 절대 다수를 점한다. 이 삼족오는 태양을 상징하는 까마귀에 양(陽)을 의미하는 숫자인 '3'을 결합시킨 형태이다. 즉 초월적이긴 하지만 태양이 가진 양의 측면을 보다 잘 드러내고 있는 것이다.

달의 두꺼비는 고대 중국인들이 달 표면의 크레이터 자국을 보고 두꺼비를 연상한 것에서 시작되었을 것이다. 이 두꺼비의 명칭은 '섬여(蟾蜍)'로 시대가 흐르면서 옥토끼, 즉 '옥토(玉兎)'로 변화하게 된다. 그런데 이러한 변화는 불교의 영향에 따른 것이어서 주목된다.

석가모니불의 547개 전생 이야기 중 316번째에 토끼에 관한 이야기가 있다.

전생에 토끼였던 석가모니불은 수행자에게 공양하기 위해서 불타오르는 장작에 뛰어들어 자신을 희생한다. 이 숭고한 희생에 감동한 수행자가 토끼를 들어 올려 달에 새겼다는 이야기이다.

불교의 동아시아 약진과 더불어 달의 상징으로서의 두꺼비는 토끼로 신속하게 변모한다.

결국 달에 두꺼비가 표현되어 있으면 중국의 전통적인 관점에 의한 것이라 이해하면 되고, 토끼가 묘사되면 불교의 영향에 의한 것이라고 이해하면 되겠다. 이러한 달과 동물의 상징 변화 양상은 고구려 고분벽화의 달 표현에서 불교가 언제부터 영향을 미쳤는지 판단할 수 있는 잣대가 된다.

태양과 달의 상징적 표현은 후대의 불화로 계승되어 약사여래도 속의 일광보살과 월광보살의 표현이나, 북극성이 불교적으로 수용되어 조성된 치성광여래도의 일광보살·월광보살의 모습 등에서 확인해 볼 수 있다.

신라–통일신라의 불화

신라시대의 불화와 그 기록

주구지의 〈천수국만다라수장〉과 호류지 옥충주자의 불화에 신라의 영향이 있었다는 점은 앞서 언급한 것과 같다. 우리는 일본 하면 흔히 백제와만 연관해서 이해하는 경향이 있지만, 일본은 지역적으로 신라와 가깝기 때문에 일찍부터 신라와의 긴밀한 교류가 있어 왔다. 그러나 현재 지극히 제한된 작품만 남아 있는 상태에서 백제와 신라의 영향을 정확히 구분해 낸다는 것은 불가능하다. 그러므로 여기에서는 신라의 영향이 존재한다는 언급 정도만으로 정리하고자 한다.

신라의 불화 제작은 신라 최초의 사찰인 경주 천경림 흥륜사(興輪寺)가 544년에 완성되고, 이후 569년에 국찰인 황룡사(皇龍寺)가 완공되면서 만개하였을 것으로 추정된다. 삼국이 통일된 이후이기는 하지만 황룡사와 관련해서는 솔거(率居)의 〈노송도(老松圖)〉에 관한 이야기[3]가 오늘날까지 전해지고 있다. 황룡사가 신라를 대표하는 사찰이었다는 점을 고려한다면, 솔거의 이야기는 창건 당시부터 황룡사에 매우 수준 높은 그림이 그려졌다는 것을 짐작하게 한다. 그러나 이를 확인할 수 있는 회화 작품은 현재 전해지는 것이 없다.

또 신라인들이 무덤을 쓰는 묘제 방식 역시 고구려처럼 무덤에 당시의 일상을 그려 놓는 양식과 거리가 멀다. 그렇기 때문에 무덤에서 확인되는 그림 역시 극히 제한될 수밖에 없다. 다만 신라는 삼국을 통일하면서 고구려와 백제에 비해 보다 많은 역사적 기록을 갖게 된다. 이를 통하여 신라의 불교 그림에 대한 내용을 확인해 보는 것이 일부나마 가능하다.

『삼국유사』「선도성모수희불사(仙桃聖母隨喜佛事)」에 따르면, 진평왕 때의 비구니인 지혜(智惠)가 안흥사(安興寺)에 새로운 불전을 중건하면서, 벽 위에 53불과 6류성중(六類聖衆) 및 여러 천신(天神)들을 그렸다고 되어 있다.

　불교경전에 53불이 등장하는 경우는 『아미타경』, 『관허공장보살경(觀虛空藏菩薩經)』, 『관약왕약상이보살경(觀藥王藥上二菩薩經)』, 『과거장엄겁천불명경(過去莊嚴劫千佛名經)』, 『점찰선악업보경(占察善惡業報經)』 등이다. 특히 「선도성모수희불사」에는 점찰법회에 대한 내용이 나오므로 안흥사에 그려졌다는 53불은 『점찰선악업보경』에 등장하는 53불이란 추정을 가능케 한다. 여기에 벽 위에 그려졌다는 점에서 이 53불의 불화는 예배화가 아닌 존상화였다는 것을 알 수 있다. 53불신앙의 실체적인 부분은 금강산 유점사의 능인보전(能仁寶殿)에 모셔진 53불을 통해서 확인된다. 그러나 이 53불신앙은 『점찰선악업보경』에서 등장하는 53불과는 계통을 달리한다. 즉 53불에도 여러 가지 양상이 존재하는 것이다.

　한편 6류성중은 어떤 대상을 가리키는 것인지 이 기록만으로는 불분명하다. 그러나 앞에 53불이 독립해서 나타나고, 6류성중 뒤에 천신이 나타나므로 이 부분에는 불교적인 이상인격이 등장해야만 한다. 그렇다면 성문(聲聞)인 수다원(須陀洹)·사다함(斯陀含)·아나함(阿那含)·아라한(阿羅漢)의 넷에 연각(緣覺)과 보살(菩薩)을 더한 여섯 종류의 성스러운 대상을 의미하는 것으로 추정해 볼 수가 있다. 즉 이 역시 존상화 범주에 속하는 셈이다.

　마지막 여러 천신들의 그림이란 호법선신을 그린 것으로 존상화 속에서 주된 신앙 대상을 장엄하기 위한 요소라고 하겠다. 호법선신만을 단독으로 그린 경우에는 예배화가 된다. 그러나 여기에서처럼 신앙의 중심이 되는 주존을 수호하는 위치에 있으면 장엄의 영역으로 판단할 수 있다.

영주 순흥 벽화고분 연꽃 그림, 신라, 5세기 후반, 경상북도 영주(ⓒ문화재청)

이외에도 『삼국유사』「삼소관음중생사(三所觀音衆生寺)」에는 중국 황실의 화공이 경주 남산의 중생사에 와서 대비상(大悲像)을 그렸다는 기록도 있다. 여기에서 대비상이란 관세음보살상을 의미한다.[4]

그러나 앞서 이야기했듯 오늘날까지 전해지는 신라시대의 불화가 없어 신라불화의 모습을 직접 볼 수는 없다. 물론 경북 영주시 순흥면 읍내리의 5세기 고분(사적 제313호) 북벽에 위치한 연꽃 그림이 전해오고 있으나 이 역시 단편적인 것이어서 신라 당시 조성된 불화의 정확한 모습은 확인할 수 없다.

통일신라시대의 불화와 그 기록

통일신라시대의 불화 관련 기록은 신라시대의 것보다 많다. 먼저 『삼국사기』 권48의 「열전(列傳)」에는 솔거가 분황사(芬皇寺) 좌측 전각 북쪽 벽에 그린 천수대비(관음)상과 진주 단속사(斷俗寺)에 그린 유마(거사)상에 대한 내용이 기록되어 있다.

또 『삼국유사』에 따르면 신문왕(재위 681~692)대의 남항사(南巷寺)에는 십일면원통상(十一面圓通像, 관세음보살상)의 탱화가 있었으며, 740년 신라 왕궁의 내원에는 자씨상(慈氏像, 미륵보살상)의 벽화가 있었다고 전한다. 그리고 경덕왕(재위 742~765) 때에 활약한 진표(眞表) 율사는 금산사(金山寺)의 금당(金堂) 남쪽 벽에 미륵보살이 하강하여 수계를 주는 그림인 〈미륵보살하강수계도(彌勒菩薩下降受戒圖)〉를 그렸으며, 경명왕(재위 917~924) 때에는 정화(靖和)와 홍계(弘繼)가 흥륜사를 중건하면서 벽에 보현보살을 그린 것으로 나타난다.

이와 같은 기록을 종합해 보면 남항사의 십일면원통상 외에 벽화의 수가 압도적으로 많다는 것을 알 수 있다. 이를 통해서 우리는 탱화가 유행하기 이전 벽화가 불화의 주류를 이루었다는 것을 인지할 수 있다.[5]

통일신라시대의 불화와 관련해 가장 주목할 만한 기록은 『삼국유사』 「대산오만진신(臺山五萬眞身)」과 민지가 오대산 측의 자료를 바탕으로 1307년에 찬술한 『오대산사적기(五臺山事跡記)』 「오대산성적병신라정신태자효명태자전기(五臺山聖跡幷新羅淨神太子孝明太子傳記)」에 나오는 오대산의 5만 불보살에 대한 기록이다. 이는 성덕왕(재위 702~737) 때의 신라 왕자(태자)인 보천(寶川)에 의해서 주도된 것으로, 오대신앙에 따른 동대(東臺)·서대(西臺)·남대(南臺)·북대(北臺)·중대(中臺)의 다섯 방위에 5만 이상의 불보살이 불화로 조성되었다는 내용이다. 다섯 곳에 배치된 그림은 각각 동대 1만 관세음보살, 남대 8대보살과 1만 지장보살, 서대 무량수여래와 1만 대세지보살, 북대 석가모니불과 500 아라한 및 1만 미륵보살, 중대 비로자나불과 1만 문수보살이다. 이 기록에 나타나는 이들 불화의 특징은 모두 예배화로 그려졌다는 점이다. 또 이것이 수도인 경주로부터 멀리 떨어진 오대산에서 이루어지는 것이란 점에서, 우리는 이 시기 신라에 불화의 황금시대가 펼쳐졌음을 알 수 있다.

그러나 이들 불화는 현재 모두 전해지지 않는다. 통일신라시대의 불화로서 유일하게 현존하는 것은 『신라백지묵서대방광불화엄경』(국보 제196호)에 수록된 변상도가 유일하다. 이 변상도는 754~755년에 제작된 것인데, 이 역시 오랜 세월의 시간을 이기지 못하고 많은 부분이 부식된 채 일부만이 잔존하고 있다. 그러나 현재 남은 부분만으로도 '쩍벌남' 자세의 당당하고 과장된 표현을 통해 위압감을 배가하고 있는 신장상과 굵은 선 처리를 통해서 풍요함을 강조하는 보상화문을 살펴보는 데엔 어려움이 없다.

한편 안쪽 변상도 부분에는 비대할 정도로 풍만하게 표현된 보살의 자유로운 자세와 신라시대의 전각 형태 구조를 알 수 있게 해 주는 전각 묘사가 간결한 선묘로 되어 있다. 이외에도 노사나불로 추정되는 경전 설법자(說主)의 연화좌대 아래로 쌍 수사자가 그려져 있어 사자좌를 아울러 표현하려고 했다는 것을 알 수 있다. 사자는 동아시아에는 서식하지 않기 때문에 명확한 이미지가 없어 그림을 그리는 사람들로 하여금 표현에 상당한 어려움이 따른다. 그런데도 여기에서는 사실적으로 그려져 있어 매우 흥미롭다.[6]

신라백지묵서대방광불화엄경 변상도 바깥면, 통일신라, 754~755, 자색 닥종이에 은니, 25.7×10.9cm · 24.0×9.3cm, 삼성미술관 리움, 국보 제196호(ⓒ삼성미술관 리움)

신라백지묵서대방광불화엄경 변상도 안쪽면, 통일신라, 754~755, 자색 닥종이에 금·은니, 25.7×10.9cm · 24.0×9.3cm, 삼성미술관 리움, 국보 제196호(ⓒ삼성미술관 리움)

이야기 속의 이야기

통일신라시대
탱화에 관한 기록

우리나라 역사상 탱화가 나타난 데에는 고려시대 원 간섭기, 티베트불교의 영향이 컸다. 하지만 이 시기보다 앞서 통일신라시대에 탱화가 있었다는 기록이 있어 주목된다.

현존하는 유물에 대한 기록은 아니지만 신라가 삼국을 통일한 직후인 신문왕 대, 남항사에 11면의 관세음보살을 표현한 '탱화'가 있었다는 기록이다. 이는 『삼국유사』「경흥우성(憬興遇聖)」의 내용으로, 연대로 보았을 때 현존하는 가장 오래된 변상도의 제작 시기인 745~755년보다 앞선다. 물론 이를 얼마나 신뢰할 수 있을지에 대해서는 다소 의문이다. 왜냐하면 후대의 명칭인 '탱화'가 앞선 시대의 기록에 들어갔을 가능성이 있고, 또 당시에는 벽화가 주류였으며, 벽화에서 탱화로의 변화는 훨씬 후대에 이루어지는 일이기 때문이다. 그러나 고려 이전 시대에 벽이 아닌 종이나 천에 그려졌던, 변상도가 확대된 유형의 큰 그림이 있었을 가능성을 생각해 보면 탱화 형식의 불화가 존재했을 확률도 아주 없지는 않다.

다만 벽화에서 탱화로 주류가 변모하는 것은 그리 간단한 일이 아니다. 예배화는 벽에 고정되어 우러러 볼 수 있어야 한다는 종교적 보수성을 탈피하기가 어렵기 때문이다. 즉 원 간섭기의 외부 문화 충격이 아니고서는 그 변화가 결코 쉽지 않았을 것이다.

고려불화의 시대에 따른
특징과 변화

고려불화, 그 약탈의 역사

역사상 한국불교의 최대 사찰은 백제 무왕(武王)의 꿈이 깃든 미륵사(彌勒寺)이며, 통일신라시대까지 신라불교의 핵심 사찰은 단연 경주의 황룡사였다. 불교가 국교였던 고려시대에도 거대 사찰은 계속 조성되었는데, 대표적인 곳이 고려 전성기를 이끈 문종의 원찰(願刹), 흥왕사(興王寺)이다. 흥왕사는 1067년 2,800칸으로 창건되고 이후에도 계속해서 증축되었다. 한편 문종은 자신의 넷째 아들인 후(煦)[7]를 출가시킬 정도로 독실한 불교 신자였는데, 이런 상황 속에서 불교문화는 비약적인 발전을 이루게 된다. 그 대표적인 유물이 고려대장경과 『교장(教藏)』(『續藏經』), 그리고 고려불화, 나전경함(51쪽) 등이다. 이러한 문화유산은 고려청자와 더불어 세계 최고의 명품 반열에 올라선, 우리 민족의 위대한 예술혼이 서려 있는 걸작들이다.

고려불화는 단독의 채색화가 160여 점이 남아 있으며, 이 중 10여 점만 국내에 보존되고 있다. 현재 20여 점은 미국과 유럽에 전해지고 있으며, 절대 다수인 130여 점은 일본에 반출되어 있는 실정이다. 이외에도 고려의 불화는 사경변상도와 판본변상도가 약 80여 점 정도 더 전하고 있어, 고려불화로 불리는 그림은 대략 240여 점 정도 남아 있는 실정이다. 그러나 이 중 주목되는 것은 단연 단독의 채색화이다.

고려불화가 일본으로 많이 넘어간 이유는 고려 말 왜구의 침략 과정에서 다수의 불화들이 약탈되었기 때문이다. 그러나 천만다행인 것은 일본이 불화를 약탈한 목적엔 재화적인 측면과 더불어 신앙적인 측면도 있었다는 점이다. 이는 고려불화가 일본의 사찰 등에서 최대한 잘 보존될 수 있었던 배경이 된다.

약탈된 고려불화가 잘 보존될 수 있었던 데에는 또 다른 이유도 있다. 일본문화의 한 특성이 그것인데, 일본인들은 새것을 조성하더라도 옛것을 별도로 보존하는 전통이 있다. 우리의 경우 새것을 조성하면 예전 것은 소각하는 문화가 있는데, 한국불교 의식문에는 현재까지도 오래된 성물(聖物)을 소각하는 의식이 남아 있다. 우리가 낡은 태극기는 빨아 쓰지 말고 소각하라고 배운

고려불화 시기별 구분과 특징

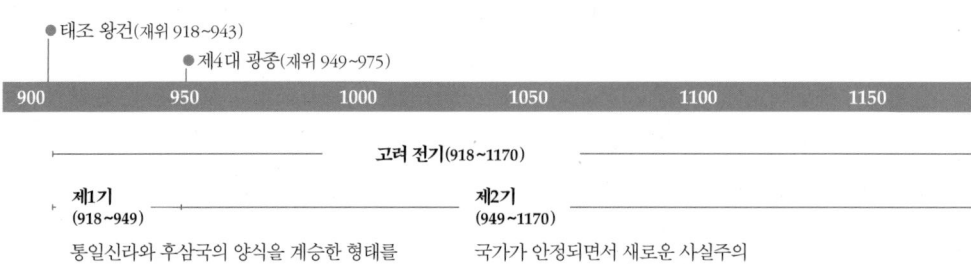

것도 바로 이와 같은 문화적 배경에 따른 것이다. 이 때문에 혹자는 우스갯소리로 고려불화의 약탈이 어쩌면 잘된 것인지 모른다 말하기도 한다. 만일 약탈되지 않고 우리나라에 있었다면 임진왜란이나 병자호란과 같은 전란을 피했다고 하더라도, 우리 전통문화 속에서 소각되었을 것이기 때문이다.

고려불화의 시대 구분과 대표작

고려불화의 시대 구분은 1170년의 무신정변을 기점으로 크게 고려 전기와 고려 후기로 양분된다. 또 이는 고려불화를 넘어 회화의 양식적 특징에 입각해 다시금 두 시기로 나눌 수 있다.

이 시기의 전환은 왕위 교체에 따른 측면을 기준으로 한다. 그렇다 보니 구분이 완전할 수는 없다. 시기 구분에는 뚜렷한 기준이 존재해야 하지만, 국

		대몽항쟁기 (1231~1270)			
	무신정권기(1170~1270)		원 간섭기(1259~1356)		
●무신정변(1170)			●충선왕의 즉위와 폐위(1298)		
1200	1250	1300	1350	1400

고려 후기(1171~1392)

제3기 (1171~1298)
무신정권의 영향으로 고려문화가 점차 쇠퇴하고, 이에 대한 반발로 중국 남송의 영향을 수용하게 된다. 이에 따라서 남송풍의 장식성이 풍부하고, 다소 과장되며, 양식화된 표현이 나타난다.

제4기 (1298~1392)
원 간섭기의 영향으로 원나라의 문화에 직접적으로 노출된 시기이다. 원 간섭기에는 고려인이 한족보다 신분이 높았으므로 한족문화의 영향은 상대적으로 제한적이게 된다.

〈대보적경사경변상도〉, 고려, 1006, 감지에 은니, 29.1×45.2cm, 일본 교토국립박물관

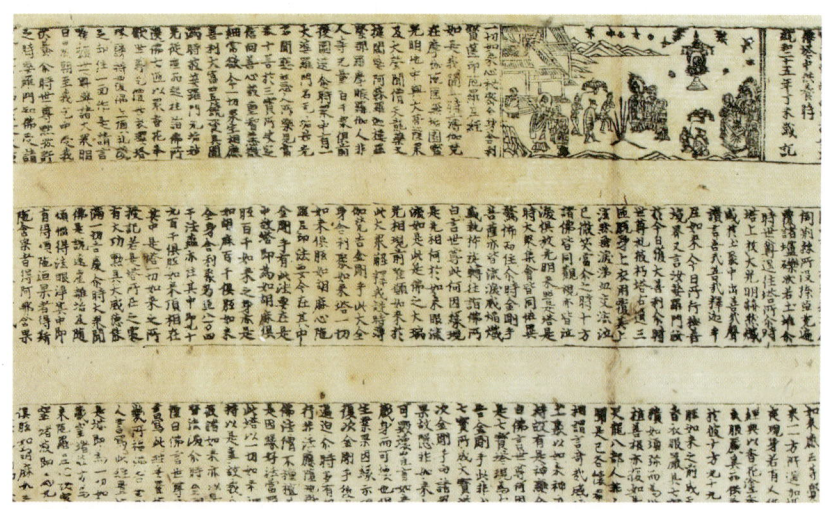

〈보협인다라니경관화변상도〉, 고려, 1007 이후, 6.8×239.1cm, 불교중앙박물관, 보물 제1571호(ⓒ불교중앙박물관)

왕 교체가 곧장 회화 양식의 변화를 수반하는 것은 아니기 때문이다. 이와 같은 필연적인 문제점에 대한 이해를 바탕으로, 고려불화의 4기에 따른 구분과 대표작들을 제시해 보면 다음과 같다.

고려회화 제2기(949~1170)의 대표작

현존하는 고려불화 중 가장 오래된 것은 일본 교토[京都]국립박물관 소장의 〈대보적경사경변상도(大寶積經寫經變相圖)〉이다. 이 변상도는 1006년 천추태후(千秋太后)와 외척(外戚)인 김치양(金致陽)이 함께 발원해 제작된 것으로 제2기 불화에 해당한다. 결국 제1기에 해당하는 불화는 현존하지 않는다.

『대보적경』은 120권으로 구성된 대승불교의 총서와 같은 경전이다. 〈대보적경사경변상도〉는 이러한 『대보적경』을 토대로 그린 것인데, 은으로 세 보살을 그리고 이들이 산화공양(散華供養)하는 모습을 표현하였다. 경전의 내용을 그린 것이라기보다는 경전 전체를 공양하는 공양화의 의미가 더 큰 그림이다. 다소 풍만한 느낌이 있지만 유려하고 장식성이 강한 화려한 표현이 돋보인다.

이 〈대보적경사경변상도〉 이후에 제작된 불화로는 1007년에 제작된 일본 도쿄[東京]국립박물관 소장의 〈보협인다라니경판화변상도(寶篋印陀羅尼經版畫變相圖)〉와 1081년에 제작된 일본 곤고부지[金剛峰寺]의 〈법화경사경변상도(法華經寫經變相圖)〉 등이 있다.

『보협인다라니경』은 모든 깨달은 부처님의 사리공덕이 보협인다라니에 응축되어 있다는 내용의 경전이다. 이는 일반적으로 탑의 건립과 함께 봉안되는 경전, 즉 조탑(造塔)경전이다. 〈보협인다라니경판화변상도〉는 부처님께서 『보협인다라니경』을 설하는 모습을 판화로 조성해 찍어 낸 것이다.

한편 〈법화경사경변상도〉는 『묘법연화경(妙法蓮華經)』이라고도 불리는 『법화경』의 내용을 묘사한 불화이다. 『법화경』은 『화엄경』과 더불어 대승불교를 대표하는 경전으로, 석가모니불이 완전한 구원자로 등장해서 다양한 비유로 중생들을 깨달음으로 인도해 주는 경전이다.

고려회화 제3기(1171~1298)의 대표작

제3기의 고려불화 중 주목할 만한 것은 1200년대를 전후하여 혜허(慧虛)가 그린 도쿄 센소지[淺草寺] 소장의 〈양류관음도(楊柳觀音圖)〉이다. 이 그림은 현존하는 고려불화 중 오래된 편에 속하는 동시에 수작으로 평가받는 작품이다. 특히 관세음보살이 물방울 모양의 거신광(擧身光)을 하고 있어 '물방울관음도'라는 별명을 갖고 있기도 하다. 손에 버드나무 가지를 들고 있기 때문에 '양류관음도'라고 하는데, 이는 모든 질병과 재앙을 소멸해 주는 관세음보살의 특징적인 모습을 나타낸 것이다.

귀족풍의 존귀한 자태와 섬세한 필치, 그리고 여백을 많이 주고 있는 특이한 구도는 보는 이로 하여금 감탄을 자아내게 한다. 그림의 향 좌측 하단에는 합장한 채 허리를 굽히고 있는 선재동자의 모습이 있어 이를 수월관음도(水月觀音圖)로 이해하는 견해도 있다.

1286년에 제작된 일본 니혼[日本]은행 소장의 〈아미타독존내영도(阿彌陀獨尊來迎圖)〉도 이 시기 눈에 띄는 불화 중 하나이다. 여기에서 내영도란 아미타불이 극락에 왕생하는 망자를 인도하기 위해서 직접 찾아오는 장면을 그린 그림이다. 이 불화에서 아미타불은 망자를 인도해 서쪽 극락세계로 가려다 보니, 신체는 서쪽을 향해 있으나 얼굴은 망자 쪽인 동쪽을 보고 있는 다소 산만하면서도 역동적인 자세를 취하고 있다. 이와 같은 이중적인 자유로

〈양류관음도〉, 고려, 비단에 채색, 142.0×61.5cm, 일본 센소지

〈아미타독존내영도〉, 고려, 1286, 비단에 채색, 203.5×105.1cm, 일본 니혼은행

〈비로자나불도〉,
고려, 비단에 채색,
162.0×88.2cm, 일본
후도인

운 자세는 일반적인 예배화와는 다른 특징이다.

〈아미타독존내영도〉는 신체 비례가 맞지 않고 과장된 모습으로 표현되어 있지만, 내영도만의 자유로운 구도와 화려한 의복 문양이 인상적이다. 그러나 옷자락의 주름 처리나 원형의 의복 문양이 일률적으로 처리된 점 등에서 도식화된 면이 드러나고 있다.

〈양류관음도〉와 〈아미타독존내영도〉를 한 시기의 불화로 볼 수 있을까에 대한 의문이 들 정도로 두 그림의 차이는 두드러진다. 이는 무신정권 초기, 그 이전 고려 귀족문화의 원숙함과 무신정권에 의한 문화 쇠퇴 양상에 더불어 당시 제대로 정착하지 못한 남송(南宋)의 영향을 단적으로 보여 준다. 그림은 당시의 시대상을 반영하고 있으며, 이는 불화도 결코 예외일 수 없다는 점을 인지해 볼 수 있는 대목이다.

고려회화 제4기(1298~1392)의 대표작

제4기에는 원의 간섭이 본격화되면서 외래문화의 영향을 크게 받게 된다.

당시 고려는 국호를 유지하고 자치권을 가진 나라였지만, 고려를 좌지우지하는 힘의 상당 부분은 원에서 나왔다. 이는 제25대 충렬왕부터 제30대 충정왕까지 시호에 '충(忠)' 자가 들어가는 여섯 임금[8]이 원에 의해서 왕위가 교체되었던 사실을 통해서도 알 수 있다.

현존하는 고려불화 중 채색화의 절대 다수는 제4기에 조성된 불화이다. 이 시기의 고려불화 중 주목할 만한 것은 먼저 일본 후도인[不動院] 소장 〈비로자나불도〉와 삼성미술관 리움 소장의 〈아미타삼존도〉(국보 제218호)를 들 수 있다.

〈비로자나불도〉는 한쪽 무릎을 양팔로 감싸 잡은 자유로운 모습으로 반

〈비로자나불도〉(일본 후도인) 부분
일본 후도인 〈비로자나불도〉는 위의 부분과 같이 1만 5천에 달하는 소불의 집합으로 이루어져 있다.

대편 허공을 올려다보는 무척이나 세련된 구도를 보이고 있다. 그런데 더 놀라운 것은 상단에 "萬五千佛(만오천불)"이라 표기되어 있는 것처럼, 불화의 전체가 1만 5천에 달하는 작은 소불(小佛)들의 집합으로 이루어져 있다는 점이다. 이는 고려불화의 구도와 섬세함이 신품의 경지에 올랐음을 보여주는 놀라운 작품이라고 할 수 있다.

〈아미타삼존도〉는 아미타불을 중심으로 좌우에 관세음보살과 지장보살이 자리하고 있다. 사실 아미타불의 협시보살은 대세지와 관세음으로, 〈아미

〈아미타삼존도〉, 고려, 14세기,
비단에 채색, 110.7×51.0cm,
삼성미술관 리움,
국보 제218호(ⓒ삼성미술관 리움)

〈아미타불도〉, 고려, 비단에 채색, 163.0×87.0cm, 일본 교쿠린인

〈아미타불도〉, 고려, 비단에 채색, 190.0×87.2cm, 일본 쇼보지

타삼존도〉와 같은 구도는 고려 말 지장보살신앙의 약진으로 변형된 삼존의 표현이라 할 수 있다.[9]

중앙의 아미타불은 정상의 육계(肉髻)에서 망자에게 구원의 빛을 비추고 있고, 관세음보살은 허리를 굽힌 채 연화좌대(寶蓮臺, 碧蓮臺)를 내미는 모습을 취한다. 삼존의 앞에는 무릎을 꿇은 망자가 작게 표현되어 있는데, 그의 구원에 대한 간절함이 시공을 넘어 전해져 오는 듯하다.

『관무량수경(觀無量壽經)』에는 중생들이 극락에 가는 아홉 가지 차별적인 방식을 제시하고 있다. 이를 '구품왕생(九品往生)'이라 하는데, 상·중·하품의 세 품을 다시 상·중·하생으로 나누어 총 아홉 가지로 구분하는 것이다.[10] 이 경전에는 상품(上品)에 해당하는 망자들의 경우 아미타삼존이 직접 맞으러 나온다는 내용이 있는데, 이 불화는 이와 같은 상황을 표현한 것이다. 결국 〈아미타삼존도〉는, 넓게는 내영도의 범주에 속하는 작품이라고 할 수 있다.

이외에 좌불도(坐佛圖)로 일본 교쿠린인[玉林院] 소장의 〈아미타불도〉가 섬세한 좌대 등의 묘사에서 주목되며, 내영도로는 일본 쇼보지[正法寺] 소장 〈아미타불도〉가 당당함과 원만한 상호(相好)에 있어 매우 돋보인다.

보살도로는 일본 다이토쿠지[大德寺] 소장 〈수월관음도〉가 단연 압권이며, 일본 네즈[根津]미술관 소장의 〈지장보살도〉 역시 빼어난 수작이다.

〈수월관음도〉는 관세음보살이 암굴 형태의 보타락가산(補陀洛迦山)을 배경으로 선지식(善知識)을 찾은 선재동자와 바다의 해상용왕을 반가부좌한 편안한 자세로 바라보는 구도로 되어 있다. 그런데 이 〈수월관음도〉에는 주목할 만한 점이 있다. 일반적으로 수월관음도에 등장하는 사물은 대나무 두 그루(雙竹)와 정병(淨甁, kuṇḍkā), 정병에 꽂힌 버드나무 가지, 그리고 투명한 수정 염주이다. 하지만 다이토쿠지 소장의 〈수월관음도〉에는 꽃가지를 입에

〈수월관음도〉, 고려, 1323, 비단에 채색, 227.9×125.8cm, 일본 다이토쿠지

문 파랑새도 표현되어 있다. 이러한 쌍죽과 수정 염주, 그리고 파랑새의 묘사는 『삼국유사』「낙산이대성관음정취조신(洛山二大聖觀音正趣調信)」에 기록된 의상 대사 관련 이야기, 즉 현재의 낙산사 터에서 관세음보살을 친견하는 내용 속에서도 확인된다는 점에서 흥미롭다.

또 이와 같은 파랑새의 묘사와 도상적 특징은 조선 후기의 〈의겸등필수월관음도(義謙等筆水月觀音圖)〉(보물 제1204호)나 여수 흥국사 〈수월관음도(水月觀音圖)〉(보물 제1332호) 등에서도 확인되는 도상적 전통으로 확립된다. 그런데 조선 성리학의 엄격주의 영향으로 이들 불화에 표현된 관세음보살은 측면 구도를 보이는 다이토쿠지 소장본과 달리 정면을 주시하는 구도로 표현되어 있다. 자세 역시 편안한 모습의 유희좌가 아닌 어정쩡한 가부좌와 같은 형태로 변모하게 된다. 다시 말해 조선 후기의 두 수월관음도는 구조적인 측면에서 다이토쿠지 〈수월관음도〉에 나타나는 사물의 다양성을 유지하고 있으나, 구도적인 측면에서는 성리학의 영향에 의해 경직된 특성이 나타나고 있는 것이다.

다음으로 네즈미술관 소장의 〈지장보살도〉는 지물(持物)인 육환장(六環杖)과 보주(寶珠)를 손에 들고 두건을 쓴 모습으로 그려져 있다. 지장보살이 두건을 쓴 것은 삭발한 머리를 보호하려는 측면으로 이것은 승려들의 생활 방식을 모사한 것이다. 구도와 표현 등이 매우 세련되고 화려하며, 얼굴이 단아하면서도 듬직하여 지옥에 빠진 중생들을 제도하는 보살로서 믿음직한 모습을 보이고 있다.

네즈미술관 소장의 〈지장보살도〉와 쌍벽을 이루는 수작으로는 미국 메트로폴리탄미술관 소장의 〈지장보살도〉가 있다. 두 작품은 세밀한 필선을 통한 화려한 표현이 보는 이로 하여금 종교적 황홀경을 경험하게 한다. 그러나 메트로폴리탄미술관 소장 〈지장보살도〉의 지장보살은 두건을 착용하지 않은 삭발한 승려의 모습이란 점에서 차이가 있다.

〈의겸등필수월관음도〉 부분 - 파랑새(ⓒ국립중앙박물관)

여수 흥국사 〈수월관음도〉 부분 - 파랑새(ⓒ문화재청)

〈지장보살도〉, 고려, 비단에 채색, 106.8×45.5cm, 일본 네즈미술관

〈지장보살도〉, 고려, 비단에 채색, 84.5×36.8cm, 미국 메트로폴리탄미술관

고려불화의 주제와
구도적 특징

고려불화의 대표적인 주제들

고려불화 중 채색화는 크게 다섯 가지 범주로 구분해 볼 수 있다.

첫째, 부처님을 그린 여래도(如來圖), 둘째, 보살을 표현한 보살도(菩薩圖), 셋째, 석가모니불의 제자인 아라한을 그린 나한도(羅漢圖), 넷째, 경전의 내용을 표현한 경전변상도(經典變相圖), 그리고 마지막 다섯째는 위의 범주 어디에도 속하기 어려운 소수의 불화이다.

여래도	
석가모니불	석가삼존도(釋迦三尊圖), 석가삼존십육나한도(釋迦三尊十六羅漢圖)
아미타불	아미타내영도(阿彌陀來迎圖), 아미타독존도(阿彌陀獨尊圖), 아미타삼존도(阿彌陀三尊圖), 아미타구존도(阿彌陀九尊圖)
비로자나불	비로자나불도(毘盧遮那佛圖), 비로자나삼존도(毘盧遮那三尊圖)
약사여래불	약사여래도(藥師如來圖), 약사삼존십이신장도(藥師三尊十二神將圖)

〈석가삼존십육나한도〉, 고려, 14세기, 비단에 채색, 93.0×46.2cm, 삼성미술관 리움(ⓒ삼성미술관 리움)

〈아미타삼존도〉, 고려, 비단에 채색, 117.3×60.2cm, 미국 메트로폴리탄미술관

〈아미타구존도〉, 고려, 비단에 채색, 143.0×87.0cm,
일본 도쿠가와미술관

〈비로자나삼존도〉, 고려, 비단에 채색, 123.0×82.0cm,
독일 쾰른동아시아박물관

석가모니불도 중 '석가삼존도'는 중앙에 석가모니불을 주존(主尊)으로 좌우에 문수보살과 보현보살을 그린 그림이다. '석가삼존십육나한도'는 석가삼존에 신통이 뛰어나서 입적하지 않고 영원히 불교를 수호하는 16명의 제자들을 함께 그린 그림을 의미한다.

  아미타불과 관련된 그림 중 '아미타삼존도'는 중앙의 아미타불을 주존으로 좌우에 관세음보살과 대세지보살을 그린 그림이다. 특이한 경우는 삼성미술관 리움 소장의 〈아미타삼존도〉(107쪽)로 이 경우는 대세지보살 대신 지장보살이 그려져 있다. 이는 고려 후기 지장보살신앙의 약진에 따른 결과이다. 다음으로 '아미타구존도'는 아미타불을 주존으로 관세음(觀世音)·미륵(彌勒)·허공장(虛空藏)·보현(普賢)·금강수(金剛手)·문수(文殊)·제개장(除蓋障)·지장(地藏)보살의 여덟 보살을 함께 그린 그림을 의미한다.

  다음으로 비로자나불과 관련된 그림 중 '비로자나삼존도'는 중앙의 비로자나불을 주존으로 좌우에 문수보살과 보현보살을 그린 그림이다. 그리고 '약사삼존십이신장도'는 약사여래를 주존으로 좌우에 일광보살과 월광보살을 그리고, 다시금 12야차대장을 표현한 그림을 의미한다.

보살도와 나한도

관세음보살	수월관음도(水月觀音圖), 양류관음도(楊柳觀音圖), 천수천안관음도(千手千眼觀音圖)
관세음·지장	관음·지장보살병립도(觀音地藏菩薩竝立圖)
지장보살 및 시왕	지장보살도(地藏菩薩圖)·지장시왕도(地藏十王圖), 시왕도(十王圖)
나한	오백나한도(五百羅漢圖)

'수월관음도'와 '양류관음도'는 앞서 언급한 부분이 있으므로 여기에서는 생략하고자 한다.

'천수천안관음도'는 천 개의 손을 마치 커다란 원형의 광배처럼 장엄하고 그 낱낱의 손바닥에 각각의 눈을 표현하여 관세음보살의 무한한 구제 능력을 나타낸 그림이다. 고려불화 중에는 유일하게 삼성미술관 리움 소장의 〈천수천안관음도〉가 있다. 이 불화를 보면 보타락가산이 수미산형으로 변모한 암좌 위에 결가부좌를 한 관세음보살이 표현되어 있다. 또 뒤쪽의 광배와 같은 원형의 천수천안을 배경으로 중앙의 36개의 손에는 연꽃·금강저·염주·화살·석장·해와 달 등 각각의 다양한 물건(持物)들을 쥐고 있는 모습이 확인된다. 좌정한 관세음보살의 위로는 아미타불이 표현되어 있으며, 아래쪽의 향 좌측에는 작은 선재동자가 그려져 있다.

보살도 중에서는 '관음·지장보살병립도'가 특이하다. 이는 주존 없이 관세음보살과 지장보살만이 나란히 서 있는 그림이다. 다음으로 '지장시왕도'는 지장보살을 주존으로 사후세계의 재판관인 염라대왕을 필두로 하는 10명의 심판왕을 함께 그린 그림을 의미한다. 한편 '시왕도'는 10명의 시왕만을 그린 그림이다. '관음·지장보살병립도'와 '지장보살도' 그리고 '지장시왕도'와 '시왕도'의 존재는 고려 후기에 49재와 같은 천도 의식이 크게 성행했다는 것을 의미한다. 이는 고려 말 성리학의 대두와 더불어 유교적인 조상 숭배 영향이 불교의 신앙의례에 변화를 주었기 때문으로 판단된다. 이와 같은 유교적 영향은 조선에 들어와 더욱 확대되면서 지장보살과 시왕을 모시는 전각인 지장전과 명부전 그리고 시왕전이 크게 유행하는 배경이 된다. 물론 이들 전각에는 지장보살도와 지장시왕도 및 시왕도 등이 정해진 법식에 따라 배치된다.

끝으로 '오백나한도'는 석가모니불의 제자 중 대표적인 인물을 상징적인

〈천수천안관음도〉, 고려, 14세기, 비단에 채색, 93.8×51.2cm, 삼성미술관 리움(ⓒ삼성미술관 리움)

〈지장시왕도〉, 고려, 비단에 채색, 109.0×56.8cm, 독일 베를린동아시아박물관

〈오백나한도-제백칠십 혜군고존자〉,
고려, 비단에 채색, 54.0×37.3cm, 국립중앙박물관,
보물 제1883호(ⓒ국립중앙박물관)

〈오백나한도-제삼백오십칠 의통존자〉,
고려, 비단에 채색, 51.8×37.0cm, 국립중앙박물관,
보물 제1883호(ⓒ국립중앙박물관)

수인 '500'으로 함축해서 표현한 그림이다. 나한신앙은 관음신앙과 더불어 현실적인 삶에서의 문제를 해결하고 복록(福祿)을 증진하는 현세구복(現世求福)적인 신앙이다. 고려 후기가 되면 원나라의 영향으로 나한신앙이 유행하게 되는데, 이와 같은 양상에 의해서 오백나한도가 조성된다.[11] 그러나 오백나한도를 조성하는 것은 여러 폭에 걸친 방대한 불화 작업을 요청하기 때문에 숭유억불의 조선시대가 되면서 점차 쇠퇴한다. 대신 나한신앙의 축약이라고 할 수 있는 16나한[12]과 독성신앙[13]이 유행하면서 다수의 십육나한도와 독성도(獨聖圖)가 남게 된다.

경전변상도	
극락 관련	관경서분변상도(觀經序分變相圖), 관경십육관변상도(觀經十六觀變相圖)
원각경 관련	원각경변상도(圓覺經變相圖)
미륵 관련	미륵하생경변상도(彌勒下生經變相圖)

경전변상도 중에서 '관경서분변상도'(424쪽)는 극락정토와 관련된 경전 중 『관무량수경(觀無量壽經)』의 「서분(序分)」, 즉 경전의 도입부가 되는 배경 설명에 대한 그림이다. 이 「서분」은 소위 '왕사성(王舍城)의 비극'으로 알려져 있는 매우 드라마틱한 사건을 배경으로 하고 있다. 이야기인즉 마가다(Magadha, 摩竭陀)국의 왕자인 아사세(阿闍世)가 하루 빨리 왕위에 오르기 위해서 덕이 높은 부왕 빈비사라(頻毘娑羅)왕을 하옥하고, 왕의 연명을 돕는 어머니마저 유폐한다는 비극적인 가족사이다. 고려의 왕실이나 귀족들 사이에서도 있음직한 이러한 사건이 부처님에 의해서 해소되는 이야기는 당시 고려인들에게 상당한 인기가 있어 이와 같은 변상도가 조성되었던 것이다.

다음으로 '관경십육관변상도'는 『관무량수경』에 담긴 극락에 태어나는 16 가지 관법(觀法)을 그림으로 표현한 것이다.

이 16가지 관법, 즉 16관은 정선(定善) 13관과 산선(散善) 3관으로 이루어져 있다. 이 중 전자인 정선 13관은 극락의 모습과 극락에 태어나는 수행법인 관법을 가르쳐 주는 내용으로 되어 있다. 후자인 산선 3관, 즉 상배관(上輩觀)·중배관(中輩觀)·하배관(下輩觀)은 사후 극락에 태어나는 방식인 구품왕생에 대한 부분이다. 이를 묘사한 '관경십육관변상도'는 극락세계의 모습과 극락에 왕생하기 위한 수행법 그리고 소위 '구품연지(九品蓮池)'로 알려져 있

〈관경십육관변상도〉, 고려, 1323, 비단에 채색, 224.2×139.1cm, 일본 지온인

〈원각경변상도〉, 고려, 비단에 채색, 165.0×85.0cm, 미국 보스턴미술관

〈미륵하생경변상도〉, 고려, 비단에 채색, 171.8×92.1cm, 일본 지온인

는 연못을 표현한 그림인 것이다.

다음 '원각경변상도'는 당나라 때 유행한 『원각경(圓覺經)』의 내용을 그린 그림이다. 중앙 상단에 설법인(說法印)을 하고 있는 보살형의 노사나불을 중심으로 경전에 등장하는 12보살[15]과 다수의 청중들이 묘사되어 있는 것을 확인할 수 있다. 『원각경』은 『대방광원각수다라요의경(大方廣圓覺修多羅了義經)』을 축약해 부르는 명칭으로 일체는 환상이므로 그 실체를 자각해서 깨어나 환상을 타파하는 것이 깨달음임을 설하는 경전이다.

끝으로 '미륵하생경변상도'는 미륵을 신앙하는 법상종(法相宗, 瑜伽宗)에서 『미륵하생경(彌勒下生經)』의 내용을 그린 그림이다.[16] 이 그림은 미륵이 천상에서 내려와 인간으로 탄생해 깨달음을 성취하고 가르침을 널리 베풀어 이 세상을 이상세계로 변모시키는 모습을 형상화한 것이다. 다시 말해 법상종의 이상세계가 제시되어 있는 것이 '미륵하생경변상도'인 셈이다.

기타의 불화들

기타	마리지천도(摩利支天圖) 석가모니열반도(釋迦牟尼涅槃圖) 치성광여래왕림도(熾盛光如來往臨圖)

기타로 분류된 '마리지천도'는 태양 빛의 아우라가 신격화된 밀교(密敎)의 마리지천을 그린 그림이다. 마리지천은 번역하여 '양염(陽焰)'이라고 하는데 눈에 보이지 않는 탁월한 권능으로 중생을 보호하는 것으로 믿어졌다.

다음의 '석가모니열반도'는 말 그대로 석가모니불의 열반 모습을 표현한 그림이다. '석가모니열반도'의 중앙에는 두 그루 사라나무 사이에 북쪽으로 머리를 괴고 서쪽으로 누워 있는 석가모니 열반 모습이 그려져 있다. 그 아래로는 오열하는 제자들과 동물들이 다소 과장된 표현으로 배치되어 있다.

〈치성광여래왕림도〉, 고려,
비단에 채색, 126.4×55.9cm,
미국 보스턴미술관

그리고 위쪽에는 도리천의 천신이 된 어머니 마야 부인이 아들의 열반을 슬퍼하며 천녀들의 부축 속에 눈물을 훔치는 장면 등이 배치되어 있다.[17]

'치성광여래왕림도'는 북극성이 불교적으로 수용된 치성광여래가 우차(牛車, 寶車)를 타고 왕림하는 모습을 표현한 불화이다. 치성광여래의 주위로 요일에 상응하는 칠요성(七曜星)과 라후성(羅睺星)·계도성(計都星)을 더한 구요성(九曜星) 등 15성이 둘러싸고 있는 모습이 확인된다. 이 중 라후성은 일식·월식을 상징하는 추상의 별이고, 계도성은 혜성을 의미한다.

치성광여래의 위쪽 우측에는 북두칠성이 별도의 구름을 타고 하강하는 모습으로 표현되어 있다. 이는 북두칠성이 이 불화 안에서 한 단계 더 높은 위계를 확보하고 있다는 것을 의미한다.

불화 가장 위쪽에는 황도십이궁(黃道十二宮)이 좌우에 각각 여섯 개씩 원형으로 된 별 모양으로 그려져 있으며, 그 아래로 이십팔수(二十八宿)가 불화의 테두리에 나열되어 있다. 이외에도 좌보우필(左輔右弼)과 삼태육성(三台六星) 등이 그려져 있다. 이 불화의 구조는 황제를 모시는 조정의 내조와 외조 그리고 지방 제후들의 형태를 생각하면 되겠다.

한편 '치성광여래왕림도'에서 치성광여래가 소 수레를 타고 하강하는 모습은 도교에서 노자(老子)가 함곡관(函谷關)을 지나 서역(西域)으로 들어갈 때 탔다고 하는 수레 끌던 푸른 빛의 소, '청우(靑牛)'와 관련되어 있다.

노자는 2세기 후반 도교의 성립과 함께 '태상노군(太上老君)'이라는, 하느님과 같은 신적인 존재로 여겨지게 된다. 이와 같은 노자 관련 요소가 영향을 미치면서 소 수레를 타는 치성광여래의 표현이 나타났다고 하겠다.

이렇듯 치성광여래를 중심으로 한 북극성과 칠성신앙은 도교적 요소와 밀접한 관계를 맺고 있다.

이야기 속의 이야기

별들의 왕과 신하들

북극성은 지구와 자전축이 같은 곳에 위치하므로 북반구에서는 움직이지 않는다. 그러므로 동북아시아의 전통문화와 도교에서는 북극성을 '자미대제(紫微大帝)'-불교에서는 '치성광여래'-라고 하여 별들의 황제에 비견한다. 자미대제가 자리한 곳을 '자미원(紫微垣)'이라고 하는데, 여기에 속하는 대표적인 별이 고대로부터 방위를 이해하는 데 활용되었던 북두칠성이다. 북두칠성의 도교식 명칭은 칠원성군(七元星君)이다.[18]

좌보우필이란 북두칠성의 여섯 번째 별인 무곡성(武曲星) 좌측에 보성(輔星)이 있고, 우측에 필성(弼星)이 있는 것을 의미한다. 좌보우필을 축약한 것이 윗사람을 옆에서 도와준다는 뜻의 '보필(輔弼)'이라는 단어이다. 좌보우필은 북두칠성에 더해 북두구성이 되어 '구황신(九皇神)'으로 칭해지기도 한다.

삼태육성은 북두칠성 바깥쪽 가까운 곳에 위치한 세 쌍으로 된 여섯 개의 별이다. 즉 '삼태육성'이란 삼태와 육성을 각각 일컫는 말이 아니라 삼태가 곧 육성인 것이다. '삼태성'이라는 말은 총칭이며, 이를 각각 한 쌍씩 상태성, 중태성, 하태성이라 짝지어 구분한다.[19]

이십팔수는 북극성을 중심으로 둥그렇게 배치되는 28개의 중요한 작은 별자리를 의미한다. 이들을 동·서·남·북의 네 방위로 나누어 각각 일곱 개의 별자리들로 나누기도 하는데, 이를 일컬어 '동(좌) - 청룡, 남 - 주작, 서(우) - 백호, 북 - 현무'라고 한다. 즉 우리가 익히 알고 있는 '사신(四神)'이란, 실제로는 이십팔수를 의미하는 것이다.[20]

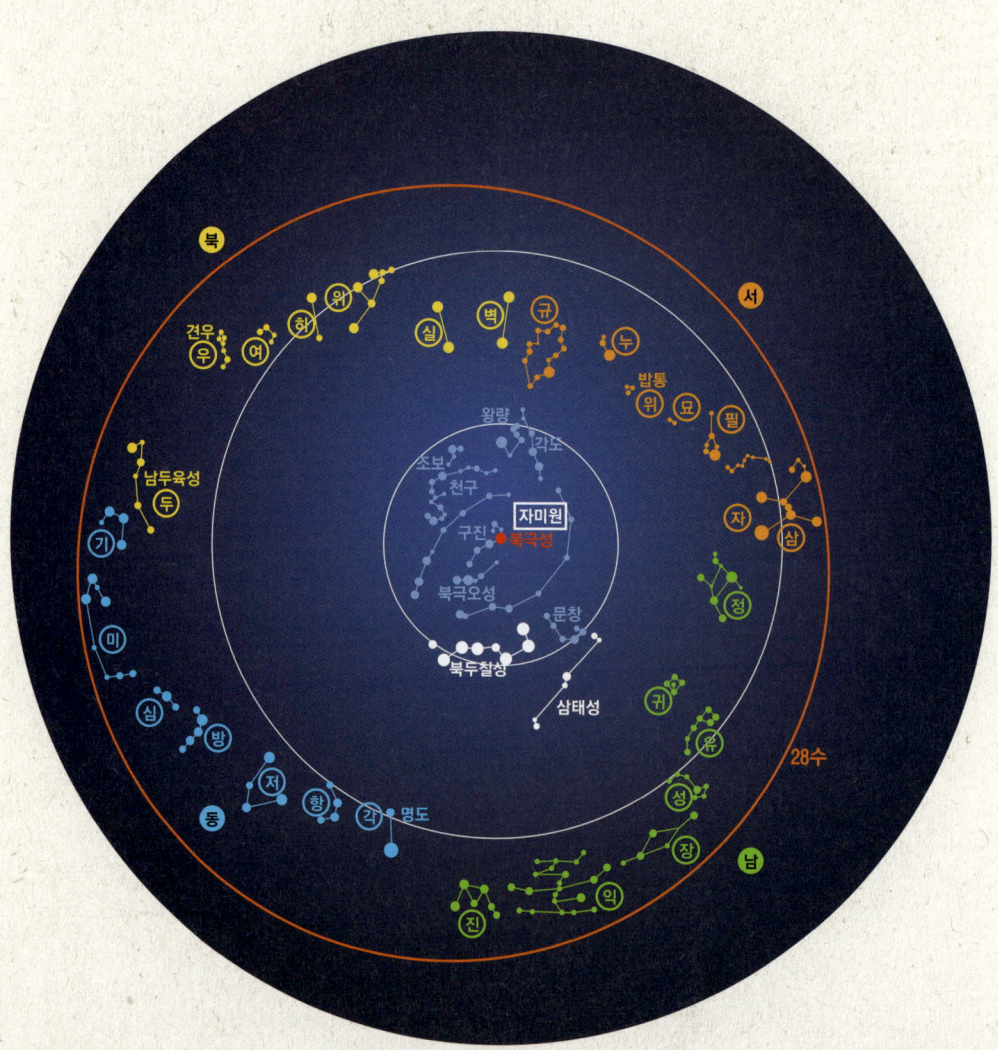

고려불화에 아미타불이 많은 이유

현존하는 고려불화에서 가장 많은 수를 차지하는 것은 아미타불과 관세음보살 관련 불화이며, 그 다음이 지장보살 불화이다. 이 외 나머지는 각각 몇 점씩밖에 되지 않는다. 특히 불교의 교조인 석가모니불과 관련된 그림 역시 제한적이라는 점은 무척이나 흥미롭다.

이러한 경향의 원인은 아래 세 가지 측면으로 이해해 볼 수 있다.

일본불교의 선호도와 고려 말 아미타신앙의 약진
첫째는 약탈자인 왜구의 기호 판단이 작용했을 것이라는 점이다. 왜구가 고려불화를 약탈하던 당시 일본불교는 아미타신앙과 관련된 정토종이 강했다. 하지만 그렇다 해도 석가모니불도의 수가 적다는 것은 납득하기 쉽지 않다. 결국 이러한 측면만으로는 의문이 완전히 해결되지 않는 것이다. 그러므로 아래와 같은 측면을 생각해 보지 않을 수 없다.

그것은 바로 둘째, 고려 말의 혼란 상황 속에서 아미타신앙이 약진했을 것이라는 추정이다. 그리하여 당시 조성된 걸개그림 중 아미타신앙과 관련된 불화가 많았을 수 있다는 점이다.

아미타불은 불교에서 말하는 최고의 이상향인 극락세계를 관장하는 부처님이다. 또 관세음보살은 이러한 아미타불을 돕는 좌 협시보살이다. 즉 아미타불의 오른팔과 같은 보살이라고 이해하면 되겠다. 여기에 이들 다음으로 많은 비율을 보이는 지장보살은 지옥에 빠진 중생을 제도하는 구제의 보살이다. 이러한 불보살의 등장을 통해 당시의 내세 및 사후세계에 대한 공포와 극락정토 관련 신앙의 약진 양상을 인지해 볼 수 있다.

〈아미타삼존도〉, 고려, 비단에 채색, 111.2×50.9cm, 일본 네즈미술관

〈아미타지장병립도〉, 고려, 비단에 채색, (그림)94.6×55.6cm, 미국 메트로폴리탄미술관

물론 수월관음도 속의 관세음보살은 아미타불의 서방 극락세계가 아닌 우리가 사는 사바세계 내 보타락가산에 거주한다. 즉 관세음보살은 극락세계와 사바세계의 양자에 속하는 이중성을 가지고 있는 것이다. 이런 점에서 같은 관세음보살이 등장하는 불화라고 하더라도 보타락가산의 표현이 나타나는 '수월관음도'는 현세적인 측면에서의 판단도 가능하다.

그러나 고려 말의 정토신앙 약진 양상을 고려한다고 하더라도 역시 석연치 않은 부분이 말끔하게 해소되는 것은 아니다. 그러므로 우리는 다음의 세 번째 측면을 고려하지 않을 수 없다.

이동의 용이성과 걸개그림

셋째는 이 불화들이 주불전의 예배화가 아닌, 보조적인 존상화 위주라는 점이다. 이는 그림의 구도와 형태적인 측면에 따른 접근이다.

당시까지 주불전의 주(主)에 해당하는 후불도는 전통적인 측면에서의 벽화가 상당수였을 것으로 추정된다. 실제로 조선 전기인 1435년 전후에 조성된 안동 봉정사 〈영산회상벽화〉(보물 제1614호)와 1476년의 연대를 갖는 강진 무위사 〈아미타여래삼존벽화〉(국보 제313호)(144쪽)는 이때까지도 후불도에 벽화의 전통이 유전하고 있었다는 것을 보여 준다. 그런데 주지하다시피 벽화는 이동이 불가능하다. 결국 옮기기가 유리한 걸개그림 위주로 약탈이 자행되었을 것이란 판단이 가능하다.

수월관음도나 아미타내영도는 그 구도와 형태적인 특징상으로도 볼 때, 특정한 존상을 앞에 두고 있는 후불도라고 보기는 어렵다. 또 같은 이유에서 이들 불화의 앞에는 특정한 불상이 위치했을 가능성도 희박하다. 결론적으로 수월관음도나 아미타내영도는 예배화이자 보조적인 존상화로서 조성되

〈수월관음도〉, 고려, 14세기,
비단에 채색, 119.2×59.8cm,
삼성미술관 리움,
보물 제926호(ⓒ삼성미술관 리움)

강진 무위사 〈백의관음도〉, 조선, 1476, 토벽에 채색, 320.0×280.0cm, 강진 무위사, 보물 제1314호(ⓒ하지권)

었다고 볼 수 있는 것이다.

　이와 같은 추측이 가능한 것은 다음과 같은 이유 때문이기도 하다.

　먼저 중국의 사찰에서 관음도상은 주불전의 후불도 벽 반대편(뒷면)에 배치된다는 점이다. 이러한 양식은 우리 사찰에서도 찾아볼 수 있다. 예를 들어 강진 무위사 극락전의 〈백의관음도〉(보물 제1314호)나 공주 마곡사 대광명전 및 고창 선운사 대웅보전 등이 그러하다. 결국 당시 관음도는 불전의 후불도가 위치하는 벽 뒤편에 걸렸을 것으로 추정해 볼 수 있다.

　다음으로 아미타내영도의 경우 삼성미술관 리움 소장의 〈아미타삼존도〉(107쪽)에서 확인되는 것처럼 왕생극락을 염원하는 영가 천도와 밀접하게 연관되어 있다. 결국 예배의 대상으로서 불전 중앙 정면에 자리한 후불도라기보다는 불전 내부 측면에 자리한 영단(靈壇)과 관련해 걸렸을 것이라는 말이다.

　필자는 영단을 중심으로 아미타내영도는 극락이 위치하는 서쪽을 향한 좌측에 걸렸고, 영단의 우측에는 지장보살도가 걸린 것이 아닌가 추정한다. 이것은 아미타내영도와 지장보살도의 거의 모든 불화가 동일한 방향을 보는 것으로 제작되어 있다는 점, 그리고 지장보살도의 인도하는 듯한 자세와 고려불화에는 인로왕보살도(引路王菩薩圖)가 전혀 등장하지 않는다는 점 때문이다. 그러므로 당시에는 지장보살이 인로왕보살[21]의 역할을 겸하고 있었을 것으로 추정해 볼 수 있다.

　한편 수월관음도나 아미타내영도가 걸개그림으로 조성된 데에는 다음과 같은 이유가 작용했을 것으로 판단된다.

　후불도의 경우 전면에 불상이 위치하기 때문에 섬세한 작업이 필요하지 않지만, 수월관음도와 아미타내영도는 그림으로서만 존상을 표현해야 하므

〈아미타삼존도〉, 고려, 비단에 채색, 100.5×54.2cm, 일본 MOA미술관

로 보다 섬세한 작업이 요구된다. 고려불화의 화려하고 섬세한 작업 기법으로서 '배채법(背彩法)'[22] 역시 존상 없이 그림만으로 높은 완성도를 확보해야만 하는 특수성에서 발전한 것으로 추정된다. 즉 불화만으로 존상의 완성도를 높여야만 했기 때문에 이와 같은 기술적인 측면이 발전하게 된 것이라는 말이다.

이렇듯 섬세한 작업이 요구됨에 따라 이들 불화는 바닥에 놓고 그리는 방식으로 진행될 수밖에 없다. 앞서 이야기하였듯 벽화로 조성되는 경우 섬세한 작업에 한계가 있기 때문이다. 결국 이렇게 완성된 불화는 당연히 걸개그림 형식으로 조성되게 된다.

주지하다시피 벽화는 약탈 등에 의한 이동이 불가능하다. 그러므로 옮기기가 유리한 걸개그림 위주로 왜구의 약탈이 자행되었을 것이다. 그리고 이러한 걸개그림에는 주불전의 후불도와 같은 예배화 비율보다는 보조적인 존상화가 훨씬 더 많았을 것이다. 바로 이 점이 수월관음도나 아미타내영도가 현존하는 고려불화의 다수를 점하는 이유가 아닌가 한다.

고려불화의 구도와 양식적인 특징

고려는 중세 귀족제 사회이다. 귀족제 사회란 개인의 능력이 아닌 출신에 의해서 신분이 좌우되는 사회를 말한다. 즉 가문과 혈통이 중요한 사회인 것이다. 이 때문에 개인의 관직 진출은 그 개인이 속한 집안의 지분 안배에 따라 배분되고 결정된다. 이로 인하여 관직에 나아가더라도 국왕에 대한 충성도보다는 집안에 대한 유대관계가 보다 견고하게 작용하는 특징을 보인다.

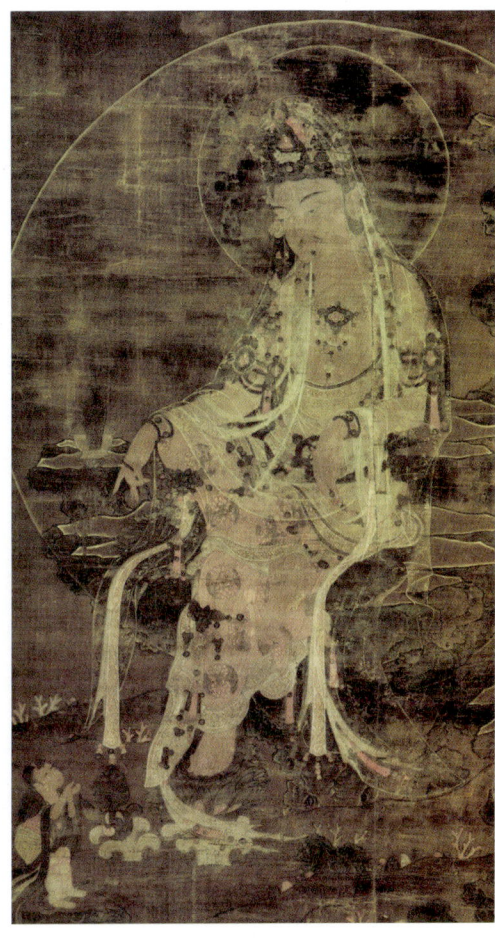

〈아미타팔대보살도〉, 고려, 비단에 채색, 175.3×91.5cm, 일본 도쿄예술대학

〈수월관음도〉, 고려, 비단에 채색, 98.0×55.0cm, 독일 쾰른동아시아박물관

이는 관직의 수여 주체가 국왕이 아닌 자신이 속한 소속 집안이기 때문이다. 고려사회의 이와 같은 조직 구조는 자연히 권문세가(權門勢家)를 양산하게 된다. 권문세가란 요즘의 재벌과 같은, 그들만의 리그가 가능한 집단이라고 이해하면 되겠다.

이와 같은 사회 구조의 특징은 고려불화의 구조에서도 그대로 나타나게 되는데, 본존과 권속들이 상하로 뚜렷하게 분리되는 2단 구도가 바로 그것이다. 그런데 고려 말 왕권을 강화하려는 목적으로 과거시험을 통해 신진사대부들을 등용하게 되면서, 이 2단 구도는 점차 무너지게 된다. 실제로 고려불화의 후기 작품들을 보게 되면, 본존의 무릎 아래에 배치되던 협시와 권속들이 점차 위쪽으로 이동하는 모습을 확인해 볼 수 있다. 이러한 양상은 이후 고려에 비해 능력 중심의 사회 구조를 가졌던 조선시대에 이르게 되면, 본존을 중심으로 하는 원형 구도의 불화로 변화하게 된다. 즉 신분제 사회에서 과거시험을 통한 능력제 사회로의 변화가 불화의 구도를 상하의 수직적인 2단 구도에서 수평성이 가미된 원형 구도로 변모시키는 것이다.

한편 고려불화 중에는 측면 자세의 구도나 좌우 비대칭 구도의 불화도 다수 존재하는데, 이는 조선불화에서는 쉽게 용납되는 측면이 아니다. 이와 같은 고려불화의 특징이 가능한 것은 고려와 조선의 인간 심신(心身)에 대한 이해가 상호 달랐기 때문이다.

고려시대까지는 불교가 주도하는 인도문화의 사고방식인 심신이원론(心身二元論)의 관점을 견지한다. 즉 육체와 정신은 다르기 때문에 자세가 굳이 바르지 않고 유희좌(遊戲坐)처럼 편안하게 있더라도 정신만큼은 올바른 관점을 견지할 수 있다고 보는 것이다. 그러나 성리학이 지배이데올로기인 조선으로 넘어오게 되면 심신일원론(心身一元論)의 관점이 일반화된다. 심신일원론의 관점에서는 육체의 바름이 곧 정신의 올바름을 나타내는 것이므로 조선불화는 좌우 대칭 구도와 정면 자세를 보이게 되는 것이다.

　이와 같은 관점 차이로 인하여 고려불화에서 볼 수 있던 자유로운 자세와 구도는 이후 조선시대에 이르면 데칼코마니 같은 좌우 동형의 경직된 방식으로 변화한다. 우리는 이를 통해서 시대와 시대의 사고방식에 따라 변화하는 예술의 면모를 확인해 볼 수 있게 된다.[23]

조선불화의
시대 구분과 특징

조선불교의 변화와 배경

원 간섭기가 끝나는 것은 1356년이다. 그러나 고려는 그 이전부터 원의 간섭으로부터 벗어나려는 다양한 시도들을 하였고, 이 과정에서 고려불교계는 티베트 라마불교의 영향을 신속하게 지워 나간다. 이 시기에 주목할 인물은 인도승려인 지공 선현(指空禪賢, 미상~1363)과 '여말삼사(麗末三師)'로 불리는 태고 보우(太古普愚, 1301~1382)·나옹 혜근(懶翁惠勤, 1320~1376)·백운 경한(白雲景閑, 1298~1374)이다. 이들에 의한 선종(禪宗)의 약진으로 고려불교는 결혼을 하고, 육식을 하는 등의 라마불교 유풍[24]을 빠르게 정화하면서 청정성을 회복하게 된다.

여말삼사 중 나옹이 중요한데, 그의 문도들은 여말선초를 대표하는 사찰인 양주 회암사(檜巖寺)를 중심으로 당시 불교계를 장악한다. 나옹의 법맥은 고려 마지막 국사인 환암 혼수(幻庵混脩), 이성계의 왕사인 무학 자초(無學自超)에게 전해지고, 이후로도 함허 득통(涵虛得通), 신미(信眉), 학열(學悅)·학조(學祖)에게 전해지면서 세조와 예종 대까지 크게 번성한다. 물론 조선의 지배이데올로기는 성리학이었지만, 태조는 무학 대사에게 자문을 구하고 상왕으로 물러난 뒤 회암사를 거처로 정하는 등 친불교적인 자세를 견지했다.

그러나 태종이 즉위하면서 상황은 급반전된다. 1868년 대원군이 서원철폐령을 내려 47곳의 서원만을 남기고 나머지는 전부 헐어 버린 것처럼, 태종은 1406년 당시 유력했던 불교의 11개 종파를 일곱 종파로 통합[25]하고, 전국에 사찰 242곳만 남긴 채 나머지를 모두 무력화시킨다. 이후 세종 역시 집권 초 태종의 불교정책을 이어받아 보다 강도 높은 축소정책을 단행한다. 그 결과 1424년, 일곱 개의 불교종파는 선종과 교종의 두 종파로 통합되고[26], 사찰 역시 242곳에서 36곳으로 축소된다.[27] 물론 만년의 세종은 불교에 심취해 친불교적 자세를 취하며 이후 세조에 의한 불교 부흥이 이루어지지만 이것이 숭유억불의 대세를 거스를 수 있는 정도는 아니었다.

삼국시대 이래로 1,000년을 넘게 지속되던 불교의 저력이 한순간에 붕괴된 것은 거대한 사원들이 국가의 후원 아래 유지되고 있었기 때문이다.

이와 같은 조선 초기의 급격한 불교 위축 상황으로 인해 많은 불화가 남기 어려운 환경이 조성된다. 여기에 임진과 병자의 양란 과정에서 사찰 역시 막대한 피해를 입는다. 이 때문에 결국 현존하는 대다수의 조선불화는 양란이 지난 조선 후기 영·정조시대에 조성된 것들이라고 이해하면 되겠다.

조선불화의 시대 구분과 대표작

조선불화의 시대 구분은 조선회화의 시대 구분과 그 맥을 같이한다. 그런데 조선의 경우 한국사에서 근세에 해당하므로 현대와 가까운 시기여서 많은

조선불화 시기별 구분과 특징

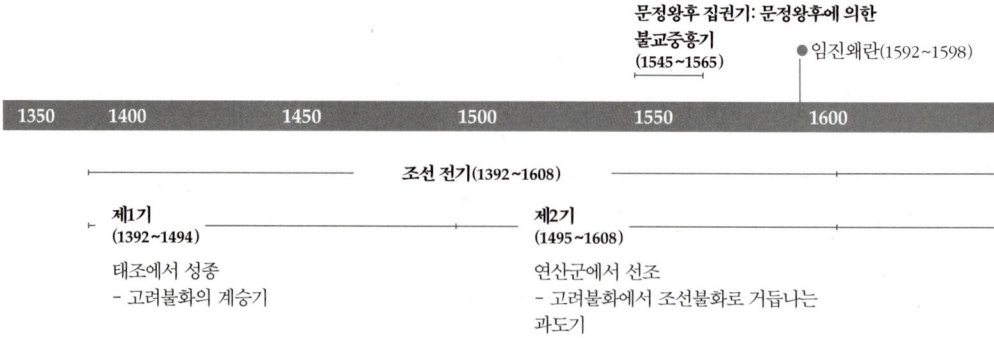

　불화가 현존한다. 그런데 층층이 누적된 다양한 작품들은 시대적 차이를 통한 분절을 어렵게 한다. 문화적인 흐름을 특정한 시기를 기점으로 나눈다는 건 학문적 접근에 있어 필연적이지만 정확한 분절은 불가능하기 때문이다. 이로 인하여 학자들 간에 다양한 시기 구분법이 제시되고 있는데, 이들의 공통점은 임진왜란과 선조의 재위 기간을 기점으로 전기와 후기를 나눈다는 점이다. 그러나 이 전기와 후기 안에서 어떤 방식으로 세부적인 기준을 나눌 것이냐에 관해서는 의견 일치가 되지 않은 실정이다.[28]

　회화의 특성상 주제와 양식에 따른 구분도 충분한 타당성이 있다. 그러나 가장 분명한 기준은 역시 국왕의 변화에 따른 측면이다. 물론 이 기준은 회화의 주제와 양식의 분절에 명확히 적용될 수 없다는 문제점이 있지만, 그럼에도 이것이 가장 분명한 기준을 제시하고 있다는 점에서는 별다른 이견이 있을 수 없다.

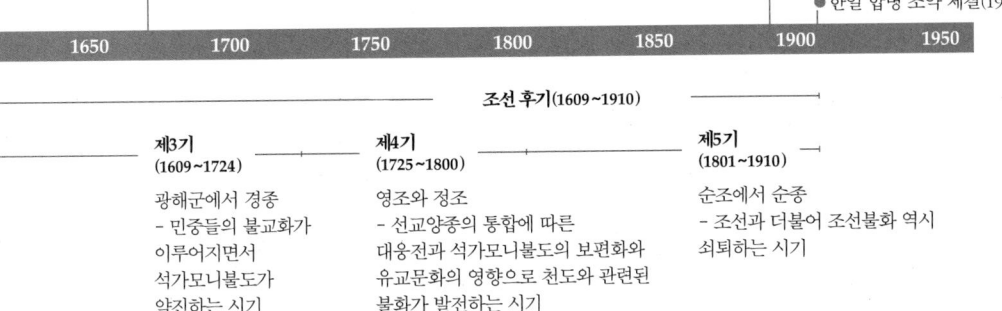

고려불화의 계승과 변화의 태동

제1기(1392~1494)에 제작된 불화는 현존하는 것이 많지 않으며, 그나마도 상당수가 우리나라가 아닌 일본에 건너가 있는 실정이다. 제1기의 불화 중에서 조성 연대가 분명하고 중요한 그림으로는 일본 바이린지[梅林寺]에 소장되어 있는 1427년의 〈수월관음도〉와 일본 지온지[知恩寺]에 소장된 1434년의 〈관경십육관변상도〉, 그리고 일본 지온인[知恩院] 소장의 1465년 조성된 〈관경십육관변상도〉와 1435년 전후에 조성된 안동 봉정사 〈영산회상벽화〉, 1476년 조성된 강진 무위사 〈아미타여래삼존벽화〉 등이 있다. 이 시기의 불화는 전체적으로 고려불화의 양식과 주제를 계승하고 있으나, 당당함과 화려함에서는 전 시대에 비해 다소 위축된 모습을 보인다. 이는 숭유억불의 시대상에 따른 경제력의 약화가 반영된 결과로 이해된다.

강진 무위사 〈아미타여래삼존벽화〉, 조선, 1476, 토벽에 채색, 270.0×210.0cm, 강진 무위사, 보물 제313호(ⓒ하지권)

제1기 불화 중 가장 주목되는 것은 강진 무위사 〈아미타여래삼존벽화〉이다. 이 불화는 아미타불의 좌우협시로 관세음보살과 지장보살을 배치하고 있다. 이는 삼성미술관 리움 소장의 고려불화인 〈아미타삼존도〉(107쪽)와 축을 같이하는 것으로 아미타불 협시 변화의 흐름을 알 수 있게 해 준다. 또 다소 생소한 6대제자의 표현과 조선시대에 들어와서 새로운 양식으로 자리 잡게 되는 육계²⁹ 위의 정상 계주(頂上髻珠)³⁰ 표현이 등장한다는 점에서 주목할 만하다.

왕실의 발원으로 조성된 불화들

제2기(1495~1608)에서 주목되는 사건은 제11대 중종의 계비인 문정왕후(文定王后)의 불교 진흥에 의한 불교계 변화이다. 실제로 이 시기의 불화는 대략 120점 정도가 전해지고 있는데, 이 중에서 연대가 분명한 그림들은 문정왕후의 아들인 명종(재위 1545~1567)과 선조 대에 집중적으로 나타나고 있다. 이는 당시 문정왕후의 영향력을 엿볼 수 있는 대목이다.

문정왕후는 자신의 아들인 명종이 12세로 즉위하자 수렴청정을 하기 시작해서 사망할 때까지 실질적인 권력자의 위세를 떨치는 조선조에서는 보기 드문 여걸이다.

문정왕후는 1563년 명종의 아들인 순회세자(順懷世子)가 13세의 나이로 요절하고, 왕자가 생산되지 않은 상태에서 명종의 건강까지 좋지 않자 허응당(虛應堂) 보우(普雨)의 건의를 받아들여 회암사의 중건을 단행한다. 그리고 1565년의 낙성식에 맞추어 총 400점의 불화를 조성해 생명력을 불어 넣는 점안(點眼)을 한다. 이는 이때 제작된 불화의 화기(畵記)를 통해서 확인해 볼 수 있는데, 화기의 중요 부분을 축약하여 제시하면 다음과 같다.

〈석가삼존도〉, 조선, 1565, 비단에 채색, (그림)60.5×32.0cm, 미국 메트로폴리탄미술관

회암사 〈약사삼존도〉, 조선, 1565, 비단에 금니, (그림)54.2×29.7cm, 국립중앙박물관(ⓒ국립중앙박물관)

'가정 을축(1565) 정월 대왕대비는 주상이 만세토록 강건하며 왕비가 회임하여 부처님과 같은 아들이 태어나기를 발원합니다.' 이에 화가(良工)에게 석가삼존과 미륵삼존, 그리고 약사삼존과 아미타삼존을 각각 금탱화 50점과 채색화 50점, 이렇게 도합 400점의 탱화를 그리도록 분부하였다. 그리고는 회암사의 중수 경찬 때에 맞추어 법식에 따라 점안하였다.

문정왕후의 발원에 의해 제작된 불화는 당시 최고 실권자에 의해 조성되었다는 점과 불교계의 대표적인 고승인 허응당 보우가 관여하고 있다는 점 등에서 특히 주목된다.

이때 조성된 불화 400점 중 현존하는 그림은 석가삼존도 두 점과 약사삼존도 네 점의 총 여섯 점뿐으로, 약사삼존도 네 점 중 금선화(金線畵)로 조성된 두 점은 국립중앙박물관과 일본 도쿠가와[德川]미술관에 각각 한 점씩, 채색화로 조성된 나머지 두 점은 일본 호주인[寶壽院]과 류조인[龍乘院]에 각각 한 점씩 봉안되어 있다. 한편 채색화로 조성된 석가삼존도 두 점은 일본의 고젠지[江善寺]와 미국 버크컬렉션(메트로폴리탄미술관 소장)에 각각 한 점씩 소장되어 있다.

이로서 현존하는 문정왕후 발원 불화는 도상의 측면에서 석가삼존도와 약사삼존도로 나눌 수 있으며, 이 중 약사삼존도는 그린 방식에 따라 금선화와 채색화로 나누어 볼 수 있다.

이 중 국립중앙박물관이 소장하고 있는 회암사 〈약사삼존도〉는 고려불화의 전통을 계승한 2단 구조가 뚜렷하여 당시까지도 왕실 발원 불화에서는 고려불화의 양상이 잔존하고 있었다는 점을 확인할 수 있다. 또 이 작품은 별을 꽃비가 내리는 것처럼 화려하게 처리한 것이 인상적이다.

〈약사삼존십이신장도〉,
조선, 1477, 비단에
채색, 85.7×55.9cm,
삼성미술관 리움
(ⓒ삼성미술관 리움)

그런데 많은 불화를 짧은 시기에 제작해서 그런지 좌우의 협시보살인 일광보살과 월광보살의 배치에 오류가 발견된다. 본존인 약사여래를 중심으로 좌측에는 보관에 삼족오가 표현된 일광보살이 위치해야 하고, 우측에는 옥토끼가 표현되어 있는 월광보살이 위치해야 하는데 이의 반대 양상이 확인되는 것이다. 옥의 티인 셈이다. 이는 본존의 시각과 그리는 화가의 시점이 반대가 되어 나타난 착오로 판단된다. 당시 최고 실권자인 문정왕후 발원 불화에 이런 오류가 있다는 점도 그렇지만, 이런 불화가 유통되었다는 점도 무척 흥미롭다.

제2기에 속한 불화는 아니지만 왕실의 발원으로 조성된 중요한 불화가 한 점 더 있다. 바로 삼성미술관 리움에 소장되어 있는 1477년의 왕실 발원 그림인 〈약사삼존십이신장도〉이다. 이 불화는 명종의 누이동생인 명숙공주(明淑公主)와 남편인 홍상(洪常)이 성종(재위 1469~1494)의 수명장수를 위하여 조성한 다섯 종의 불화 중 한 점이다.[31] 불화를 보면 중심에 채색이 화려한 약사삼존이 표현되어 있고, 12야차대장이 본존의 어깨 높이까지 원형으로 배치되어 있는 것을 알 수 있다. 이는 일본 치샤쿠인[智積院] 소장의 고려불화인 〈약사삼존십이신장도〉에서 12야차대장이 본존의 좌대 아래쪽에 배치된 것과는 사뭇 다른 구조이다. 즉 여기에는 고려불화의 특징인 2단 구조 측면과 함께 조선불화의 특징인 원형 구조가 함께 살펴지는 것이다.

그런데 이 〈약사삼존십이신장도〉에 표현된 약사삼존의 위치가 회암사 〈약사삼존도〉의 약사삼존 표현과 유사하다는 점이 눈에 띈다. 이에 우리는 1477년 조성의 〈약사삼존십이신장도〉를 통해서 1565년 조성의 회암사 〈약사삼존도〉가 단순히 고려불화의 2단 구조만을 따른 것이 아니라 과도기적 상황에 처해 있던 불화였음을 인지할 수 있다. 다시 말해 회암사 〈약사삼존

함창 상원사 〈사불회도〉, 조선, 1562, 비단에 채색, (그림)90.0×74.0cm, 국립중앙박물관, 보물 제1326호(ⓒ국립중앙박물관)

도)는 약사삼존만을 담고 있어서 고려불화의 2단 구조를 보다 철저하게 계승하는 것처럼 보인다는 것이다.

　이러한 사례를 볼 때 조선불화에서 확인되는 권속의 원형 구조는 고려불화의 2단 구조에서 좌우 협시보살은 그대로 둔 채 나머지 권속들의 배치로 이루어지고 있다는 것을 알 수 있다. 이는 이후의 조선불화에서도 공통적으로 나타나는 특징이다.

　이외에 반드시 짚고 넘어가야 할 불화로는 국립중앙박물관 소장의 함창 상원사 〈사불회도(四佛會圖)〉(보물 제1326호)가 있다. 이 불화는 사각형의 사방에 네 부처님과 협시보살 및 권속들을 빼곡히 그린 특이한 구도의 그림이다.

　이 불화의 화기에는 '사후에는 극락세계의 구품왕생을 위하고, 살아 있는 조모 정경부인(貞敬夫人) 윤씨의 건강을 기원하며, 덕양군(德陽君) 부부의 강건함을 위하고, 모두가 재앙을 여의고 수(壽)·복(福)이 갖추어지기를 바란다'라고 적혀 있다. 이와 같은 화기와 도상에서 확인되는 특징을 근거로 네 부처님은 상단 향 좌측에서 시계 방향으로 아미타불과 약사여래, 그리고 미륵불과 석가모니불로 판단해 볼 수 있다.

　제2기 불화로 언급해야 할 마지막 불화는 일본 지온인에 소장되어 있는 영암 도갑사(道岬寺)의 〈삼십이관음응신도(三十二觀音應身圖)〉이다. 이 그림은 인종비 공의왕대비(恭懿王大妃)가 1550년에 인종(재위 1544~1545)의 명복을 빌기 위하여 제작해 도갑사에 봉안한 것이다. 이 〈삼십이관음응신도〉는 중앙의 관세음보살이 보타락가산에서 자유로운 유희좌로 앉아 있고, 그 주위에 풍부한 산수화를 배경으로 관세음보살이 32가지의 응신(應身)^{32}을 나타내어 중생을 구제하는 모습을 그린 그림이다.

　관세음보살의 응신 종류에 관해서는 경전에 따라 33응신과 32응신이 있

영암 도갑사 〈삼십이관음응신도〉, 조선, 1550, 비단에 채색, 235.0×135.0cm, 일본 지온인

다. 먼저 33응신설은 『묘법연화경』 권7에 수록되어 있는 「관세음보살보문품(觀世音菩薩普門品)」에 근거한다. 「관세음보살보문품」은 독자적인 경전으로도 유통되는데, 이때는 『관음경(觀音經)』이라고 불린다. 이에 반해서 32응신설은 송나라 때 유행한 경전인 『능엄경』에 따른 것이다. 하지만 도갑사 〈삼십이관음응신도〉가 『능엄경』에 입각해 그려진 불화라고 보기는 어렵다. 이 불화가 그려질 시기 유행했던 『묘법연화경』은 송나라 때 승려인 계환(戒環)이 찬술한 일곱 권으로 된 『묘법연화경요해(妙法蓮華經要解)』이다. 그런데 여기에서는 관세음보살의 응신 수를 32로 규정하고 있다. 실제 〈삼십이관음응신도〉에는 경전의 내용이 적혀 있는데 이를 통해 『묘법연화경』을 배경으로 하고 있다는 것을 알 수 있다. 즉 〈삼십이관음응신도〉는 『묘법연화경』에 기초하여 계환의 영향으로 32응신이 표현된 매우 특이한 불화인 셈이다.

유교의 영향과 감로도(甘露圖)의 발생

제2기에 주목할 만한 사건이 하나 더 있다. 바로 감로도의 발생이다.

이 불화는 유교의 영향에 의해 제례와 조상 숭배가 강조되고, 이것이 불교 전통의 우란분재(盂蘭盆齋)와 결합되어 만들어진 매우 특수한 그림으로서 조선불화에서만 확인된다.

감로도는 석가모니불의 10대제자 중 신통이 뛰어난 목건련이 지옥에 빠진 어머니를 구한다는『우란분경(盂蘭盆經)』의 내용을 소재로 하고 있다. 그렇기 때문에 감로도를 '우란분경(변상)도'라고 칭하기도 한다. 목건련이 어머니를 천도하는 날은 음력 7월 15일로 불교에서는 이때를 '우란분절(盂蘭盆節)'이라고 하며 모든 영혼들을 천도하는 날로 삼고 있다.

조상 숭배가 일반화되어 있던 동아시아의 불교에서는 이 날을 적어도 당나라 때부터 높은 비중으로 다루었다.[33] 이러한 점에 비추어 보면 우란분절의 불교 의식과 관련하여 현존하는 감로도의 시원이 되는 불화가 존재했을 것이라는 추정이 어렵지 않다. 다만 현재 확인되는 것은 없다.

조상 천도와 관련된 우란분절은 유교의 성리학을 지배이데올로기로 삼는 조선에 와서 더욱 강력한 외연을 확보한다. 그리하여 조성된 것이 바로 현재 우리가 볼 수 있는 감로도이다.

감로도는 현재 95점 정도가 남아 있는데 망자를 위한 제단인 영단에 설치되어 49재나 천도재 및 예수재(豫修齋) 의식에서도 사용된다.

현존하는 감로도 중 가장 오래된 것은 1580년에 조성된 북촌미술관 소장 〈감로도〉이다. 이 〈감로도〉는 일본에 있던 것을 지난 2009년에 북촌미술관 측에서 구입하여 국내로 들여온 것이다. 다음으로 연대가 올라가는 것은 일본 나라[奈良]시 야쿠센지[樂仙寺]에 소장되어 있는 1589년의 〈감로도〉, 세 번

〈감로도〉, 조선, 16세기, 비단에 채색, 322.0×281.0cm, 국립중앙박물관(ⓒ국립중앙박물관)
2010년 일본 교토 류간지에서 기증한 조선 전기 불화로 국립중앙박물관이 소장하고 있던 가장 오래된 감로도인 보석사 〈감로도〉(1649)보다 앞서 조성된 불화이다.

째로 오래된 것은 마쓰사카[松板]시 죠덴지[朝田寺]에 모셔져 있는 1591년 조성의 〈감로도〉이다. 마지막으로 소개해야 할 〈감로도〉 역시 16세기 말의 불화인데, 이는 교토의 류간지[龍岸寺]에 봉안되어 있다가 지난 2010년 반환되어 국립중앙박물관에서 소장하고 있다.

감로도의 조성 연대가 16세기까지로 소급된다는 점을 통해 임란 이전부터 유교적 요구를 적극 수용하며 변모해 나갔던 조선 중기 불교의 변화 양상을 인지할 수 있다. 특히 감로도에는 당시 민중들의 생활상이 담겨 있는데 이는 당시 불교가 민중을 향해 열려 있었다는 방증이다. 이와 같은 조선불교의 변화는 양란 이후 불교가 민중과 결합하며 확대될 수 있었던 한 요인이 된다.

왜란 이후 민심을 담은 거대 불화의 탄생

제3기(1609~1724)는 임진왜란이 끝나고 전후의 상황을 수습하는 기간에 해당한다. 물론 이 시기에는 병자호란도 발발한다. 그러나 병자호란의 실질적인 기간은 1636년 12월부터 1637년 1월까지로 불과 두 달밖에 되지 않기 때문에 임진왜란과 같은 정도의 충격은 발생하지 않는다. 이때의 불화는 50여 점 정도가 전해지는데, 이 시기에 처음 등장하는 괘불도와 군도(群圖)로서 영산회상도가 주목된다.

먼저 괘불도는 현존하는 가장 오래된 것으로 1622년의 나주 죽림사 〈세존괘불도〉(56쪽)가 있다. 이후의 것으로는 1627년의 부여 무량사 〈미륵불괘불도〉(보물 제1265호)가 주목해 볼 만하다. 이 두 괘불도는 모두 한 부처님만을 묘사한 독존(獨尊)괘불도이다. 이에 비해서 1687년의 공주 마곡사 〈석가모니불괘불도〉(보물 제1260호)는 중앙에 거대한 보살형의 석가모니불을 중심으로,

부여 무량사 〈미륵불괘불도〉, 조선, 1627, 비단에 채색, 1213.0×685.5cm, 부여 무량사, 보물 제1265호 (ⓒ부여 무량사)

공주 마곡사 〈석가모니불괘불도〉, 조선, 1687, 삼베에 채색, 1065.0×709.0cm, 공주 마곡사, 보물 제1260호(ⓒ문화재청)

그 주위에 권속들이 상단까지 빼곡하게 배치되어 있는 형태이다. 특히 무량사 〈미륵불괘불도〉와 마곡사 〈석가모니불괘불도〉에는 각 존상의 옆 방제(傍題)에 명호, 즉 이름이 쓰여 있어 조선 후기 불화 연구에 중요한 역할을 하고 있다.

다음으로 1628년의 안성 칠장사 〈오불회괘불도(五佛會掛佛圖)〉(국보 제296호)(286쪽)는 법신(法身) 비로자나불을 상단 중앙에 배치하고, 좌우에 보신(報身) 노사나불과 화신(化身) 석가모니불을 그려 넣어 삼신불(三身佛)을 표현하였다. 그 아래로는 좌우에 동방 약사여래와 서방 아미타불을 배치했는데, 이는 석가모니불과 함께 삼계불(三界佛)이 된다. 한편 중앙의 용이 휘감고 있는 모습의 수미산을 중심으로 좌측에 보타락가산의 관세음보살을 수월관음도 형식으로 그렸고, 그 맞은편에는 저승세계인 명부세계의 지장보살을 표현했다. 즉 불교의 신앙 대상으로서 중요한 불보살을 한 폭의 불화에 그린 군집도(群集圖)인 셈이다. 이와 같은 양식의 불화로는 1745년 조성된 영주 부석사 〈오불회괘불도〉(보물 제1562호)(515쪽)가 있다.

가장 많은 인물이 등장하는 군도로는 1653년 조성된 진천 영수사 〈영산회괘불도〉(보물 제1551호)가 주목된다. 이 〈영산회괘불도〉에는 하단의 중앙에 가사장삼을 착용한 석가모니불의 수제자 사리불이 법문을 청하는 청법(請法) 제자로 그려져 있어 주목된다.

이 시기에 괘불도가 유행하고 있다는 점은 불교가 양란 이후 피폐된 민심을 수습하는 과정에서 점차 민중적인 외연을 확대했다는 것을 의미한다. 괘불도란 야외의 법회인 야단법석을 펼 때 거는 대형의 걸개그림이다. 즉 괘불도의 등장은 당시의 불교 신도가 불전에 모두 수용하기 어려울 정도로 많았다는 것을 의미한다. 또 대형 불화의 조성에 지출되는 재화 규모도 상당할

진천 영수사 〈영산회괘불도〉, 조선, 1653, 모시에 채색, 835.0×579.0cm, 진천 영수사, 보물 제1551호(ⓒ문화재청)

수밖에 없다는 점에서 당시 불교의 경제력이 비약적으로 확대되고 있었다는 것을 짐작해 볼 수 있다.

　이러한 면들을 종합해 보면 양란 이후 국가의 통치 구조에 문제가 노출되고 백성의 지지도가 낮아짐으로 인하여 민중에 대한 불교의 영향력이 차츰 증대되었음을 알 수 있다. 삼국시대 이래 고려시대까지 국가와의 관계 속에서 주로 발전해 온 불교가 조선시대 숭유억불기를 거치면서 민중과 연관된 불교로 거듭나게 된 것이다.

　한편 제3기에서 확인되는 중요한 특징은 석가모니불과 관련된 영산회상도의 약진이다.

　조선불교는 조선 초기 정권에 의해서 모든 종파가 선종과 교종으로 강제 통합되었다는 점은 앞서 언급한 바 있다. 이것이 조선 후기가 되면 선교양종[34]이라는 단일 종파로 혼재되어 버리고 만다. 이러한 상황에서 불교의 다양성을 하나로 통합할 수 있는 상징적인 아이콘이 필요했고, 이로써 교조인 석가모니불이 재조명되기에 이른다. 그리하여 이 시기부터 사찰의 주불전

여수 흥국사 〈(영산회상)후불도〉, 조선, 1693, 삼베에 채색, 406.0×475.0cm, 여수 흥국사, 보물 제578호(ⓒ성보문화재연구원)

이 석가모니불을 모시는 대웅전으로 일반화되는 양상이 나타나게 되고, 영산회상도의 비중도 증가하기 시작한다. 이러한 변화의 완성은 다음의 제4기에 이르러 이루어진다.

이 시기의 중요한 영산회상도로는 1687년의 하동 쌍계사 팔상전 〈영산회상도〉(보물 제925호)(176쪽)와 1693년의 여수 흥국사 대웅전 〈(영산회상)후불도〉(보물 제578호)가 있다. 이 두 불화는 각각 역사다리꼴과 사다리꼴의 방정한 구도 속에서 석가모니불과 관련된 다양한 권속들이 질서 있는 리듬을 유지한 채 조화를 이루고 있는 빼어난 수작이다.

다음으로 제2기에 제작되기 시작했으나 제3기, 제4기로 이어지면서 점차 영향력을 확대하는 불화로 감로도가 있다. 이 시기의 감로도로는 먼저 최근까지 국내에서 가장 오래된 감로도로 알려져 있던 국립중앙박물관 소장의 1649년 조성 금산 보석사 〈감로도〉(315쪽)가 있다. 이외에 용인대학교에 소장되어 있는 1681년 작품인 〈감로도〉(보물 제1239호)와 안성 청룡사의 1692년 〈감로도〉(보물 제1302호) 역시 중요한 불화들이다.

망자 천도의 발원과 조상 숭배

제4기(1725~1800)는 흔히 조선의 문예부흥기로 일컬어지는 영·정조시대로 이 시기의 현존하는 불화만 무려 300점이 넘는다. 제4기가 불과 74년밖에 되지 않는 짧은 기간임을 고려할 때 조선불화의 양적 주류를 이루었다고 할 수 있다.

이러한 일이 가능했던 이유는 양란 이후의 피폐한 상황이 영·정조시대를 맞아 크게 안정되기 때문이다. 또한 양란 이후 가속화된 불교의 민중 접근 노력이 이 시기에 와서 결실을 맺은 점도 원인이 된다.

제4기의 특징은 불교에 미쳤던 유교적 영향의 확대와 불교의 민중적 수용 강화로 요약할 수 있다. 이로 인하여 조상 숭배와 관련된 불화의 제작이 비약적으로 증대된다.

　　불교는 수행을 강조하는 종교이다. 특히 여말선초 선종의 확대 이후 조선불교는 선종이 주류가 된다. 그럼에도 불구하고 종교의 특성상 사후세계와 관련된 기능이 강력하게 존재하는 것은 어쩔 수 없는 부분이다. 이와 같은 양상은 앞선 고려불화에서 아미타불도와 내영도 및 지장보살도의 약진을 통해서도 일부 검토해 본 내용이다. 그런데 조선 후기에 들어오면서는 유교의 제례적 측면이 강한 영향을 미치게 되면서 망자의 천도와 관련된 불화들이 발달하게 된다. 이는 고려까지 국가에 의해 유지되던 불교가 조선 후기에 이르러 민중화되고, 이 과정에서 민중의 요구와 의식이 더 강력하게 투영되어 나타난 결과이다. 정리하면 조선 후기 유교화된 조선 민중의 요구가 불교에 투영되면서 망자 천도와 관련된 불화들이 비약적으로 증대하게 된다는 말이다.

　　제4기에서 확인되는 조상 숭배 관련 불화의 확대와 관련하여 우리가 반드시 이해해야 할 사건은 임진과 병자의 양란 이후 '예학(禮學)시대의 대두'와 '1·2차 예송논쟁(禮訟論爭)'이다.

　　양란 과정에서 무력함만을 드러냈던 조선은 전후의 수습 과정에서도 이렇다 할 성과를 내지 못했다. 이때 조선의 지배층이 흔들리는 민심을 수습하기 위한 비장의 카드로 제시한 것이 바로 명분과 예의를 강조하는 도덕과 정신 교육이었다. 특히 대의명분을 강조한 인조반정이 성공하면서 서인의 영수가 된 김장생(金長生)의 예학은 일세를 풍미하였고, 이후 조선사회에 막대한 영향을 끼치게 된다. 이 결과 벌어진 사건이 현종(재위 1659~1674) 때 상복(喪服)의 기간과 관련하여 1659년과 1674년에 벌어지는 두 차례의 예송논쟁이다.³⁵ 예송은 서인과 남인의 정국 주도권과 직결되는 당시 조선 최대의 사건이었다.

이러한 지배층의 예에 대한 강조가 2~3세대를 지나면서 점차 조선 민중들에게까지 보편화되기에 이른다. 즉 양반문화였던 제례 및 조상 숭배가 이 시기에 이르면 평민으로까지 확대되는 것이다. 이러한 시대적인 요구가 불교에 반영되어 나타나면서 망자의 천도 그리고 조상 숭배와 관련된 불화가 대폭 증가하게 된다.

또 이 시기는 사찰 내 망자와 관련된 전각인 지장전과 명부전(冥府殿) 그리고 시왕전(十王殿)의 약진이 두드러지는 때이다. 특히 망자들의 사후 심판을 관장하는 시왕을 모신 시왕전의 독립적인 발전은 10폭의 시왕도를 동반하기 때문에 망자와 관련된 불화의 수도 대폭 증가하게 된다.

제4기의 불화는 극락신앙과 관련된 전통적인 불화인 아미타불도와 지장보살도 외에도 49재와 관련된 시왕도 및 전문적인 천도와 관련된 감로도와 삼장보살도(三藏菩薩圖)의 약진이 두드러진다. 이들 불화에서 주목되는 작품은 1776년의 구례 천은사 극락전〈아미타후불도〉(보물 제924호)(241쪽)와 국립중앙박물관에 소장되어 있는 1725년의 대구 북지장사〈지장보살도〉(334쪽)가 있다. 또 고성 옥천사에 봉안되어 있는〈지장보살도 및 시왕도〉(보물 제1693호)(340·368~369쪽), 그리고 1792년에 조성된 영천 은해사 백흥암〈감로왕도〉(경북 유형문화재 제319호)(328쪽)와 1727년에 그려진 원주 구룡사〈삼장보살도〉(보물 제1855호)를 들 수 있겠다. 이 중 시왕도는 사후 심판을 하는 총 10명의 왕을 그린 그림이다. 이 10대왕 중 가장 유명한 저승의 왕이 바로 염라대왕이다.

불교의 윤회설에 따르면 인간은 사망한 뒤 7일에 한 번씩 총 일곱 번에 걸

원주 구룡사 〈삼장보살도〉, 조선, 1727, 비단에 채색, 250.0×170.0cm, 월정사성보박물관, 보물 제1855호(ⓒ월정사성보박물관)

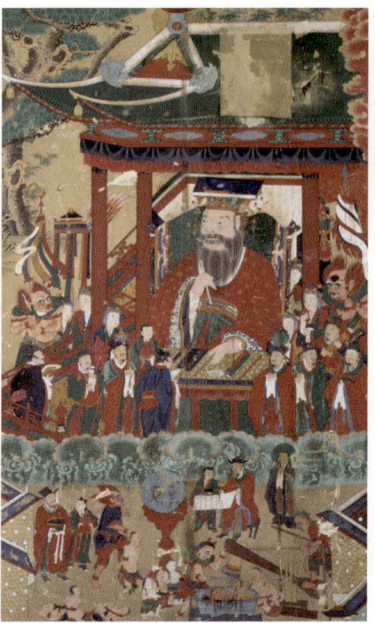

① ② ③　　⑦ ⑧ ⑨
④ ⑤ ⑥　　⑩

보성 대원사 〈시왕도〉, 조선, 1766, 비단에 채색, 보성 대원사, 보물 제1800호(ⓒ국립문화재연구소)

구례 천은사 〈삼장보살도〉, 조선, 1776, 모시에 채색, 187.0×395.5cm, 구례 천은사, 보물 제1888호(ⓒ구례 천은사)

쳐 심판을 받는 49일의 중음(中陰) 기간[36]을 거치게 된다. 이때 행해지는 불교 의식이 49재이다. 이 일곱 명의 저승 왕에 유교적인 제례 의식인 100일제와 1년 상 및 3년 상을 관장하는 세 명의 왕이 더 추가되어 10대왕 구조가 완성된다. 즉 이 10대왕 구조는 불교와 동아시아의 전통문화가 결합해 만들어진 것이라고 이해하면 되겠다. 현재까지 전해오는 시왕도는 옥천사 〈시왕도〉 외에 주목되는 작품으로 1766년 그려진 보성 대원사 〈시왕도〉(보물 제1800호) 등이 있다.

다음으로 삼장보살도는 천장보살(天藏菩薩)과 지지보살(持地菩薩), 그리고 지장보살의 세 보살을 그린 불화로 하늘과 땅, 명부의 모든 세계를 통괄하는 의미를 내포한다. 삼장보살도는 우리나라에만 있는 독특한 불화로 본래 수륙재(水陸齋)와 관련된 천도 의식 문화를 통해 발전한 불화이다. 구룡사 〈삼장보살도〉 외에 주목할 만한 것으로는 1776년에 조성된 구례 천은사 〈삼장보살도〉(보물 제1888호)가 있다.

영산회상도 · 신중도의 약진과 대웅전

이외에 반드시 짚고 넘어가야만 하는 제4기의 불화 특징으로는 석가모니불도인 영산회상도와 석가모니불을 수호하는 신중도(神衆圖)의 약진을 들 수 있다. 숫자만으로 말한다면 영산회상도와 신중도는 아미타불과 극락신앙, 그리고 조상 천도와 관련된 불화의 총수보다는 적다. 그러나 각각으로 보면 이 시기 가장 많은 수의 불화는 단연 영산회상도이고, 그 다음이 신중도이다.

우리는 고려시대의 불화를 살펴보면서 석가모니불과 관련된 불화가 의외로 적다는 점을 확인한 바 있다. 그런데 조선 후기가 되면 이와는 정반대의 현상이 나타난다. 이와 같은 변화는 앞서 언급한 것처럼 양란 이후 조선불교가 점차 선교양종으로 단일화되는 것과 연관된다.

이 단일화 과정은 제4기에 이르러 완료되는데, 양란을 거치면서 피폐해진 사찰들은 영·정조시대를 맞아 대대적인 복구와 중건에 돌입한다. 이 과정에서 종파불교적인 색이 완전히 사라지면서 주불전이 석가모니불을 모신 대웅전으로 통일된다. 물론 해인사의 주불전인 대적광전(大寂光殿, 경남 유형문화재 제256호)이나 부석사의 주불전인 무량수전(無量壽殿, 국보 제18호)과 같은 소수의 예외적인 경우는 그대로 유지된다.

오늘날 사찰에 가면 의례히 주불전은 대웅전이라 생각하곤 한다. 그러나 이러한 인식은 사실 이 시기에 생겨나는 것으로 그 연원이 오래되지 않았다. 이러한 조선 후기 불교의 단일화 과정 속에서 대웅전에 모셔지는 후불도인 영산회상도와 영산회상도를 수호하는 신중도의 수요가 증대하게 된 것이다.

이 시기 영산회상도를 대표하는 불화는 1733년에 그려진 울진 불영사 〈영산회상도〉(보물 제1272호)와 1769년에 제작된 경주 불국사 〈영산회상도〉(보물 제1797호)를 들 수 있다. 이외에 제4기에도 다수의 괘불도가 조성되는데, 이때 조성된 괘불도 중 다수를 점하는 것 역시 석가모니불과 관련된 영산회괘불도이다.

조선불화의 쇠퇴와 조선의 몰락

제5기(1801~1910)는 한마디로 조선불화의 쇠퇴기라 할 수 있다.

전 시대에 이미 많은 불사(佛事)들이 이루어졌기 때문에 이 시기가 되면 상대적으로 그 수요가 감소한다. 또 제5기 때는 조선의 경제력이 급감하는 시기이다. 즉 새로운 불사 수요의 감소와 경제력의 추락으로 불화가 새롭게

울진 불영사 〈영산회상도〉, 조선, 1733, 삼베에 채색, 420.0×389.0cm, 울진 불영사, 보물 제1272호(ⓒ울진 불영사)

조성될 여지 또한 적어지는 것이다.

정조를 뒤이은 순조 때부터 시작되는 세도정치는 조선을 급격한 내리막길로 치닫게 하면서 통치력의 근간을 붕괴시킨다. 이로 인해 지방에서는 서원을 중심으로 하는 양반들의 횡포가 횡횡하게 되고, 결국 무정부 상태와 같은 상황이 연출된다. 이 같은 상황은 당시 불교계에도 영향을 미치게 되는데, 실제로 이때 영·정조시대에 번성하던 많은 사찰들이 폐사되고 만다. 이는 사찰에 대한 양반의 폭력적 수탈과 백성의 경제력 약화에 의한 이중고에 따른 현상이다.

1864년 집권하는 흥선대원군은 자기 개혁의 노력으로 부패의 온상인 서원 철폐를 단행한다. 이로 인하여 전국 650개의 서원은 47개만 남고 모두 사라지게 된다. 이는 세종이 전국의 사찰을 36개로 정리하는 것과 비견되는 일대 사건이다. 다만 다른 점은 이것이 유교를 근간으로 하는 국가 내에서 이루어지는 사건이라는 것이다. 이는 19세기 중반에 이미 서원의 횡포가 극에 달하여 좌시할 수 없는 상황이었다는 것을 의미한다. 그러나 주지하다시피 이후 조선의 개혁은 실패하고, 고종이 대한제국을 수립하지만 한일 합병조약으로 인해 결국 일본의 식민지가 되어 버리고 만다. 이와 같은 상황에서 경제력을 바탕으로 존재하는 문화와 예술의 두드러진 모습을 기대하는 것은 불가능한 일이다.

예술은 당시 사회상을 반영한다. 그리고 이를 통해서 다시금 사회를 계몽한다. 그런데 조선의 마지막에는 이러한 예술의 기능이 작용할 수 없게 된다. 이와 같은 상황에 불화 역시 자유로울 수는 없다. 이 때문에 제5기의 불화는 조성되었더라도 제4기를 형식적으로 답습하는 불완전한 상황만 연출하게 된다.

조선불화의 구도와 양식적인 특징

고려불화와 대비되는 조선불화의 특징은 고려불화가 보이는 2단의 수직적 구조를 바탕으로 한 원형의 꽉 찬 구도가 등장한다는 점이다.

원형 구도는 수직 구도에 비해서 신분적 차등의 표현이 약하다. 이는 당시 근세적 의식으로의 전환을 의미하는 부분이다. 실제 조선은 과거제를 통해 신분제를 능가할 수 있는 새로운 질서 체계가 있었다. 고·중세시대에는 지위가 혈통으로 결정되었던 반면 조선의 양반은 3대가 삼사(三司), 즉 사헌부·사간원·홍문관의 벼슬을 하지 못하면 원칙적으로 양반이 아닌 게 된다.37 양반은 혈통과 관련해 태생적으로 부여받는 지위가 아니라 후천적 가치, 과거 시험이라는 평가에 의해서 획득되고 유지되는 지위인 것이다.

물론 조선시대에 시행된 과거에 의한 신분 재편이 현대사회와 같은 평등 구조를 의미하는 것은 아니다. 여성이나 천민처럼 과거에 응시할 수 없는 계층도 있었기 때문이다. 그러나 고려에 비해 신분 변동의 폭이 넓어진 것은 사실이다. 바로 이와 같은 사회 구조의 변화는 불화에도 영향을 주어 중앙의 본존과 가까운 위치에 있을수록 위계가 높아지는 방식의 원형 구조를 만들어 내게 된다.

한편 고려불화가 풍부한 여백을 가지고 있다면 조선불화는 빼곡히 찬, 좌우 대칭으로 구성된 모습을 하고 있다.

고려 때까지만 해도 불전(佛殿)에는 신도들은 고사하고 사찰에서 위치가 낮은 스님들도 함부로 들어갈 수 없었다. 불전은 부처님의 공간이라는 의식이 강했기 때문이다.

또한 『고려사』 권132에는 여성의 경우 고려 말까지 신분을 떠나 특별한

동화사 〈아미타극락회도〉, 조선, 1703, 비단에 채색, 307.5×244.0cm, 국립중앙박물관(ⓒ국립중앙박물관)

합천 해인사 〈영산회상도〉, 조선, 1729, 비단에 채색, 240.0×229.5cm, 합천 해인사, 보물 제1273호(ⓒ해인사성보박물관)

일이 아니고는 불전에 출입할 수 없었음을 알 수 있는 기록이 있다. 이 기록에 따르면 여성의 불전 출입을 허락해 주는 것은 신돈(辛旽)이며, 이 때문에 당시 여성들은 신돈을 문수보살의 후신(後身), 즉 재생으로 불렀다고 한다.

그러나 이와 같은 상황은 숭유억불의 조선으로 넘어오게 되면서 급변하게 된다. 사찰에 대한 국가의 경제적 후원이 없던 조선시대에 신도를 불전으로 받아들이지 않고는 불교가 유지될 수 없었기 때문이다.

마침내는 과거, 불전의 중앙에 있었던 불단이 뒤로 밀려나게 되고, 승려와 신도의 공간이 비약적으로 확대된다. 결국 불전은 누구나 들어올 수 있는 개방형 공간이 된 것이다.

이와 같은 변화가 불화에 반영된 것이 바로 여백 없이 꽉 들어찬 조선불화의 존상 표현이다.

이러한 불전의 변화는 또한 후불도가 위치하는 뒷벽에 그려진 수월관음도의 급속한 쇠퇴를 가져왔다. 특히 산사는 평지에 지어진 도시 사찰과 달라서 주불전 뒷문의 실용도가 떨어지는 것이 일반적이다. 결국 후불도 뒷벽은 보이지 않는 장소가 되고, 이로 인하여 수월관음도의 필연성 역시 사라지게 된다.

조선불화는 꽉 들어찬 불화 표현에 더불어 유교적 영향으로 균형 잡힌 방정한 구조가 추구되면서 정적인 좌우 대칭 구조를 갖추게 된다. 사회의 변화를 수용하면서 존재하는 예술의 흐름은 조선시대 불화에서도 그대로 목도되는 것이다.

조선 전기 불화의 특징

조선 전기의 불화는 당시 조선의 명(明)나라 의존도가 높았던 사실을 반영하듯 명나라 불화의 영향이 나타나기 시작한다. 이는 왕실 발원 불화와 같은 당대 최고 위치에 있던 화가가 그린 그림에서 보다 뚜렷하게 나타난다. 이로 인하여 고려불화의 풍만한 표현은 조선 전기에 들어와 다소 날씬해진 모습을 띠게 된다. 또 불상의 머리 위 육계가 뾰족하게 표현되는 것이나 둥근 얼굴, 또 작은 입의 처리 역시 명나라의 영향에 따른 것이다. 여기에 회화의 명암 처리 기법인 삼백법(三白法)도 도입된다. 삼백법이란 눈썹

남양주 수종사 금동불감 〈아미타극락회상도〉,
조선, 1459~1493, 동판에 채색, 13.5×17.0cm,
불교중앙박물관, 보물 제1788호(ⓒ불교중앙박물관)

과 콧잔등 그리고 턱의 밑 부분을 하얗게 처리하는 방식으로 일종의 하이라이트 기법이라고 할 수 있다. 이는 명암법이 발달하지 못했던 이전보다 얼굴을 환하게 만들어 예배자의 시선을 집중시키는 효과를 가져온다.

이외에 조선 전기 불화의 특징으로는 정상 계주 표현과 두상·몸에 각각 광배가 배치(二重輪光)되는 광배 범위의 확대를 들 수 있다. 정상 계주는 육계가 뾰족해지는 것과 연관된 것으로 판단되며, 광배 범위의 확대는 고려불화에서 조선불화로 변화하는 과도기의 여백 문제를 해소하기 위한 측면으로 이해된다.

조선 후기 불화의 특징

조선 후기 불화는 전기 불화의 다수가 왕실 발원으로 이루어진 것과는 달리

하동 쌍계사〈영산회상도〉, 조선, 1687, 비단에 채색, 403.0×275.0cm, 하동 쌍계사, 보물 제925호(ⓒ불교문화재연구소)

대체로 일반 민중의 요구에 의해 조성된다. 즉 이 시기의 불화는 유력자의 시주가 아닌 민중을 대상으로 하는 불사 모연을 통해서 이루어지는 것이다. 이로 인하여 불화는 권위적인 면을 탈피하고 친근함이 부각되면서, 보다 따뜻하고 정감 있는 모습을 띠게 된다. 또 그림의 재료 역시 금니 같은 귀한 질료 대신 화려한 채색으로 대체되는 모습을 보인다. 화려한 채색은 섬세하고 정교한 문양을 대체하기도 하는데, 이는 조선 후기의 불화가 전기에 비해서 밝고 경쾌한 느낌을 주는 이유이기도 하다.

한편 조선 전기의 다소 날씬해진 표현은 조선 후기에 이르러 다시금 풍만하게 변화한다. 그리고 둥그런 얼굴 역시 방형의 방정한 형태로 변모하는데, 이는 다소 과장된 각진 어깨의 모습과 상호 반향(反響)을 이룬다. 이와 같은 변화는 풍성함과 방정함을 미의 기준으로 두었던 조선시대의 의식이 불화 속에 반영되었기 때문이다. 실제로 조선 왕실이 선호하는 미인의 기준은 네모난 얼굴을 한 방형의 여성이었다. 또 조선 후기에는 상체가 발달한 사람을 귀인(貴人)형으로 평가하는 풍토가 있었다.[38] 이와 같은 시대적인 미감 선호도가 불화의 존상 표현에도 영향을 미치게 되는 것이다. 그리하여 조선 후기의 불화는 상체가 크고 길며 하체가 짧은 모습을 보인다. 그런데 상체를 크게 표현하는 것은 같은 크기일 경우 좀 더 커 보이면서 위압감을 줄 수 있다는 점에서 예배 대상인 종교화에 있어서는 긍정적인 요인으로 작용한다. 이와 같은 불화의 특징은 동시대의 불상 양식에서도 거의 그대로 적용된다. 즉 불화와 불상은 같은 예배상으로서 상호 연동되면서 함께 변모하는 것이다.

조선불화의 범주 구분과 대표적인 주제들

고려시대의 불교는 다양한 종파들이 번성하던 종파불교시대였다. 이들 각 종파들은 본존으로 모시는 부처님이 서로 달랐다. 예컨대 화엄종에서는 비로자나불을 본존으로 모시고, 천태종에서는 석가모니불을 모시며, 법상종에서는 미륵불을 모시고, 선종에서는 비로자나불과 석가모니불을 모셨다. 그러나 조선시대가 되면 이들 종파는 숭유억불에 따른 국가적인 통합에 의해서 1차 정리되고, 이후 사원 경제의 하락으로 인해 각 종파의 고유 색깔이 사라지면서 자율적인 통일화가 이루어진다. 이로 인하여 조선 후기에 이르면 수행 풍토는 선종의 것을 따르고 사찰의 구조는 석가모니불을 중심으로 하는 대웅전 구조로 단일화되기에 이른다. 결국 산사들은 절이 위치하는 지형적 차이에 의한 변화 외에는 서로 유사한 구조와 형태를 띠게 된다.

불화의 경우도 마찬가지다. 일부 사찰에서는 과거의 전통이 남아 있었던 이유로 부분적인 특수성을 보이기는 하지만 이 역시 지엽적인 차이만 있었을 뿐 전반적인 상황은 크게 다르지 않았다.

이러한 조선불화를 다섯 가지로 분류해 보면 다음과 같다. 첫째, 석가모니불을 중심으로 하는 관련 그림, 둘째, 천도 의식과 관련된 그림, 셋째, 토속신과 관련된 그림, 넷째, 고승과 관련된 그림, 다섯째, 어디에도 속하지 않는 기타 영역의 그림이다.

석가모니불 관련 불화

영산회상도	석가모니불과 관련된 인물들을 모두 그린 군도
팔상도	석가모니불의 일생을 여덟 단계로 나누어 그린 그림
나한도	석가모니불의 제자들 중 신통이 뛰어난 분들을 그린 그림
신중도	석가모니불을 수호하는, 『화엄경』에 나오는 신들을 그린 군도

〈신중도〉, 조선, 1736~1795, 비단에 채색, 175.0×126.5cm, 국립중앙박물관(ⓒ국립중앙박물관)

천도 의식 관련 불화

감로도·삼장보살도	소규모 천도 의식에 사용되는 그림
괘불도	영산재·수륙재·예수재 등 대규모 천도 의식에서 사용되는 그림
아미타불도	극락왕생신앙과 관련된 그림
지장도·지장시왕도·시왕도	사후세계의 심판과 지옥 구제 및 극락왕생을 기원하는 그림
현왕도(現王圖)	사후의 10명 심판왕 중 우두머리인 염라대왕을 별도로 분리해서 그린 그림
인로왕보살도	사후에 망자를 극락으로 인도해 가는 보살을 그린 그림

〈지장보살도〉, 조선, 1714, 비단에 채색, (그림)106.0×110.5cm, 국립중앙박물관(ⓒ국립중앙박물관)

토속신 관련 불화

치성광여래도	북극성과 북두칠성이 불교식으로 수용된 그림
조왕도(竈王圖)	전통적인 불 숭배에 따른 부엌신이 불교식으로 수용된 그림
산신도	전통적인 산악 숭배가 불교식으로 수용된 그림
용왕도	해안 지역의 용왕 숭배가 불교식으로 수용된 그림

〈칠성도〉, 조선, 종이에 채색, 188.0×187.0cm, 국립중앙박물관(ⓒ국립중앙박물관)

고승 관련 불화

조사진영	해당 사찰의 시조와 중시조를 그린 그림
고승진영	해당 사찰과 관련된 문중의 큰스님을 그린 그림

기타 불화

기타	전각의 내외를 장식하는 그림 예를 들어 십우도, 운용도(雲龍圖), 꽃과 장식 그림 등

삼척 영은사 〈범일국사진영〉, 조선, 1788, 94.5×63.0cm, 월정사성보박물관, 강원 유형문화재 제140호(ⓒ월정사성보박물관)

삼척 영은사 〈사명당대선사진영〉, 조선, 1788, 95.5×65.0cm, 월정사성보박물관, 강원 유형문화재 제141호(ⓒ월정사성보박물관)

조사도·고승도의 탄생과 그 배경

조선불화의 범주에는 지금까지의 설명에서 전혀 언급되지 않은 불화군이 하나 등장하는데 그것은 고승 관련 불화이다. 조선 후기의 불화를 보면 조사도(祖師圖)와 고승도(高僧圖)의 비율이 매우 높아 영산회상도에 버금갈 정도이다. 그러나 이런 그림들은 동일한 인물을 그린 것이 아니라 각기 다른 인물을 그린 것이라는 점에서 영산회상도처럼 특정 주제의 대상을 그린 불화와는 차이가 있다.

조선 후기에 조사도와 고승도가 많아지는 것은 두 가지 이유 때문이다.

첫째는 유교의 영향이다. 유교의 종교적 배경은 조상 숭배에 있다. 중국에서 역사의 아버지로 불리는 사마천의 부친 사마담(司馬談)은 『논육가요지(論六家要旨)』에서 유가(유교)가 장의사에서 출발한 사상임을 분명히 하고 있다. 이로 인하여 유교에서는 상·제례 의식에 막대한 비중을 둔다. 이는 조선불교에 그대로 영향을 미치게 되어 천도 의식용 의례나 관련 불화가 발전하는 원인이 된다. 그런데 이것은 불교 집단 안에도 영향을 미쳐 사찰의 창건주나 중창주에 대한 재례(齋禮)문화의 필요성을 환기시킨다. 유교식으로 본다면 시조나 중시조에 대한 제사라고 이해하면 되겠다. 또 조선불교는 스승을 강조하는 문화를 확립하는데, 이로 인하여 특정한 스승을 중심으로 하는 문도와 문중문화를 형성하게 된다. 결국 스승(고승)에 대한 추모와 제례문화를 표면화하게 되고, 이때 요청되는 것이 바로 조사와 고승의 진영이다. 즉 유교의 영향에 의한 제례(祭禮)문화가 불교적으로 재해석되어 조선불교의 재례(齋禮)문화가 확립되는 것이다.

둘째는 선종의 영향이다. 선종에서 말하는 깨달음이란 특수한 명상 상태에서 이루어지는 주관성에 입각한다. 그렇다 보니 깨달음을 판단할 수 있는

보조국사진영(제1세), 1780

진각국사진영(제2세), 1780

청진국사진영(제3세), 1780

진명국사진영(제4세), 1780

순천 송광사 국사전 〈십육대조사진영〉, 조선, 비단에 채색, 순천 송광사, 보물 제1043호(ⓒ송광사성보박물관)

자진국사진영(제5세), 1780

원감국사진영(제6세), 1780

자정국사진영(제7세), 1780

자각국사진영(제8세), 1780

담당국사진영(제9세), 1780

혜감국사진영(제10세), 1780

자원국사진영(제11세), 1780

혜각국사진영(제12세), 1780

각엄국사진영(제13세), 1780

정혜국사진영(제14세), 1780

인진국사진영(제15세), 1780

고봉국사진영(제16세), 1780

객관적인 평가 기준은 존재할 수 없다. 이로 인하여 스승의 인가(印可), 즉 개인의 깨달음에 대한 스승의 판단이 큰 비중을 차지하게 된다. 예컨대 스승에 의한 주관적 심사가 이루어지는 것이다. 그리하여 사제 관계의 유대가 돈독해지게 되고, 결국 스승에 대한 의존도가 강하게 나타나며, 사후에도 스승을 모시는, 추모다례재(追慕茶禮齋) 같은 재례 구조가 형성되는 것이다.

언뜻 생각하기에 선종은 조선과 성리학이 수용되기 이전에도 존재하고 있었으므로 고려불교에도 조사와 고승의 진영 문화가 존재하는 것이 아니냐고 할 수 있다. 맞는 말이다. 특히 조상 숭배는 유교를 넘어 동아시아의 공통된 전통 중 하나라는 점에서 중국불교에 속하는 선종 안에도 고승과 스승에 대한 추모 의식은 분명히 존재했다. 그러나 선종이 비록 법맥(法脈)을 강조하기는 해도 조선 이전의 불교는 조선불교에서처럼 열정적인 추모 의식을 전개하진 않았다. 그러므로 조선 후기, 조사와 고승의 진영문화가 발달했다는 점을 통해 당시 유교의 영향이 강했다는 점을 알 수 있게 된다.

또 이와 관련해 한 가지 더 이해하고 넘어갈 측면이 있다. 그것은 불교의 재례에는 진영이라는 그림이 사용되는 반면, 유교의 제사에는 그림 대신 위패가 쓰인다는 점이다. 이는 두 종교의 커다란 차이점이라고 하겠다. 이 때문에 조선의 유교에서는 초상화가 극소수인 반면, 조선 후기의 불교에서는 진영 문화가 만개하게 되는 것이다.

이제까지 살펴본 바와 같이 조선불화의 범주 구분을 살펴보면, 유교문화의 영향과 이에 따른 불교적인 대응이 가장 크게 눈에 띈다는 것을 알 수 있다. 이와 같은 이해를 바탕으로 조선불화를 주제에 따라 간략히 정리해 보면 다음과 같다.

여래도		무게 비중 높음	영산회상도·팔상도
		무게 비중 중간	아미타불회도·비로자나불회도
		무게 비중 낮음	약사여래도·미륵불회도
	다불(多佛)의 종합도	삼세불도 (三世佛圖)	시간적: 과거 연등불·현재 석가모니불·미래 미륵불을 모심
		삼계불도 (三界佛圖)	공간적: 서방 아미타불·중앙 석가모니불·동방 약사여래불을 모심
		삼신불도 (三身佛圖)	진리적: 법신 비로자나불·보신 노사나불·화신 석가모니불을 모심
		삼신삼계불도 (三神三界佛圖)	삼신불과 삼계불을 아울러 모심
		오십삼불도 (五十三佛圖)	『점찰선악업보경』·『관약왕약상이보살경』 등에 등장하는 53불을 모심
보살도	관세음보살도		
	지장보살도·지장시왕도		
천도의식도	감로도·삼장보살도·인로왕보살도·지장시왕도·시왕도·현왕도 (지장시왕도는 성격상 보살도와 천도의식도에 모두 해당됨)		
호법신도 (護法神圖)	신중도·치성광여래도·산신도·용왕도·조왕도 (치성광여래도는 여래도임에도 불구하고 도상의 기원과 의미에 따라 호법신도에 배치하였음)		
조사도 고승도	조사진영·고승진영		
나한도	십육나한도		
경전변상도	화엄경변상도·아미타구품도		
괘불도	영산회상괘불도·아미타불괘불도·비로자나괘불도·노사나불괘불도·미륵불괘불도· 삼계불괘불도·삼신삼계불괘불도·오불회괘불도		
전각 주위의 벽화	십우도 벽화·운룡도·꽃 그림 등		

사찰에서
만나는
불화들

III

한국불화의 대표 주제, 영산회상도
서방정토 극락세계의 불보살, 아미타불회도
세 개의 몸, 세 곳의 세계, 삼신불도・삼계불도
불법의 수호자들, 신중도
감로를 통한 조상 천도의 염원, 감로도
지옥 중생들을 반드시 구제하리라, 지장보살도
망자의 심판과 지옥의 묘사, 시왕도
사찰에 장엄된 석가모니불의 생애, 팔상도
조선 후기 민중의 상처와 야단법석의 상징, 괘불도

한국불화의 대표 주제
영산회상도

석가모니불과 권속들을 표현한 불화

영산회상도는 석가모니불을 본존으로 주위에 다양한 권속들을 그린 한국불교를 대표하는 예배화이다.

조선 후기로 오면 사찰은 석가모니불을 모신 대웅전을 주불전으로 하는 방향으로 일반화된다. 그리하여 주불전은 주로 대웅전이란 인식이 생겨 지금까지도 보편화되어 있다. 이러한 까닭에 영산회상도를 이해한다는 것은 한국 불교회화의 핵심을 이해하는 것이나 다름이 없다. 특히 석가모니불 관련 주요 인물들이 모두 등장한다는 점에서 이에 대한 이해는 무척 중요하다.

'영산회상(靈山會上)'이란 석가모니불이 만년에 영축산(靈鷲山, Gṛdhrakūṭa-parvata)에서 『묘법연화경』을 설하는 상황을 의미한다. 『묘법연화경』에 따르면 이때 수많은 군중들이 운집한 것으로 되어 있는데, 이를 상징적으로 축약해서 표현한 것이 바로 영산회상도이다. 2009년 유네스코 세계무형문화유산에 등재된 '영산재(靈山齋)'(국가무형문화재 제50호) 또한 영산회상을 종교적인 공연예술로 상징화한 의식에 다름 아니다.

양산 통도사 〈영산회상도〉, 조선, 1734, 삼베에 채색, 339.0×233.0cm, 양산 통도사, 보물 제1353호(ⓒ통도사성보박물관)

이야기 속의 이야기

왜 하필 영축산인가?

동아시아의 대승불교에서 가장 중요한 경전은 『화엄경』과 『묘법연화경』, 그리고 『금강경』이다. 이 중 『화엄경』의 중심 부처님은 석가모니불이 아닌 법신 비로자나불이다. 이 때문에 해인사와 같은 화엄종 사찰에서는 주불전인 대적광전에 비로자나불을 모시는 것이다. 결국 『화엄경』은 석가모니불을 신앙 대상으로 강조하기에 걸맞지 않다. 이에 반해 『묘법연화경』에서는 석가모니불이 보신(報身)의 강력한 구원자로 등장한다. 이는 다른 경전들에서 석가모니불이 화신(化身)으로 묘사되는 것보다 위계가 높다. 그리하여 석가모니불이 신앙의 중심이 되는 경우는 필연적으로 『묘법연화경』과 관련해 이해되는 것이다. 이 『묘법연화경』이 설해지는 장소가 바로 석가모니불 당시의 최대 강국이었던 마가다국 수도인 왕사성 안에 위치한 영축산이다.

혹자는 『금강경』 역시 중요하고 『금강경』의 핵심 부처님 역시 석가모니불이 아니냐고 할지 모른다. 맞는 말이다. 그러나 『금강경』은 600권으로 된 『반야경』 중 577번째 한 권에 지나지 않는다. 즉 핵심을 간추린 경전이지 전체를 대변하는 경전은 아닌 것이다. 또 『금강경』은 공(空)사상과 관련된 다분히 철학적인 경전으로서 석가모니불의 권능을 강조하는 종교적인 경전이 아니다. 이 때문에 석가모니불을 신앙의 대상으로 삼는 구조 속에서는 『묘법연화경』이 타당성을 더 확보하게 된다.

이러한 『묘법연화경』이 설해지는 영취산은 불교 이전부터 신령한 영산(靈山)으로

**순천 송광사 영산전
〈석가모니후불도〉**, 조선, 1725,
비단에 채색, 124.0×186.5cm,
순천 송광사, 보물 제1368호
(ⓒ송광사성보박물관)

알려진 곳이다.

　석가모니불은 마가다국 빈비사라왕의 후원 아래 사리불, 목건련, 마하가섭과 같은 큰 제자를 받아들이며 왕사성에서 교단을 확립한다. 영취산은 마가다국 왕사성에 위치한 가장 신령한 장소로 석가모니불과 관련된 높은 상징성을 부여받게 된다. 결국 『묘법연화경』과 석가모니불 사이의 관련성 속에서 석가모니불을 상징하는 대표적인 장소로 영축산이 등장하게 되는 것이다.

　석가모니불과 제자들은 영축산에서 명상을 즐겼으며, 또 많은 설법이 이루어지기도 하였다. 이와 같은 역사적인 사실을 바탕으로 성립된 대승불교의 경전이 『묘법연화경』이며, 이러한 상황을 상징화한 것이 바로 영산회상이라고 하겠다.

영산회상도 하단에 표현된 사천왕

영산회상도는 1777년에 그려진 용연사 〈영산회상도〉를 통해서 전체적인 구조를 파악해 보고자 한다.

이 불화에는 거대한 모습으로 깨달음을 상징하는 항마촉지인(降魔觸地印)을 취하고 수미좌(須彌座)[1]에 앉아 있는 석가모니불①을 중심으로 주변에 총 38명의 권속들이 등장한다. 이들 권속은 크게 상·중·하 3단으로 나누어 구분해 볼 수 있다.

먼저 맨 아래쪽 하단에는 무장을 한 사천왕이 좌우에 각각 둘씩 배치되어 있다. 사천왕은 사왕천(四王天)[2] 이하의 모든 방위를 관장하며 불법을 수호하는 일종의 방위신과 같은 존재이다. 사천왕은 향 우측 위에서부터 시계 방향으로, 일반적으로 비파를 든 동방지국천왕(東方持國天王)⑬과 칼을 든 남방증장천왕(南方增長天王)⑭, 그리고 용과 여의주를 가진 서방광목천왕(西方廣目天王)⑮과 탑(寶塔, 佛塔)과 창을 쥔 북방다문천왕(北方多聞天王)⑯이 위치한다.

사천왕이 가지고 있는 지물은 시대에 따라서 변화가 있지만, 탑의 경우는 북방다문천왕의 지물로 고정되어 등장한다. 이 때문에 탑을 든 다문천왕을 중심으로 나머지 사천왕을 확인할 수 있다. 다문천왕이 탑을 들었다는 것은 『다라니집경(陀羅尼集經)』 등의 경전에 근거한 것이다.[3]

사천왕은 본래 천왕(天王)이기 때문에 일상적으로 무복(武服, 戎服)을 착용하지는 않는다. 그러나 우리가 일반적으로 알고 있는 사천왕은 무장을 한 모습으로 표현된다. 이는 아수라와의 전쟁 시 천군을 지휘하는 사천왕의 모습으로, 전시 체제와 같은 엄격함으로 한 점 소홀함 없이 석가모니불과 불교를 수호한다는 의미이다.[4] 한국불교에서 사천왕은 모두 무복을 착용하고

충주 용연사 〈영산회상도〉, 조선, 1777, 비단에 채색, 267.5×235.0cm, 동국대학교박물관(ⓒ동국대학교박물관)

충주 용연사 〈영산회상도〉 부분 - 사천왕(ⓒ동국대학교박물관)

있는 우락부락한 모습으로, 군왕의 형태로 표현되어 있는 경우는 존재하지 않는다.

이형(異形)의 불화

조선 후기에 사천왕의 방위와
명호가 바뀐다고?

조선 후기 불화 중에는 사천왕의 방위와 명호가 다르게 표현되는 경우들이 더러 있다. 그 대표적인 경우가 바로 천은사 극락전에 봉안된 〈아미타후불도〉(241쪽)이다. 이 그림에는 등장하는 인물의 곁 방제에 명칭이 적혀 있는데, 비파를 가진 천왕을 북방다문천왕으로 하여 시계 방향으로 동방지국천왕, 남방증장천왕, 마지막에 탑과 창을 가진 천왕을 서방광목천왕이라 명기하고 있다. 이로 인하여 고려시대와는 달리 조선 후기에 오게 되면 사천왕의 방위와 명호가 바뀌게 된다는 주장이 나타나게 된다. 그러나 이것은 조선 후기, 불화를 그린 승려화가(畵僧)들의 새로운 시도와 관련된 오류라는 관점이 타당하다.

승려화가들은 경전에 따른 불화의 내용을 이해하기보다 그림을 그리는 게 주가 된다. 그렇다 보니 한 번 문제가 발생하면 이것이 제자들에 의해 그대로 답습되는 경우가 있다.

조선 후기에 사천왕의 방위와 명호가 바뀌었다고 볼 수 없는 이유는 다음의 세 가지 논거를 통해서 변증할 수 있다.

첫째, 고려시대까지 탑을 지물로 가진 사천왕은 북방다문천왕으로 이러한 '탑-다문천왕'의 구조에는 예외가 전혀 존재하지 않는다는 점이다. 둘째, 중앙아시아에 위

구례 천은사 〈아미타후불도〉 부분 - 사천왕(ⓒ구례 천은사)
방제에 따르면 향 우측 위는 북방다문천왕, 아래는 동방지국천왕, 향 좌측 아래는 남방증장천왕, 위는 서방광목천왕이다.

치한 고대 국가인 호탄의 다문천왕신앙에는 보쥐(寶鼠), 즉 몽구스의 양태가 결합한다는 점이다. 이것이 당나라 현종 때 밀교 승려인 불공(不空)에 의해서 중국불교로 도입되고 티베트불교에도 영향을 미치게 된다. 이는 우리나라에까지 영향을 주어 천왕문 안의 사천왕상에 보쥐가 표현되는 경우가 있다. 즉 다문천왕을 확인할 수 있는 지물로 보탑 외에 보쥐가 더 있으며, 이를 통해서도 방위·명호가 바뀌지 않은 상황이 확인된다는 것이다. 마지막 셋째, 조선 후기의 사천왕상 중에는 얼굴색이 오행(五行)과 밀교의 방위 색에 맞추어 표현되기도 한다. 예컨대 동-청색·남-붉은색·서-백색·북-흑색과 같은 경우가 그것이다.[5] 그러므로 여기에도 사천왕의 방위와 명호 판단이 가능한 면이 존재하게 된다.

홍천 수타사 소조사천왕상 부분
국내 사천왕상 중 보쥐(왼쪽)가 표현되어 있는 예는 1676년 조성된 홍천 수타사의 소조사천왕상이다. 이 사천왕상은 강원 유형문화재 제121호로 지정되어 있다.

이상과 같은 세 가지 도상상의 이유에 근거하여 조선 후기 사천왕의 방위와 명호가 다르게 나타나는 것은 불가능하다고 판단해 볼 수 있다.[6]

그렇다면 왜 일부 승려화가들은 사천왕의 방위와 명호를 다르게 말한 것일까? 이에 대해서는 설명해야 할 내용이 많고, 아미타불회도와 관련되는 측면도 있으므로 뒤의 '서방정토 극락세계의 불보살, 아미타불회도' 부분에서 좀 더 상세히 다루어 보고자 한다.

영산회상도 중단에 표현된 존상들

용연사 〈영산회상도〉의 중단에는 아래쪽에 두광을 두른 10대보살과 호법신으로서의 제석천과 범천, 그리고 그 위로 10대제자와 분신불(分身佛)이 표현되어 있다.

보살의 표현

용연사 〈영산회상도〉에는 10대보살이 나타나 있지만, 영산회상도에는 일반적으로 8대보살이 표현된다. 물론 등장하는 보살의 수는 불화의 크기에 따라 네 명에서 12명까지 가감된다. 이러한 특징은 10대제자나 분신불의 표현에 있어서도 마찬가지다.

『묘법연화경』에는 석가모니불이 『묘법연화경』을 설하자 8만의 보살이 운집했다고 되어 있다. 8대보살은 이 중 대표격인 여덟 명을 꼽은 것이다. 이를 석가 8대보살이라고 하는데, 문수·보현·관세음·미륵·약왕(藥王)·묘음(妙音)·무진의(無盡意)·상정진(常精進)이 그들이다. 10대보살은 여기에 두 보살이 더 추가되는 경우로 이 두 보살의 명칭은 뚜렷하지 않다.

불화는 경전을 도상화한 것이지만 경전은 도상을 목적으로 설해진 것이 아니다. 그러므로 대표적인 보살로 어느 분을 선정하느냐는 관점에 따라서 차이가 발생할 수 있다. 다만 총 7권 28품으로 구성되어 있는 『묘법연화경』 중 20~28품 사이에 특정 보살이 중심이 되는 다섯 품이 등장한다. 이는 각각 「제20 상불경보살품(常不輕菩薩品)」, 「제23 약왕보살본사품(藥王菩薩本事品)」, 「제24 묘음보살품(妙音菩薩品)」, 「제25 관세음보살보문품(觀世音普薩普門品)」, 「제28 보현보살권발품(普賢菩薩勸發品)」이다. 이 중 제20품의 상불경보

해남 대흥사 〈영산회상도〉, 조선, 1749, 비단에 채색, 351.5×247.3cm, 국립중앙박물관(ⓒ국립중앙박물관)
해남 대흥사 〈영산회상도〉에는 4대보살의 표현이 나타난다. 석가모니불을 중심으로 좌우 보처인
문수·보현보살과 도상적으로 뚜렷한 모습을 한 관세음보살을 확인할 수 있다. 나머지 보살은
관세음보살과 대칭한 위치에 있으므로 미륵보살로 추측할 수 있다.

살은 석가모니불의 전생이다. 그러므로 이를 제외한 네 보살이 석가 8대보살에 속하게 된다. 여기에「제1 서품(序品)」을 이끌어가는 주인공이 미륵보살과 문수보살이며,「제14 안락행품(安樂行品)」의 실질적인 주인공이 문수보살이라는 점, 그리고「제19 법사공덕품(法師功德品)」의 주인공이 상정진보살이며,「제25 관세음보살보문품」의 중심 보살로 무진의보살이 한 명 더 등장한다는 점에서 이들 네 보살도 석가 8대보살에 포함된다.

해남 대흥사 〈영산회상도〉
부분 - 관세음보살
(ⓒ국립중앙박물관)

　그러나 영산회상도에서 좌우 보처에 해당하는 문수②와 보현③을 제외하고는 정확한 명호를 파악하기가 쉽지 않다④. 도상적으로 아미타불의 화불을 머리에 모시고 있는 등 관세음보살은 뚜렷한 특징을 가지므로 보통의 경우 쉽게 드러난다. 그러므로 이를 통해서 관세음보살과 대칭을 이루는 보살로 미륵보살을 추정해 보는 게 가능하지만 이 역시 분명하지는 않다. 한편 관세음보살과 마찬가지로 외관상 뚜렷한 형태를 보이는 지장보살은 영산회상도에 대체로 등장하지 않는다. 이는 지장보살이 『묘법연화경』에 나타나지 않기 때문이다. 그러나 때에 따라서는 지장보살, 그리고 지장보살과 마찬가지로 『묘법연화경』에 나타나지 않는 제화갈라보살이 등장하는 경우도 있다.

　'제화갈라'는 석가모니불이 성불할 것이라고 수기(授記)[7]한 연등불(燃燈佛)의 보살식 명칭이다. 미륵불을 보살식 명칭으로 미륵보살이라 부르는 것과 같은 형식이라고 이해하면 되겠다.

　연등불은 석가모니불의 수기를 받는 미륵과 함께 '수기삼존(授記三尊)'이라고 불린다. 수기삼존은 또한 '삼세불(三世佛)'이라고도 불리는데, 과거-현

영월 보덕사 사성전 후불도, 조선, 1868, 비단에 채색, 178.0×93.5cm, 월정사성보박물관, 강원 유형문화재 제139호(ⓒ월정사성보박물관)
보덕사 사성전에 봉안되어 있던 이 후불도는 석가모니불과 연등불을 보살화한 제화갈라보살, 그리고 미륵보살을 배치한 수기삼존도이다.

재-미래의 시간으로 연결된 데에 따른 명칭이다.

 수기삼존은 석가모니불을 중심으로 연등불은 과거를 상징하는 우측에, 미륵불은 미래를 의미하는 좌측에 배치한다. 그런데 석가모니불의 선배격인 연등불을 우 보처로 만드는 것은 문제가 있으므로 이때 '제화갈라보살'이라는 명칭을 사용한다. 즉 석가모니불의 좌우에 보살로 위계를 낮춘 미륵보살과 제화갈라보살을 배치하여 석가모니불과 연등불의 권위를 모두 세워 주는 것이다. 그러므로 수기삼존을 말할 때는 '연등불-석가모니불-미륵불'이 아닌, '제화갈라보살-석가모니불-미륵보살'이라 말하는 게 정확한 표현이 된다. 이러한 구조는 오랜 과거에서부터 이어져 온 부처님의 계보를 상징하는 전각인 불조전(佛祖殿)이나 천불전(千佛殿), 그리고 석가모니불의 권위를 나타내는 전각인 영산전이나 팔상전 등에서도 살펴볼 수 있다.

수기삼존의 구조가 영산회상도에 반영되는 경우도 있는데, 이럴 때는 제화갈라보살과 미륵보살이 대칭을 이루면서 나타난다. 영산전 불단에 본존의 좌우 보처로 미륵과 제화갈라가 등장한다는 점에서 영산회상도에 제화갈라가 등장하는 것은 큰 문제가 되지 않는다.

한편 영산회상도에 지장보살이 등장하는 예는 동아시아의 조상 숭배 전통과 관련된 높은 인기에 의해 편입되는 경우이다. 다른 예로 아미타불의 협시로서 주로 관세음과 대세지가 등장하던 아미타삼존도는 고려 후기부터 관세음과 지장의 구조가 나타나기 시작한다. 또 매우 특수한 예이긴 하지만, 지장보살과 아미타불이 병립한 구도의 고려불화도 있을 정도이다.(130쪽) 이렇듯 높은 인기에 힘입어 지장보살은 영산회상도에도 간혹 등장하는 것이다.

제석천과 범천

다음으로 중단에서 언급해야 할 도상은 보살상과 섞여 있어서 언뜻 구분이 어려운 제석천⑤과 범천⑥이다. 제석천과 범천은 보살과 유사하게 표현되지만 상대적으로 조금 작게 그려지고, 연꽃

충주 용연사 〈영산회상도〉 부분 - 제석천(위), 범천(아래) (ⓒ동국대학교박물관)

과 같은 지물 없이 합장을 하고 있는 경우가 일반적이다. 또 보살군의 가장 바깥쪽에 배치된다. 그렇기 때문에 유심히 보아야만 확인이 가능하다.

제석천과 범천의 위치는 본존을 중심으로 좌측이 제석천이며 우측이 범천이다. 그리하여 이를 축약해서 '좌 제석 우 범천'이라고 한다. 제석천과 범천은 영산회상도를 구성하는 필수 인원이다. 그러므로 보살로 오해되는 일이 있어서는 안 된다.

제석천과 범천은 각각 인도신화에 등장하는 신들의 왕인 하느님과 세상을 창조한 조물주이다. 세계의 여러 신화 가운데에는 기독교의 경우처럼 하느님이 곧 창조주인 경우가 있다. 그러나 그리스·로마신화처럼 하느님과 조물주가 별도로 존재하는 경우도 있다. 인도신화는 이 중 후자에 속한다. 즉 그리스·로마신화와 같은 관점에서 이해하면 되겠다. 다만 다른 점은 그리스·로마신화는 철저하게 제우스 중심인 반면, 부처님 당시 인도신화는 하느님과 조물주의 양강 체제를 유지한다는 점이다.

제석천은 그리스·로마신화에서의 제우스와 유사한 존재로서 신들의 왕(天中天)이자 벼락을 무기로 삼는 신이다. 제석천은 벼락을 발생시키는 무기로 금강저를 가지고 있는데, 석굴암의 제석천상은 왼손에 금강저를 든 모습으로 표현되어 제석천임을 분명히 인지할 수 있다(212쪽). 제석천의 또 다른 도상적 특징은 석굴암의 경우에서처럼 귀족이나 군주의 모습으로 표현된다는

구례 천은사 극락보전 〈제석천룡도〉
부분 - 제석천(위), 범천(아래)
(ⓒ불교문화재연구소)

점이다.

　석굴암 제석천상의 반대편에는 불자와 정병을 든 범천이 묘사되어 있다.(212쪽) 불자는 본래 인도의 더운 기후 속에서 벌레를 쫓기 위해 사용되던 물건이다. 이것이 인도의 수행문화로 들어오면서, 번뇌를 물리치는 표식으로 이해되어 정병과 함께 수행자를 상징하게 된다. 즉 범천은 수행자를 모델로 표현된 존재인 것이다.

　불교의 우주론에 의하면 범천은 제석천보다 상위 존재이다. 이런 상위의 범천이 수행자의 모습을 띠게 되는 이유는 다음의 두 가지 때문이다. 첫째는 인도문화에서는 수행자를 매우 존중한다는 점이고, 둘째는 카스트제도에서 수행자인 바라문은 귀족인 크샤트리아보다 상위에 위치한다는 점이 그것이다.

　그런데 조선의 불화로 오게 되면 제석천과 범천은 용연사 〈영산회상도〉에서처럼 데칼코마니와 같은 동일한 모습으로 표현된다. 이는 신중도의 제석천과 범천에 대한 묘사에서도 그대로 유지된다.

이형(異形)의 불화

제석천·범천 도상의 혼란

제석천과 범천의 위치는 통일신라시대에도 본존을 중심으로 좌측이 제석천, 우측이 범천이었던 것으로 추정된다. 이는 들고 있는 지물의 도상적 특징-불자(拂子)[8]와 금강저를 가진 제석천과 불자와 정병[9]을 잡고 있는 범천-이 뚜렷한 석굴암 내 제석천과 범천의 배치를 통해서 확인해 볼 수 있다.

동아시아문화권에서 왼쪽은 오른쪽보다 위계가 높다는 것을 의미한다.[10] 이런 점에서 좌측에 위치한 제석천이 범천에 비해서 더 높은 위치를 점한다는 것을 알 수 있다. 그런데 문제는 불교의 우주론상 범천의 위계가 제석천보다 높다는 점이다. 그럼에도 불구하고 제석천이 좌측을 점하게 되는 것은 신들의 왕인 제석천을 군주와 연결시키려는 제석신앙의 유행과 관련된 것으로 이해된다.

제석신앙이 유행한 흔적은 신라의 경우 『삼국유사』 「천사옥대(天賜玉帶)」와 「전후소장사리(前後所將舍利)」에서, 통일신라의 경우 「경덕왕·충담사·표훈대덕(景德王·忠談師·表訓大德)」과 「흥륜사벽화보현(興輪寺壁畫普賢)」의 내용을 통해서 확인해 볼 수 있다.

제석신앙은 고려의 대몽항쟁기에 이르면 단군의 할아버지격인 환인이 제석천과 결합되어 발전하는 모습으로 전개된다. 이는 1281년경 일연이 편찬한 『삼국유사』 속의 '단군신화'와 1287년 이승휴가 찬술한 『제왕운기(帝王韻紀)』의 「전조선기(前朝鮮

경주 석굴암 석굴 제석천상(우), 범천상(좌)(ⓒ불교문화재연구소)
국보 제24호로 지정되어 있는 경주 석굴암의 제석천·범천상은 들고 있는 지물을 통해 구분이 가능하다.

記)」를 통해서 확인해 볼 수 있다. 여기에는 환인을 각각 '석제환인(釋提桓因)'과 '석제지손명단군(釋帝之孫名檀君)'이라고 적고 있기 때문이다. '석제지손명단군'이란 '제석천의 손자인 단군'이라는 의미로서, 이 두 표현에서의 '석제'는 곧 제석천을 의미한다.

좌 제석 우 범천의 구조는 고려시대의 벽화로 1377년에 조성되었을 것으로 추정되는 영주 부석사 조사당 벽화(국보 제46호)에서도 확인된다. 그런데 부석사 조사당의 제석천과 범천 벽화에는 지물이 표현되어 있지 않다. 즉 여기에는 석굴암의 금강저와 정병으로 대표되는 제석천과 범천의 특수 지물이 사라지면서 도상의 혼란이 야기될 수 있는 측면이 존재하는 것이다. 물론 조사당 벽화에는 제석천-여성형, 범천-남성형이라는 도상적 특징이 나타나지만 이는 지물에 의한 뚜렷한 차이와는 다른 것이므로 양자의 혼재 가능성을 피할 수 없게 된다.

실제로 고려 후기 불화 중에는 좌 제석 우 범천이 아니라, 우 제석 좌 범천으로

영주 부석사 조사당 벽화 부분 - 제석천과 범천(ⓒ영주 부석사)
영주 부석사 조사당 벽화의 제석천(우)은 호리호리한 체형의 여성적인 모습으로, 범천(좌)은 선이 굵은 남성적인 모습으로 묘사되어 있다.

표기된 작품이 있다. 이 불화는 미국 보스턴미술관에 소장되어 있는 〈원각경변상도〉(123쪽)로 불화 하단에 각각 '대범왕'과 '천제석'이라고 쓰여 있는 방제가 있다. 〈원각경변상도〉는 당나라 때 유행한 경전인 『원각경』의 설법 내용을 그린 불화인데, 중앙 상단에 보살 형상의 설법인을 취하고 있는 부처님을 중심으로,[11] 좌우 및 중단에 경전 속에 등장하는 12보살을 그려 놓고 있다. 그리고 하단에는 경전을 수호하는 여러 신들과 옹호성중이 배치되어 있는데, 바로 이 부분에 우 제석 좌 범천의 구조와 명호가 등장하는 것이다.

〈원각경변상도〉의 제석천과 범천의 도상을 보면, 머리 장식 등의 일부가 다르기는 하지만 전체적으로 흡사한 모습을 취하고 있다. 즉 조선시대의 도상처럼 양자가 매우 닮은 것이다. 다만 다른 점은 범천으로 표기된 도상의 미간에만 두 눈 사이의 눈인 '제3의 눈'이 표현되어 있다는 점이다. 이는 104위 신중도의 대예적금강에게서도 확인되는 3목 형태에 따른 것으로 보통은 이러한 제3의 눈을 신의 눈, 즉 '신목(神目)'이라 칭하곤 한다.

이러한 3목의 표현은 제석천과 범천이 등장하는 고려불화의 지장시왕도에서도

〈원각경변상도〉 부분 - 하단 중앙(미국 보스턴미술관)
미국 보스턴미술관에 소장되어 있는 〈원각경변상도〉 하단에는 '대범왕'과 '천제석'이라 적힌 방제를(붉은색 원 표시) 확인할 수 있다.

각 신의 명호를 적은 방제는 없지만 좌 3목 우 2목의 구조가 나타나고 있어 주목된다. 이는 3목이 범천의 도상적인 특징으로서 '신목=범천'을 가리키는 것이라면, 고려 후기에는 좌 제석 우 범천의 배치 외에도 우 제석 좌 범천의 배치라는 두 가지 양상이 존재했다는 것을 의미하기 때문이다. 또 부석사 조사당 벽화와 달리 〈원각경변상도〉나 지장시왕도 속에 등장하는 제석천과 범천의 모습은 서로 유사한 형태이다. 이는 고려 후기에 제석천과 범천을 남성형과 여성형으로 구분하는 양식과 함께, 동일하게 표현하지만 신목을 그려 넣는 두 가지 방식이 공존하고 있었음을 알게 한다.

이와 같은 좌우 도상의 혼란 원인은 앞서 이야기하였듯 제석천과 범천을 상징하는 특정 지물이 사라졌기 때문으로 판단된다.

그런데 제석천과 범천의 명호가 적힌 불화가 보스턴미술관 소장 〈원각경변상도〉 한 점뿐이라는 점에서 우리는 이 기록을 얼마나 신뢰할 수 있는가에 대한 문제도 검토해 보아야만 한다. 즉 여기에는 불화를 그린 승려가 오류를 범했을 가능성도 있다는 말이다.

이 문제와 관련해서 먼저 검토되어야 할 것은 신목의 표현이 범천을 대변하는 고정적인 특징이냐에 대한 판단이다. 범천의 두상(머리) 표현의 특징으로 인도신화와 인도의 미술에서 확인되는 것은 네 개의 머리를 가졌다는 것뿐이다. 여기에는 눈과 관련하여 강조된 내용은 확인되는 것이 없다. 사실 신목이 표현되는 힌두교의 신은 범천·비쉬누(Viṣṇu)와 함께 힌두교의 3신을 구성하고 있는 시바(Śiva)이다. 시바는 불교에서 '대자재천(大自在天)'이나 '마혜수라천(摩醯首羅天)'으로 번역된다.

인도신화에 의하면 범천은 특정한 사건을 계기로 머리가 다섯 개로 분화되지만, 시바에 의해 하나가 잘리면서 네 개가 되고 만다. 이런 두 신의 관계 속에서 시바의 특징적 표현이 범천에게 투영된다는 것은 쉽지 않다. 이에 비해 제석천은 자신에게 내려진 저주를 극복하는 과정에서 천 개의 눈을 가지게 되었다는 전승이 있다. 이 때문에 제석천은 '천안(千眼)'이라는 별칭을 얻는다. 즉 인도신화만 놓고 본다면 신목의 표현은 범천보다 제석천에 더 어울리는 것이다.

필자는 신목이 표현된 도상이 제석천이라고 주장하는 것은 아니다. 다만 신목의 표현이 제석천과 범천 중 특정한 신격을 대변하는 요소가 될 수 없다는 점을 지적하고 싶은 것이다.

실제로 고려불화 중 일본 게조인[華藏院]에 소장되어 있는 〈지장시왕도〉(354쪽)에는 지장보살을 중심으로 좌측이 아닌 우측의 신중에 신목이 표현된다. 이러한 반대 도상의 존재는 두 가지로 이해될 수 있다. 첫째는 '신목=범천'이 확실한 경우로, 이때에는 제석천과 범천의 위치가 바뀌었다는 의미가 된다. 둘째는 '신목≠범천'이 아닌 경우로 이때는 신목의 표현과 무관하게 좌 범천 우 제석의 구도란 이해가 가능하다. 이 중 무엇이 맞는지는 현재로선 판단할 수 없다. 다만 게조인 소장의 〈지장시왕도〉를 통해서 우리는 최소한 고려 후기 제석과 범천 도상의 좌우 위치에 혼란이 있었다는 것을 알 수 있다.

〈지장시왕도〉 부분-
제석천과 범천(일본 게조인)

제석천과 범천의 표현 중 좌측의 도상에 신목이 표현되는 방식은 국립중앙박물관에 소장된 1855년의 〈신중도〉에서처럼 조선 후기에까지도 일부 유전되는 모습을 보인다. 이것을 보스턴미술관 소장 〈원각경변상도〉의 방제와 연관시켜 좌 범천 우 제석의 양식이 조선 후기까지 일관되게 유지된다고 보는 견해가 상당수 존재한다. 그러나 '신목=범천'이라는 공식을 완전히 신뢰할 수 없는 상황에서 이것은 위험한 판단이다. 조선 후기에 이르면 제석천을 중심으로 한 약식의 신중도인 제석천룡도나 제석천도가 다수 조성된다는 점에서 더욱 그렇다. 즉 조선 후기의 인식에 있어

〈**신중도**〉, 조선, 1855, 비단에 채색, 170.6×159.1cm, 국립중앙박물관(ⓒ국립중앙박물관)

서 신중도의 중심은 제석천인 것이다. 이는 좌우 중 좌측의 위계가 높다는 점에 입각한 좌 제석 우 범천의 구조에 강력한 논리적 정합성을 부여한다.

그렇다면 조선 후기 신중도의 좌측 신상 표현에서만 확인되는 신목의 문제는 어떻게 설명할 수 있을까? 그것은 제석천과 범천을 구분하는 특수한 표현이라기보다는 내용을 떠나 과거의 인습이 후대까지 일부 답습되는 정도로 이해된다. 즉 조선 후기 신중도에서 확인되는 신목의 표현은 제석천과 범천을 가르는 뚜렷한 기준이 아니라는 말이다.

또 조선시대에는 유교적인 배경에 따른 하늘의 뜻, 즉 천명(天命)에 대한 강조가 존재한다. 유교에서의 천명 강조는 석제환인의 구조와는 또 다른 측면이다. 그러나 이 또한 불교적으로는 천중천(天中天), 즉 천주(天主)인 제석천과 연결될 수 있는 부분이다. 즉 조선의 유교적인 영향 역시 범천보다는 제석천이 더 강조될 수밖에 없는 구조를 만들고 있는 것이다. 불교 전통의 제석신앙에 유교적인 영향이 더해진 것이 바로 조선 후기 제석천룡도와 제석천도라고 이해하면 되겠다.

제석천룡도와 제석천도의 존재는 제석신앙이 조선 후기까지 유전되고 있었고, 신중도의 중심은 제석이라는 점을 명백히 해 준다. 또 이와 같은 제석 중심 구조는 제석천과 범천의 위치에 있어서 좌 제석 우 범천의 구조가 타당하다는 판단을 가능하게 한다.

제석천과 범천의 위치 변화 요약

① 삼국시대	신라에는 제석신앙의 유행 모습이 확인됨
② 통일신라시대	통일신라에도 제석신앙의 유행 모습이 확인됨 석굴암의 좌 제석과 우 범천 → 금강저와 정병의 지물을 통한 판단이 가능함
③ 고려 대몽항쟁기	환인과 제석의 결합 구조가 확인됨
④ 고려 후기	제석천과 범천을 나타내는 특정 지물이 사라지면서 위치에 혼란이 발생함 ④-1 보스턴미술관 소장 〈원각경변상도〉를 통해 좌 범천 우 제석 구조가 확인됨 　　→ 좌우가 유사한 형태의 데칼코마니 구조를 바탕으로 신목의 특징적인 　　　 표현이 존재함 ④-2 부석사 조사당 벽화는 좌 제석 우 범천의 구조로 되어 있음 　　→ 여성형의 제석천과 남성형의 범천의 모습을 보임, 이는 도갑사 　　　〈삼십이관음응신도〉로 계승됨
⑤ 조선 초기	유교의 영향으로 천명(天命)이 강조됨 → 천명의 강조는 불교적으로는 제석신앙과의 결합 가능성이 큼
⑥ 조선 후기	제석천과 범천이 데칼코마니 구조를 띠면서 좌 제석 우 범천의 구조를 확립함 → 좌 제석 우 범천의 구조를 판단해 볼 수 있는 근거는 약식의 신중도가 　 제석천룡도와 제석천도와 같이 제석천 중심이기 때문임

이야기 속의 이야기

제석천과 범천의
표현 변화와 〈제석천룡도〉

석굴암의 제석천은 지물로 불자와 금강저를 가지며 범천은 불자와 정병을 잡고 있다. 이는 제석천과 범천의 도상적인 차이를 분명히 해 주는 부분이 된다. 이와 같은 특징들은 각각 군주와 수행자를 상징하는 표현이다.

그런데 고려시대의 불화인 1377년에 그려진 것으로 추정되는 부석사 조사당 벽화에 오면, 제석천은 합장을 하고 있고 범천은 동아시아의 커다란 옷인 포복(袍服)[12]의 안쪽으로 두 손을 맞잡은 공수를 하고 있는 듯한 모양새를 취하고 있다. 즉 지물이 사라진 것이다. 대신 제석천은 마치 여성 군주처럼 곱상하게 묘사된 반면 범천은 남성 군주의 권위적인 모습을 하고 있다는 것을 알 수 있다. 즉 지물을 대신해서 형태적인 구분이라는 방식을 취하고 있는 것이다.(213쪽)

그런데 여성형의 제석과 남성형의 범천 구조는 1550년에 조성된 도갑사 〈삼십이관음응신도〉에서도 확인된다. 즉 조선에 들어와서도 상당 기간 이와 같은 형태적 구분이 계승되고 있었던 것이다. 그럼에도 조선불화의 절대 다수를 차지하고 있는 제석천과 범천의 표현은 고려불화의 또 다른 형태인 데칼코마니와 같은 양상만을 띠면서 도상적인 구별은 불가능해진다.

그러나 이러한 상황에도 불구하고 분명한 것은 이 두 신 중 위계가 더 높은 존재

〈제석천룡도〉, 조선, 1750, 비단에 채색, (그림) 173.3×204.0cm, 국립중앙박물관 (ⓒ국립중앙박물관)

가 제석천이라는 점이다. 이는 조선 후기에 작은 규모의 신중도가 만들어지면서 확인되는 그림 중 범천이 빠진 제석천룡도나 제석천도가 등장하는 것을 통해서 확인해 볼 수 있다. 이는 국립중앙박물관 소장의 1750년에 조성된 〈제석천룡도〉와 1863년에 그려진 〈제석천도〉 등을 통해서 확인해 볼 수가 있다.

더 흥미로운 것은 조선 후기 제석천룡도 중 대표작이라고 할 수 있는 1781년 조성의 하동 쌍계사 〈제석천룡도〉에는 불화 상단에 제석천과 더불어 범천이 양립해 있음에도 불구하고, 그림에 대한 내용을 적은 화기(畵記)에는 '제석천룡합위(帝釋天龍合位)'라고만 기록되어 있다는 점이다. 이는 제석천과 천룡팔부를 합하여 그렸다는 의미로 여기에서 범천은 독자적인 명칭을 가지지 못한 채 그저 '천(天)' 안에 포함되는 존재로 제한될 뿐이다. 이런 점에서 우리는 조선 후기에 제석천이 신중의 대표자가 되는 반면 범천은 신앙의 중심에서 몰락했다는 것을 알 수 있다. 이는 조선 후기의 불화 속에서 좌 제석 우 범천의 구조가 명확하게 유전한다는 것을 의미한다.

석가모니불의 제자들

중단에는 석가모니불의 10대제자도 존재한다. 경전에 따르면 『묘법연화경』의 설법 당시 1만 2천 명의 제자들이 운집했다고 하는데 이들을 상징하는 것이 바로 10대제자이다. 이 10명의 제자는 『유마경』「제자품」에 의하면 지혜제일 사리불, 신통제일 목건련, 두타제일 마하가섭(摩訶迦葉), 해공제일 수보리(須菩提), 설법제일 부루나(富樓那), 논의제일 가전연(迦旃延), 천안제일 아나율(阿那律), 지율제일 우바리(優婆離), 밀행제일 라후라(羅睺羅), 다문제일 아난(阿難)이다. 이 중 사리불과 목건련이 석가모니불의 수제자인데, 이들은 석가모니불보다 나이가 많은 인물로 석가모니불보다 먼저 입적한다. 이로 인하여 석가모니불의 가르침은 마하가섭과 아난에 의해서 상속된다. 이러한 가르침의 상속을 강조하는 것이 중국의 선종이다. 영산회상도에서 석가모니불의 10대제자 중 좌우 가까이에 마하가섭⑦과 아난⑧이 위치하는 것은 이

충주 용연사 〈영산회상도〉 부분 - 중□ 상단(ⓒ동국대학교박물관)

러한 선종의 영향에 의한 것이다. 특히 두 제자의 머리에 두광을 표현하여 더 높은 위계를 부여한다.

『대당서역기』권9에 따르면 마하가섭은 석가모니불의 입적 이후 20년 뒤에 계족산(鷄足山)에 들어가서 미륵불이 내려올 때까지 명상을 한다. 이는 석가모니불이 80세에 입적한다는 점을 고려할 때, 마하가섭이 부처님에 비해 상당히 어린 인물이라는 추정을 가능하게 한다. 그러나 불화에서는 언제나 노(老)비구의 모습으로 표현된다. 이는 나이가 많을수록 지혜롭다는 중국의 전통적 인식이 작용하기 때문이다.[13]

마하가섭의 도상적인 특징 중 하나는 정수리가 솟아 있는 대머리라는 점이다.

마하가섭이 대머리라는 것은 대칭되는 곳에 위치하는 아난을 보면 알 수 있다. 아난은 삭발을 했어도 푸른색으로 머리카락의 자리가 표현되지만 마하가섭 도상의 경우는 그렇지 않다. 한편 정수리가 솟아 있는 것은 지혜로운 인물이란 점을 상징하는 표현이다.

이와 유사한 양상은 도교의 노자상에서도 확인되는데, 불교에서는 도교에 대한 우위를 점하기 위해서 마하가섭이 변신한 것이 노자라는 주장을 전개한 시기가 있다. 이 때문에 도상에 영향 관계가 존재하게 되는 것이다.[14] 도교의 영향은 대머리 표현과도 관련된다. 신선들은 양기가 충만한 존재이므로 기운이 위로 치솟아 머리가 벗겨지는 대머리가 된다. 그렇기 때문에 신선도에서의 신선 표현은 대부분 대머리로 묘사되는 것이다. 이러한 측면이 중국불교에서 도교의 대항마 역할을 하는 마하가섭의 도상에도 영향을 주게 된다. 즉 마하가섭은 자신도 모르는 사이에 중국에서 대머리가 되고만 것이다.

마하가섭과 달리 아난은 젊게 표현된다. 아난은 석가모니불의 사촌동생으로 부처님보다 약 24~27년 정도 어린 인물이다. 결국 마하가섭과 아난의 나이 차이는 그리 크지 않지만, 경전상에 나타나는 아난은 젊고 총명한 인상이 강하기 때문에 마하가섭과는 달리 표현되는 것이다.

마하가섭과 아난을 제외한 나머지 제자의 경우 표현에 두드러진 특징이 없다. 결국 누가 누구라는 정확한 판단이 불가능하다. 물론 10대제자를 일컫는 순서가 비교적 일정하고 사리불과 목건련의 경우 대응관계를 형성할 가능성이 크다는 점에서 석가모니불과 가까운 가장 안쪽의 인물을 좌우 보처의 관점에 입각해 좌 사리불⑨, 우 목건련⑩ 정도로 이해하는 것에 큰 무리가 없다. 그러나 이외의 다른 제자들⑪에 대한 명확한 판단은 불가능하다.

**충주 용연사 〈영산회상도〉
부분 - 가섭(위)과 아난(아래)**
(ⓒ동국대학교박물관)

10대제자의 표현은 보살의 표현과 마찬가지로 화폭에 따라서 등장인물의 수가 달라질 수 있다. 그러나 10대제자는 8대보살보다 더 고착화된 개념이기 때문에 10명 이하로 줄어드는 경우는 있어도 10명 이상으로 늘어나는 경우는 거의 없다.

분신불의 표현

중단에서 마지막으로 살펴볼 대상은 석가모니불의 분신불이다. 일반적으로는 이러한 표현을 '화불(化佛)'이라고 하지만, 『묘법연화경』에 따른 정확한 표현은 화불이 아닌 '분신불'⑫이다.

충주 용연사 〈영산회상도〉
부분 - 분신불
(ⓒ동국대학교박물관)

『묘법연화경』에서 묘사되는 석가모니불은 보신불로서 무한한 능력을 가지고 있다. 「제11 견보탑품(見寶塔品)」에는 석가모니불이 다보탑을 열기 위해 전 우주에 펼쳐 놓았던 분신불들을 불러들인다는 내용이 있다. 이를 통해서 영산회상도에 표현된 분신불은 다른 세계의 중생들을 교화하던 석가모니불의 분신을 상징한다는 것을 알 수 있다. 그렇기 때문에 분신불은 본신(本身), 즉 본존에 비해서 상대적으로 작게 표현된다.

물론 이러한 작은 부처님의 표현은 아미타불을 묘사한 아미타불회도 등에서도 확인된다. 이는 영산회상도의 도상 구조가 다른 불화에도 영향을 미치기 때문이다. 이러한 영산회상도의 영향은 극락세계엔 존재하지 않는 사천왕[15]이 아미타불회도에 표현되어 있는 것을 통해서도 단적인 판단이 가능하다. 이런 점에서 영산회상도의 작은 부처님 표현은 분신불이라고 하는 것이 옳지만, 다른 불화에서 살펴지는 작은 부처님 표현을 분신불이라 할 수 없으므로 종전처럼 '화불'이라고 하는 것이 타당하다.

영산회상도 상단에 표현된 호법신들

앞서 살펴본 바와 같이 중단에는 영산회상도의 핵심적인 권속들이 모두 등장한다. 그리고 그 위의 상단에는 하단의 사천왕과 같이 불법을 수호하는 신적 존재들이 표현된다. 이로써 하단의 사천왕과 상단의 호법신 그리고 중단 좌우의 제석천·범천에 의한 전체적인 호위 구조가 이루어진다는 것을 알 수 있다.

용연사 〈영산회상도〉 같은 경우 중단과 상단 사이에 연속된 구름무늬(雲紋)를 넣어 양쪽이 분절된 세계라는 점을 분명히 하고 있다. 이러한 구름무늬를 통한 분절 방식은 신중도나 감로도 및 시왕도 등에서도 흔히 사용되는 표현 양식이다.

용연사 〈영산회상도〉에 표현된 중단과 상단 사이 구름무늬를 넘어 상단에 등장하는 신격은 사(자)왕(獅子王)⑰과 상왕(象王)⑱, 그리고 용왕(龍王)⑲과 용녀(龍女)⑳ 및 8대금강㉑이다. 이 중 사왕과 상왕 그리고 용왕과 용녀는 거의 모든 부처님 관련 군도에 빠짐없이 등장하는 필수 인원이다. 이들 상단의 신들은 각각 특정 동물과 연관되는데 사왕은 사자, 상왕은 코끼리, 용왕과 용녀는 용[16]과 관련된다. 이 세 동물은 인도에서 가장 강력한 동물이자 토템의 대상으로

충주 용연사 〈영산회상도〉 부분-
사왕과 용녀(위), 상왕과 용왕(아래)
(ⓒ동국대학교박물관)

여겨졌다.

각 호법신과 동물 간의 연결은 사왕과 상왕이 각각 사자 가죽과 코끼리 가죽을 머리 위에 쓰고 있는 모습에서 분명하게 확인된다. 특히 사왕이 쓴 사자 가죽은 황색으로 표현된 갈기가 묘사되어 있으며, 상왕의 코끼리 가죽은 흰색으로 채색되어 있다. 흰 코끼리는 코끼리 중에서도 왕인 백상(白象)을 의미한다.[17]

용왕의 경우에는 용 수염을 가진 것으로 판단해 볼 수 있다. 용 수염이란 수염이 물에 젖어서 덩어리진 것 같이 표현되는 수염을 말한다. 그러나 이 표현은 그림에 따라서 부정확한 경우가 다수 있다.

용왕은 군왕의 복색으로 등장하는 것이 일반적이다. 또 때에 따라서는 머리의 원유관(遠遊冠)에 여의주[18]가 표현되거나 바다를 상징하는 산호 가지를 들고 있는 것으로 표현되기도 한다. 한편 사왕이나 상왕과 달리 용왕은 언제나 용녀와 함께 대칭으로 등장한다.

용녀는 영산회상도에 등장하는 유일한 여성이라는 점에서 주목된다. 여성과의 접촉을 꺼려하며 금욕 전통을 강조한 불교의 영산회상도에 여성이 등장한다는 점은 매우 이례적이다. 고려시대까지 여성은 귀족이라도 불전에 함부로 들어가지 못했다는 점은 앞서 언급한 바 있다. 이런 점에서 용녀를 어떻게 이해할 것인가의 문제는 자못 흥미롭다. 『묘법연화경』「제12 제바달

충주 용연사 〈영산회상도〉 부분-
8대금강 (ⓒ동국대학교박물관)

다품(提婆達多品)」에는 8세의 용녀가 석가모니불의 가르침을 듣고 성불한다는 변성성불(變性成佛)의 내용이 수록되어 있다. 즉 이 용녀는 성별을 넘어선 초극의 존재인 동시에, 여성도 부처님이 될 수 있다는 평등의 메시지를 나타내고 있는 것이다.

마지막으로 상단의 8대금강은 여덟 명의 금강역사(金剛力士)를 의미한다. 금강역사란 강력한 힘을 가진 하늘 세계의 무사와 같은 존재이다. 이들은 마치 후광과도 같은 천의형(天衣形)의 불 고리를 두르고 있는 반라의 인물로 표현된다. 특히 근육질의 탄탄한 몸매를 지니고 있는 점이 돋보이는데, 이들이 강력한 무력적 존재라는 것을 의미한다.

8대금강의 각 명칭은 청제재금강(青除災金剛), 벽독금강(辟毒金剛), 황수구금강(黃隨求金剛), 백정수금강(白淨水金剛), 적성화금강(赤聲火金剛), 정제재금강(定除災金剛), 자현신금강(紫賢神金剛), 대신력금강(大神力金剛)이다.

이렇게 지금까지 살펴본 바를 종합해 보면 상단은 인도의 토템에 따른 신들과 호위무사와 같은 존재의 집합이라는 것을 알 수 있다.

이야기 속의 이야기

용왕과 용녀
'용'의 신격이 두 번이나 등장하는 이유

 우리나라에는 산이 많기 때문에 일찍부터 산악 숭배 전통을 갖게 된다. 이는 『삼국사기』에 등장하는 제례의 대상인 삼산(三山)과 오악(五岳) 등을 통해서 확인해 볼 수 있다.[19] 이러한 우리나라 산악 숭배 전통을 대표하는 신격 존재가 바로 산신이다.
 한편 우리나라의 여러 산들은 척추 역할을 하는 태백산맥을 통해 서로 연결되어 있다. 이러한 자연 환경은 호랑이 번식에 유리한 조건을 형성하게 되고, 결국 우리 산악 숭배 대상은 호랑이와 연결되어 발전한다. 우리가 잘 알고 있듯이 많은 사찰에 조성되어 봉안된 산신도를 보면 대부분 호랑이와 함께 등장하는데 이는 그러한 점을 반영한 것이다.
 이렇듯 뿌리 깊게 내려온 산악 숭배 전통에 의하여 영산회상도에 산신이 한 번쯤 등장할 법하지만 실제로는 등장하지 않는다. 특히 산신은 용왕에 상응하는 존재임에도 불구하고 용왕의 반대편에는 용녀가 표현된다.
 그 이유는 첫째, 인도는 우리나라와 달리 산이 적고 대부분 평야이기 때문에 산신 신앙이 약하다. 그에 비해 특유의 아열대 기후에 서식하는 킹코브라의 경우 인도문화권의 인간에게 매우 위협적인 존재이다. 이러한 연유로 용신앙이 강력한 영향력을 형성하게 된다. 이로 인하여 용과 관련된 두 신격 존재가 강조되는 것으로 판단되는

데, 이러한 점에서 보면 산신이 등장하지 않는 영산회상도의 구조는 철저히 인도문화적 관점에 입각해 있다고 할 수 있다.

둘째, 우리나라 산사에는 산신을 모신 전각이 별도로 조성되어 있다는 점이다. 사실 용왕과 용녀, 즉 용의 상징인 신격 존재가 한 불화에 두 번이나 등장하는 것보다는 사왕이나 상왕과 같이 용왕-산신이 상응관계로 등장하는 게 더 바람직할 수도 있다. 그런데 우리나라의 산사 대부분에 산신을 모신 산신각(山神閣)이 별도로 존재하며, 삼성각(三聖閣) 안에도 대개 산신이 모셔짐으로서[20] 산사에는 평균 두 곳의 산신 관련 전각이 존재하는 셈이 된다.

이와 같은 인도 전통의 산신 부재와 산신에 대한 우리 식의 독립적 강조로 인하여 영산회상도에는 용과 관련된 신격 존재가 두 번 묘사되는 측면으로 발전하였을 것으로 판단된다.

〈산신도〉, 조선, 비단에 채색, 146.1×99.8cm, 국립중앙박물관(ⓒ국립중앙박물관)

또 하나의 불화

우리가 몰랐던 호법신들

영산회상도에 따라서는 상단 맨 위의 호법신 영역에 아수라나 가루라 등이 등장하는 경우도 있다. 이는 호법신의 대표 주자인 천룡팔부(天龍八部)의 일부가 차용된 경우다. 천룡팔부는 천(天, Deva), 용, 야차, 아수라(阿修羅, Asura), 가루라(迦樓羅, Garuḍa), 건달바(乾闥婆, Gandharva), 긴나라(緊那羅, Kiṃnara), 마후라가(摩睺羅迦, Mahoraga)를 가리킨다.

첫째, 천은 모든 하늘의 신에 대한 통칭으로, 영산회상도에는 신들의 대표격인 제석천과 범천이 등장하기 때문에 별도로 나타나는 경우는 없다.

둘째, 용은 불화에서는 용 수염이 도상적 특징이며, 석탑의 기단 부조 등에 표현될 때는 용 수염을 통한 구분이 불가능하므로 머리 위에 용 장식과 여의주가 묘사되곤 한다.

셋째, 야차는 인도 고대의 정령 숭배와 관련된 우리의 도깨비와 유사한 존재로 불교에서는 긍정적인 이미지로 아주 다양하게 활용된다. 불화에

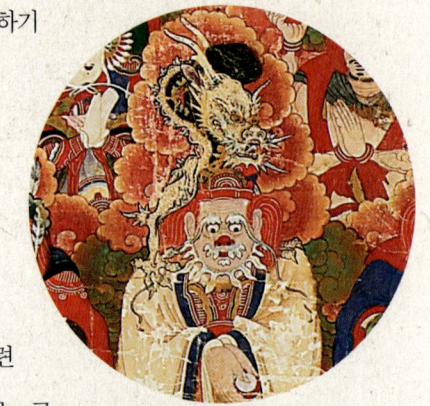

〈제석천룡도〉(1750) 부분 - 용왕(ⓒ국립중앙박물관)

〈약사삼존십이신장도〉, 조선, 16세기, 비단에 채색, 123.0×127.5cm, 미국 보스턴미술관

서 확인되는 두드러진 도상적 특징은 없다. 그러나 석탑의 기단 부조 등에서는 원형이나 일직선으로 연결된 염주와 같은 구슬을 가슴 앞쪽에 두거나 입에 물고 있는 모습을 보인다. 야차가 불화에 처음 등장하는 것은 앞서 검토한 바 있는 불화의 기원과 관련한 문헌인 기원정사 기록이며, 그 정점은 약사불회도에 등장하는 12야차대장이라고 하겠다.

넷째, 아수라는 이란 지방 조로아스터교의 최고 신인 아후라 마즈다(Ahura Mazda)로 인도신화에서는 제석천과 상대하는 마신(魔神)으로 등장한다. 이런 점에서 보면 아수라가 제석천과 한 불화 안에 등장하는 모습은 상당히 흥미롭다. 그러나 천룡팔부라는 범주 역시 천에 제석천이 포함되는 상황이다. 다양성을 존중하는 인도인들의 사고방식이 엿보이는 듯해서 재미있다. 아수라의 도상적인 특징으로는 여섯이나 여덟 개의 팔을 가지고 해와 달을 양손에 쥐고 있는 모습을 취한다는 점이다. 이는 해와 달에 이를 정도로 거대한 아수라의 크기와 능력을 상징하는 것이다.

다섯째, 가루라는 금시조(金翅鳥)로 한역되는 새의 신이다. 매나 독수리와 같은 맹금류가 신격화된 존재로서 용을 잡아먹는 것으로 등장한다. 이 신격은 새의 머리를 하고 있어 쉽게 구분이 가능하다. 때론 여의주 같은 구슬을 가지고 있는 경우도 있다. 또 사람의 형상으로 묘사될 때는 입만 부리로 표현되곤 한다. 즉 가루라에 있어서는 부리 표현이 가장 핵심이 되는 셈이다.

여수 흥국사〈(영산회상)후불도〉부분-가루라(ⓒ성보문화재연구원)

여섯째, 건달바는 향기만을 먹고 사는, 음악을 관장하는 신들의 기쁨조이다. 불화에는 확인되는 특징이 없지만, 석탑 등에서는 사자 가죽을 뒤집어 쓴 형태나 하프(공후)를 든 모습으로 표현된다. 건달바가 사자 가죽을 쓰고 있는 형태 때문에 전래 과정에서 헤라클레스 도상의 영향을 받았다는 주장도 있다.

일곱째, 긴나라는 가무(歌舞)를 관장하는 신들의 기쁨조에 해당한다. 긴나라는 신에도 인간에도 속하지 않는 특수한 존재이다. 이 때문에 인비인(人非人)으로 번역되기도 한다. 앞의 건달바와 함께 불교적인 천사 정도로 이해하면 되겠다. 불화에서 확인되는 도상의 특징으로 이렇다할만한 것은 없지만 석탑 등에서는 머리에 새 장식

을 하고 있는 경우를 살펴볼 수 있다. 이는 긴나라
가 가무의 관장자이기 때문으로 이해된다. 때에
따라서는 새가 아닌 소나 말 장식을 하고 있는
경우가 있는데, 신들 중 하급의 존재라는 의미 정
도가 아닌가 한다.

여덟째, 마후라가는 큰 뱀이 신격화된 존재이다.
용이 킹코브라인 것과는 또 다른 뱀 토템의 등장인
셈이다. 불화에서 확인되는 도상적인 특징은 발견되
지 않지만, 석탑 등에서는 머리에 뱀 장식을 하고 있
는 것으로 표현된다.

구례 천은사 극락보전 〈제석천룡도〉
부분-긴나라(ⓒ불교문화재연구소)

영산회상도의 상단에는 용왕, 용녀, 사왕, 상왕, 8대금강 외에도 천룡팔부 중 일부
가 등장하는 경우가 있다. 이것은 상단이 일정한 도상 규칙으로 통일되어 있지 않고,
호법신의 표현이라는 범주에서 가감이 가능하기 때문으로 이해된다. 그러나 용왕,
용녀, 사왕, 상왕은 거의 대부분의 불화에서 일정하게 등장한다. 즉 이 넷을 제외한
다른 부분에서의 가감이 이루어지는 것이다.

이렇게 등장하는 천룡팔부는 가루라와 아수라가 대부분이다. 이는 1693년에 조
성된 여수 흥국사의 〈(영산회상)후불도〉(159쪽)나 1765년 작인 순천 선암사의 〈영

여수 흥국사 〈(영산회상)후불도〉 부분-불화 상단(ⓒ성보문화재연구원)

산회상후불도〉 등의 상단 부분을 통해서 확인해 볼 수 있다. 흥미로운 것은 흥국사 〈(영산회상)후불도〉에는 아수라가 좌우 대칭으로 둘이나 등장한다는 점이다. 이 때문에 가루라와 짝할 대상이 존재하지 않게 된다. 이렇게 해서 대타로 등장하는 존재는 도상적인 뚜렷한 근거는 없지만, 천룡팔부 중 불교와의 친연성을 고려할 때 야차로 판단해 보는 것이 타당하다.

서방정토 극락세계의 불보살
아미타불회도

아미타불과 8대보살

영산회상도가 중요한 것은 다른 부처님을 그린 불화도들이 영산회상도의 구조를 기본으로 하여 조성되기 때문이다. 그러므로 영산회상도의 구조를 분명하게 이해하면 다른 불화도를 이해하는 것은 그리 어렵지 않다.

아미타불회도는 아미타불과 관련된 구성 인물들을 모아 놓은 그림이다. 1831년에 조성된 국립중앙박물관 소장의 수락산 내원암 〈아미타극락회상도〉를 보면 전체적인 구조가 영산회상도와 일치한다는 것을 알 수 있다.

중앙의 하품중생인(下品中生印)을 취하고 있는 아미타불을 중심으로 하단의 좌우에는 사천왕이 위치한다. 그리고 하단 중앙과 중단에 걸쳐 8대보살과 제석천, 범천이 표현되어 있다. 8대보살의 바깥쪽에 조금 왜소하고 덜 화려한 보관을 하고서 합장한 인물이 바로 제석천과 범천이다.

다만 여기에서의 8대보살은 영산회상도에 등장하는 석가모니불의 8대보살과 다르다. 아미타불과 관련된 8대보살의 명호는 당나라 때 불공(不空)이 번역한 『팔대보살만다라경(八大菩薩曼茶羅經)』을 통해서 확인된다. 이 경전에

수락산 내원암 〈아미타극락회상도〉, 조선, 1831, 비단에 채색, 134.8×183.3cm,
국립중앙박물관(ⓒ국립중앙박물관)

묘사되어 있는 보살의 순서와 특징을 열거해 보면 다음과 같다.

1. 관세음 : 연꽃을 들고 보관 속에 아미타불을 모심.
2. 미륵 : 정병을 들고 보관 속에 탑 형상이 있음.
3. 허공장 : 온갖 보물이 나오는 보배를 듬.
4. 보현 : 칼을 쥐고 보관에는 다섯 부처님이 모셔져 있음.
5. 금강수: 금강저를 쥐고 보관에는 다섯 부처님이 모셔져 있음.
6. 문수 : 꽃 속에 금강저가 있는 푸른 연꽃을 듬.
7. 제개장 : 모든 일이 뜻대로 되는 깃발(如意幢)을 가짐.
8. 지장 : 발우를 들고 있음.

그러나 한국불화의 전통에서는 이 8대보살을 전부 수용하지 않고, 허공장보살을 대세지보살로, 금강수보살을 금강장보살로 대체해서 8대보살을 완성한다.[21]

한국불화에서는 8대보살을 상호 대칭의 관점에서 관세음-대세지, 문수-보현, 금강장-제장애, 미륵-지장으로 이해한다. 이런 관점에서 〈아미타극락회상도〉를 보면 하단 중앙의 협시는 위치상 관세음과 대세지, 그 옆은 문수와 보현이 된다. 그리고 향 우측 끝에 금강저를 든 보살은 금강장이며, 그와 대칭된 자리에 산호 형태의 여의를 가진 보살은 제장애로 판단할 수 있다. 마지막 중단의 지장보살은 삭발한 승려 복색에 육환장을 든 모습으로 쉽게 구분이 되는데, 그와 대칭한 위치에 있는 보살은 당연히 미륵이 된다. 이렇게 보면 8대보살의 위치와 형용에 대한 대략적인 판단이 가능하다. 다만 『팔대보살만다라경』의 등장 순서나 표현 방식에 있어서는 다소 차이가 존재한다는 것을 알 수 있다.

중단에서 상단에 걸친 부분에는 노비구 모습의 마하가섭과 젊은 비구 모습의 아난을 필두로 하는 10대제자가 표현되어 있다. 마하가섭과 아난, 두 제자를 제외하고는 다른 제자들의 이름은 분명하지 않다. 한편 상단의 중앙에는 영산회상도의 분신불에 상응하는 두 화불이 표현되어 있다. 이들은 『묘법연화경』에 등장하는 석가모니불의 분신불일 수는 없다. 그러므로 아미타불이 중생을 구제하는 데 있어서 변신한 모습인 화신불, 즉 화불로 이해하는 것이 바람직하다.

끝으로 상단에는 향 좌측 끝에 선녀의 머리 형태를 한 용녀의 모습을 확인할 수 있다. 그리고 그와 대칭되는 부분에 군주의 형색을 한 용왕이 위치한다. 이들의 바깥쪽에는 각각 사왕과 상왕이 표현되어 있는데 이와 같은 부분은 전체적인 구조가 영산회상도와 일치한다는 점을 뒷받침한다.

우리 세계와는 전혀 다른 세계, 극락

아미타불회도 중에는 1776년에 조성된 구례 천은사 극락전 〈아미타후불도〉 역시 주목된다. 이 그림이 주목되는 이유는 각 존상의 옆에 그 인물이 누구인지를 기록해 놓은 방제가 있기 때문이다. 그런데 이 그림은 전체 구조에 있어 영산회상도의 형식을 따르고 있지만, 제석천과 범천 및 용왕과 용녀 등의 호법신이 등장하지 않는다는 점, 그리고 10대제자가 아닌 9대제자만 등장하고 있는 점 등에서 파격적인 양상을 보이고 있다. 즉 전체적으로는 전통을 따르고 있음에도 부분적으로는 나름의 상당한 자유도를 가지고 있는 작품인 것이다.

이 그림을 보면 하단 좌우에 사천왕이 배치되어 있고, 중단에는 제석천과 범천을 제외한 8대보살이 표현되어 있다. 그리고 그 위로 8대제자가 위치하는데, 아홉 명의 제자 중 나머지 한 명은 아미타불의 앞에 가르침을 청하는 모습으로 배치되어 있다. 그리고 맨 위에는 호법신이 아닌 두 화불과 각각 일곱 씩으로 구성된 총 열넷의 타방불(他方佛)[22]이 표현되어 있다.

하단 사천왕의 표현

천은사 극락전 〈아미타후불도〉는 나름의 자유도를 확보하고 있기는 하지만, 전체적인 구조나 등장인물들의 배치는 영산회상도와 큰 차이가 없다. 종교미술은 일반 미술과 달리 작자의 개성이나 창의성이 억제되고 일률적인 의궤성과 법칙성이 강조되기 때문이다.

그런데 이 불화의 사천왕 표현에는 매우 흥미로운 부분이 있어 주목된다. 전체적인 도상의 형태와 사천왕이 가지고 있는 지물은 영산회상도의 경우와 차이가 없지만, 함께 병기된 명호는 완전히 다르기 때문이다. 이 명호 기록을 보면 향 우측 위의 비파를 든 천왕을 동방지국천왕이 아닌 북방다문천왕⑯으로 표기한 것을 필두로 하여 시계 방향으로 동방지국천왕⑰, 남방지증천왕⑱, 마지막으로 창과 탑을 쥔 천왕을 서방광목천왕⑲으로 영산회상도와는 완전히 다르게 적고 있다.

이 불화에서 확인되는 사천왕의 명호 변화는 조선 후기 사천왕의 방위와 명호가 바뀌었다는 의견의 결정적 증거로 제시되곤 한다. 그러나 우리는 이 불화가 영산회상도가 아니라는 점에 주목할 필요가 있다.

사실 아미타불회도에도 영산회상도의 체계를 따라 사천왕과 제석천·범

구례 천은사 〈아미타후불도〉, 조선, 1776, 삼베에 채색, 360.0×277.0cm, 구례 천은사, 보물 제924호(ⓒ구례 천은사)

영산회상도 사천왕 명호   천은사 극락전 아미타후불도 사천왕 명호

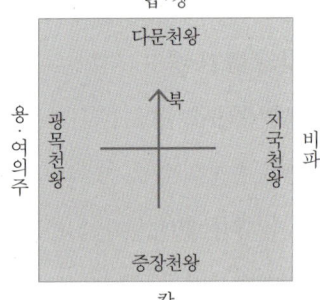
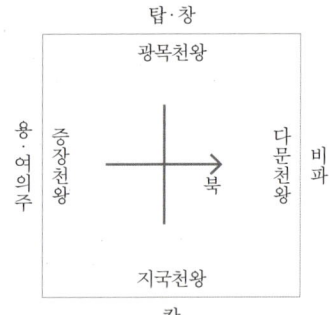

여수 흥국사 〈(영산회상)후불도〉 부분 - 사천왕 (ⓒ성보문화재연구원)

구례 천은사 〈아미타후불도〉 부분 - 사천왕 (ⓒ구례 천은사)

천이 등장하는 게 일반적이지만 엄밀히 따져보면 이들의 등장을 맞다고 볼 수는 없다. 왜냐하면 『무량수경(無量壽經)』 권상(卷上)에는 '그 국토에는 수미산 내지 금강(金剛)·철위(鐵圍)²³ 등의 일체 모든 산이 없으며, 또한 대해(大海)·소해(小海)·시내·도랑·우물·골짜기도 없다'라고 되어 있기 때문이다.

　사천왕은 수미산의 중턱에 거처하며 네 방위를 관장하는 신이다. 그리고 제석천은 수미산 정상의 도리천에서 32명의 신들을 주재하는 신들의 임금이다. 또한 범천은 수미산의 위쪽 하늘 세계인 대범천에 거주하는 조물주이다. 즉 이들은 모두 사바세계의 수미산과 관련된 신들인 셈이다. 그런데 아미타불이 있는 극락에는 수미산이 없다. 이런 점에서 아미타불회도에 사천왕이나 제석천 및 범천이 표현되는 것이 맞지 않다고 판단할 수 있는 것이다. 실제로 구례 천은사〈아미타후불도〉에는 제석천과 범천이 확인되지 않는다. 이러한 연장선에서 우리는 이 불화의 사천왕 표현이 석가모니불이 존재하는 사바세계의 사천왕을 서쪽인 극락세계의 관점에서 본 시각일 수도 있다는 점을 생각해 볼 수 있다. 이렇게 되면 사천왕은 서쪽의 극락세계에서 동쪽을 바라보는 시각으로 인해 방위와 명호가 바뀔 가능성이 있다.

　천은사 극락전〈아미타후불도〉에서 확인되는 사천왕의 방위와 명호 변화는 서방 아미타불의 시각에서 볼 경우 그 의문이 일정 부분 해소된다는 점에서 매우 중요하다. 특히 사천왕의 방위와 명호 변화는 괘불도를 제외하고²⁴ 1853년에 조성된 천은사 삼일암〈아미타후불화〉나 19세기에 제작된 것으로 추정되는 문경 대승사〈아미타불목각탱화〉(보물 제575호)에서처럼 주로 아미타불회도와 관련된다는 점에서 더욱 그렇다.

　물론 서쪽 극락세계의 아미타불이 동쪽을 바라본다는 것은 지극히 우리 세계를 중심으로 하는 판단일 뿐이다. 그러나 부석사 무량수전에 봉안되어

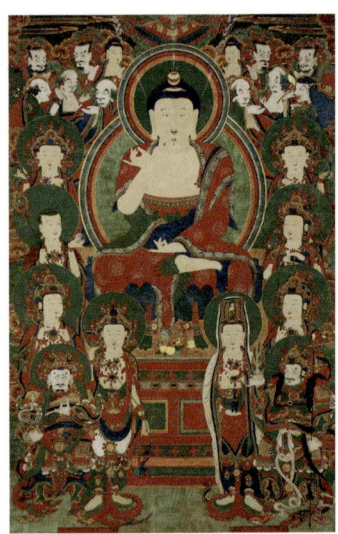  

하동 쌍계사 〈삼세불도〉, 조선, 1781, 비단에 채색, (아미타불도)495.0×314.5cm · (석가모니불도)474.0×316.5cm · (약사불도)496.0×320.5cm, 하동 쌍계사, 보물 제1364호(ⓒ불교문화재연구소)
쌍계사 〈삼세불도〉의 배치에서도 확인할 수 있듯 우리 세계의 부처님인 석가모니불을 중심으로 동쪽 약사불, 서쪽 아미타불의 배치를 보인다.

서방(西方) 극락정토	중앙(中央) 사바세계	동방(東方) 유리광정토
아미타불	석가모니불	약사불
	북방다문천왕 (지물: 탑·창) / 동방지국천왕 (지물: 비파)	
	서방광목천왕 (지물: 용·여의주) / 남방증장천왕 (지물: 칼)	

서방 아미타불의 관점에서 본 사천왕

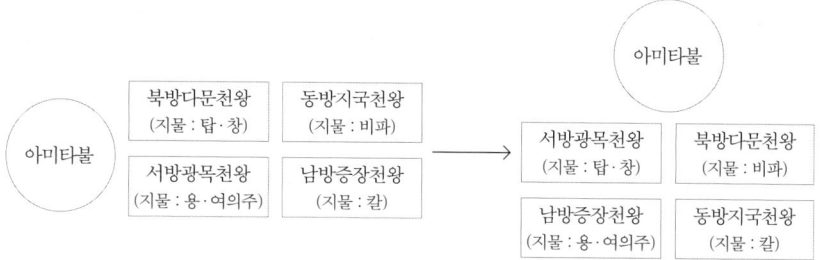

있는 아미타불상이 동쪽을 바라보고 있는 구조에서 확인되는 것처럼, 이와 같은 판단은 오래전부터 있어 왔다. 그러므로 기존의 방위 개념에 왜곡이 생기고, 여기에서 혼란이 만들어졌을 개연성은 충분하다고 판단된다.

물론 그렇다고 해서 문제가 모두 해소되는 것은 아니다. 왜냐하면 이럴 경우 방위 및 명호와 함께 당연히 바뀌어야 하는 사천왕의 도상 표현과 지물은 그대로 유지되고 있기 때문이다. 그럼 이 부분은 어떻게 이해될 수 있을까?

필자는 이것을 승려화가들의 강력한 고정관념 때문이라고 생각한다. 이들은 전통을 답습하도록 강하게 교육받은 예술가들이다. 그렇다 보니 새로운 관점이 제기되었다 하더라도 이것이 도상에 실질적인 변화를 주는 데까지는 이르기 어려웠던 것이다. 그러므로 서방 아미타불의 시각이란 부분은 고려되었지만 그들이 가지고 있었던 도상적 고정관념을 변화시키지는 못한 것이란 판단이다. 이 때문에 다소 혼란스럽고 불완전한 변화 양상이 나타나는 것으로 이해된다. 즉 아미타불의 시각이라는 새롭게 대두한 관점 속에서 제반의 문제를 완전히 해소하지 못한 혼란과 오류의 흔적이라 하겠다.

조선 후기 사천왕의 방위와 명호 문제는 한국 불교미술사의 중요한 화두

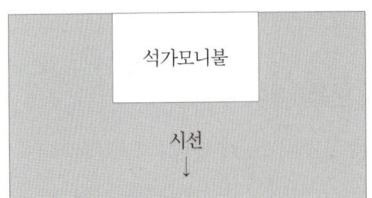
대웅전 본존(석가모니불)의 시선

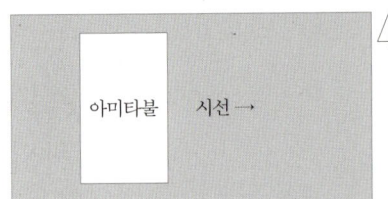
부석사 무량수전 본존(아미타불)의 시선

부석사 무량수전 내부(ⓒ문화재청)
부석사 무량수전 내부에 모셔진 아미타불상은 불상을 전각 중앙 정면(남쪽)을 바라보게 배치한 대웅전의 석가모니불 배치 양식과 달리 서쪽에서 동쪽을 바라보게 조성되어 있다.

중 하나이다. 그러나 이는 극락이라는 서방 세계를 기준으로 한 시각 차에 따른 문제일 뿐, 실질적인 변화는 존재하지 않았던 것으로 판단된다. 만일 이러한 시도가 확실하게 존재했다면 기존과 똑같은 도상을 놓고 방위와 명호만 바꾸는 것이 아니라 기존과는 다른, 도상의 변화가 동반되는 것이 더 타당하기 때문이다.

문경 대승사 〈아미타불목각탱〉, 조선, 256.0×280.0cm, 문경 대승사, 보물 제575호(ⓒ불교문화재연구소)

중단과 상단의 표현

중단의 8대보살을 보면, 먼저 관세음보살②은 정병을 들고 보관에는 아미타불의 화불을 모시고 있다. 다음 대세지보살③은 경책을 들고 보관에는 정병이 표현되어 있다. 대세지가 들고 있는 경책은 일견 책 같지 않은 모습으로 보이지만 직사각형 형태인 인도의 패엽경(貝葉經) 혹은 병풍의 형태인 절첩본을 나타낸 것이다. 이와 같은 형태는 석굴암의 보현보살이 가지고 있는 경전에서도 확인해 볼 수 있다.

관세음과 대세지 위쪽에는 문수④·보현⑤과 금강장⑥·제장애⑦가 큰 특징적인 표현 없이 묘사되어 있다. 그리고 그 위로 승려 형상을 하고, 육환장²⁵을 가진 지장보살⑨과 반대편에 미륵보살⑧이 표현되어 있다.

구례 천은사 〈아미타후불도〉 부분 - 좌우 협시보살(ⓒ구례 천은사)

8대보살의 위로는 8대제자가 배치되어 있는데, 위치로 구분되는 마하가섭⑩과 아난⑪을 제외하고 다른 인물⑬에 대한 판단은 불가능하다. 특히 이들 제자에는 누가 누구라는 명호가 기재되어 있지 않다. 그러나 아미타불의 좌대 아래에서 가르침을 청하는 청법 비구로 사리불⑫이 등장한다는 점에서 이 불화에 등장하는 10대제자 중 제외된 인물은 사리불과 상응하는 목건련이란 판단이 가능하다.

사리불은 초기경전인 『잡아함경』 권45에서 석가모니불에 의해 '장자(長子)', 즉 장남이라는 특별한 존재로 대우받는 제자이다. 사리불은 이후 『대지도론(大智度論)』 권2에서 '제2의 부처(舍利弗是第二佛)'라고까지 표현된다. 이러한 상수제자(上首弟子, 수제자)로서 위상에 의해 그가 부처님에게 가르침을 청하는 대표자란 상징성을 부여받게 된다. 사리불이 청법 비구로 표현되는 경우는 괘불도에서도 여럿 발견되는데, 천은사 극락전 〈아미타후불도〉 역시 이와 같은 양상을 보이고 있는 것이다. 그러나 10대제자가 아미타불의 제자가 아닌 석가모니불의 제자라는 점에서 극락세계를 상징하는 아미타불회도에 이들이 표현되는 것은 다소 어색하다. 이는 이 불화가 영산회상도의 구도적 측면을 계승하고 있다는 증거가 된다.

상단에는 두 화불⑭과 열넷의 타방불⑮이 표현되어 있고, 호법신인 용왕·용녀·상왕·사왕 등은 등장하지 않는다. 극락에는 모든 악한 것이 존재하지 않으니 호법신들의 존재 역시 필연성이 없기 때문이란 판단도 가능하다.

이렇듯 천은사 극락전 〈아미타후불도〉는 전체 구조에 있어 영산회상도를 계승하면서도 나름의 정토삼부경(淨土三部經)[26]에 입각한 변화와 충실도를 기하고 있다는 점에서 주목된다. 이는 조선 후기, 사회적으로 안정을 찾아가고 더불어 불교가 발전했던 당시의 사회상이 반영된 것 아닌가 한다. 한편 이러한 변화들 중

구례 천은사 〈아미타후불도〉 부분 -
(위에서부터) **마하가섭과 아난, 사리불**
(ⓒ구례 천은사)

일부인 사천왕의 방위와 명호 문제는 현재까지도 한국 불교미술사에 있어서 뜨거운 쟁점으로 남아 있다.

극락세계의 표현과 구품연지

아미타불회도 중에는 사람들이 사후 극락세계에 왕생하는 것을 표현한 경우도 있다. 아미타불과 그 권속에 집중하기보다 극락왕생의 장면에 포커스를 맞추는 것이다. 조선 후기 불화 중 1841년에 조성된 대구 동화사 염불암의 〈극락구품도〉(대구 유형문화재 제58호)와 1880년에 조성된 밀양 표충사 〈아미타구품도〉(경남 유형문화재 제467호)가 그 예이다. 두 불화가 매우 유사하다는 점에서 상대적으로 연대가 늦은 표충사 〈아미타구품도〉는 동화사 염불암 〈극락구품도〉의 영향 아래 조성된 것임을 알 수 있다.

『관무량수경』에는 서방 극락세계에 연꽃이 피어 있는 칠보(七寶)로 된 연못이 있으며, 사후 극락에 태어나는 사람들은 이 연못의 연꽃 속에서 태어난다고 되어 있다. 여기에는 각각의 공덕과 과

대구 동화사 염불암 〈극락구품도〉, 조선, 1841, 비단에 채색, 170.5×163.0cm, 대구 동화사, 대구 유형문화재 제58호(ⓒ문화재청)

밀양 표충사 〈아미타구품도〉, 조선, 1880, 비단에 채색, 184.0×170.0cm, 표충사호국박물관, 경남 유형문화재 제467호(ⓒ불교중앙박물관)

보에 따라 태어나기까지의 기간과 앉는 자리에 차등이 존재하므로 이 연못을 '구품연지(九品蓮池)'라고 한다. 표충사 〈아미타구품도〉에 표현된 중앙의 연못과 연못의 연꽃 속에서 태어나는 사람들의 모습은 극락세계의 연화화생(蓮花化生)을 묘사한 것이다. 「심청전」에서 연꽃이 심청이의 재생 상징으로 나타나는 것도 이러한 극락의 탄생 방법을 차용한 것이다.

밀양 표충사 〈아미타구품도〉 부분-
연화화생(ⓒ불교중앙박물관)

불화를 보면 하단에는 극락에 왕생하는 이들을 맞아 오고 가는 영혼의 가마인 구품연대(九品蓮臺)와 극락세계의 대중들이 표현되어 있다. 또한 중단 중앙의 구품연지에는 왕생한 이들이 연꽃 속에서 재탄생 혹은 재생하는 모습이 표현되어 있으며, 연못의 좌우에는 전각 안에서 아미타불과 관세음·대세지보살이 이들을 위해 가르침을 설해 주는 모습이 그려져 있다. 특히 향 좌측에는 아미타불과 더불어 8대보살이 모두 표현되어 있어 흥미롭다.

이와 같은 구품도의 유형이지만 불화의 구도가 완전히 다른 것으로는 19세기에 조성된 고양 흥국사 〈극락구품도〉가 있다.

아미타불은 부처님이 되기 전 자신을 생각하고 따르는 이들은 모두 극락세계에 태어날 수 있게

밀양 표충사 〈아미타구품도〉 부분-
설법하는 불보살들(ⓒ불교중앙박물관)

고양 흥국사 〈극락구품도〉, 조선, 비단에 채색, 146.0×205.0cm, 고양 흥국사, 경기 유형문화재 제143호(ⓒ고양 흥국사)

밀양 표충사 〈아미타구품도〉 부분 - 관세음보살, 대세지보살의 지물(ⓒ불교중앙박물관)

밀양 표충사 〈아미타구품도〉 부분 - 가릉빈가와 악기(ⓒ불교중앙박물관)

하겠다는 서원을 세운다. 이것이 성취되었기 때문에 현재 아미타불이 되어 있는 것이다. 그러므로 '나무아미타불', 즉 '아미타 부처님께 귀의합니다'라 고 염불을 10번 이상 하게 되면, 아미타불의 원력에 의해서 죽은 사람의 영 혼은 극락으로 가서 탄생하게 된다. 그런데 이처럼 다소 쉬운 방법으로 극 락에 태어나게 되면 상대적으로 극락세계 구성원의 자질에 문제가 생길 수 있는 우려가 생긴다. 그러므로 극락에 태어난 이들 중 자질이 미성숙한 이 들은 연꽃 속에 싸여 그 수준이 높아질 때까지 교육을 받아야만 하는 것이다. 즉 구품연지에 있는 동안은 극락세계의 구성원이 되기 위한 보호 관찰 기간에 해당한다고 이해하면 되겠다. 그러나 불교와 진리에 대한 수행과 소양이 높은 사람들은 이와 같은 번잡한 과정을 거치지 않고 곧장 극락의 구성원이 된다.

상단에는 극락세계의 주관자인 아미타불과 관세음·대세지보살의 삼존이 크게 표현되어 있다. 아미타불은 구품왕생의 아홉 단계 중 가장 윗 단계를 상징하는 상품상생인(上品上生印)을 취하고 있고, 관세음보살과 대세지보살은 각각 발우(鉢盂)와 경책을 들고 있는 모습이 확인된다. 그리고 그 위의 좌우로는 다수의 타방불이 그려져 있다. 또 아미타불의 머리 쪽 좌우로는 극락의 새인 가릉빈가(迦陵頻伽, Kalaviṅka)가 묘사되어 있다. 가릉빈가는 사람의 머리에 새의 몸을 가진(半人半鳥), 매우 아름다운 소리를 내는 새로 봉황이나 주작처럼 상서로운 의미를 상징한다. 그러므로 이는 극락의 이상성을 표현하는 것이라고 하겠다. 그 아래의 공중에 떠 있는 악기 역시 극락에서 저절로 울리는 음악을 의미한다. 즉 극락은 즐거움이 극진한 동시에 아미타불의 올바른 가르침이 있는 완전한 이상세계인 것이다.

세 개의 몸, 세 곳의 세계
삼신불도 · 삼계불도

삼신불도(三身佛圖)의 구조와 등장인물

삼신불은 부처님의 속성을 세 가지로 나눈 불교의 철학적 측면을 의미한다. 삼신불은 각각 법신·보신·화신을 말한다. 이 중 법신은 '부처님의 본질적인 완전함', 즉 완전성을 상징하며, 보신은 '부처님의 이상적인 측면', 즉 이상성을 나타낸다. 그리고 화신은 '부처님이 모든 곳에서 드러날 수 있는 다양성', 즉 편만성(遍滿性)을 의미한다.

    삼신은 불교의 철학적 관점과 연관되기 때문에 개념이 다소 어려울 수 있다. 그러나 현실적으로 대입해 보면 의외로 쉽다. 태양을 예로 들면 일체의 어둠을 용납하지 않는 태양 자체는 법신이다. 이 태양에서 뿜어져 나오는 강렬한 빛은 보신이 된다. 마지막으로 태양 빛이 지구에 와서 구름에 가리기도 하고 밤과 대비되기도 하는 현상적인 측면들은 화신이다. 화신의 경우 어둠을 물리치는 태양의 본질적인 부분에 있어 법신과 대등하다.

    이러한 삼신의 의미는 다소 막연할 수 있기 때문에 불교에서는 이를 구체적인 부처님의 모습으로 형상화한다. 이를 삼신불이라고 하는데, 삼신불은

양산 통도사 〈삼신불도〉, 조선, 1759, 비단에 채색, (석가모니불회도)420.0×176.0cm · (비로자나불회도) 420.0×315.0cm · (노사나불회도)420.0×176.0cm, 양산 통도사, 보물 제1042호(ⓒ통도사성보박물관)

법신 비로자나불·보신 노사나불·화신 석가모니불로 칭해진다.

　삼신불의 배치는 법신을 중심으로 좌우에 각각 보신과 화신이 모셔진다. 삼신불은 해인사처럼 화엄종과 관련된 사찰의 주불전에 모셔지는데, 이럴 경우 전각은 '대적광전(大寂光殿)'이나 '대광명전(大光明殿)'으로 칭한다. 법신 비로자나불은 굳이 화엄종 사찰이 아니더라도 일정 규모 이상의 사찰 내 부속 불전에 모셔지기도 한다. 이때 전각은 '비로전(毘盧殿)'이나 '화엄전(華嚴殿)'으로 칭한다.

　삼신불을 모신 전각의 불단 뒤쪽에는 각각에 상응하는 삼신불을 모신 후불도가 배치된다. 삼신불도는 규모가 커지게 되면 중앙의 비로자나불회도를 중심으로 좌우에 노사나불회도와 석가모니불회도(영산회상도)의 세 폭으로 나누어 걸리는 경우가 있다. 대표적인 예로 1759년에 조성된 통도사 대광명전의 〈삼신불도〉(보물 제1042호)를 들 수 있다.

　삼신불도 역시 영산회상도의 구조로부터 크게 이탈하지 않으므로 불화의 내용을 이해해 보는 것은 그리 어렵지 않다.

비로자나불회도

먼저 중앙의 〈비로자나불회도〉를 보면, 중앙에 금강계(金剛界) 밀교 계통의 지권인(智拳印)을 취하고 있는 비로자나불①의 모습을 확인해 볼 수 있다.[27] 그리고 하단에는 사천왕이 생략되어 있는데, 이는 세 폭으로 그려지는 불화의 경우 사천왕을 좌·우측에 둘씩 나누어 배치하는 것이 일반적이기 때문이다. 즉 세 폭의 불화이기는 하지만 전체적으로는 하나의 불화인 셈이다.

　통도사의 〈비로자나불회도〉는 하단부터 중단에 걸쳐 3열로 14보살이 묘사되어 있는데, 중앙의 좌우 협시인 여의(如意)를 든 문수보살②과 연꽃을

양산 통도사 〈삼신불도〉 〈비로자나불회도〉(ⓒ통도사성보박물관)

쥔 보현보살③을 제외하고 다른 보살④들의 자세한 명칭은 알 수 없다.

그 위쪽으로 10대제자가 표현되어 있다. 자리한 위치에 따라 마하가섭⑤과 아난⑥을 확인할 수 있는 것을 제외하고는 자세한 이름을 알 수 없다. 그리고 맨 위의 상단에는 용왕⑧과 용녀⑨ 및 8대금강⑩이 그려져 있으며, 그 너머로 좌우 일곱씩의 총 열넷의 타방불⑪이 표현되어 있다.

비로자나불은 연화장(蓮華藏)세계를 관장하는 분으로, 부처님 중에서도 가장 핵심적인 위치에 존재한다. 이렇게 세계 자체가 다르기 때문에 10대제자와 같은 석가모니불의 제자가 등장하는 것은 맞지 않는다. 그러나 영산회상도가 부처님을 장엄하는 불화의 기준이 된다는 점에서 이와 유사한 구조가 모든 불화에 반복적으로 나타나게 되는 것이다.

노사나불회도

다음으로 〈노사나불회도〉는 중앙에 보관을 쓴 보살형의 노사나불①이 양손을 위로 치켜들고 있는 설법인(說法印)을 취하고 있다. 노사나불은 실제로 비로자나불의 다른 명칭이다. 불타발타라(佛陀跋陀羅)가 번역한 60권본 『화엄경』에는 『화엄경』의 중심 부처님이 노사나불로 등장한다. 여기에서의 노사나불은 당나라 때 실차난타(實叉難陀)에 의해서 번역되는 80권본 『화엄경』의 비로자나불에 다름 아니다. 즉 노사나불은 비로자나불과 다른 부처님이 아니라, 비로자나불의 완전한 덕성(德性)을 형상화한 것이라고 이해하면 되겠다. 그렇기 때문에 일반적인 부처님의 형상이 아닌 모든 것을 갖추고 있는 장엄한 보살의 모습으로 표현된다. 이로 인하여 노사나불을 별칭으로 '장엄보살(莊嚴菩薩)'이라고도 한다.

노사나불의 수인은 중생들에게 가르침을 베풀어 주는 설법인이다. 인도

양산 통도사 〈삼신불도〉
〈노사나불회도〉
(ⓒ통도사성보박물관)

순천 송광사 〈화엄경변상도〉, 조선, 1770, 비단에 채색, 281.5×268.0cm, 순천 송광사, 국보 제314호(ⓒ송광사성보박물관)

불교에서 설법인은 가슴 중앙에서 양손을 모으는 방식으로 되어 있는데, 동아시아에서는 양손을 벌리는 방식으로 표현된다. 이러한 설법인의 완성과 정착은 송나라 시기에 이루어진 것으로 추정되는데 화엄경변상도 등에서도 살펴볼 수 있다.

〈노사나불회도〉의 하단에는 비파를 든 동방지국천왕⑧과 칼을 쥔 남방증장천왕⑨의 두 천왕이 표현되어 있다. 그런데 이들 배치의 좌우가 바뀌어 있어 주목된다.

그 위로는 다섯 보살②과 제석천③이 표현되어 있다. 제석천은 다른 보살에 비해서 조금 작고 덜 화려한 모습으로 부처님을 향해 합장하는 자세를 취하고 있다. 제석천은 호법선신이기 때문에 불화의 가장 바깥쪽이 되어야 한다는 점에서 제석천 역시 보살과 좌우가 바뀌어 있는 것으로 판단된다. 즉 이 불화는 사천왕 중 두 천왕과 제석천의 위치에 문제가 있는 것이다. 이는 〈노사나불회도〉의 반대쪽에 위치하고 있는 〈석가모니불회도〉에도 나타나는 문제인데, 불화 제작 과정에서 화승들에 의한 방향 착오가 있었던 것이 아닌가 추정된다.

보살의 수가 홀수인 다섯인 것은 제석천의 배치와 반대편에 위치한 〈영산회상도〉의 보살 수를 포함해 전체 수를 맞추기 위함이다. 〈노사나불회도〉에서는 등장하는 모든 보살의 명칭을 알 수 없다. 좌우 보처마저도 특별히 누구라고 비정되어 있지 않기 때문이다. 노사나불이 비로자나불과 같은 존재이기 때문에 독립된 좌우 보처는 존재할 수 없다. 또 노사나불은 언제나 비로자나불과 함께 등장하는 부처님으로 독립된 신앙 대상이 아니다. 그렇기 때문에 의식문에서도 노사나불의 좌우 보처에 대한 언급은 존재하지 않는다. 이로 인하여 노사나불의 좌우 보처에 대한 명호를 알 수 없는 것이다. 그럼에도 좌우 보처의 자리에 보살이 표현되는 것은 부처님에 대한 예배화가 영산회상도를 기준으로 구도가 통일되어 있기 때문이다.

　상단에는 이름을 알 수 없는 두 제자⑤와 두 화불④, 그리고 두 호법신이 묘사되어 있다. 두 호법신 중 하나는 사왕⑥이며, 반대쪽에 있는 존재는 가루라⑦로 판단된다. 상왕은 등장하지 않는데 이는 〈노사나불회도〉에 대칭하는 〈석가모니불회도〉에 등장하기 때문이다. 또 용왕과 용녀는 중앙의 불화인 비로자나불회도에 등장하므로 이곳에는 표현되지 않는다. 앞서 이야기한 바와 같이 세 폭의 그림은 전체가 하나의 그림으로 구성되고 있다는 점에 유념할 필요가 있는 것이다.

석가모니불회도(영산회상도)

마지막으로 〈석가모니불회도〉, 즉 〈영산회상도〉는 일반적인 영산회상도와 달리 〈노사나불회도〉와 대칭의 관점에서 구성되고 있다.

　하단을 보면 용과 여의주를 들고 있는 서방광목천왕⑧과 창과 탑을 받쳐 든 북방다문천왕⑨이 위치가 바뀐 모습으로 표현되어 있는 것이 확인된다. 그리고 그 위의 중단에는 다섯 보살②과 역시 위치가 잘못된 범천③이 표현되어 있다.

　석가모니불①의 좌우 협시보살은 일반적으로는 문수와 보현이다. 그러나 〈비로자나불회도〉에 나타난 비로자나불의 좌우 협시가 문수·보현이라는 점에서 〈석가모니불회도〉의 석가모니불 협시보살들을 어떻게 보아야 하는지에 대한 논란이 있을 수 있다. 다만 노사나불과 비로자나불이 동일한 존재란 점을 고려한다면 삼신불의 좌우 보처는 모두 문수와 보현이라는 관점도 가능하다. 만일 이러한 이해가 가능하다면 〈삼신불도〉에 표현된 보살의 총수

양산 통도사 〈삼신불도〉
〈석가모니불회도〉
(ⓒ통도사성보박물관)

는 겹치는 보살을 제외하고 20명이 될 것이다. 그러나 중앙의 〈비로자나불회도〉에 표현된 좌우 보처의 옷 색깔과 〈노사나불회도〉, 〈석가모니불회도〉의 좌우 보처에 표현된 옷 색, 그리고 쥐고 있는 지물에 차이가 있다. 즉 그림을 그리는 사람에 의한 일관된 의도성은 확인되지 않는다는 말이다. 결국 이러한 관점을 단정하는 것은 불가능하다.

삼신불도의 좌우 보처에 대한 구체적인 서술은 없다. 그리하여 우리는 이 불화를 통해 좌우 보처의 표현만 확인할 수 있을 뿐, 그 명호를 분별하는 것은 불가능한 게 된다.

상단에는 역시 명호를 알 수 없는 두 제자⑤와 두 화불④ 그리고 상왕⑥과 아수라⑦가 표현되어 있다. 이는 반대편에서 대칭을 이루는 〈노사나불회도〉에 호응하는 구조라고 하겠다.

삼계불도(三界佛圖)의 구조와 등장인물

사찰에서 삼신불도보다 더 많이 볼 수 있는 것이 삼계불도이다. 삼신불도가 화엄사상과 관련된 사찰에서 볼 수 있는 불화라면, 삼계불은 특정 규모 이상의 사찰에서는 쉽게 만나 볼 수 있기 때문이다.

'삼계불'이란 중앙의 사바세계에 존재하는 석가모니불을 중심으로 좌우에 동방 유리광세계의 약사여래와 서방 극락세계의 아미타불을 의미한다.[28] 삼계불은 동방세계와 중앙세계, 그리고 서방세계라는 관점에서 '삼세불(三世佛)'이라고 불리기도 한다. 그러나 한자 '세(世)'는 시간을 의미하는 글자이므로, 공간을 나타내는 경우는 삼세불이 아닌 삼계불이라고 칭하는 게 타당하

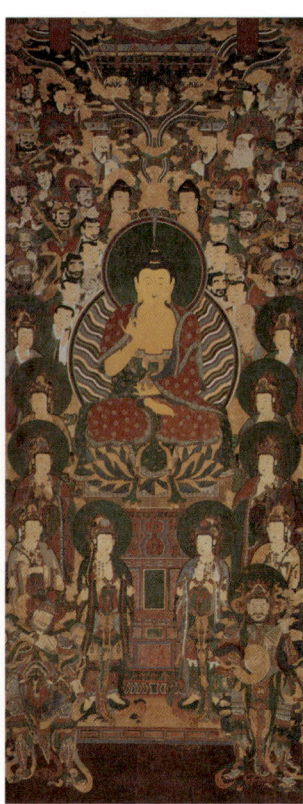

김천 직지사 〈삼존불도〉, 조선, 1744, 비단에 채색, (석가모니불회도)610.0×300.0cm·
(아미타불회도·약사불회도)610.0×240.0cm, 김천 직지사, 보물 제670호(ⓒ성보문화재연구원)

다. 실제로 이와 같은 차이를 간과하고 있기 때문에 공간에 따른 '아미타불-석가모니불-약사여래'도 '삼세불'이라고 하며, 시간에 따른 '제화갈라보살-석가모니불-미륵보살'도 '삼세불'이라고 하는 웃지 못할 상황이 발생하곤 한다.²⁹

삼계불도의 대표작으로는 1744년 제작된 직지사 대웅전의 〈삼존불도〉(보물 제670호)를 들 수 있다. 직지사 〈삼존불도〉의 중앙에 있는 〈석가모니불회도〉는 동방지국천왕과 북방다문천왕이 빠진 오롯한 영산회상도라고 할 수 있다. 두 천왕은 각각 〈약사불회도〉와 〈아미타불회도〉에 좌우로 배치되어 있다.

석가모니불회도

〈석가모니불회도〉에는 본존을 중심으로 하단의 좌우에 칼을 쥔 남방증장천왕⑯, 용과 여의주를 가진 서방광목천왕⑰이 배치되어 있다. 그리고 그 위쪽의 중단에는 노란 연꽃을 든 문수②와 붉은 연꽃을 가진 보현③에 의한 좌우 협시를 필두로 10대보살④이 배치되어 있는 것이 확인된다. 또 그 바깥쪽에는 제석천⑤과 범천⑥이 중앙의 석가모니불을 향해서 합장한 채 있다. 그 위쪽으로는 마하가섭⑦과 아난⑧을 필두로 하는 10대제자⑨가 묘사되어 있고, 안쪽으로는 네 명의 화신불⑩이 위치한다.

맨 위의 상단에는 용수염이 뚜렷한 용왕⑪과 그 대칭점에 용녀⑫가 배치되어 있다. 한편 그 바깥쪽에는 각각 사왕⑬과 상왕⑭이 위치하고 있다. 여기에서의 상왕은 여섯 개의 상아를 가진 육아백상임이 뚜렷하다. 그리고 맨 바깥쪽에는 4대금강⑮이 묘사되어 있는데, 위쪽의 둘은 세 개의 눈을 가진 것으로 표현되어 있고, 특히 향 좌측의 위쪽 금강역사의 경우 금강저를 들고

김천 직지사 〈삼존불도〉
〈석가모니불회도〉

(ⓒ성보문화재연구원)

있는 모습도 확인된다. 마지막으로 상단의 맨 안쪽에는 좌우에 각기 한 쌍씩의 동남·동녀⑱가 공양물을 바치는 것으로 표현되어 있다. 이들은 일종의 '천사'와 같은 존재로 존귀한 이를 모시는 시동(侍童)에 대한 표현이다.

이 불화의 특징 중 하나는 석가모니불의 백호(白毫)에서 발하는 여섯 줄기의 강렬한 백호광 표현이다. 이 빛은 육계 위로 구불구불하게 피어오르는 서기와 뚜렷한 차이를 보이고 있어 흥미롭다.

김천 직지사 〈삼존불도〉
〈약사불회도〉 부분 - 일광□ 월광보살
(ⓒ성보문화재연구원)

약사불회도

다음으로 〈약사불회도〉는 중앙에 약합을 들고 있는 약사여래①를 중심으로 하단에 비파를 든 동방지국천왕⑮이 표현되어 있다. 그 반대편에는 언뜻 보면 사천왕과 같은 모습의 화살을 가진 존상⑯이 그려져 있는데 누구를 표현한 것인지는 불분명하다. 사천왕의 배치 구조상 상응하는 모습으로 그린 것임에 분명하지만, 두광을 생략해서 사천왕보다 낮은 위계의 존재라는 점을 분명히 하고 있다. 즉 이는 대칭 구조의 완성을 위해 그려진 도상일 뿐 특정한 누군가를 표현하기 위한 것은 아닌 것이다. 그러나 이 불화가 〈약사불회도〉라는 점과 이와 대응하는 〈아미타불회도〉에는 이와 같은 도상이 등장하지 않는다는 점, 그리고 도상의 형태가 야차를 나타내고 있다는 점에서 불화 위쪽에 12야차대장이 등장함에도 불구하고 이 역시 야차로 보아야 할 것으로 판단된다.

김천 직지사 〈삼존불도〉
〈약사불회도〉 부분 - 12야차대장
(ⓒ성보문화재연구원)

그 위쪽의 중단에는 약사여래의 좌우 보처인 일광보살과 월광보살을 필두로 한 10대보살이 표현되어 있다. 일광보살②은 보관에 붉은 색의 원형으로 된 해의 상징을 가지고 있는데, 그 안에는 태양의 상징인 삼족오가 표현되어 있다. 그리고 월광보살③의 보관에는 하얀색의 달과 그 안쪽에 달의 상징인 옥토끼가 그려져 있다.

10대보살 위쪽으로는 12제자⑤와 12야차대장⑥이 배치되어 있다. 약사여래와 권속들에 대해서 묘사하고 있는 『약사여래본원경(藥師如來本願經)』에는 12야차대장이 등장해서 부처님의 가르침과 이를 따르는 사람들을 수호할 것을 맹세하는 대목이 있다. 이들은 각각 궁비라(宮毘羅), 발절라(跋折羅), 미구라(迷佉羅), 안날라(安捺羅), 안달라(安怛羅), 마열라(摩涅羅), 인타라(因陀羅), 바이라(波異羅), 마호라(摩呼羅), 진달라(眞達羅), 초도라(招度羅), 비갈라(鼻羯羅)이다. 이들 12야차대장은 각기 다른 지물을 가지며, 각자 7천씩의 야차 무리를

김천 직지사 〈삼존불도〉
〈약사불회도〉(ⓒ성보문화재연구원)

거느린다. 이들은 약사여래 12대원의 수호자이기도 한데, 이들의 변형된 모습이 우리가 흔히 알고 있는 12지신이다. 그렇기 때문에 이들은 하루 12시간과 12달의 지배자이기도 하다. 이와 같은 내용을 간략히 도시해 보면 다음과 같다.

12야차대장	12지신	지물
궁비라	해(亥)	보저(寶杵, 방망이)
발절라	술(戌)	보검(寶劍)
미구라	유(酉)	독고(獨鈷, 창과 같은 유형의 금강저)
안날라	신(申)	보주(寶珠)
안달라	미(未)	화살(矢)
마열라	오(午)	법라(螺貝, 소라고동)
인타라	사(巳)	모(鉾, 끝이 뾰족할 칼)
바이라	진(辰)	활과 화살(弓矢)
마호라	묘(卯)	보월(寶斧, 도끼)
진달라	인(寅)	보봉(寶棒, 몽둥이)
초도라	축(丑)	보추(寶鎚, 철퇴)
비갈라	자(子)	삼고(三鈷, 세 갈래로 된 금강저)

12야차대장의 모습은 1775년에 그려진 통도사 〈약사불회도〉나 1781년에 조성된 쌍계사 〈약사불회도〉를 통해서도 확인해 볼 수가 있다. 그러나 직지사 〈삼존불도〉의 경우처럼 12제자가 등장하는 것은 매우 특이한데, 이 역시 약사여래의 12대원과 12야차대장으로 이어지는 관점에 준한 것으로 판단된다. 그러나 경전에는 약사여래와 관련된 구체적인 제자의 이름 등은 거론되지 않기 때문에 이들이 누구인지는 명확하게 알 수 없다.

하동 쌍계사 〈삼세불도〉〈약사불회도〉(ⓒ불교문화재연구소)
하동 쌍계사 〈삼세불도〉 중 〈약사불회도〉 상단 좌우로 12야차대장의 모습을 확인할 수 있다.

상단에는 두 화신불⑧이 묘사되어 있고, 불로 된 고리 형태의 천의를 갖춘 4대금강⑦이 좌우에 각각 둘씩 배치되어 있다. 화신불의 위쪽으로는 홀(笏)을 쥐고 일월관을 착용한 군주 복색의 두 인물이 표현되어 있는데, 이들은 각각 태양과 달인 일천자(日天子)⑨와 월천자(月天子)⑩이다. 불교의 우주론에 따르면 일천자와 월천자는 수미산 중턱인 사왕천의 바깥쪽 허공에 존재하며, 일궁의 크기는 51유순(由旬, yojana)이고[30] 월궁의 크기는 49유순이라고 한다. 약사여래의 좌우 보처가 일광보살과 월광보살이라는 것은 약사여래신앙이 동방이라는 방위와 함께 해·달과 관련된다는 것을 의미하는데, 여기에서도 이러한 구조를 한 번 더 확인해 볼 수 있게 된다.

그 위쪽으로는 공양을 받쳐 든 천녀⑪ 둘이 묘사되어 있고, 바깥쪽으로는 각각 아수라⑫와 가루라⑬가 표현되어 있다. 그리고 중앙의 위쪽에는 약사여래의 정수리, 즉 육계에서 뻗어 올라가는 오색 서기(瑞氣)의 중간에 원형의 광배 속 타방불⑭이 각각 여섯씩, 총 열두 명이 표현되어 있다. 타방불이 열두 명인 것 역시 〈약사불회도〉의 전편을 흐르고 있는 '12'라는 숫자에 맞춰진 것으로, 별처럼 둥근 광배 속에 있다는 점과 아울러 황도 12궁을 상징하는 것으로 판단된다.

아미타불회도

끝으로 〈아미타불회도〉의 하단에는 사천왕으로 창과 탑을 들고 있는 북방다문천왕㉑이 표현되어 있다. 그 반대편에는 보살형의 존상㉒이 그려져 있는데 누구인지는 불분명하다. 이 역시 〈약사불회도〉에서와 마찬가지로 대칭구조를 완성하기 위해 승려화가가 삽입한 보살이기 때문이다. 그러므로 〈약사불회도〉에 야차대장이 한 명 더 추가되면서 13야차대장이 된 것처럼, 〈아미타불회도〉에서는 9보살이라는 특수한 구조가 나타나게 된다.

동아시아 불교미술에는 홀수와 짝수, 즉 기수(奇數)와 우수(偶數)의 법칙이 있다. 여기에서 존귀하게 여겨지는 수는 홀수이다. 불화로 예를 들면 중앙의 부처님은 한 명으로 홀수이고, 나머지 4천왕·8대보살·10대제자·8대금강 등은 모두 짝수가 된다. 이는 홀수를 높이고 짝수를 낮추는 관점에 의해서 조율된 법칙이다. 실제로 우리나라 사찰에서 사용되는 거의 모든 숫자는 홀수를 기본으로 한다.³¹ 여기에 이러한 홀수의 대상을 북돋아 주는 배경으로서 짝수의 대상이 존재한다고 이해하면 되겠다. 이와 같은 관점은 인도불교적인 것은 아니며, 동아시아 전통문화와 결합된 동아시아의 불교적 측면이라 하겠다. 그런데 직지사 대웅전의 〈삼존불도〉는 삼계도가 세 폭으로 확대되면서 구도의 문제로 인해 한 폭에 한 대상만 존재해야 하는 홀수의 상징을 부처님 외의 다른 존재들도 가지게 되는 것이다.

중단에는 8대보살과 제석천⑩·범천⑪, 그리고 18대제자가 표현되어 있다. 8대보살은 아미타 8대보살로 중앙의 협시인 여의를 든 관세음②과 붉은 연꽃을 가진 대세지③를 필두로 맨 위에 승려 모습의 지장보살⑨과 반대편의 미륵보살⑧을 확인해 볼 수 있다. 그러므로 그 중간의 보살들은 문수④·보현보살⑤과 금강장⑥·제장애보살⑦이라는 것을 추측할 수 있다.

그 위의 18대제자⑫는 18나한으로 이해하는 것도 가능하다. 18나한은 16나한에 중국불교의 관점에서 두 명이 추가되어 완성된, 인도불교와 중국불교의 합작품이라고 할 수 있다. 먼저 16나한은 높은 신통과 수행력으로 죽지 않고 계속 우리 세계에 머물면서 석가모니불의 가르침을 보호하고 중생들의 기원과 바람을 이루어주는 제자들이다. 이들 16나한은 난제밀다라(難提蜜多羅), 즉 경우(慶友)존자가 찬술하고 현장(玄奘)법사가 번역한 『대아라

김천 직지사 〈삼존불도〉
〈아미타불회도〉(ⓒ성보문화재연구원)

한난제밀다라소설법주기(大阿羅漢難提蜜多羅所說法住記)』에 의해 중국불교에서 확립된다.

그런데 후대에는 경우존자와 현장법사까지 포함되면서 16나한이 18나한으로 증가하는 모습을 보인다. 그러다가 청나라에 오게 되면 경우존자와 현장법사가 빠지고 복룡(伏龍)나한과 복호(伏虎)나한이 추가된다. 복룡과 복호란 용에게 항복받고 호랑이를 조복(調伏)한다는 의미로 특정한 실존 인물을 지칭하는 것은 아니다. 아무래도 경우존자와 현장법사의 무게감이 16나한의 그것과 맞지 않자 이분들을 빼는 대신 이미 관습화된 18이라는 숫자를 줄일 수 없어 상징적인 측면의 인물들을 첨가한 것으로 판단된다.

이 18나한의 표현에서 흥미로운 것은 이들의 핵심에 위치하고 있는 아미타불의 두상 옆 두 나한이 마하가섭과 아난의 형태를 취하고 있다는 점이다. 이는 10대제자의 도상적인 측면이 18나한에서도 그대로 적용되고 있다는 것을 의미한다.

상단에는 사왕⑭과 육아백상의 상왕⑮을 필두로 바깥쪽에 불의 고리와 같은 표현이 특징적인 6대금강⑯이 배치되어 있다. 그리고 그 위쪽에는 한 쌍의 동자와 공양을 올리는 천녀상이 나타나 있으며⑰, 그 바깥쪽에는 판관(判官)⑱과 저승사자⑲ 그리고 한 쌍의 지옥 옥졸⑳이 표현되어 있다. 판관은 죽은 사람의 죄를 판단하는 실무자로 염라대왕 등의 10대왕을 돕는 존재이다. 그리고 저승사자는 무관 복장을 하고 있는 인물로 망자를 잡아오는

김천 직지사 〈삼존불도〉
〈아미타불회도〉 부분

역할을 한다. 우리는 흔히 저승사자라고 하면 검은 옷에 검은 갓을 쓴 인물을 떠올리지만 이는 유교적인 상례(喪禮)의 영향에 의해서 생긴 이미지다.³² 전통적인 저승사자는 죄인을 잡아오고 압송하는 하급 무관을 모델로 하기 때문에 이 불화에서 확인되는 것과 같은 무관 복장의 인물로 등장하게 된다. 끝으로 지옥의 옥졸은 죄인에게 고통을 주는 역할을 하는 존재들이다.

〈아미타불회도〉에 나타나는 판관과 저승사자 그리고 옥졸과 동자 같은 표현들은 주로 지장보살도에서 살펴지는 특징들이다. 이를 통해 우리는 아미타불회도와 지장보살도의 일부가 결합되는 양상을 확인할 수 있다.

그 위쪽의 정 가운데에는 하늘에 걸린 보배로운 전각인 천개(天蓋), 즉 보개(寶蓋)가 묘사되어 있다.

신앙 대상이 되는 부처님들의 종합세트, 오불회도(五佛會圖)

다수의 불보살이 등장하는 불화 중에는 삼신불과 삼계불이 결합된 오불회도를 빼놓을 수 없다. 한 폭의 불화에 불교의 신앙 대상으로서 부처님들이 모두 등장하는 종합적인 그림인 셈이다. 대표적으로는 1628년 조성된 안성 칠장사 〈오불회괘불도〉(국보 제296호)를 들 수 있다.

이 불화를 보면 상단 중앙에 지권인을 취하고 거대한 신광을 두른 비로자나불①을 중심으로 좌우에 설법인의 노사나불②과 항마촉지인의 석가모니불③이 배치되어 있음을 알 수 있다. 그 사이에는 10대제자⑧가 위치하고, 위쪽으로 둘씩 총 네 명의 화불⑨이 표현되어 있는 것이 확인된다. 또 그 위에는 용왕⑩과 용녀⑪ 및 상왕⑫과 사왕⑬, 그리고 정확한 도상 파악이 불

안성 칠장사 〈오불회괘불도〉, 조선, 1628, 비단에 채색, 656.0×404.0cm, 안성 칠장사, 국보 제296호(ⓒ성보문화재연구원)

분명한 네 명의 호법신장⑭이 위치하고 있다. 마지막으로 가장 상층에는 총 10명의 화신불⑮이 그려져 있다.

그 아래의 중단에는 아미타불⑤과 약사여래④가 배치되어 있는데, 각각의 좌우 보처인 관세음⑱·대세지보살⑲과 일광⑰·월광보살⑯을 대동하고 있다. 앞서 삼신불의 좌우 보처는 불분명하다는 언급을 했었는데, 그래서인지 여기에서는 아미타불과 약사여래만 좌우 보처가 표현되어 있는 것이 확인된다. 아미타불을 중심으로 우측에는 다섯 명의 보살⑳과 맨 위의 구석에 범천㉑이 그려져 있고, 그 아래에는 서방광목천왕㉒과 북방다문천왕㉓이 있다. 그리고 약사여래를 중심으로 좌측에는 12야차대장㉔과 제석천㉕, 그리고 동방지국천왕㉖과 남방증장천왕㉗의 모습을 확인해 볼 수 있다.

아래쪽 하단의 중앙에는 다섯 개의 발톱이 뚜렷한 5조용(五爪龍)이 하부를 휘감고 있는 수미산㉘이 위치한다. 용이 수미산을 감고 있는 모습은 옥충주자의 〈수미산도〉(79쪽)나 부여의 능사에서 발견된 백제대향로(80쪽) 등을 통해서도 확인되는데, 이는 우리나라 불교의 수미산을 이해하는 한 특징이다. 수미산의 정상인 도리천에는 궁성에 해당하는 선견성(善見城)과 제석천의 정전인 묘승전[33], 그리고 도리천중들이 회합을 하는 공회당인 선법당(善法堂) 등의 건물이 그려져 있다. 수미산의 정상에 위치하는 도리천의 묘승전은 『화엄경』「승수미산정품(昇須彌山頂品)」이나「수미정상게찬품(須彌頂上偈讚品)」등에서[34] 확인되는 석가모니불의 설법 공간이다.

안성 칠장사 〈오불회괘불도〉 부분 - 수미산(ⓒ성보문화재연구원)

이로 인하여 불상을 모신 좌대를 수미산과 같은 좌대라는 의미에서 '수미좌'라고 하는 것이다. 수미산 관련 표현은 우주의 중심을 나타내는 동시에 부처님의 성스러움을 강조하는 묘사라고 하겠다.

　수미산을 중심으로 좌우로는 보타락가산에서 유희좌를 취하고 있는 관세음보살⑥과 무독귀왕㉚ 및 도명존자㉛를 거느린 지장보살⑦이 배치되어 있다. 관세음보살을 표현하고 있는 형식은 고려불화의 수월관음도와 흡사하다. 관세음보살의 옆으로는 두 그루의 대나무가 솟아나와 있는데 이는 '관음죽(觀音竹)'이다.³⁵ 『삼국유사』「낙산이대성관음정취조신(洛山二大聖觀音正趣調信)」에 따르면, 의상 대사는 관세음보살의 말을 따라 대나무 두 그루가 솟은 곳에 낙산사 원통보전을 짓게 된다. 두 그루의 대나무는 바로 이것을 상징하는 것이다. 또 반대편에는 정병에 버드나무가 꽂혀 있고, 그 위에 파랑새가 그려져 있다. 정병과 버드나무는 물(감로수)을 통해서 모든 삿된 것을 정화하는, 관세음보살을 상징하는 지물이다. 한편 파랑새는 원효가 의상을 따라서 관세음보살을 친견하기 위해 가다가 만났다는 관세음보살의 전령이다. 그래서 이 파랑새를 '관음조(觀音鳥)'라고 한다.³⁶

　관세음보살의 발밑 쪽에는 어린 동자가 관세음보살을 향해 합장을 하고 있는 모습이 확인되는데, 이는 '남순동자(南巡童子)'로도 칭해지는 선재동자㉙이다. 『화엄경』「입법계품」에 의하면 선재동자는 53선지식을 차례로 참방하는 과정에서 28번째로 남방의 보타락가산에 주석하고 있는 관세음보살을 친견하고 가르침을 받게 된다. '남순동자'라는 명칭은 선재동자가 남방을 순유하는 과정에서 관세음보살을 친견했다고 하여 붙여진 일종의 별명이다. 관세음보살의 아래쪽에는 여러 중생들이 관세음보살을 필두로 〈오불회괘불도〉 속 불보살들의 가피를 구하는 모습이 그려져 있다.

안성 칠장사 〈오불회괘불도〉
부분 - 지장보살과 명부의
권속들(ⓒ성보문화재연구원)

안성 칠장사 〈오불회괘불도〉
부분 - 관세음보살과
선재동자(ⓒ성보문화재연구원)

 관세음보살의 반대편에는 반가부좌를 하고 있는 지장보살이 표현되어 있는 것을 볼 수 있다. 지장보살은 좌우 보처인 도명존자와 무독귀왕을 필두로 하는 사후세계인 명부의 권속㉜들과 함께 있다. 좀 더 구체적으로는 향 좌측 도명존자 위의 권속부터 시계 방향으로 녹사와 사자, 그리고 어려서 죽은 동남·동녀와 뾰족한 철침이 나 있는 철추를 들고 있는 지옥의 옥졸이 확인된다. 이들의 아래쪽에는 염라대왕을 필두로 하는 저승 관련 인물들이 지장보살과 〈오불회괘불도〉 속 불보살들에게 구원을 기원하는 모습이 그려져 있다.

 오불회도로는 이외에도 조선 전기인 1467년에 조성된 것으로 현재는 일본 효고현 주린지[十輪寺]에 소장되어 있는 불화가 연대도 빠르고 주목되는 작품이다. 이 그림은 칠장사 〈오불회괘불도〉와는 달리 삼신불을 수직으로 배치하고 중앙의 노사나불을 중심으로 좌우에 약사여래와 아미타불을 배치하는 십자형 구도를 취하고 있다. 이 불화에는 총 33명의 보살 권속과 다수의 왕공 귀족들이 상·하단으로 분리 배치되어 매우 장엄한 모습을 연출하고 있다.

이외에 1745년에 조성된 영주 부석사 〈오불회괘불도〉(보물 1562호)(515쪽) 역시 수작이다. 이 불화는 상단 중앙에 비로자나불을 모시고 그 좌우로 약사여래와 아미타불을 구성했다. 또 화폭의 중앙에는 거대한 석가모니불을 중심으로 영산회상도와 같은 군도를 표현하고 있다. 그리고 맨 아래

〈오불회도〉, 조선, 1467, 비단에 채색, 159.1×108.2cm, 일본 주린지

쪽에는 자그마하게 일어서 있는 설법인의 노사나불을 배치하였다.

이처럼 같은 오불회도라고 하더라도 역사다리꼴형과 십자형 그리고 티(T)자형의, 서로 다른 구도의 불화가 존재한다는 것을 알 수 있다. 이는 오불회도가 특정한 도상적인 규칙이 확립되지 않은 특수한 형태의 군도로서 높은 자유도를 확보하고 있다는 점을 나타내 준다.

불법의 수호자들
신중도

화엄경에 등장하는 39위의 호법신들

『화엄경』은 동아시아 대승불교에 있어서 지대한 영향을 미치는 경전이다. 이로 인하여 대두하는 것이 교종을 대표하는 화엄사상이며, 이는 수행 전통을 확립하는 선종과 더불어 동아시아 불교의 양대 산맥이 된다.

『화엄경』을 펼치면 처음으로 만나게 되는 품이 바로「세주묘엄품(世主妙嚴品)」이다. 여기에서 '세주'란 세계의 주인이라는 뜻으로 신들의 우두머리를 가리키는 말이다. 이들에 의한 부처님과 가르침에 대한 장엄이 곧 '세주묘엄'이다. 즉 부처님께서 『화엄경』을 설하시려고 하자 세상의 신들이 가르침을 경청하고 받들기 위해서 운집하는데 이것이 바로「세주묘엄품」의 내용인 것이다.

이 신들은 총 39위(位)[37]로 『화엄경』에서 부처님의 가르침을 받들며 수호하는 신들이다. 이들은 각각 집금강신(執金剛神), 신중신(身衆神), 족행신(足行神), 도량신(道場神), 주성신(主城神), 주지신(主地神), 주산신(主山神), 주림신(主林神), 주약신(主藥神衆), 주가신(主家神), 주하신(主河神衆), 주해신(主海神), 주수

서울 봉은사 판전 〈신중도〉, 조선, 1857, 비단에 채색, 237.0×224.4cm, 서울 봉은사, 서울 유형문화재 제230호(ⓒ서울 봉은사)

신(主水神), 주화신(主火神), 주풍신(主風神), 주공신(主空神), 주방신(主方神), 주야신(主夜神),, 주주신(主晝神), 아수라왕(阿修羅王), 가루라왕(迦樓羅王), 긴나라왕(緊那羅王), 마후라가왕(摩睺羅伽王), 야차왕(夜叉王), 대용왕(大龍王), 구반다왕(鳩槃茶王), 건달바왕(乾達婆王), 월천자(月天子), 일천자(日天子), 도리천왕(忉利天王), 야마천왕(夜摩天王), 도솔천왕(兜率天王), 화락천왕(化樂天王), 타화천왕(他化天王), 대범천왕(大梵天王), 광음천왕(光音天王), 변정천왕(遍淨天王), 광과천왕(廣果天王), 대자재왕(大自在王)이다.[38]

　39위의 신들은 제석천과 범천을 필두로 천룡팔부와 지상의 인도 토속신 및 토템의 대상 등이 모두 포함된다. 이들을 그린 그림이 39위 신중도이다. 이들을 부처님과 불법을 배우는 이를 수호하는 '옹호성중(擁護聖衆)'이라고 하는데,『화엄경』과 관련이 있다고 해서 '화엄성중'이라 하기도 한다.

　신중도는 사찰의 중앙 불단을 중심으로 좌측, 즉 향 우측의 신중단에 모셔진다. 왼쪽은 동아시아문화권에서 오른쪽보다 위계가 높은 위치이다. 즉 이러한 자리 배치는 신중이 부처님의 일종의 비서 역할을 하기 때문이라고 이해하면 되겠다. 그렇기 때문에 모든 사찰에서는 오전인 사시(巳時, 오전 9~11시)에 부처님께 불공기도를 올리고 난 직후 반드시 신중단인 중단에 공양물을 옮긴 후 퇴공(退供)을 한다. '퇴공'이란 부처님께서 드신 음식을 상물림하는 의식이다. 동아시아에서는 전통적으로 아버지가 드신 음식을 아들이 먹고, 아들이 먹은 음식을 손자가 먹는 식으로 상물림해 왔다. 이는 집안의 질서와 서열을 분명히 하고 같은 가족끼리의 유대를 돈독히 하기 위함이다. 현재까지도 이러한 전통은 일부 남아 있는데, 제사를 지낼 때 조상에게 올린 술이나 음식을 후손이 나누어 먹는 음복(飮福)이 그것이다. 이런 상물림의 전통이 오늘날 사찰에서 유전되고 있는 것이다.[39]

불교에서 부처님은 진리의 체득자로서 큰 원을 이루어 주시는 분이지, 중생들의 자잘한 소원을 챙겨 주시는 분은 아니다. 이런 점에서 중생의 기원과 바람을 실질적으로 이루어 주는 대상은 부처님이 아닌 보살이나 신중들이다. 그렇기 때문에 우리나라 불교는 석가모니불보다 관세음보살을 더 많이 찾고, 사찰에서는 한 달에 한 번 초하루에 신중기도를 올려 그 달의 무탈과 번영을 기원하곤 한다. 이때 기원의 대상이 되는 존재가 바로 39위의 화엄성중이다. 신중기도 때는 『화엄경』을 요약·정리한 「화엄경 약찬게」를 독송하곤 하는데, 여기에도 39위 신들의 이름이 모두 열거되어 있다.

확대되는 신들과 104위 신중도

일반적으로 신중도를 보았을 때 신중의 수가 많지 않다 싶으면 39위의 신중도로 이해하면 된다. 즉 신중도에 표현되는 신중 수의 기준은 39위라고 이해하면 되겠다. 그러나 39위만 그리더라도 인물이 제법 많아 작은 사찰의 경우에는 화폭의 크기 제약으로 인해 39위보다 적은 수의 신중이 등장하게 된다. 그러나 이때에도 제석천과 범천, 그리고 뒤에 설명할 위태천(Skanda)은 1위 이상 필수적으로 등장한다. 만일 여기에서 더 축약된다면 범천이 빠진 제석천과 위태천 중심의 소규모 신중도가 조성되기도 한다. 이를 '제석천룡도'나 '제석천도'라고 한다.

그럼 큰 사찰의 경우는 어떨까? 큰 사찰은 전각의 규모가 크므로 신중도 역시 크게 조성된다. 그리하여 작은 사찰과 반대로 39위만으로는 오히려 등장인물이 부족하다. 이런 상황에서 나타나는 신중이 바로 104위이다. 104위

보은 법주사 〈104위 신중도〉, 조선, 1897, 면에 채색, 292.0×341.0cm, 보은 법주사(ⓒ불교문화재연구소)

신중도는 39위에 65위의 신들이 추가된 형태이다.

그렇다면 이러한 신중의 대규모 편입은 어떻게 발생하는 것일까? 또 이는 어떤 기준으로 구성되는 것일까? 신중도의 39위 신들은 인도문화를 배경으로 하다 보니 우리 전통문화 속의 신들은 제외되는 문제가 발생한다. 결국 불교가 우리 문화와 융합되는 과정에서 우리의 전통 신들에 대한 추가 요구가 발생하게 된다. 이와 더불어 불교적으로도 빠진 신들이 있기 때문에 이들 역시 추가되어야만 할 필연성이 대두한다. 이렇게 해서 총 65위가 추가돼 완성되는 것이 바로 104위 신중도이다.

104위 신들 각각의 명호는 불교 의식집인 『석문의범(釋門儀範)』에서 확인되는데, 여기에는 104위의 신들을 상단 23위와 중단 38위, 그리고 하단 43위로 나누어 전체적인 위계를 재정리하고 있다.[40]

상단에는 불교적인 신들이 위치하고 있다. 여기서 가장 중요한 신격은 밀교의 '대예적금강(大穢跡金剛, 不淨金剛)'이다. 대예적금강은 '금강'이라고 불리기는 하지만 금강역사와 같은 존재가 아닌 '명왕(明王)'을 말한다. 명왕이란 밀교에 등장하는 개념으로 불보살의 분노를 형상화한 것이다. 불보살을 자비의 형상으로만 이야기하는 것이 대승불교라면, 밀교에서는 불보살의 분노를 말하면서까지 무지에 빠진 중생들을 인도하는 적극적인 모습을 보인다. 이는 자비의 보다 적극적인 표현으로, 자비로써 다스리기 어려운 중생의 문제는 다소 강압적인 수단을 통해서라도 해결해야 한다는 관점이 담겨 있다.

보은 법주사 〈104위 신중도〉 부분 - 대예적금강 (ⓒ불교문화재연구소)

대예적금강은 석가모니불이 분노한 형상으로

세 개의 얼굴, 세 개의 눈, 그리고 4~8개의 팔을 가진 험악한 모습을 하고 있다. 특히 우리나라 신중도에는 주로 세 개의 얼굴에 세 개의 눈과 여덟 개의 팔을 가진 3면(面) 3목(目) 8비(臂)의 형상으로 묘사되곤 한다.

104위 신중 중 대예적금강과 더불어 신중도의 중심이 되는 신격은 불교의 전통적인 호법신인 제석천과 범천이다. 제석천과 범천은 보통 군주나 귀족과 같은 화려한 형상으로 묘사된다.

이를 보완하는 무관으로서 금강저를 들고 봉익관(鳳翼冠)을 쓴 위태천이 나타난다. 흔히 떠도는 말에 위태천은 500생 동안 동진(童眞, Kumāra)인 상태에서 결혼을 하지 않고 독신으로 수련을 해 왔다는 이야기가 있다. 그래서 '동진보살'이라는 이칭으로 불린다는 것이다. 그러나 이보다는 나이 어린 용맹한 장군의 의미로 이해하는 것이 더 타당하며, 인도 신화에서는 '신의 아들'이라는 의미를 강조하기 위해 동진이라 칭했다는 내용도 있다. 불교에서는 사천왕 중 하나인 남방증장천왕의 휘하에서 32장군과 군대를 통솔하는 실전 사령관으로서 최강의 무신(武神)으로 일컬어진다.

〈신중도〉(1736~1795)
부분 - 위태천 (ⓒ국립중앙박물관)

이외에 104위 신중도와 관련해서 주목할 점은 여기에 4대보살이 등장한다는 점이다. 보살은 신보다 위계가 높기 때문에 당연히 신중도에 표현되어서는 안 된다. 하지만 여기에서의 4대보살은 대승불교의 이상인격으로서의 보살이 아닌 신중보살을 말한다. 즉 보살 중에는 우리가 익히 아는 관세음보살과 같은 보살이 있는 반면, 별도로 신중보살이라 해서 대예적금강을 돕는 권선징악의 보살형 신격도 존재하는 것이다.

이상과 같은 104위 신중도와 관련된 특징들을 바탕으로 『석문의범』에 기록되어 있는 104위 신들을 나열해 보면 다음과 같다.

		① 대예적금강(烏樞沙摩, Ucchuṣma)
	대예적금강 (大穢蹟金剛)	② 청제재금강(靑除災金剛), ③ 벽독금강(辟毒金剛), ④ 황수구금강(黃隨求金剛), ⑤ 백정수금강(白淨水金剛), ⑥ 적성화금강(赤聲火金剛), ⑦ 정제재금강(定除災金剛), ⑧ 자현신금강(紫賢神金剛), ⑨ 대신력금강(大神力金剛) **이상 8대금강**
상단 - 불교의 신들 (23위)	8금강 (八金剛)	⑩ 경물권보살(警物券菩薩), ⑪ 정업색보살(定業索菩薩), ⑫ 조복애보살(調伏愛菩薩), ⑬ 군미어보살(羣迷語菩薩) **이상 4대 보살**
	4보살 (四菩薩)	⑭ 동방-염만달가대명왕(東方-焰曼怛迦大明王), ⑮ 남방-바라이야달가대명왕(南方-鉢羅抳也怛迦大明王), ⑯ 서방-바납마달가대명왕(西方-鉢納摩怛迦大明王), ⑰ 북방-미걸라달가대명왕(北方-尾仡羅怛迦大明王), ⑱ 동남-방탁기라야대명왕(東南-方托枳惹大明王), ⑲ 서남-방이라능나대명왕(西南-方尼羅能拏大明王), ⑳ 서북-방마하마라대명왕(西北-方摩訶摩羅大明王), ㉑ 동북-방아좌라낭타대명왕(東北-方阿左羅曩他大明王), ㉒ 하방-바라반다라대명왕(下方-縛羅播多羅大明王), ㉓ 상방-오니쇄작걸라바리제대명왕(上方-塢尼灑作仡羅縛里帝大明王) **이상 10대명왕**
	10대명왕 (十大明王)	

	㉔ 대범천왕(大梵天王), ㉕ 제석천왕(帝釋天王)
	㉖ 북방-비사문천왕(北方-毘沙門天王), ㉗ 동방-지국천왕(東方-持國天王), ㉘ 남방-증장천왕(南方-增長天王), ㉙ 서방-광목천왕(西方-廣目天王)　**이상 4대천왕**
중단 -	㉚ 일궁천자(日宮天子), ㉛ 월궁천자(月宮天子)　**이상 일월천자**
	㉜ 금강밀적(金剛密跡), ㉝ 마혜수라천왕(摩醯首羅天王), ㉞ 산지대장(散脂大將), ㉟ 대변재천왕(大辯才天王), ㊱ 대공덕천왕(大功德天王), ㊲ 위태천신(韋駄天神), ㊳ 견뢰지신(堅牢地神), ㊴ 보리수신(菩提樹神), ㊵ 귀자모신(鬼子母神), ㊶ 마리지천(摩利支神), ㊷ 사가라용왕(娑竭羅龍王), ㊸ 염마라왕(閻魔羅王) **이상 인도 신**
	㊹ 자미대제(紫微大帝)

사찰에서 만나는 불화들

299

불교와 전통신 (38위)	범천 · 제석천 · 사천왕 · 일천자 · 월천자 · 자미대제 (북극성) · 북두칠성 · 천룡팔부 등	㊺ 북두제일-탐랑대성군(北斗第一-貪狼太星君), ㊻ 북두제이-거문원성군(北斗第二-巨門元星君), ㊼ 북두제삼-녹존정성군(北斗第三-祿存貞星君), ㊽ 북두제사-문곡뉴성군(北斗第四-文曲紐星君), ㊾ 북두제오-염정강성군(北斗第五-廉貞綱星君), ㊿ 북두제육-무곡기성군(北斗第六-武曲紀星君), (51) 북두제칠-파군관성군(北斗第七-破軍關星君) **이상 북두칠성** (52) 북두제팔-외보성군(北斗第八-外輔星君), (53) 북두제구-내필성군(北斗第九-內弼星君) **이상 좌보우필** (54) 상태-개덕진군(上台-開德眞君), (55) 중태-사공성군(中台-司空星君), (56) 하태-사록성군(下台-司綠星君) **이상 삼태육성** (57) 이십팔수(二十八宿) (58) 아수라왕(阿修羅王), (59) 가루라왕(迦樓羅王), (60) 긴나라왕(緊那羅王), (61) 마후라가왕(摩睺羅伽王) **이상 천룡팔부 중 4신**
하단 - 전통신 (43위)	토지신 · 가람신 · 조왕신 · 산신 · 오행신 · 비와 바람신 · 곡식신 등	(62) 호계대신(護戒大神), (63) 복덕대신(福德大神), (64) 토지신(土地神), (65) 도량신(道場神), (66) 가람신(伽藍神), (67) 옥택신(屋宅神), (68) 문호신(門戶神), (69) 주정신(主庭神), (70) 주조신(主竈神), (71) 주산신(主山神), (72) 주정신(主井神), (73) 청측신(圊厠神), (74) 대애신(碓磑神) **이상 산사와 관련된 신** (75) 주수신(主水神), (76) 주화신(主火神), (77) 주금신(主金神), (78) 주목신(主木神), (79) 주토신(主土神) **이상 오행신** (80) 주방신(主方神), (81) 주공신(土空神), (82) 방위신(方位神), (83) 일월시직신(日月時直神) **이상 시공에 관한 신** (84) 광야신(廣野神), (85) 주해신(主海神), (86) 주하신(主河神), (87) 주강신(主江神), (88) 도로신(道路神), (89) 주성신(主城神), (90) 초훼신(草卉神), (91) 주가신(主稼神), (92) 주풍신(主風神), (93) 주우신(主雨神), (94) 주주신(主晝神), (95) 주야신(主夜神), (96) 신중신(身衆神), (97) 족행신(足行神), (98) 사명신(司命神), (99) 사록신(司祿神) **이상 자연과 길흉에 관한 신** (100) 좌종주동장선신(左從注童掌善神), (101) 우축주동장악신(右逐注童掌惡神), (102) 행벌행병이위대신(行罰行病二位大神), (103) 온황고채이위대신(瘟瘟痼瘵二位大神), (104) 이의삼재오행대신(二儀三才五行大神) **이상 액난의 신**

이상을 살펴보면 104위에는 불교의 신들을 주축으로 도교와 관련된 북두칠성을 비롯한 신들, 그리고 자연과 인간의 운명을 주관하는 다양한 신들이 포함되어 있다는 것을 알 수 있다. 특히 우리 전통문화 속에서 강력한 모습을 보이는 부엌 신인 조왕신이 주조신으로 편입되어 있고, 또 귀신 이야기 속에서 많이 등장하는 화장실 신인 측간신이 청측신으로 등장하는 모습을 확인해 볼 수 있다. 이는 39위가 104위로 확장되는 이유 중 하나가 무엇인지를 잘 나타내 준다.

신중도의 구조에 대한 이해

신중도는 구름무늬를 넣어서 크게 세 부분으로 나누어 표현하는 것이 일반적이다. 불화에서 이러한 구름무늬, 즉 운문(雲紋)으로 장면을 나누는 것은 한 폭의 그림에 여러 장면을 동시에 넣기 위한 방법이다. 그런데 구름무늬를 넣는 것은 공간을 나누기 위한 목적 외에 위계의 차이를 나타내기 위한 목적으로도 사용된다.

영산회상도와 같이 부처님을 표현하는 후불도는 중단의 중앙에 위치하는 본존이 위계가 가장 높고, 상·하단의 구석에 표현될수록 위계가 떨어진다. 즉 전체적으로는 원형 구도 속에서 중앙의 본존을 감싸고 있지만, 그 안에는 다시금 중단과 상·하단이라는 시각적 위계 차이가 존재하고 있는 것이다. 이는 신중도 역시 마찬가지이다. 다만 다른 점은 후불도의 경우 중앙의 거대한 본존에 전체적인 무게중심이 쏠려 있지만, 신중도는 말 그대로 다양한 신들을 그린 그림이기 때문에 이 정도까지의 시각적 위계 차이는 발생하지 않는

〈제석신중도〉, 조선, 1798, 비단에 채색, 202.0×172.0cm, 국립중앙박물관(ⓒ국립중앙박물관)

다는 점이다.

또 신중도 안에는 제석천, 범천과 대예적금강, 그리고 위태천처럼 중심이 되는 신이 적게는 2위, 많게는 4위까지 다수 등장한다. 그렇다 보니 후불도에 비해서 구도가 다소 산만하다. 여기에 중단의 신들은 귀족이나 군왕의 복장을 취하고 외모가 수려한 반면, 하단의 신들은 무장을 한 험상궂은 모습을 취하고 있다. 이 때문에 상하의 수직 구도가 두드러진다. 그러나 그 배경에 깔려 있는 전체적인 구도에 대한 이해는 영산회상도와 큰 차이가 없다.

그럼 신중도의 구체적인 면을 검토해 보자.

먼저 신중도의 하단에는 무장을 한 신들이 위치하는데, 이는 중단의 귀족형 인물들과 크게 대비된다.

〈제석신중도〉(1798) 부분-
용왕(ⓒ국립중앙박물관)

우리나라는 전통적으로 문인을 높이고 무인들을 경시하는 풍조가 있다. 그렇기 때문에 신중도에서도 귀족 혹은 문관과 무관의 복색이 상하의 위계로 엄격하게 구분되어 표현된 것이다. 하단 무장신들의 수장은 금강저를 들고 봉익관을 쓴 위태천이다. 특히 상단의 수장이 제석천·범천과 대예적금강으로 여럿인 데 반해, 하단은 위태천의 이른바 원 톱 체제라는 점에서 신중도 내 위태천의 비중은 매우 크다.

위태천은 중국불교에서 사천왕문 내 중앙에 위치하는 포대화상 후면에 환조(丸彫)의 목상(木像) 등으로 조성되어 가람 수호신과 같은 역할을 수행한다.[41] 그러나 우리나라에는 이러한 경우가 없다. 그러므로 환조로 조성되는

구례 천은사 극락보전 〈제석천룡도〉, 조선, 1833, 비단에 채색, 165.5×175.0cm, 구례 천은사(ⓒ불교문화재연구소)

경우도 없고, 신중도와 같이 호법신을 표현하는 불화 속에만 나타난다. 즉 위태천의 영향 축소로 인해서 신중도 내 무장 신들의 수장 정도로만 부각되고 있고 있는 것이다.

다음으로 중단의 대표 신격은 3면 3목 8비의 대예적금강과 제석천·범천이다. 그러나 대예적금강이 중단 대표 신격으로 표현되는 104위 신중도의 경우, 제석천과 범천은 마치 좌우 보처처럼 대예적금강의 좌우에 동일한 모습으로 표현되는 정도로 위축된다. 특히 대예적금강은 3면 8비가 표현되기 위한 상당한 크기에, 분노한 모습으로 등장하기 때문에 군주 형태의 제석천과 범천은 시선 집중도 면에서 상대가 될 수 없다.

104위 신중도가 아닌 경우에는 대예적금강이 표현되지 않으므로, 이때에는 제석천과 범천이 중단의 주인공 위치를 점하게 된다. 그러나 이런 경우는 원 톱 체제가 아닌 투 톱 체제이기 때문에 보는 사람의 집중도 면에서 다소 어정쩡한 상황이 연출된다. 여기에 하단의 위태천이 무신의 화려한 복장으로 금강저를 가지고 있는 상황을 고려하면, 전체적인 역삼각형 구조 속에서 시선은 위태천 쪽에 더 쏠리는 현상이 발생하게 된다. 이와 같은 구조 문제를 해소하는 것과 관련해서인지는 불분명하지만, 간혹 제석천과 범천의 중앙에 마혜수라천을 넣어 쓰리 톱 체제를 취하는 경우도 있다. 이와 같은 양상은 1833년에 조성된 구례 천은사〈제석천룡도〉를 통해서 확인이 가능하다.

〈신중도〉(1855) 부분 - 일천자와 월천자 (ⓒ국립중앙박물관)

중단에는 또한 제석천과 범천을 필두로 인도와 불교의 우주론에서 살펴지는 다양한 천상세계의 신들이 군왕과 귀족의 복색으로 표현된다. 이 중에서 제석천과 범천 다음으로 쉽게 드러나는 신은 머리의 관모(冠帽)에 해와 달의 표식이 있는 일천자와 월천자이다.

〈신중도〉(1855) 부분 - 선녀와 동자(ⓒ국립중앙박물관)

끝으로 상단에는 다양한 장엄물을 가진 선녀와 동자가 등장한다. 이들은 파초선(芭蕉扇)이나 일월선(日月扇) 또는 공작선(孔雀扇)이나 방구부채(圓扇)와 같은 부채류를 들거나, 장엄용 깃발(幡)을 들고 있다. 또 때에 따라서는 나팔이나 소라 또는 장구나 생황 같은 악기를 연주하기도 하며, 과일이나 꽃 등의 공양물을 받쳐 든 경우도 있다. 이들은 104위의 신들에 속하는 존재들이 아니라, 고급 신들을 기쁘게 해 주는 천사 또는 기쁨조와 같은 존재들이다.

서양의 종교미술에서는 천사를 아기의 모습으로, 또한 날개를 가진 것으로 표현한다. 그러나 불교미술에서의 천사는 아기가 아니며 날개가 없다.

서양 종교미술에서 천사가 아기로 등장하는 것은, 인간은 신의 창조물이기 때문에 태어난 지 얼마 안 된 아이일수록 신과 가까운 존재라는 판단이 작용하기 때문이다. 이러한 인식으로 인하여 서양 종교미술에서의 천사는 어린 아기의 모습으로 표현되는 것이다. 그러나 불교에서 어린아이는 전생의 업을 정화하지 못한, 어른보다 열등한 존재로 이해된다. 그러므로 어린아이는 천사로 부적합하다. 다만 도교에서 말하는, 신선의 시중을 드는 아이인 선동(仙童)

의 개념이 영향을 미쳐 어린아이의 모습이 일부 수용될 뿐이다. 결국 불화에서의 천사는 서양 종교미술에서 확인되는 아기가 아닌 심부름시키기 좋은 정도의 연령대를 지닌 아이로 나타나게 된다.

또 불교의 우주론에 의하면 신들은 다양한 천상의 세계 속에서 마치 우리들의 인간계에서와 같은 생활을 하면서 산다. 그리스·로마신화 속의 신들이 사는 모습을 떠올려 보면 되겠다. 그렇다 보니 굳이 날개가 있을 필요는 없게 된다. 즉 우리보다 더 강력하고 더 오래 살며 더 초월적인 능력을 가진 행복하고 이상적인 삶을 사는 존재일 뿐 날개가 있거나 하지는 않은 것이다.

신중도는 앞서 제시한 바와 같이 39위와 104위를 기본으로 하고 있지만, 매번 이 숫자와 반드시 일치되는 것은 아니다. 그 이유는 두 가지이다. 첫째는 신중도가 자리하는 전각 벽의 크기에 차이가 존재하기 때문이며, 둘째는 상단의 선녀와 동자들 때문이다.

먼저 첫째와 관련해서 우리는 영산회상도나 삼계불도 등에서도 화폭의 크기에 따른 보살들의 가감이 존재하는 것을 확인한 바 있다. 이와 같은 양상이 신중도에도 나타나는 것이다.

둘째의 선녀와 동자의 문제를 살펴보자. 원칙적으로 이들은 신들의 도우미 정도이므로 신의 숫자에 포함되지 않는 것이 맞다. 그러나 때에 따라서는 이들마저도 숫자에 포함시키는 경우가 있다. 여기에는 각각의 신들에 대한 구체적인 도상이 정립되어 있지 않은 상황에서, 전체 신중의 수를 어떻게 판단할 것이냐의 문제가 존재하기 때문이다. 그러므로 신중도는 39위와 104위가 기본이 되기는 하지만 반드시 이 숫자에 일치하는 것만은 아니라는 점을 유념할 필요가 있다.

한편 신중도는 특정한 부처님을 표현하는 불회도들에 비해서 상대적으로 정형화된 틀이 약하다. 또 사찰에 따라서는 본존과 후불도의 위치가 처음부터 안배되지만, 신중단과 신중도의 경우 이러한 안배가 부족한 경우도 더러 있다. 즉 신중도는 존상화이기는 하지만 중심 존상화가 아니기 때문에 상대적으로 다양성을 확보하고 있는 것이다.

신중도의 다양성은 불회도 속 보살이나 사천왕 등에 도상적 규칙이 존재하는 것과 달리 신중도 속 대다수 신중들에게는 이와 같은 규칙이 존재하지 않는다는 점도 한 몫을 한다. 결국 일정한 도상 규칙을 확보하고 있는 대예적금강, 위태천, 제석천, 범천, 4천왕, 8대금강, 신중 4보살, 10대명왕, 일·월천자, 용왕, 가루라 등의 신들을 제외하고는 나머지 신들에 대한 명호 파악이 사실상 불가능하다. 이런 도상 규칙의 비정립은 역으로 신중도야 말로 자유로운 관점에서의 신중 표현이 가능하다는 의미가 된다.

이야기 속의 이야기

위태천이 내포하고 있는 상징적 의미

위태천의 무기는 제석천과 같은 금강저이다. 그러나 두 금강저는 완연히 다르다.

제석천의 금강저는 좌우가 같은 삼고저(三鈷杵)나 오고저(五鈷杵)의 형태로 되어 있다. 특히 벼락을 치는 데 활용되는 상징적인 무기로서 최상의 권위를 나타낸다. 이로 인하여 불교에서는 제석천의 금강저를 의식 용구와 경전 또는 불화의 테두리 도

청동 금강저(삼고저), 고려, 34.0cm, 청동, 국립중앙박물관(ⓒ국립중앙박물관)

청동 금강저(오고저), 고려, 21.5cm, 청동, 국립중앙박물관(ⓒ국립중앙박물관)

서울 봉은사 대웅전 〈신중도〉, 조선, 1844, 비단에 채색, 200.5×245.0cm, 서울 봉은사, 서울 유형문화재 제229호(ⓒ서울 봉은사)

안으로 사용하곤 한다. 이는 '최상의 수호'라는 의미를 내포한다.

그런데 위태천의 금강저는 한쪽 끝에 칼자루와 같은 쥐는 곳이 있다. 제석천의 것과 달리 볼륨감 있는 곤봉을 떠올리게 하는 실전무기이다. 요즘 생각으로는 무기 하면 당연히 칼이 가장 먼저 떠오르지만, 고대 전투에서 칼은 큰 효용 가치를 가지지

〈신중도〉, 조선, 삼베에 채색, (그림)140.0×113.0cm, 국립중앙박물관(ⓒ국립중앙박물관)

못했다. 칼은 실전에서 금방 무뎌지기 때문이다. 특히 제련술이 발달하지 못한 고대로 갈수록 이러한 현상은 더욱 커진다. 그러나 무기의 무게에 의존하는 곤봉 같은 경우는 많은 사람들과 충돌해도 살상력이 감소하지 않는다. 같은 이유 때문에 고대 전투에서는 칼보다 도끼나 창 등이 더 선호되는 것이다.

그런데 후대의 중국 사찰에서는 위태천상의 금강저에 추가로 스님들만 아는 비밀스런 의미를 부여했다. 사찰의 수호신인 위태천상이 금강저를 잡는 방식을 통해 해당 사찰에서 객스님들을 접대하는 방식을 표시했기 때문이다.

먼저 금강저를 아래로 잡은 경우에는 객스님에게 객방과 공양, 즉 음식까지 제공한다는 것을 의미했다. 숙식 일체가 가능한 사찰인 셈이다. 이에 반해서 금강저를 가로로 잡은 경우에는 공양은 제공되지만 객방은 없다는 것을 뜻한다. 마지막으로 위로 잡을 경우에는 황실 사찰과 같이 위계가 높은 특수한 사찰이기 때문에 객방이나 공양 모두 제공되지 않는다는 것을 의미했다. 이렇듯 중국 사찰에서 위태천의 금강저는 또 다른 의미의 상징물이었던 셈이다.

오늘날 중국 사찰에서는 이와 같은 암호가 더 이상 의미를 가지지 못한다. 그러나 중국불교 유풍 때문인지, 우리 불화의 신중도 속에는 위태천이 금강저를 드는 방식이 다양하게 나타난다. 그 비율이 가장 높은 것은 금강저를 아래로 세워 놓고 그 위에 손을 포개어 올려놓은, 공손히 지팡이를 짚고 있는 듯한 모습이다. 그 다음은 금강저를 가로로 팔뚝 위에 올려놓고 부처님을 향해서 합장하는 자세이다. 이에 반해서 금강저를 위로 치켜드는 도상은 찾아보기 쉽지 않다.[42] 이렇게 놓고 본다면 한국불교의 인심이 중국불교보다 훨씬 후덕했다고 이를만하다. 물론 우리 사찰에는 중국의 경우와 같이 금강저를 통한 객스님 접대의 차등 개념은 일체 존재하지 않았다.

감로를 통한 조상 천도의 염원
감로도

동아시아의 효 문화와 우란분절

불교는 인도에서 발생하여 동아시아에서 완성된 종교이다. 특히 문화권이 다른 동아시아에서 천 년이 넘도록 지배이데올로기로 작용할 수 있었던 것은 불교의 위대성과 더불어 해당 문화권에 적합한 현지화 전략이 있었기 때문이다. 이와 관련해 가장 주목해야 할 부분이 동아시아의 조상 숭배와 결합된 효의 강조이다.

인도문화는 아리안족의 유목문화에서 유래한, 개인의 독립성을 추구하는 개인주의적인 측면을 가진다. 그렇다 보니 농경문화 배경의 집단주의 구조에서 강조되는 효라는 혈연의식이 상대적으로 약하다. 이는 유교의 불교비판론에서 언제나 제기되는 '무부무군(無父無君)', 즉 가족과 국가적인 소속을 경시한다는 측면을 통해서도 이해할 수 있다. 이와 같은 문화적 충돌은 불교의 동아시아 전도[43]와 포교에 제약이 된다.[44] 이 문제를 극복하기 위하여 불교는 효와 관련된 경전을 부각시키고 이를 강조하는 방향을 취한다.

이렇게 해서 대두하는 것이, 석가모니불의 10대제자 중 신통제일 목건련이 지옥에 빠진 어머니를 구하는 '목련구고(目連救苦)'의 내용이다. 이는 『목련경(目連經)』과 『우란분경(盂蘭盆經)』에 근거한다. 내용인즉슨 목건련이 음력 7월 15일 백중(百中, 百衆)에 부처님과 제자들에게 성대한 공양을 올리고, 그 공덕으로 삿된 행동으로 인해 지옥에 떨어진 어머니를 구원한다는 것이다.

인도는 음력 4월 15일부터 7월 15일까지 석 달이 우기(雨期)에 해당한다. 이때 승려들은 한 곳에 정주하면서 집중 수행 기간을 갖는데 이를 '안거(安居)'라고 한다.[45] 백중은 이 안거가 끝나는 날이자, 승가에 공양을 올리며 조상의 천도(薦度)를 기원하는 날이다. 이 날을 다른 말로 '우란분절(盂蘭盆節)'이라고도 하는데, 여기서 '우란분'이란 거꾸로 매달려 고통 받는, 도현(倒懸)된 영혼을 구하기 위한 불사(佛事)라는 의미이다. 동아시아의 불교는 목건련의 효행을 본받아 음력 7월 15일 우란분절을 조상 천도의 날이자 명절로 정착시킨다. 이는 오늘날까지도 유전되고 있는데, 이때 사용되는 불화가 바로 '우란분도(盂蘭盆圖, 盂蘭盆經變相圖)'라고도 하는 감로도(甘露圖)이다.

감로도의 '감로(amṛta)'는 죽음을 극복하는 불사(不死)의 음료로 모든 고통을 여의고 행복을 성취한다는 의미가 내포되어 있다. 그러므로 감로도란 부처님의 감로를 통해서 조상들이 천도되는 장면을 그린 그림이라는 뜻이 된다.

감로도는 '감로왕도(甘露王圖)'라고도 하는데, 이는 감로의 주체인 감로왕여래(甘露王如來)를 부각하는 의미가 있다. 즉 감로도가 감로를 통한 천도를 중심으로 한다면, 감로왕도는 감로를 베푸는 감로왕여래의 구원이 보다 부각되는 것이다. 그러나 두 불화 사이에 실질적인 차이가 존재하는 것은 아니다.

보석사 〈감로도〉, 조선, 1649, 삼베에 채색, (그림)220.0×235.0cm, 국립중앙박물관(ⓒ국립중앙박물관)

감로도의 상단과 구원의 부처님

감로도는 언뜻 보기에 매우 복잡하다. 그러나 자세히 보면 크게 세 부분으로 나뉜다는 것을 알 수 있다. 이는 1649년에 조성된 국립중앙박물관 소장의 보석사 〈감로도〉를 통해서 확인해 볼 수 있다.

보석사 〈감로도〉 부분 - 불화 상단 (ⓒ국립중앙박물관)

이 불화를 보면 상단에는 7여래가 표현되어 있다. 이분들은 조선 초기 의식집인 『진언권공(眞言勸供)』과 중기의 『운수단(雲水壇)』에 따르면, 각각 다보여래(多寶如來), 보승여래(寶勝如來), 묘색신여래(妙色身如來), 광박신여래(廣博身如來), 이포외여래(離怖畏如來), 감로왕여래, 아미타여래이다.[46] 이들의 배치 순서를 정확하게 알 수

보석사 〈감로도〉 부분 - 인로왕보살 (ⓒ국립중앙박물관)

〈감로도〉, 조선, 18세기, 삼베에 채색, (그림)200.7×193.0cm, 국립중앙박물관(ⓒ국립중앙박물관)

없지만 정 가운데 위치한 인물이 감로왕여래이거나 아미타여래일 것이라는 판단은 가능하다. 그리고 이 일곱 여래의 좌우에는 도상적으로는 명확하지 않지만 관세음과 대세지로 추정되는 보살이 위치하고 있다. 그리고 중앙 제단의 옆에는 허리를 틀어 뒤쪽을 바라보면서 깃발(龍頭寶幢)을 부여잡고 서방 극락세계로 망자를 인도해 가려는 인로왕보살의 모습도 살펴진다.

한편 18세기에 조성된 국립중앙박물관 소장의 〈감로도〉 상단에는 감로왕여래와 여섯 명의 부처님이 그려져 있다. 이들 불보살들이 바라보는 곳은 서쪽의 극락세계로 감로도를 통한 망자 천도의 최종 목적지라 하겠다.

향 우측에는 아미타불이 관세음보살 및 지장보살과 함께 있다. 이보다 더 우측에는 승려의 모습이 확인되는데 이분이 바로 목건련존자로 감로도에서는 '기교대사(起敎大師)'라는 별칭으로 불린다. 이와 대칭되는 향 좌측에는 망자를 인도하는 깃발을 휘두르는 인로왕보살이 두 명 그려져 있다.

인로왕보살의 아래쪽에는 '금은교(金銀橋)'라는 명칭이 붙은 다리가 표현되어 있는데, 이 다리는 극락으로 넘어가는 극락교의 역할을 한다.

감로도 중단의 아귀와 천도 의식의 표현

아귀도(餓鬼道)와 아귀의 종류

보석사 〈감로도〉 중단에는 지화(紙花)로 장엄한 제단인 시식단(施食壇)에 음식과 과일 등이 풍성하게 진설(盛飯)되어 있는 것을 볼 수 있다. 이는 우란분절에 조상에게 올리는 공양단인 제단의 모습이다. 공양물의 양끝에는 수박이 놓여 있는데, 이는 자손의 번성을 상징하는 과일인 동시에 이를 통해 7월

15일이라는 계절적인 배경에 대한 표현으로의 이해도 가능하다. 그런데 시식단을 자세히 보면 이 시식단이 진짜가 아니라 무대의 배경처럼 천막으로 만들어져 커튼처럼 펼쳐진 대형의 화폭이라는 것을 알 수 있다. 즉 대규모의 야단법석을 묘사하고 있는 것인데, 괘불도가 걸린 대규모 법회의 상황을 떠올려 보면 쉽게 이해할 수 있을 것이다.

시식단의 아래쪽에는 거인으로 표현된 두 배고픈 귀신, 즉 아귀(餓鬼, Preta)[47]를 볼 수 있다. 인도의 『구사론』 권11 「분별세품(分別世品)」 등에 따르면, 이들은 우리와 같은 지상과 지하 각각 500유순 되는 지점의 두 곳에서 살고 있다고 한다. 즉 우리 세계의 변방에서 살며, 열악한 환경에 처해 있는 아귀들과 지옥보다 조금 나은 상황에서 굶주리는 고통을 심하게 받는 아귀가 있는 것이다.

불교의 윤회론에 따르면 아귀는 인간도나 축생도처럼 하나로 묶을 수 있는 종의 집단 전체를 나타내는 표현이다.[48] 그러므로 아귀에는 여러 종류가 존재한다. 『정법염처경(正法念處經)』 권16에는 36종류의 아귀가 있다고 하며, 『순정리론(順正理論)』 권31에서는 다재아귀(多財餓鬼)와 소재아귀(少財餓鬼) 그리고 무재아귀(無財餓鬼)의 세 범주로 구분하기도 한다. 아귀를 세 범주로 구분하는 기준은 음식과 관련되어 있다. 다재아귀는 하찮은 음식을 먹는 아귀이며, 소재아귀는 더러운 음식을 먹는 아귀를 말한다. 그리고 무재아귀는 음식을 먹지 못하는 아귀이다. 이 중 일반적으로 일컬어지는 아귀는 가장 극심한 고

보석사 〈감로도〉 부분 - 무재아귀(ⓒ국립중앙박물관)

통을 받는 세 번째의 무재아귀이다.

무재아귀는 목은 바늘만한데 배는 남산만하여 언제나 굶주림에 고통을 받는다(鍼口餓鬼). 그런데 어쩌다 음식을 만나게 되면 입에서 불이 나오게 된다(炬口餓鬼, 焰口餓鬼). 보석사 〈감로도〉 속 거구의 아귀는 바로 이런 무재아귀이다.

무재아귀의 도상을 보면 목은 가늘고 배가 나왔으며 입에서 불이 나오는 것으로 표현되어 있어 경전의 내용과 일치한다는 것을 알 수 있다.

향 좌측 무재아귀의 옆을 보면 작은 아귀들이 시식단을 기어 올라가는 듯한 모습이 표현되어 있다. 이는 소재아귀와 다재아귀들이 감로를 받고자 발버둥치는 모습이다. 이들이 손에 쥔 하얀 물건은 감로를 표현한 것으로 이를 먹으려는 모습도 눈에 띈다.

보석사 〈감로도〉 부분-
소재아귀와 다재아귀
(ⓒ국립중앙박물관)

무재아귀에 대한 불교적 재해석

감로도에 따라서 무재아귀는 둘이 표현되는 경우도 있고, 하나로 나타나는 경우도 있다.

『우란분경』에 따르면 목건련의 어머니는 먼저 지옥에 빠졌다가 목건련의 효심어린 공양과 천도로 인해서 아귀로 변화한다. 이런 점에서 본다면 아귀는 하나만 표현되는 것이 맞다.(317쪽)

그런데 감로도가 유행하는 과정에서 종교적인 재해석 과정을 거치게 된다. 이때 무재아귀는 보살이 중생을 교화하기 위해 변화한 모습으로 이해되기에 이른다. 명왕, 즉 대예적금강이 부처님께서 중생의 교화를 위해 무서운 모습으로 변화한 것처럼, 무재아귀에 대한 이해도 이와 같은 연장선상에서 이루어지고 있는 것이다. 이 무재아귀를 '비증보살(悲增菩薩)'이라고 하는데 슬픔을 나타내어 중생들을 교화하는 보살이란 의미이다. 실제로 1755년에 조성된 프랑스 파리의 기메동양박물관에 소장되어 있는 〈국청사감로도〉에는 무재아귀 옆 방제에 '나무대성비증보살(南無大聖悲增菩薩)'이라고 적혀 있다. 이는 '큰 성인이신 비증보살님께 귀의합니다'라는 의미이다.

한편 이러한 감로도에 대한 상징적 이해를 바탕으로 비증보살의 상대 개념인 지증보살이 등장하게 되는데, 이것이 바로 두 아귀가 표현되어 있는 감로도이다. 정리하자면 경전의 내용상 감로도에는 한 아귀가 표현되는 것이 타당하지만 위와 같은 종교적 재해석을 거치는 과정에서 두 아귀의 증대 양상이 나타나게 된다는 것이다.

수륙재와 관련된 불교 의식문에서 확인되는 비증보살과 지증보살에 대한 구체적인 표현에는 '면연귀왕비증보살(面燃鬼王悲增菩薩)'과 '초면귀왕지증보살(焦面鬼王智增菩薩)'이 있다. 이는 각각 안면이 타오르고 있는 아귀의 왕인 비증보살과 지증보살이라는 의미이다. 즉 '면연귀왕'과 '초면귀왕'은 이들의 본 모습인 무재아귀의 속성을 나타내며, 뒤의 '비증보살'과 '지증보살'은 불교적인 재해석을 거친 결과로 나타난 표현이라 하겠다. 하지만 제아무리 그렇다 하더라도 무재아귀에 대해서 '나무(南無)', 즉 '귀의한다'라는 표현까지 사용하는 것은 지나친 감이 없지 않다.

감로도 중단의 여러 가지 모습들

보석사 〈감로도〉 향 우측 무재아귀의 옆에는 상주 혹은 제주로 보이는, 상복을 입은 이들이 표현되어 있다. 감로도는 우란분재 때도 사용되지만, 49재나 천도재 또는 예수재나 유교적인 소상, 대상, 기제사 등의 의식에서도 이용된다.

보석사 〈감로도〉 부분 - 상복 입은 사람들 (ⓒ국립중앙박물관)

우란분재는 십시일반으로 많은 사람들이 동참하는 대규모의 집단 천도재이다. 이에 비해서 49재 등은 상주나 제주가 분명한 개별적인 천도 의식이다. 그리하여 상복을 입은 이들도 표현되어 있는 것이다. 즉 이들은 천도법회와 관련된 의뢰자 혹은 실질적인 주체라고 이해하면 된다. 이를 통해서 감로도는 목건련의 이야기를 기본으로 시작되지만 이후 범용의 천도화로 재구성된다는 것을 이해할 수 있다.

〈감로도〉(18세기) 부분 - 지옥의 모습 (ⓒ국립중앙박물관)

『우란분경』의 내용은 지옥 → 아귀 → 극락의 점진적인 변화로 구성되어 있다. 보석사 〈감로도〉에는 지옥 부분이 생략되어 있지만 일반적인 감로도에는 지옥 묘사도 등장한다.

예를 들어 보자. 국립중앙박물관 소장 18세기 조성의 〈감로도〉 중단 중앙을 보면, 무재아귀는 감로를 받기 위해 발우를 받쳐 들고 있으며, 향 좌측에 마찬가지로 발우를 내밀고 있는 소재아귀와 다재아귀가 그려져 있는 것을 볼 수 있다. 더 좌측으로 가면 확탕(鑊湯)지옥과 대사(大蛇)지옥 그리고 출장(出腸)지옥이[49] 묘사되어 있고, 바로 오른쪽 위에는 우란분재에 의해서 지옥에서 벗어난 파지옥(破地獄)의 상황이 확인된다.

〈감로도〉(18세기) 부분-소재아귀와 다재아귀(ⓒ국립중앙박물관)

그러나 감로도의 핵심은 7여래가 베풀어 주는 감로를 통해서 무재아귀가 천도되는 것에 있다. 이는 감로도가 동아시아의 제사문화와 결합되어, 후손이 제사를 지내지 않으면 망자가 주린 귀신인 아귀가 된다는 점을 강조하는 측면으로 변화되었다는 것을 의미한다. 즉 불교가 동아시아문화를 수용하는 과정에서 이루어진 현지화 전략이라고 할 수 있다.

보석사 〈감로도〉의 소재아귀와 다재아귀 아래쪽에는 천도 의식을 주관하는 승려들의 모습이 확인된다. 천도 의식 장면을 자세히 보면 가사와 장삼을 착용한 승려들이 북과 징 등의

보석사 〈감로도〉 부분-천도재(ⓒ국립중앙박물관)

악기를 치면서 성대한 종교 의식을 거행하는 모습을 볼 수 있다. 이러한 종교 의식을 통해서 아귀는 구제되고 극락으로 왕생하게 되는 것이다.

무재아귀의 좌·우측에는 구름무늬를 통해 공간을 다양하게 구분하여 여

러 신분 계층의 많은 군상들을 표현하고 있다. 이들은 신들과 군왕 및 귀족과 관료 같은 이들로 효행을 기리는 우란분재에 동참하고, 부처님의 은덕을 찬탄하는 것이다. 특히 향 우측에는 익선관(翼善冠)을 착용한 조선의 임금들도 다섯 명이나 표현되어 있어 흥미롭다.

보석사 〈감로도〉 부분 -
다섯 임금(ⓒ국립중앙박물관)

이러한 표현은 18세기 조성의 국립중앙박물관 소장 〈감로도〉에도 나타난다.

무재아귀를 중심으로 좌측에는 신들과 제왕, 그리고 문무양반 등이 표현되어 있는데, 이는 대칭되는 부분에 표현된 지옥의 참상과 반대되는 좋은 과보를 상징한다. 그러나 이 역시 우란분재에 동참하고 부처님을 찬탄하는 이들을 묘사한 표현이다.

효는 인(仁)과 더불어 유교에서 강조하는 최고의 덕목이므로 불교를 넘어서는 거대한 외연이 감로도와 관련해 존재하고 있다고 이해하면 되겠다.

감로도의 하단에 표현된 조성 당시의 생활상

하단에는 산의 능선과 같은 구릉의 표현으로 구획된 곳에 다양한 인간의 생활 군상이 표현되어 있다. 또 전쟁을 하는 모습과 호랑이에게 물려 가는 장면, 그리고 화재를 만나는 모습 등도 나타나 있다.

보석사 〈감로도〉에는 당시의 생활상이 많이 나타나 있지는 않다. 그러나

〈감로도〉(18세기) 부분 - 불화 하단 (ⓒ국립중앙박물관)

18세기에 조성된 국립중앙박물관 소장의 〈감로도〉 하단을 보면, 중앙에 부채를 들고 줄타기를 하는 모습이 확인되며, 무당이 굿을 하는 모습(師巫神女)이나 우물에 빠져 죽는 모습(落井), 그리고 곤장을 맞는 모습(刑憲而終)과 목이 베어져 효수되어 있는 모습(斬頭落地) 등 실로 다양한 군상들이 방제와 함께 도시(圖示)되어 있다. 이렇게 놓고 본다면 감로도는 당시의 생활상을 전하는 풍속화로서의 기능도 내포하고 있다는 것을 알 수 있다.

감로도에 이러한 표현이 나타나는 이유는 이와 같은 과정 속에서 우리가 죄를 범하게 되기 때문이다. 즉 계획적으로 저지른 죄업이나 인지하지 못하고 저지른 죄업으로 인하여 사후 지옥도나 아귀도에 떨어지게 된다는 점을 의미하는 것이다. 이와 같은 문제를 해결하기 위한 불교의 종교의례가 천도의식이며, 구제의 주체는 감로도 상단에 자리한 7여래이다.

감로도에서 가장 흥미롭고 재미있는 부분은 이 하단이다. 특히 이 부분은 불화가 그려진 당시의 민속과 풍속 및 복식 등을 이해하는 데 있어서 중요한

서울 홍천사 〈감로도〉, 1939, 면에 채색, 147.0×207.8cm, 서울 홍천사(ⓒ불교중앙박물관)

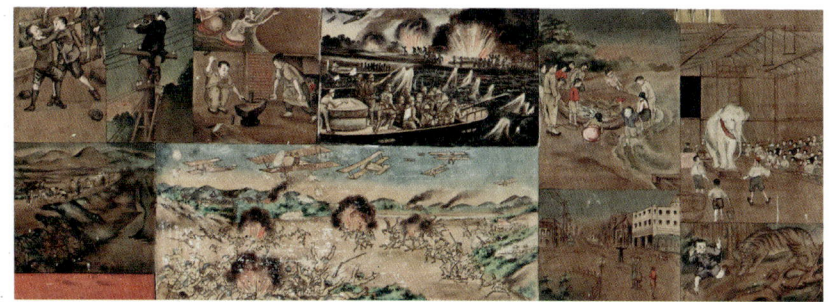

서울 흥천사 〈감로도〉 부분 - 불화 하단(ⓒ불교중앙박물관)

자료가 된다.

이 하단은 조성 당시의 실생활과 풍속을 그려 넣게 되어 있기 때문에 현대에 제작되는 감로도에는 핸드폰이나 컴퓨터를 다루는 모습 등이 포함되기도 한다.

감로도에서 하단은 중단과 상단의 강렬함에 시선을 빼앗겨 언뜻 지나치기 쉬운 부분이다. 그러나 감로도를 보는 소소한 즐거움은 바로 이 하단에 집약되어 있다고 해도 과언이 아니다.

감로도의 배치와 은해사 백흥암 〈감로왕도〉

앞서 설명한 바와 같이 '감로왕도'는 '감로도'의 이명으로 그 명칭에 차이가 있을 뿐 도상 등의 표현에 눈에 띄는 차이점은 없다. 그럼 1792년 조성의 은해사 백흥암 〈감로왕도〉를 중심으로 그 도상을 살펴보도록 하겠다.

은해사 백흥암 〈감로왕도〉 역시 감로도의 3단 구조를 통해서 파악해 볼

영천 은해사 백흥암 〈감로왕도〉, 조선, 1792, 비단에 채색, 225.0×218.5cm, 영천 은해사 백흥암, 경북 유형문화재 제319호(ⓒ불교문화재연구소)

영천 은해사 백흥암 〈감로왕도〉 부분 - 불화 상단 (ⓒ불교문화재연구소)

수 있다. 먼저 상단의 중앙에는 7여래 중 아미타여래를 제외한 6여래가 배치되어 있다. 아미타여래가 배제되는 것은 상단 향 우측에 관세음·대세지보살을 협시로 한 아미타불이 별도로 등장하고 있기 때문이다. 이렇게 되면 모두 7여래가 완성된다. 또 6여래와 아미타삼존의 사이에는 육환장을 짚은 지장보살과 기교대사인 목련존자가 있다.

이들 불보살들이 바라보는 쪽에는 허리를 틀고서 망자를 극락으로 인도하고 있는 인로왕보살이 표현되어 있다. 인로왕보살의 뒤에는 네 명의 극락 권속들에 둘러싸인 영여(靈輿), 즉 벽련대(碧蓮臺)가 보인다. 벽련대는 극락에 왕생하는 영혼을 태워 가는 일종의 영혼 가마이다. 벽련대를 감싸고 있는 네 명의 극락 권속들은 일종의 가마꾼인 셈이다. 벽련대의 방향이나 안이 비어 있는 것을 보면, 감로를 받고 극락왕생이 결정된 이들을 태우기 위해서 이제 막 도착하는 모습을 그린 것으로 판단된다.

감로도는 전체 구도로 볼 때 향 좌측이 극락 방향이다. 그런데 극락은 우리 세계의 서쪽에 위치해 있으므로 백흥암 〈감로왕도〉에서 아미타불이 오는 방향은 동쪽이 된다. 이런 점에서 아미타불이 오는 방향인 오른쪽이 서쪽이 되어야 한다는 주장이 성립할 수도 있다. 그러나 이와 같은 방위의 왜곡은 감로도가 걸리는 불전 안의 영단 위치에 따른 것이다.

감로도는 불전 내 본존불을 중심으로 우측, 즉 우리가 본존을 바라보는 방향에서 좌측 벽에 걸리게 된다. 이렇게 되다 보니 실제로 아미타불이 위치하는 곳은 북쪽이며, 바라보는 곳은 남쪽이 된다. 이러한 구도를 취해야만 신도들의 입장에서 불화의 수용성이 극대화된다. 바로 이 점이 우선적으로 고려되다 보니 피치 못하게 방위의 왜곡이 발생하는 것이다.

상단과 중단은 구름무늬로 구분되어 있다.

중단으로 내려오면 두 거대한 무재아귀가 발우에 떨어지는 감로를 받고, 또 먹으려는 모습이 표현되어 있다. 우란분재의 우란분은 '울람바나(Ullambana)'의 음사이지만, 음역된 한자에 '그릇 분(盆)' 자가 들어가기 때문에 이 불화에서처럼 그릇의 표현이 강조되는 경우가 다수 존재한다. 결국 아귀가 7여래의 감로를 받아 악도를 여의고 구원되는 모습을 표현하고 있는 것이다.

무재아귀의 향 좌·우측 위에는 우란분절을

불전 내 본존·후불도와 불화 배치

	후불도	
감로도	본존불	신중도
영단		신중단

남쪽

영천 은해사 백흥암
〈감로왕도〉 부분 - 무재아귀
ⓒ불교문화재연구소

기리는 천선(天仙)과 군왕 및 귀족들이 표현되어 있다. 또 향 좌측 무재아귀의 옆에는 소재아귀와 유재아귀가 감로를 받는 모습이 그려져 있고, 더 왼쪽으로 가면 확탕지옥과 한빙지옥 등의 지옥 묘사가 확인된다.

이 부분에서 흥미로운 점은 날개 달린 새 모양의 존재가 구름에 싸인 채 네 개의 북(連鼓)을 두 손의 북채로 가열차게 두드리는 모습이다. 이는 천둥의 신(雷神)을 표현한 것이다. 이 신은 비와도 연관이 있으므로 감로가 비처럼 내리는 것을 상징하는 것으로도 해석이 가능하다.

장벽과 같은 경계로 나뉘어 있는 하단에는 앞선 감로도에서 확인한 것과 마찬가지로 당시의 생활상이 그려져 있다. 특히 은해사 백흥암 〈감로왕도〉에는 각 장면의 내용이 붉은 원형 칸에 쓰여 있어 특징적이다.

하단의 좌우 모서리에는 소나무 밑에 각각 호랑이와 표범이 그려져 있어 흥미롭다. 구도만으로 본다면 호암미술관에 소장되어 있는 김홍도·강세황의 〈송하맹호도(松下猛虎圖)〉를 떠올리게 하기에 충분한 구석도 있다. 또 이는 조선 후기의 민화에서 확인되는 작호도(鵲虎圖)나 호랑이와 관련된 산신도(山神圖)와도 관련성을 생각해 볼 수 있다.

영천 은해사 백흥암
〈감로왕도〉 부분-
천둥신 (ⓒ불교문화재연구소)

영천 은해사 백흥암
〈감로왕도〉 부분-호랑이와 표범
(ⓒ불교문화재연구소)

〈작호도〉, 조선, 19세기, 종이에 채색, (그림)134.6×80.6cm, 국립중앙박물관(ⓒ국립중앙박물관)

지옥 중생들을
반드시 구제하리라
지장보살도

지장신앙과 두 가지 지장보살도

지장보살도는 '모든 지옥의 중생을 제도하기 전에는 성불하지 않겠다'는 위대한 원(大願)[50]을 세운 지장보살과 그 권속을 그린 불화이다.

지장보살과 관련된 내용은 흔히 '지장삼부경(地藏三部經)'이라고 일컬어지는 『지장보살본원경(地藏菩薩本願經)』·『대승대집지장십륜경(大乘大集地藏十輪經)』·『점찰선악업보경(占察善惡業報經)』을 바탕으로 한다. 이외에도 『대방광십륜경(大方廣十輪經)』·『불설지장보살다라니경(佛說地藏菩薩陀羅尼經)』 등이 있지만 동아시아 불교에서 가장 중요시되는 경전은 『지장경』으로 약칭되는 『지장보살본원경』이다.

『지장보살본원경』의 내용은 크게 '지옥 구제를 통한 효의 완성'과 '중생 구제'로 나뉠 수 있다.

지장보살의 유행은 동아시아의 조상 숭배 전통에 따른 효 문화의 강조와 관련된다. 그러므로 지장보살은 아미타불회도나 조상 천도와 관련된 감로도와도 일정 부분 연관성을 가지게 된다.

대구 북지장사 〈지장보살도〉, 조선, 1725, 비단에 채색, 224.2×179.4cm, 국립중앙박물관(ⓒ국립중앙박물관)

지장보살도는 지장보살과 좌우 보처인 도명존자(道明尊者)·무독귀왕(無毒鬼王)만 그린 경우와 여기에 보살들이 포함된 경우, 그리고 명부 10대왕을 비롯해 명부 권속들까지 함께 표현하는 경우의 세 종류가 있다. 첫째의 대표적 사례는 1816년에 조성된 동화사 〈지장삼존도〉(대구 유형문화재 제60호)이다. 둘째의 경우는 현재 두 점이 전해오는 대구 북지장사 〈지장보살도〉 중 1765년 작품과 1744년에 그려진 옥천사 〈지장보살도〉(보물 1693호)가 해당된다. 셋째는 같은 북지장사 〈지장보살도〉 중 1725년에 조성되어 국립중앙박물관에 소장되어 있는 불화이다.

동화사 〈지장삼존도〉는 지장삼존만을 그린 그림이다. 1765년의 북지장사 〈지장보살도〉는 지장삼존에 4대보살이 더해진 형태이다. 그리고 옥천사 〈지장보살도〉는 지장삼존에 8대보살이 등장한다. 한편 1725년 북지장사 〈지장보살도〉는 지장삼존에 6대보살과 10대왕 및 판관(判官)과 녹사(祿仕) 등 명부의 권속까지 표현된 군도이다.

지장보살도에 등장하는 4~8대보살들이 누구를 가리키는 것인지는 정확하지 않다. 후불도에 8대보살 등의 보살들이 등장하는 것은 주존이 부처님이기 때문이다. 그런데 지장보살도는 주존이 보살이라는 점에서 이를 모시는 보살이 있다는 점은 문제의 소지가 있다. 그러므로 특별히 어떤 보살들을 염두에 두고 그렸다기보다는 영산회상도의 형식에 의해서 8대보살과 같은 구조가 취해진 것으로 판단된다.

대구 동화사 〈지장삼존도〉, 조선, 1816, 비단에 채색, 96.2×75.2cm, 대구 동화사, 대구 유형문화재 제60호(ⓒ불교문화재연구소)

지장삼존에 대한 이해

지장삼존의 중심, 지장보살

지장보살은 『대승대집지장십륜경』을 근거로 하여 성문, 즉 승려의 형상으로 표현된다. 이러한 모습은 두 가지로 나타난다.

첫째는 삭발한 파란 머리의 지장보살이다. 부처님의 신체적 특징인 32상 80종호에는 파란 머리카락에 대한 내용이 나온다. 이는 아리안족, 즉 백인들에게서 살펴지는 파르스름한 감청색의 머리카락 색을 의미한다. 이와 같은 내용을 근거로 지장보살 역시 삭발한 머리를 파란색으로 표현하는 것이다. 물론 머리카락이 파랗다 하더라도 삭발한 상태의 머리가 파랄 수는 없다. 그럼에도 경전 내용에 입각한 표현이 이루어진 것이다. 이러한 표현은 지장보살도 외에 지장보살상에서도 쉽게 확인해 볼 수 있다.

대구 북지장사 〈지장보살도〉(1725) 부분 - 지장보살(ⓒ국립중앙박물관)

둘째는 삭발한 머리에 두건을 착용하고 있는 형상의 피모지장(被帽地藏)이다. 중국불교의 영험에 대해 기록하고 있는 『환혼기(還魂記)』에 따르면, 당나라의 승려 도명이 죽어서 저승인 명부에 가 지장보살을 친견하게

대구 동화사 〈지장삼존도〉 부분 - 지장보살(ⓒ불교문화재연구소)

고창 선운사 도솔암 금동지장보살좌상, 고려, 높이 96.9cm, 고창 선운사 도솔암,
보물 제280호(ⓒ고창 선운사 도솔암)
고창 선운사 도솔암에 있는 금동지장보살좌상은 피모지장의 형상에 법륜을 든 특이한 모습을 하고 있다.

되었는데, 이때 지장보살이 두건을 쓰고 있었다는 내용이 있다. 이를 근거로 피모지장의 모습이 만들어지게 된다.

    승려들이 삭발을 하면 아무래도 머리가 햇빛이나 외부 온도 등에 취약해진다. 이 때문에 고대의 승려들 중에는 두건을 착용하는 경우가 있었다. 지장보살이 두건을 두른 것도 이러한 측면이 영향을 미쳐서 만들어진 결과로 이해된다. 물론 외출할 때는 고깔이나 송낙, 또는 삿갓을 쓰는 경우가 보다 일반적이다. 그러나 이러한 형상으로 표현할 경우 지장보살의 얼굴이 가려지는 문제가 발생한다. 즉 존상으로서의 특징을 잃어버리게 되는 것이다. 그렇기 때문에 지장보살의 경우 두건을 착용하는 모습으로 정착하는 것이 아닌가 한다.

    지장보살은 보주 혹은 명주(明珠)와 육환장을 들고 있는 모습이 일반적이다. 특이한 표현으로는 법륜(法輪)[51]을 들고 있는 경우인데, 이는 고창 선운사 도솔암의 금동지장보살좌상(보물 제280호)을 통해서 확인해 볼 수 있다.

    지장보살의 지물인 보주는 죽은 사람의 생전 행위들을 보는 일종의 휴대용 업경(業鏡)으로 지옥 중생의 선한 면을 찾아 부각시킴으로써 지옥으로부터 구제하기 위한 지물이다. 그리고 육환장은 여섯 개의 고리를 가진 석장, 즉 승려가 짚는 지팡이로 지옥문을 두드려 여는 신통한 만능열쇠의 구실을 한다. 특히 육환장의 여섯 고리는 지옥, 아귀, 축생, 인간, 아수라, 천의 6도(六道)를 상징한다. 즉 지옥문을 열고 중생으로 하여금 6도윤회를 끊어 해탈에 이르도록 하는 도구가 바로 육환장인 것이다. 또 육환장의 안쪽에는 부처님의 형상이 새겨져 있는 경우가 있는데, 『지장보살본원경』에서 전생의 지장보살을 도와 원을 성취시켜 주는 각화정자재왕여래(覺華定自在王如來)로 본다. 그러나 이는 명확한 근거가 있는 것은 아니다.

고성 옥천사 〈지장보살도〉, 조선, 1744, 비단에 채색, 199.5×147.5cm, 고성 옥천사, 보물 제1693호(ⓒ하지권)

    이러한 두 가지 형상 외에 중국불교에서 일반화되어 있는 형상이 있는데, 바로 오지관(五智冠)[52]을 착용한 지장보살의 모습이다. 이는 경전에 근거한 것은 아니지만 중국불교에서 지장보살의 화현으로 인식하는 안휘성(安徽省) 구화산(九華山)의 신라 왕자(왕족) 출신의 김교각(金喬覺) 형상에 따른 것이다. 오지관은 『서유기』에서 삼장법사 현장이 착용하는 것과 같은 관모이다.
    즉 이는 신라의 김교각이 지장보살의 화현으로 인식되면서 김교각상이 그대로 지장보살로 인식되는 측면이다.
    우리의 불교적인 관점에서는 김교각이 제아무리 지장보살의 후신으로 추앙을 받는다 하더라도 지장보살과 김교각은 다르다고 이해한다. 즉 지장보살이라는 범주 안에 김교각이 포함될 수 있는 정도인 것이다. 그러나 중국불교에서는 양자를 완전히 대등한 관계로 본다. 그렇기 때문에 김교각이 지장보살을, 김교각상이 지장보살상을 대체할 수 있게 된다. 이는 한국불교와 다른 중국불교만의 특수한 관점이다. 이 때문에 오지관형의 지장보살은 우리 불화에서는 살펴지지 않지만, 중국불교에서는 지장보살의 대표적인 모습으로 일반화될 수 있는 것이다.

보성 대원사 김교각상

지장보살의 좌우 보처, 도명존자와 무독귀왕

여기에서는 지장보살의 좌우 보처에 대해서 살펴보고자 한다.

먼저 지장보살의 좌 보처인 도명존자에 대해서는 두 가지의 설이 있다. 첫째는 『환혼기』의 주인공이자 죽어서 지장보살을 친견한 당나라 때 양주 개원사의 승려였던 도명이라는 주장이다.

둘째는 구화산의 김교각과 관련된 부분이다. 김교각은 구화산 화성사(化城寺)에서 수도하며 99세의 나이로 입적하게 되는데, 이때 육신이 전혀 썩지 않는 등신불(等身佛)[53]이 된다. 김교각은 등신불이 된 이후 중국불교도들에 의해서 지장보살의 화신으로 추앙되기에 이른다. 이 김교각을 후원한 실존 인물이 소위 민공(閔公)으로 불리는 민양화(閔讓和)이다. 이 민공의 아들이 후일 김교각의 수제자가 되는데 그 승려가 바로 도명이라는 설이다.

도명과 관련된 두 가지 주장 중 어떤 것이 맞는지 단정하는 것은 쉽지 않다. 그러나 분명한 것은 두 인물 모두 당나라 사람이라는 점이다. 이는 오늘날과 같은 지장삼존의 결합이 당나라 때부터 시작되었다는 것을 의미한다.

다음으로 지장보살의 우 보처인 무독귀왕은『지장보살본원경』에 등장하는 지옥의 귀왕, 즉 귀졸(鬼卒)의 우두머리이다. 이 무독귀왕은 지장보살이 전생에 각화정자재왕여래의 도움으로 어머니를 지옥에서 구할 때, 실질적인 도움을 준 귀왕으로 등장한다. 이 공덕으로 인하여 현재는 재수(財首)보살이 되어 있는 것으로 경전에 나타난다. 그러나 좌 보처인 도명존자의 경우처럼 우 보처의 실체와 관련해 다른 주장도 있다. 이 역시 지장보살을 구화산의 김교각으로 보았을 때와 관련된다. 즉 우 보처는 무독귀왕이 아니라 민양화, 즉 민공이라는 주장이다. 이렇게 되면 좌우 보처가 모두 민공 부자가 되는 셈이다. 이는 지장보살이 역사적 인물인 김교각으로 인식되면서 구화산불교에 의한 변화 양상이 존재한다는 것을 의미한다.

이러한 점을 종합해 볼 때 구화산불교의 영향 이전, 지장보살의 좌우 보처에 원형이 있었을 가능성이 있다. 그리고 그것은 지장신앙이 동아시아의

대구 북지장사〈지장보살도〉(1725)
부분-도명존자(ⓒ국립중앙박물관)

대구 북지장사〈지장보살도〉(1725)
부분-무독귀왕(ⓒ국립중앙박물관)

조상 숭배와 결합되어 확대되는 과정에서 중국불교의 시각으로 만들어졌을 것이라 짐작할 수 있다. 이러한 판단이 가능한 것은 중국불교에 와서야 지장신앙이 관세음·미륵신앙과 더불어 대승불교 최고의 보살신앙으로 확립되기 때문이다. 이렇듯 지장신앙의 체계 정립과 관련하여 중국불교의 영향이 강력했다고 볼 수 있다.

이렇게 시작된 지장보살의 좌우 보처는 이후 구화산의 김교각이 지장보살을 대신하는 위상을 확립하게 되면서, 구화산불교적 측면으로 재구성되는 것으로 이해된다. 이런 점에서 본다면 한국불교에서 인식되고 있는 도명존자는 『환혼기』와 관련된 도명이며, 이러한 도명이 무독귀왕과 좌우 보처를 구성하는 것은 구화산불교의 영향 이전의 양상 아니었나 판단된다.

지장시왕도의 구조와 내용

지장삼존과 명부 10대왕

지장시왕도는 지장삼존을 중심으로 염라대왕을 필두로 하는 명부 10대왕과 기록관인 녹사(祿仕), 저승사자 등의 권속들을 그린 불화이다. 10대왕과 관련된 구조는 동아시아에서 찬술된 『예수시왕생칠경(預修十王生七經)』[54]에 입각한다.

1774년에 조성된 문수사 청련암 〈지장시왕도〉(충남 유형문화재 제173호)를 보면 각화정자재왕여래가 표현되어 있는 육환장과 보주를 가진 피모지장 형태의 지장보살①을 볼 수 있다. 그리고 아래쪽에는 좌우 협시로 승려 모습의 도명존자②와 양관(梁冠)을 착용한 군주 모습의 무독귀왕③이 표현되어 있

서산 문수사 청련암 〈지장시왕도〉, 조선, 1774, 비단에 채색, 132.0×158.0cm, 수덕사근역성보관, 충남 유형문화재 제173호(ⓒ불교중앙박물관)

는 것이 확인된다.

그 좌우와 중단에는 명부 10대왕이 존재하고 있는데, 이들은 소목법(昭穆法)에 의해서 위치한다. 소목법이란 본존인 지장보살을 중심으로 좌측 열을 소(昭), 우측 열을 목(穆)이라 하여 좌-홀수[奇數], 우-짝수[偶數]로 번갈아가며 10대왕이 배치되는 것을 말한다.[55]

서산 문수사 청련암
〈지장시왕도〉 부분 - 육환장
(ⓒ불교중앙박물관)

이와 같은 동아시아 전통의 배치 구조가 평면의 불화로 수용된 것이 바로 소목법에 따른 지장시왕도이다.

문수사 청련암 〈지장시왕도〉의 향 우측 끝에 황색으로 된 군주의 포복(袍服)을 착용하고 풍성한 수염을 보이는 대왕이 바로 염라대왕⑧이다. 염라대왕은 특별히 황제가 착용하는 면류관[56] 혹은 평천관(平天冠)을 쓴 모습으로

시왕전 내 지장삼존 및 10대왕의 소목법 배치

목(穆)	무독귀왕	지장보살	도명존자	소(昭)
제2전 초강대왕				제1전 진광대왕
제4전 오관대왕				제3전 송제대왕
제6전 변성대왕				제5전 염라대왕
제8전 평등대왕				제7전 태산대왕
제10전 오도전륜대왕				제9전 도시대왕

표현되는데, 이 불화에서도 그런 흔적이 엿보이나 뚜렷하지는 않다. 평천관은 관모의 위쪽이 평평하다고 해서 붙여진 이름으로 면류관도 평천관의 범주에 속한다. 불화를 그리거나 환조의 상(像)을 조성하는 이들 중에는 평천관에 대한 이해가 부족하여 책과 같은 것을 머리에 이고 있는 것처럼 표현하는 경우도 있다.[57] 그러나 염라대왕이 책을 이고 있을 수는 없는 일이다.

이 염라대왕을 기준으로 소목법을 통해 10대왕의 명칭과 위치를 짐작해 보는 것이 가능하다. 10대왕은 제1전의 진광대왕(秦廣大王), 제2전의 초강대왕(初江大王), 제3전의 송제대왕(宋帝大王), 제4전의 오관대왕(五官大王), 제5전의 염라대왕(閻羅大王), 제6전의 변성대왕(變成大王), 제7전의 태산대왕(泰山大王), 제8전의 평등대왕(平等大王), 제9전의 도시대왕(都市大王), 제10전의 오도전륜대왕(五道轉輪大王)이다. 문수사 청련암 〈지장시왕도〉에서 이들은, 지장보살을 중심으로 육환장이 위치한 왼편의 일월이 그려진 평천관을 착용한 10대왕이 진광대왕④이고, 그와 대칭되는 부분이 초강대왕⑤이 된다. 그리고 그 옆이 각각 송제대왕⑥과 오관대왕⑦이 되며, 염라대왕의 반대쪽은 당연히 변성대왕⑨이 위치한다. 그리고 아래쪽에는 지장보살을 중심으로 좌측이 각각 태산대왕⑩과 도시대왕⑫, 반대쪽이 평등대왕⑪과 오도전륜대왕⑬이 된다. 소목법을 이해하고 평천관을 착용한 염라대왕만 찾을 수 있으면 나머지 10대왕 도상에 특징적인 부분이 없더라도 10대왕 각각의 명호를 유추할 수 있는 것이다.

10대왕은 명부세계에 망자를 심판하는 각각의 전각을 가지고 있다. 즉 자신에게 맞는 별도의 재판소를 가지고 있다고 이해하면 되겠다. 10대왕의 명호에 따르는 '제1전', '제2전' 등이 바로 그러한 점을 의미한다.

10대왕 중 제1전 진광대왕부터 제7전 태산대왕까지는 망자를 7일에 한 번씩 차례로 심판한다. 결국 7명의 왕이 총 49일에 걸쳐 심판을 진행하게 되는데, 이것이 불교에서 말하는 49재이다. 그런데 불교가 동아시아에 정착하면서 동아시아 전통의 상례인 100일제와 1년 상인 소상(小喪) 및 3년 상인 대상(大喪)을 치르는 문화와 뒤섞이게 된다. 즉 동아시아에서는 49일 이후의 심판에 대한 필연성이 생겨난 것이다.

유교의 상례는 복잡한 것 같지만 사실은 사람이 태어나서 치르는 통과의례에 맞추어져 있을 뿐이다. 즉 망자는 명계에서 새롭게 태어나는 재생(再生)의 존재인 셈이다. 우리가 익숙하게 아는 태어나는 것과 관련된 통과의례를 살펴보자. 어린 아이가 태어나는 날이 생일이 되고, 이후 100일과 돌(1년)을 치른다. 또 『논어』「양화(陽貨)」에는 아이가 3년이 되어야 부모의 품을 벗어날 수 있다는 언급이 있다. 이와 마찬가지로 사람이 죽게 되면 그날이 바로 제삿날이 된다.[58] 그리고 100일제와 1년 상인 소상, 3년 상인 대상을 치르게 된다. 즉 죽음의 통과의례는 탄생의 통과의례와 정확하게 일치하는 것이다.

이와 같은 유교적 전통이 불교와 습합되면서 49재 이후 100일제(祭)와 소상·대상에 대한 요구가 생겨나게 된다. 이렇게 해서 일곱 명의 왕이 심판하는 49일 이후에 다시금 100일재(齋)와 소상·대상에 필요한 세 명의 재판관이 더 추가된다. 이로써 10대왕이 성립되며, 이러한 구조는 당나라 시대에 완성된 것으로 판단된다.[59]

① 진광대왕 - 사후 7일째의 심판
② 초광대왕 - 사후 2×7일째의 심판
③ 송제대왕 - 사후 3×7일째의 심판
④ 오관대왕 - 사후 4×7일째의 심판

⑤ 염라대왕 - 사후 5×7일째의 심판

⑥ 변성대왕 - 사후 6×7일째의 심판

⑦ 태산대왕 - 사후 7×7일째의 심판　▶ 49재

⑧ 평등대왕 - 사후 100일째의 심판　▶ 100일재

⑨ 도시대왕 - 사후 1년의 심판　▶ 소상

⑩ 전륜대왕 - 사후 3년(만 2년)의 심판　▶ 대상

명부 10대왕 구조의 기원과 탄생

사실 10대왕 중 인도에 기원을 가지는 것은 염라대왕(Yāma)뿐이다. 인도신화에 의하면 염라는 아담과 같은 최초의 인간이다.⁶⁰ 그렇다 보니 당연히 가장 먼저 죽게 되고 사후세계의 왕이 되었다고 한다.

우리는 흔히 사후세계 하면 땅속 명계 및 지옥을 떠올린다. 그러나 염라의 세계인 야마천(夜摩天)은 원래 하늘 위 신들의 세계 속에 위치해 있었다. 이것이 기원전후에 땅속 500유순 지점으로 옮겨지면서, 오늘날 우리가 생각하는, 염라대왕이라는 심판왕의 위상이 확립된다.⁶¹ 즉 염라에 대한 관점이 시대에 따라서 변모한 것이다.

한편 49재의 배경이 되는 '49일 윤회론'은 서북 인도에 위치한 불교학파인 설일체유부(說一切有部)의 견해이다.⁶² 유부에서는 생명의 주기를 생유(生有, 탄생)·본유(本有, 삶)·사유(死有, 죽음)·중유(中有, 죽음과 탄생의 사이)의 네 단계로 구분했다. 이것을 '4유설(四有說)'이라고 하는데, 윤회는 이 4유가 끊임없이 순환하는 것을 의미한다. 이 중 중유를 '중음(中陰)'이라고도 하는데 중음의 기간이 49일이다. 즉 죽고 나서 새로운 생이 결정되기 전의 유동적인 기간이 49일인 것이다. 이때 망자는 재판으로 말하면, 재판 과정 중에 있는 미

서산 문수사 청련암 〈지장시왕도〉 부분 - 명부의 권속들(ⓒ수덕사근역성보관)

결수의 위치에 있다. 그러므로 이 기간에 공덕을 많이 짓게 되면 다음 생의 결정에 좋은 영향을 미치게 된다. 이와 관련한 불교의례가 바로 49재이다.[63]

여기에 매우 드넓은 국토를 가진 중국은 종교가 발달한 인도처럼 통일된 사후세계관이 발달하지 못하지만, 각 지역에 따라 사후 심판과 관련된 다양한 측면들이 존재하게 된다. 이런 부분들이 불교의 염라대왕을 중심으로 하는 49일 심판설과 1차로 결합하고, 이것이 다시금 중국의 100일제와 소상·대상의 필연성 속에서 10대왕 구조로 완성되는 것이다. 즉 10대왕의 완성은 인도문화와 중국문화가 불교라는 공통분모를 통해서 완성한, 대단히 글로벌한 문화라고 하겠다.

지장시왕도에서 살펴지는 권속들

문수사 청련암 〈지장시왕도〉의 상단에는 문관 복장에 책을 든 녹사⑭와 하급 무관 복장을 한 저승사자⑮가 좌우에 그려져 있다. 그리고 그 바깥쪽으로는 지옥의 옥졸⑯이 확인된다.

지옥의 옥졸들은 흔히 '마두(馬頭)', '우두(牛頭)'로 불리며, 소와 말의 머리를 하고 있는 것으로 표현된다. 그런데 이 〈지장시왕도〉에서는 그 모습이 확

순천 송광사 광원암 〈지장보살도〉, 조선, 1879, 비단에 채색, 173.0×155.8cm, 송광사성보박물관(ⓒ송광사성보박물관)

인되지 않는다. 그러나 1879년에 그려진 송광사 광원암 〈지장보살도〉를 보면, 우두와 마두의 형상을 분명하게 확인해 볼 수 있다. 참고로 이 〈지장보살도〉의 지장보살 좌우에는 옥졸을 제외하고 각각 세 인물씩 등장하는데, 이들은 녹사·저승사자와 함께 판관이 추가된 것이다. 판관은 10대왕을 도와주는 실무담당관이라고 이해하면 되겠다.

문수사 청련암 〈지장시왕도〉의 가장 위쪽 중앙에는 머리카락을 쌍으로 갈라 묶어 올린 두 명의 동자⑰가 공양물을 올리는 모습이 그려져 있다. 이들의 머리는 상투를 틀지 않은 남자가 머리를 땋아서 묶는 형태로 소뿔과 유사히다고 하여 땋을 총(總) 자, 뿔 각(角) 자를 사용해 '총각'이라고 한다. 우리가 미혼인 젊은 남자를 총각이라 부르는 것도 여기에서 기인한다. 이러한 머리 모양을 통해 두 동자가 모두 남자라는 것을 알 수 있다. 동자는 총각과 댕기머리의 여아, 이렇게 동남·동녀가 한 쌍으로 표현되는 경우도 있다. 이는 음양론에 입각한 표현이다.

순천 송광사 광원암 〈지장보살도〉
부분 – 우두 (ⓒ송광사성보박물관)

이들은 영유아기에 사망한 아이들이다. 불교적인 관점에서 보면, 이들은 윤회하여 태어난 뒤 오래지 않아 죽었기 때문에 선업을 쌓을 기회가 상대적으로 적다. 그렇기 때문에 저승에 있는 '나하(奈河)'라는 큰 강을 건너 사후세계로 완전히 가지 못하고 이승을 떠돌게 된다. 나하란 지옥의 인도 말인 나라카(naraka), 즉 나락(奈落)에 있는 큰 강이란 의미이다.[64]

과거에는 의료가 발달하지 않았기 때문에 영유아 사망 빈도가 매우 높았다. 이와 같은 영유아 사망자들에 대한 천도의 배려가 바로 〈지장시왕도〉에 등장하는 동자의 표현인 것이다.[65]

우리나라에서 지장보살은 죽은 이의 영혼을 구제해 주는 보살로 알려져 있다. 그러나 일본불교에서는 지장보살이 아이들을 보호하는, 우리나라의 삼신할머니와도 같은 역할도 한다. 이를 통해 우리는 지장보살과 어린 영혼의 관계를 쉽게 연결할 수 있다.

유교에서 제사는 직계 후손이 조상을 위해 지내 주도록 되어 있다. 그렇다 보니 영유아기에 사망한 아이들은 이 제사의 테두리 안에 들어갈 수 없다. 결국 이들에 대한 천도를 지장보살에게 의탁하는 흐름이 발생하게 된다. 이것이 모든 지장보살도에 어린아이들이 그려지는 진짜 이유이다. 지장전이나 시왕전 또는 명부전에는 나무로 조각한 어린아이의 상이 조성되곤 하는데 이 역시 같은 이유이다. 즉 지장보살은 어른은 물론 아이의 구원에도 쉬지 않는 보살인 것이다.

영산회상도와 지장시왕도

지장시왕도의 구도는 영산회상도를 기본으로 하지만 세세한 부분에 있어서는 상당한 차이가 있다.

먼저 지장시왕도에는 화불이나 타방불이 등장하지 않는다. 그 이유는 지장시왕도가 불도(佛圖)가 아닌 보살도이기 때문이다. 또 지장시왕도는 사후세계인 명부와 관련되어 있다는 점도 작용한다. 부처님은 깨달은 분, 즉 인간이며, 인간계와 관련된 것을 원칙으로 한다. 이는 불교의 인본주의적인 관점을 인지해 볼 수 있는 측면이기도 하다.

다음은 사천왕과 제석천·범천과 같은 호법신이 등장하지 않는다는 점이

〈지장시왕도〉, 고려, 비단에 채색, 115.2×59.1cm, 일본 계조인

다. 이는 지장보살이 명계인 사후세계의 주관자이므로 호법신들이 등장하는 것은 이치에 맞지 않기 때문이다. 그런데 흥미로운 것은 고려불화의 지장시왕도에는 사천왕과 제석천·범천이 등장한다는 점이다. 이로써 고려시대에는 지장보살을 이승과 저승의 세계를 아우른 존재로 인식하고 있었다는 해석을 가능하게 한다.

조선의 유교에 따른 조상 숭배의 강조는 지장신앙이 크게 확대되는 배경이 된다. 그러나 이는 동시에 '지장=사후세계'라는 인식이 고착화되면서 지장보살에게 존재하던 다양한 신앙적 요소들이 사라지게 되는 결과를 초래한다.『지장보살본원경』에 의하면 지장보살은 석가모니불이 열반에 들고 미륵보살이 세상에 나오기 전의 중간 시대인 무불 시대를 담당하는 것으로 되어 있다. 즉 대통령 유고 시 권한을 대행하는 총리와 같은 존재가 지장보살인 것이다. 그런데 조선을 거치면서 지장보살은 명부와 관련되어 제한적으로 이해된다. 이는 명부전에 지장보살을 모신 것을 통해서도 분명해진다. 이와 같은 고착화 과정 속에서 사천왕과 제석천·범천의 도상은 지장시왕도에서 사라지게 된다.

〈지장시왕도〉(일본 제조인) 부분 - 사천왕

또 하나의 불화

오도전륜대왕은
무신(武神)인가?

명부의 10대왕은 지장시왕도에서 군왕의 복색을 한 모습으로 묘사된다.

앞서 예로든 문수사 청련암 〈지장시왕도〉의 경우를 보자.

우리는 이 불화에서 각 10대왕의 명호를 그중 가장 특징적인 모습을 한 염라대왕을 기준으로 소목법을 통해 유추할 수 있었다. 하지만 이는 배치법에 의한 판단일 뿐, 10대왕이 모두 군왕의 모습을 하고 있기 때문에 각각의 특징적인 모습을 통해서는 알기가 어렵다. 그런데 이 중에는 때에 따라 완전히 다른 모습으로 나타나는 왕도 있다. 바로 오도전륜대왕이다.

오도전륜대왕은 군왕의 복색이 아닌 무인(武人)의 복장을 취하는 경우가 다수 살펴진다. 실제로 10대왕을 각각 표현하는 시왕도의 오도전륜대왕도에서는 언제나 무장을 한 모습만을 만나볼 수 있다. 물론 앞서 이야기한 바와 같이 지장시왕도와 같은 군도에서는 10대왕의 전체적인 통일성을 위해 군왕의 복색을 하기도

서산 문수사 청련암 〈지장보살도〉 부분-
오도전륜대왕(ⓒ수덕사근역성보관)

한다.

무장을 한 오도전륜대왕의 모습은 앞서 소개한 송광사 광원암 〈지장보살도〉에서 살펴볼 수 있다. 이 불화에 등장하는 오도전륜대왕은 홀을 쥐고 봉익관과 같은 투구를 쓴 차림으로 묘사된다. 그런데 흥미로운 것은 투구를 쓰고 양 어깨에 견갑(肩甲)을 차고 있지만 그 안에는 다른 10대왕과 마찬가지로 포복을 입고 있다는 점이다. 이는 10대왕의 전체적인 통일성과 오도전륜대왕만의 개별적인 도상적 특징이 이질적으로 결합된 측면이라는 점에서 무척 재미있다.

순천 송광사 광원암
〈지장보살도〉 부분- 오도전륜대왕
(ⓒ송광사성보박물관)

그렇다면 유독 오도전륜대왕만 무장을 한 모습으로 표현되는 이유는 무엇일까?

10대왕 중 10번째인 오도전륜대왕이 관장하고 있는 명부의 세계는 망자의 윤회를 담당하는 최종 단계이다. 다음 장에서도 살펴보겠지만, 마지막으로 망자를 심판하여 생전의 행위에 따라 다시 태어날 곳을 결정하는 중대한 역할을 관장하는 것이다. 그리하여 윤회의 최종 결정자로서 권위를 나타내고, 엄격한 이미지를 부여할 필요가 있다. 이것이 오도전륜대왕이 다른 10대왕들과 달리 무장한 모습으로 표현되는 이유로 판단된다.

망자의 심판과 지옥의 묘사
시왕도

시왕신앙과 지장보살

명부 10대왕을 축약해서 '시왕(十王)'이라고 한다. 이들은 망자에 대한 심판자 역할을 한다는 점에서 지장보살과는 다르다. 달리 표현해 시왕이 판사와 같은 존재라면 지장보살은 판사에게도 존경받는, 사면권을 가진 특별 변호사라고 할 수 있다. 그러므로 두 신앙 대상 간에는 엄연한 차이가 존재한다.

조선 후기에는 시왕신앙과 관련한 시왕전이 다수 조성되었다. 한편 사후세계인 명부세계를 상징하는 명부전 안에도 시왕이 개별적으로 모셔지는 것이 일반적이다. 이는 모든 인간이 가지고 있는 사후에 대한 두려움과 저승에서의 심판에 대한 공포가 신앙으로 발현된 결과라고 할 수 있다.

그러나 고려불화의 지장시왕도 도상에서도 확인되는 것처럼 시왕신앙은 지장신앙 안에 속한 부속 신앙일 뿐이다. 그러므로 시왕전이라고 하더라도 본존으로 지장보살이 모셔지고 시왕은 좌우로 소목법에 따라 다섯 명씩 배치되는 것이 일반적이다. 이는 명부전 역시 마찬가지다. 다만 지장전의 경우에는 지장보살만을 모시는 것이 보통이다. 이러한 양식에서 확인할 수 있듯 지장신앙은 단독으로도 존재하지만, 시왕신앙은 지장보살과 결부되지 않는 단독의 신앙 형태로 존재하지 않는다. 이는 두 신앙의 범주 차이를 분명히 해 준다. 물론 규모가 큰 지장전의 경우 시왕을 함께 모시는 예도 있다. 즉 시왕전과 명부전은 상호 유사한 전각으로 '지장+시왕'의 구조를 가진다면, 지장전은 지장보살만을 모시는 것을 원칙으로 하지만 간혹 시왕이 부속되는 경우도 있는 것이다. 이는 두 신앙 간에 밀접한 연결 고리가 존재하기 때문에 가능한 측면이라고 하겠다.

오늘날에는 시왕전과 명부전이 같은 의미로 사용되지만, 전각의 명칭이 다르다는 것은 처음 생길 당시엔 전각의 중심점이 달랐다는 것을 의미한다. 즉 시왕전은 주로 지장보살보다 시왕 쪽에 초점이 맞추어져 있었다면, 명부전의 경우 그 초점이 지장보살과 시왕에 고르게 적용되었을 것이다. 그러나 양자는 상호 유사했기 때문에 결국 혼재되면서 현재로서는 차이점을 구분하기 어렵게 되어 있다.

지장·시왕과 관련된 전각만 지장전, 명부전, 시왕전의 세 가지나 존재한다는 점은 이와 관련된 신앙의 규모가 컸다는 것을 의미한다. 특히 명부전과 시왕전에 모셔지는 시왕상은 크기도 거대할 뿐만 아니라, 대부분 각각의 불화를 가지고 있다. 즉 우리나라 불교의 가장 거대한 축 중 하나가 바로 지장·시왕인 셈이다. 이는 인간에게 내재한 죽음과 사후세계에 대한 공포, 동아시아의 강력한 조상 숭배 전통이 만들어 낸 결과물이라고 하겠다.

지옥의 종류와 시왕

시왕은 재판관이자 각각의 지옥을 관장하는 독립된 군왕이기도 하다. 이는 불교가 동아시아의 전통신앙과 결합하면서 시왕의 역할이 증대된 결과이다. 이러한 이유로 시왕도는 크게 상하의 2단 구조를 갖추게 되는데, 3분의 2 정도를 차지하는 상단에는 군왕의 모습을 한 시왕이 심판을 하는 모습이 표현되어 있으며, 하단에는 이러한 심판에 의해 각각의 지옥에서 고통 받는 이들의 모습이 나타나 있다.

불교경전에 나타난 지옥의 표현은 세친(世親)의 『아비달마구사론(阿毘達磨俱舍論)』 권11 등을 보면 자세하게 살펴볼 수 있다. 이를 보면 우리가 사는 세계인 남섬부주 아래에 지옥이 있는데, 순서에 따라서 죄가 무거운 여덟 개의 지옥이 마치 시루떡처럼 층층이 위치한다.

이 여덟 개의 지옥은 고통의 방식으로 불과 열기를 주로 사용한다. 그렇기 때문이 이 지옥을 '8열지옥(八熱地獄)'이라고 한다. 이 지옥은 각각 등활지옥(等活地獄, Saṃjīva), 흑승지옥(黑繩地獄, Kālasūtra), 중합지옥(衆合地獄, Saṃghāta), 호규(규환)지옥(號叫(叫喚)地獄, Raurava), 대규(대규환)지옥(大叫(大叫喚)地獄, Mahā-raurava), 염열지옥(炎熱地獄, Tapana), 대열(대극열)지옥(大熱(大極熱)地獄, Pritāpana), 무간지옥(無間地獄)이다.[66] 이 중 여덟 번째 무간지옥은 인도 말로 '아비치(Avīci)'이며, 이를 음사한 것이 바로 '아비(阿鼻)'이다. 우리가 흔히 난장판인 상황을 '아비규환'이라고 표현하는데, 이는 바로 여덟 번째 아비지옥과 네 번째 규환지옥에서 따온 말이다.

한편 8열지옥의 사방에는 각각 네 곳의 지옥이 더 있다. 이를 '4부지옥(四副地獄)'이라고 한다. 이는 당외(煻煨)·시분(屍糞)·봉인(鋒刃)·열하(烈河)지옥

〈제일진광대왕□ 제삼송제대왕도〉, 조선, 18세기, 비단에 채색, 116.8×145.4cm, 국립중앙박물관(ⓒ국립중앙박물관)

이다.[67] 8열지옥과 4부지옥의 구조를 예를 들어 보면 8열지옥의 첫 번째인 등활지옥은 사방에 각 네 곳씩 총 16곳의 부(副)지옥을 거느린다. 즉 대지옥 하나에 부지옥이 16으로 도합 17이 되는 셈이다. 이러한 대지옥이 총 여덟 곳이니 지옥의 수는 136이 된다. 그리고 이 중 부지옥 수는 128이다. 결국 8열지옥인 대지옥과 128곳의 부지옥이 존재하는 셈이다.

불교에서 말하는 지옥은 이것이 끝이 아니다. 8열지옥과 4부지옥 외에 8한지옥(八寒地獄)도 있기 때문이다. 8한지옥은 고통을 주는 방식이 8열지옥과는 반대로 추위에 있다.

이 여덟 지옥 각각의 명칭은 알부타(頞部陀, Arbuda), 니랄부타(尼剌部陀, Nirarbuda), 알찰타(頞哳吒, Aṭaṭa), 확확바(臛臛婆, Hahava), 호호바(虎虎婆, Huhuva), 올발라(嗢鉢羅, Utpala), 발특마(鉢特摩, Padma), 마하발특마(摩訶鉢特摩, Mahā-padma)이다.[68]

이들 명칭 중 재미있는 것은 다섯째의 확확바와 여섯째의 호호바이다. 이는 추위로 입김을 불어 넣을 때 나는 소리의 의성어이다. 또 올발라와 발특

8열지옥과 4부지옥

| 등활지옥 |
| 흑승지옥 |
| 중합지옥 |
| 호규지옥 |
| 대규지옥 |
| 염열지옥 |
| 대열지옥 |
| 무간지옥 |

	당외지옥	시분지옥	봉인지옥	열하지옥	
당외지옥					당외지옥
시분지옥		등활지옥			시분지옥
봉인지옥					봉인지옥
열하지옥					열하지옥
	당외지옥	시분지옥	봉인지옥	열하지옥	

마 그리고 마하발특마는 모두 연꽃과 관련되어 있다. 우리나라 불교에서는 연꽃을 더러움에 물들지 않는 고결의 상징(處染常淨)으로 인식하지만, 인도에서는 연꽃이 흔한 대상이므로 이를 8한지옥에서 몸이 얼어 살이 터지는 모습에 비유하고 있는 것이다.

인도는 무더운 기후 환경을 가지고 있다. 이 때문에 지옥의 비중도 8열지옥이 훨씬 광범위하다. 실제로 8한지옥에는 8열지옥에는 부가되는 부지옥이 존재하지 않는다. 이로 인하여 8열지옥과 부지옥의 총수인 136에 8한지옥이 더해져 도합 144가 지옥의 전체 수가 된다.

이와 같은 많은 지옥이 시왕도에 모두 반영되어 있는 것은 아니다. 이보다는 당나라 말기에 체계가 갖추어지는 『불설염라왕수기사중예수생칠왕생정토경(佛說閻羅王授記四衆預修生七往生淨土經)』(『佛說閻羅王授記令四衆送終逆修生七齋功德往生淨土經』)과 『예수시왕생칠경』 그리고 『지장보살발심인연시왕경(地藏菩薩發心因緣十王經)』이 시왕과 지옥의 기본 연결 구조를 확립하게 한다.

시왕에 대한 새로운 방식의 이해

우리나라의 후대 무속적 전통에는 시왕을 60갑자와 연결시켜 이해하는 특이한 방식도 있다. 이는 『육갑해원경(六甲解寃經)』과 같은 문헌을 통해서 확인된다.

『육갑해원경』에 따르면, 시왕은 60갑자에 해당하는 사람들 중 각기 6갑자씩을 맡아서 관장하는 것으로 되어 있다. 즉 각 갑자에 해당하는 이들이 죽게 되면 담당하는 시왕에 의해서 재판을 받게 된다는 것이다. 이는 시왕이 돌아가면서 총 10번에 걸쳐 심판한다는 것과는 완전히 다른 관점이다. 즉 무속과 결합하면서 보다 단순한 구조로 정리되고 있는 것이다.

『육갑해원경』에 오게 되면 시왕은 사후의 심판자와 특정 지옥의 관리자를 넘어서, 살아 있는 사람들까지 나누어 담당하는 역할을 한다. 이는 시왕의 외연이 사후의 명계를 넘어서 이승에까지 미치게 되었다는 것을 의미한다.

이러한 『육갑해원경』의 내용을 정리해 보면 다음과 같다.

	명부 시왕	해당 간지	지옥 이름	구원자
1	제1전 진광대왕	경오 신미 임신 계유 갑술 을해	도산지옥	정광여래
2	제2전 초강대왕	무자 기축 경인 신묘 임진 계사	확탕지옥	약사여래
3	제3전 송제대왕	임오 계미 갑신 을유 병술 정해	한수지옥	현겁천불
4	제4전 오관대왕	갑자 을축 병인 정묘 무진 기사	검수지옥	아미타불
5	제5전 염라대왕	병자 정축 무인 기묘 경진 신사	발설지옥	지장보살
6	제6전 변성대왕	경자 신축 임인 계묘 갑진 을사	독사지옥	대세지보살
7	제7전 태산대왕	갑오 을미 병신 정유 무술 기해	좌마지옥	관세음보살
8	제8전 평등대왕	병오 정미 무신 기유 경술 신해	추해지옥	노사나불
9	제9전 도시대왕	임자 계축 갑인 을묘 병진 정사	철상지옥	약왕보살
10	제10전 전륜대왕	무오 기미 경신 신유 임술 계해	흑암지옥	석가여래

『육갑해원경』에는 각 간지의 사람들이 문제를 해결할 수 있도록 참회하고, 도움을 받을 수 있는 구원자로서 부처님의 명호도 기록되어 있다. 여기에서 흥미로운 것은 비로자나불과 약사여래, 그리고 미륵보살, 문수보살과 같은 대표적인 불보살들이 생략되어 있다는 점이다. 또 정광여래는 아미타불의 다른 이름이라는 점에서 이 경을 찬술한 사람이 불교에 능통한 인물은 아

니었다는 것을 알게 해 준다.

그리고 『육갑해원경』에는 각 시왕들이 관장하는 지옥의 이름이 나열되어 있지만 이는 시왕도에서 확인되는 내용과는 차이가 있다. 그러므로 우리는 『육갑해원경』을 통해 조선 후기의 시왕신앙 확대와 이에 따른 변화를 읽어 볼 수 있을 뿐이다.

시왕도의 등장인물과 지옥의 표현

시왕전이나 명부전에 조성되는 시왕상 뒤에 후불도처럼 봉안되는 것이 바로 시왕도이다. 그러므로 시왕도는 모두 10폭이 되며,[69] 때에 따라서는 판관·녹사나 감재사자·직부사자·사직사자[70]가 그려진 그림이 추가되기도 한다.

대표적인 시왕도로는 1775년에 조성된 통도사 시왕도(경남 유형문화재 제549호)와 1744년의 고성 옥천사 시왕도(보물 제1693호)를 꼽을 수 있다. 이 중 옥천사 시왕도는 10폭이 모두 남아 있지 않고 제1전 〈진광대왕도〉가 1975년 도난으로 결실되었다.[71]

시왕을 돕는 명부세계의 존재들

시왕도에는 판결을 내리는 시왕 외에도 시왕을 돕는 명부세계의 존재들이 표현된다. 본격적으로 시왕도 10폭의 각 도상을 살펴보기에 앞서 그들이 누구인지 살펴보고자 한다.

먼저 판관은 시왕을 돕는 실무자로 관료의 복장을 하고 있다. 때로 판관은 시왕전이나 명부전 안에 상(像)으로 조성되는 경우도 있는데, 귀족과 같은

양산 통도사 〈시왕도〉, 조선, 1775, 비단에 채색, 각 119.5×87.0cm, 양산 통도사, 경남 유형문화재 제549호(ⓒ통도사성보박물관)

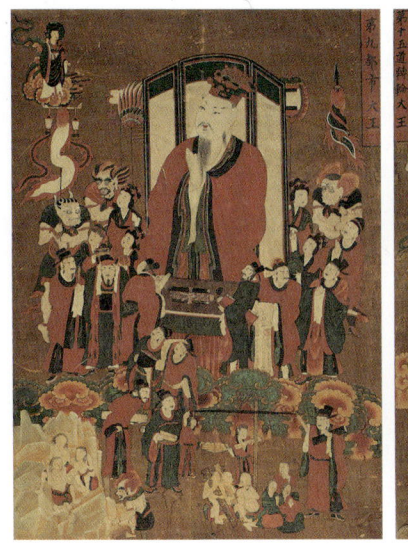

고성 옥천사 〈시왕도〉, 조선, 1744, 비단에 채색, 각 165.0×117.0cm, 고성 옥천사, 보물 제1693호(ⓒ하지권)

복색에 홀을 쥐기도 한다. 이는 시왕 다음으로 지위가 높기 때문이다. 그러나 시왕도에서는 같은 관료 복장의 녹사와 구분이 어렵다. 물론 파란색 관복보다는 빨간색의 관복이 더 높은 지위를 나타낸다는 점에서 관복의 색을 통해 판관과 녹사를 구분해 볼 수 있겠지만 시왕도는 이러한 원칙을 충실하게 반영하고 있지만은 않다. 그러므로 판관·녹사의 구분에 다소 어려움이 따른다.

다음으로 녹사는 기록관으로서 역시 관료의 모습으로 표현된다. 손에는 보통 책이나 문서를 가지는데 이것이 녹사의 가장 큰 특징이라고 할 수 있다.

감재사자, 직부사자, 사직사자(年直, 月直, 日直, 時直)는 망자를 명부로 데려오는 일종의 저승사자들이다. 이들은 무관복을 착용한 채 말을 대동하고 무기를 가진 모습으로 그려진다. 말이 빠지는 경우에도 무관 복장과 무기의 표현은 그대로 유지된다. 즉 판관·녹사·사자의 경우 대체로 각각에 맞는 도상적인 특징을 확보하고 있는 것이다.

이제 본격적으로 시왕도를 살펴보고자 한다. 여기에서는 통도사 〈시왕도〉를 중심으로 살펴보고, 옥천사 〈시왕도〉로 보충하여 이해를 돕고자 한다.

제1전 진광대왕도

통도사 〈시왕도〉의 〈진광대왕도〉를 보면, 상단에는 양관에 대수포(大袖袍)와 같은 포복을 착용하고 홀을 쥔 거대한 진광대왕이 판관의 보고를 받고 망자를 심의하는 내용이 표현되어 있다.

대왕의 주변으로는 문관의 모습을 한 판관과 녹사, 그리고 마갈어형(摩竭魚形)[72] 도끼를 든 사자의 모습이 확인된다. 또 대왕의 양옆에는 일원선과 공작선, 그리고 공양물을 들고 있는 네 명의 여성 시종과 동자가 묘사되어 있

양산 통도사 〈시왕도〉〈진광대왕도〉(ⓒ통도사성보박물관)

다. 이는 군주의 권위를 나타내기 위한 것으로 판단된다. 그리고 양옆의 가장 바깥쪽에는 각각 창과 깃발을 들고 있는 반나체의 지옥 옥졸이 표현되어 있는데 여기에서 이들은 진광대왕과 권속들의 호위 임무를 담당한다.

시왕도는 각각의 시왕을 한 폭에 그린 총 10폭의 불화이기는 하지만, 병풍을 배경으로 한 시왕이 주대종소법으로 배치되고 탁자와 지필묵을 앞에 두고 있는 모습은 거의 대동소이하다. 또 각 시왕의 주위에 위치한 인물들도 판관·녹사·사자·옥졸·시녀·시동으로 대개 일치한다. 그러므로 하나의 시왕도만 분명하게 이해하면 나머지 시왕도들 역시 상단 부분은 같은 선상에서의 판단이 가능하다.

시왕도의 개별적인 차이는 하단의 지옥 참상에 대한 묘사에 있다. 그리고 시왕도에 나타나는 지장보살의 위치나 역할도 시왕도에 따라서 약간씩 차이가 있다.

여러 겹의 두꺼운 구름무늬로 분리되어 있는 하단은 상단의 시왕이 관리하는 지옥을 나타낸다. 지옥은 심리가 이루어지는 재판 장소와는 다른 곳일 수밖에 없다. 즉 법원과 감옥의 관계라고 이해하면 되겠다. 그러므로 두꺼운 구름무늬를 통해서 두 공간이 완전히 분리되어 있음을 강하게 표현한다.

하단에는 명부에 이제 막 도착한 망자와 지옥의 풍경이 묘사되어 있다. 향 우측을 보면 죄인을 철판에 눕혀 쇠못을 박는 철상지옥(鐵床地獄)이 표현되어 있는데, 이는 '정철지옥(釘鐵地獄)'이나 '정신지옥(釘身地獄)'으로 불리기도 한다. 철상지옥은 불교경전 속에서 살펴지는 지옥은 아니다. 이는 과거에 죄인을 고문하던 방식에서 착안된 것으로 판단되는데, 그림에 따라서는 쇠못이 가득 박힌 철상 위에 죄인을 눕히는 방식으로 표현된 것들도 있다. 또 이 도상을 잘 살펴보면 철상의 표현이 철판이라기보다는 옻칠을 한 관처럼 보이기도 한다. 이런 점에서 철상지옥이 관을 부수고 망자를 끄집어내는 측면과 연관되어 발전한 것일 개연성도 상정해 볼 수 있어 흥미롭다.

향 좌측에는 칼을 쓰고 있는 죄인의 모습이 그려져 있다. 또 중간에는 자신의 차례를 기다리며 오라에 묶여 줄지어 꿇어 앉아 있는 죄인의 모습과 그 중간쯤에 쇠못이 삐죽삐죽 나와 있는 몽둥이를 든 옥졸이 죄인들을 끌고 가는 모습도 확인된다. 주위에는 판관과 녹사들이 이들의 죄를 일일이 대조하며 문건을 만드는 내용이 보이며, 지장보살이 한 녹사에게 이들을 구제할 방도를 묻는 듯한 모습도 표현되어 있다. 또 죄인의 선과 악을 가려내는 선(善)동자와 악(惡)동자가 녹사의 일을 돕고 있는 모습도 확인된다. 시왕도의 지옥에 대한 묘사에는 언제나 동자들이 그려져 있는데, 이 역시 영유아기에 사망하는 아이들이 많았던 것과 관련된다. 이들이 불교적 재해석을 통해 명부에서 맡게 되는 역할은 선과 악에 대한 분별이다. 그래서 이들을 '선동자'·'악동자'나 '선업동자'·'악업동자' 등으로 부른다. 이 동자들은 판관과 녹사에 협조적이며 처벌받는 모습으로 나타나지는 않는다.

〈진광대왕도〉에는 구체적인 지옥의 형벌 표현이 다른 시왕도에 비해 상대적으로 약하다. 이는 본격적인 사후세계가 여기에서부터 본격적으로 시작되기 때문이다.

『지장보살발심인연시왕경』에는 사람이 죽으면 염라대왕이 관장하는 명계(冥界) 국경의 사천산(死天山, 死出山)을 지나 진광대왕을 만나고 그곳에서 초칠일(初七日)을 보낸다고 되어 있다. 〈진광대왕도〉는 바로 이와 같은 내용을 표현하고 있는 것이다.

제2전 초강대왕도

〈초강대왕도〉 역시 전체적인 구조는 〈진광대왕도〉와 유사하다. 그러나 표현되는 대상과 세계가 다르므로 다소 차이가 있다.

통도사의 경우를 보면 먼저 상단의 차이는 두 가지이다. 첫째는 향 좌·우측 옥졸로 표범과 정체불명의 동물이 표현되어 있다는 점이다. 동물로 표현되는 지옥의 옥졸은 크게 두 가지 특징이 있다. 하나는 인간들에 의해서 괴롭힘을 당하거나 죽임을 당한 짐승들이 형상화되어 등장하는 것이다. 가장 일반적인 경우가 소와 말이 변형된 우두와 마두이다. 이는 죽은 동물들이 원한을 가지고, 앙갚음을 한다는 발상에서 기인하는 것으로 판단된다. 저승의 세계에서 인간과 짐승 간의 상황이 역전되고, 이로써 전체적인 질서와 균형이 갖추어지는 것이다. 이는 불교의 업과 인과율에 따른 관점이 수용된 결과라고 하겠다. 다른 하나는 호랑이나 표범처럼 인간에게 있어서 공포의 대상이 되는 동물이 형상화되는 경우이다. 통도사 〈시왕도〉의 〈초강대왕도〉에는 이 두 번째 특징에 따른 옥졸이 등장하고 있다.

두 번째 차이점은 대왕이 붓을 들고 명부 책에 죄상을 적으려는 모습이 표현되어 있다는 점이다. 이는 진광대왕이 문헌을 검토하고 있는 모습과는 다른데, 이때부터 망자의 생전 죄상이 구체화됨을 나타내기 위해 표현한 것으로 추측된다. 그러나 이와 같은 표현이 다른 시왕도들에서 확인되는 공통된 측면은 아니다.

하단 역시 큰 틀의 구조는 대략적으로 일치한다. 그러나 향 우측을 보면 죄인이 형틀에 묶인 채 옥졸에 의해서 배꼽으로 창자가 뽑히는 형벌을 당하고 있음을 확인할 수 있다. 이 지옥을 창자와 폐를 뽑아내는 지옥이라 해서 '추장발폐지옥(抽腸拔肺地獄)'이라고 한다. 그러나 앞서 〈진광대왕도〉의 경우

양산 통도사 〈시왕도〉〈초강대왕도〉(ⓒ통도사성보박물관)

고성 옥천사 〈시왕도〉 〈초강대왕도〉 (ⓒ하지권)

와 마찬가지로 불교 문헌에 등장하는 지옥이 아니다. 이 역시 과거 시행되던 형벌이 차용된 것으로 판단되는데, 시각적으로 매우 강렬한 느낌을 준다는 점에서 차용된 것으로 추측된다.

옥천사 〈시왕도〉의 〈초강대왕도〉를 보면 통도사 〈초강대왕도〉와 전체적인 구도와 등장인물의 자세 등이 놀랄 만큼 일치한다는 것을 알 수 있다. 실제로 상단 앞줄의 향 좌측 인물이 관모를 고쳐 쓰는 모습이나, 하단 향 우측 옥졸이 죄인의 창자를 뽑는 모습 등은 거의 완전히 일치한다. 그런데도 옥천사 〈시왕도〉가 훨씬 화려해 보이는 것은 상단의 배경 처리 때문이다. 옥천사 〈시왕도〉는 명계를 상징하는 검은색을 바탕으로 붉은색 계통의 빼곡한 구름무늬를 통해 밀도 있는 신비감을 부여하고 있다. 또 옥천사 〈시왕도〉는 초강대왕이 앉아 있는 의자에 용 장식을 표현해 권위를 부여하고, 녹색 천에 무늬를 넣어서 안정적인 화려함을 연출한다. 이와 같은 처리를 통해서 옥천사 〈초강대왕도〉는 통도사의 경우보다 훨씬 권위적이게 느껴진다. 이는 옥천사의 다른 시왕도에서도 계속 유지되는 공통적인 측면이기도 하다.

또 옥천사 〈시왕도〉의 하단에는 말을 탄 사자가 표현되어 있는데, 이는 어

고성 옥천사 〈초강대왕도〉 부분 - 하단 ⓒ하지권

떤 내용을 전달하곤 돌아가는 모습으로 이해된다. 즉 상단의 재판소 안에서 이루어진 재판 결과는 말을 탄 전령 사자에 의해서 지옥에 전달되고 있는 것이다.

『예수시왕생칠경』에는 죽은 자는 나하[73]를 건너 14일에 초강대왕을 만나게 된다고만 되어 있다. 이와는 달리 『지장보살발심인연시왕경』에는 나하를 건너기 전 나하 나루(奈河津)에는 의령수(衣領樹)라는 나무가 있는데, 그 앞에 탈의파(奪衣婆)와 현의옹(懸衣翁)이 있다는 내용이 쓰여 있다. 탈의파는 죽은 이의 옷을 벗기는 노파이며, 현의옹은 그 옷을 의령수에 거는 노인이다. 의령수에 옷이 걸리면 죽은 사람은 생전의 기억을 잃게 되며, 이후 나하를 건너 완전히 명계로 들어가게 된다.

제3전 송제대왕도

통도사 〈송제대왕도〉 역시 상단의 구조는 대동소이하다. 다만 차이점은 백운선이 등장한다는 점과 향 좌·우측에 옥졸로 표범과 호랑이가 등장한다는 것 정도이다.

그럼 구름무늬로 분리된 하단의 특징적인 지옥 묘사를 살펴보자. 향 우측을 보면 형틀에 묶인 죄인의 혀를 길게 뽑아서 소를 이용해 밭을 갈 듯 쟁기질하는 모습이 묘사되어 있다. 이는 살아생전 거짓말을 많이 한 사람들에게 집행되는 형벌로, 이 지옥을 설경지옥(舌耕地獄, 拔舌地獄)이라고 한다. 설경지옥에 대한 내용은 『지장경』의 '혀를 뽑아서 옥리로 하여금 소를 이용해 밭 갈게 한다'는 구절에 따른 것이다. 이외에 지옥의 옥졸이 철침이 삐죽삐죽한 방망이로 죄인을 치려는 듯한 모습도 살펴볼 수 있다.

옥천사 〈송제대왕도〉 상단은 송제대왕의 구도가 정면을 취하고 있지만

양산 통도사 〈시왕도〉〈송제대왕도〉(ⓒ통도사성보박물관)

고성 옥천사 〈시왕도〉〈송제대왕도〉(ⓒ하지권)

전체적으로는 큰 차이가 없다. 그런데 탁자 위를 자세히 보면 벼루 위의 먹에 '수양매월(首陽梅月)'이라는 글씨가 쓰여 있는 것이 확인된다.

수양매월은 은나라가 주나라에 의해서 멸망하자 고죽국의 백이와 숙제가 수양산에 들어가 매화와 달을 벗하며 살았다는, 청정한 절개를 나타내는 고사이다. 백이와 숙제에 대한 고사는 사마천의 『사기』권61 「백이열전」에 수록되어 있는데, 이는 「열전」중 맨 앞에 나오는 내용이다. 그런데 이 수양매월이라는 글귀는 우리나라에서 최고의 먹인 송연 먹에 쓰이게 된다. 그러므로 이 표현은 송제대왕이 최고의 먹으로 청정한 판단을 한다는 의미로도 이해해 볼 수 있다.

고성 옥천사 〈송제대왕도〉 부분-
"首陽梅月"와 "龍光射牛斗"(ⓒ하지권)

또 벼루의 옆에는 문진으로 추정되는 물건 위에 '용광사우두(龍光射牛斗)'라고 적혀 있는 것이 살펴진다. 이는 용의 빛으로 견우성과 북극성을 쏘아 꿰뚫는다는 의미로 『무예도보통지(武藝圖譜通志)』같은 곳에서 나오는 표현이다. 이런 점에서 본다면 옥천사의 〈송제대왕도〉는 대단히 조선적인 그림이라고 하겠다.

고성 옥천사 〈송제대왕도〉 부분-
말을 탄 사자(ⓒ하지권)

하단은 향 좌측의 전령 사자가 등장하는 부분에 통도사 〈송제대왕도〉와 차이가 있다. 특히 이 사자는 상부의 명령을 하달하는 모습이 뚜렷하게 확인된다.

제4전 오관대왕도

통도사 〈시왕도〉의 〈오관대왕도〉 역시 상단의 구조는 전체적으로 닮아 있다. 다만 좌우의 옥졸로 마두와 정체불명의 동물이 등장하고 있다는 점 정도가 차이라고 할 수 있다. 오관대왕은 다섯 가지 형벌인 오형(五刑)의 주관자라고 한다.

하단의 특징적인 묘사는 옥졸이 죄인을 창과 같은 꼬챙이에 꾀어서 쇠솥에 넣어 삶는 모습이다. 이는 확탕지옥을 묘사한 부분이다. 확탕지옥은 발음 때문에 '화탕(火湯)지옥'이라고 잘못 알려져 있기도 하지만, 거대한 무쇠 가마솥에 넣어 삶는다는 의미로 가마솥 확(鑊) 자를 쓴다. 과거에는 실제로 죄인을 가마솥에 넣어서 삶아 죽이는 '팽형(烹刑)'이라는 형벌이 있었다. 팽형은 조선시대에도 있었으나 너무 잔인해서 상징적으로만 사용될 뿐 실제로 삶아 죽이지는 않았다.

확탕지옥과 관련한 기록은 『장아함경』 권19의 「세기경(世紀經)-지옥품(地獄品)」에 등장하는, '규환지옥에서는 옥졸이 죄인을 쇠로된 옹기에 넣어서 끓인다'는 내용과 부합한다. 이를 통해서 이 지옥을 규환지옥으로 판단해 보는 것도 가능하다. 이와 유사한 내용은 『지장경』에서도 확인된다.

옥천사 〈오관대왕도〉는 오관대왕이 일월이 그려진 평천관을 착용하고 정면관을 하고 있는 것 외에 전체적으로 통도사의 〈오관대왕도〉와 큰 차이가 없다. 옥천사의 〈오관대왕도〉는 소목법에 의해서 제3전의 〈송제대왕도〉와 마주보는 구조를 취하게 된다. 그러므로 이 두 대왕의 정면관은 승려화가에

양산 통도사 〈시왕도〉〈오관대왕도〉(ⓒ통도사성보박물관)

고성 옥천사 〈시왕도〉 〈오관대왕도〉(ⓒ하지권)

의해서 의도된 것이라고 하겠다. 이 〈송제대
왕도〉는 앞선 불화들에 비해서 통도사의
것과 훨씬 유사하다. 이는 상단 향 좌측
의 옥졸로 마두가 등장하는 것이나, 하
단에 지금까지 살펴지던 전령 사자가 등
장하지 않고 거대한 확탕지옥이 위치하는
것을 통해서 판단해 볼 수 있다. 다만 옥천사
〈송제대왕도〉에서처럼 〈오관대왕도〉의 탁자 위
먹에도 글이 쓰여 있는 것이 확인된다. 이는 '수
양현정(首陽玄精)'으로 수양산의 현묘한 정기라

고성 옥천사 〈오관대왕도〉
부분 - "首陽玄精" (ⓒ하지권)

는 의미이다. 역시 백이·숙제와 관련된 높은 기상을 함축하는 말이라고 하
겠다.

한편 우리가 살펴보고 있는 통도사와 옥천사의 〈오관대왕도〉에는 등장하
지 않지만, 『예수시왕생칠경』에 따르면 이곳에는 허공에 '업칭(業秤)'이라고
하는 저울이 배치되어 있다고 한다. 이 저울은 생전 행위의 선악과 그 경중
을 측정하는 것으로, 『지장보살발심인연시왕경』에 의하면 측정된 죄의 경중
은 그대로 기록되어 다음 제5전의 염라대왕에게로 이관된다.

이러한 전적(典籍)의 기록에 의하면 업칭의 묘사는 오관대왕도에 등장하
는 것이 맞지만, 조선시대에 조성된 시왕도에서는 제9전 도시대왕도에서 살
펴진다. 이는 마지막 단계에 죄의 경중을 저울로 판단해서, 제10전 전륜대왕
에 의해 윤회하는 방식이 타당하다고 생각했기 때문 아닌가 추측된다. 이러
한 변화 과정은 불분명하지만 우리나라 시왕도에서 업칭의 등장 순서에 변
화가 있었다는 점만은 분명하다.

제5전 염라대왕도

염라대왕이 제5전에 등장하는 것은 1에서 10까지의 숫자 중 5가 중앙, 즉 핵심이 된다는 생각 때문이다. 물론 1부터 10까지 숫자의 중간은 6이 될 수도 있다. 그러나 동아시아 전통에서는 홀수를 짝수에 비해서 높이는 문화가 있다. 이 때문에 5가 중앙의 핵심이 되는 것이다.[74]

통도사 〈시왕도〉의 〈염라대왕도〉에서 염라대왕은 일월이 그려진 평천관을 쓰고 있는 것으로 그려져 있다. 환조의 염라대왕상에서는 평천관의 일종인 면류관을 착용하는 경우가 더 많은데, 그림에서는 면류관의 늘어진 구슬발을 표현하는 것이 쉽지 않으므로 평천관으로 축약되는 경우가 일반적이다. 이는 구슬발을 잘못 표현하면 염라대왕의 얼굴이 가려지는 문제가 발생하기 때문이다. 그렇다 보니 평천관에 대한 이해 부족으로 그리는 사람에 따라서는 염라대왕이 경전을 이고 있는 것처럼 표현되는 경우도 있다.

염라대왕의 도상적 특징 중 하나는 풍성한 수염이다. 이는 인도로부터의 기원이 분명한 염라대왕의 권위를 한층 더 높여 주는 표현으로 이해된다. 그러나 모든 염라대왕이 반드시 이와 같이 표현되는 것은 아니다. 이외의 도상에서 확인되는 소소한 특징으로는 원형의 부채인 원선(圓扇, 방구부채)이 등장하고 있다는 점 정도이다.

구름무늬로 분리된 하단에서 주목할 부분은 중앙에 있는 업경대(業鏡臺)이다. 업경대는 전생의 업이 모두 나타나 생전의 행위를 살펴볼 수 있는 도구이다. 『예수시왕생칠경』에는 옥졸이 죄인의 머리채를 잡고 강제로 업경에 비춰 생전 업이 나타나도록 한다고 되어 있다. 이 불화를 보면 옥졸이 죄인의 상투를 움켜잡고 강제로 끄는 모습이 표현되어 있어 이러한 내용을 충실하게 반영한 모습이 확인된다.

양산 통도사 〈시왕도〉 〈염라대왕도〉(ⓒ통도사성보박물관)

〈염라대왕도〉, 조선, 19세기, 비단에 채색, 117.5×96.5cm, 국립중앙박물관(ⓒ국립중앙박물관)
중앙의 염라대왕이 마치 경전을 머리에 이고 있는 것처럼 표현되어 있다.

업경대의 업경을 보면, 도끼로 소의 머리를 내려쳐 죽이는 장면이 비춰져 있다. 이는 옥천사 〈시왕도〉의 〈염라대왕도〉에서도 살펴볼 수 있는데, 이렇듯 염라대왕도의 업경대에는 언제나 소를 도축하는 모습이 표현되곤 한다. 이는 도살이라는 농촌의 일상과 불살생을 강조하는 대승불교의 정신이 대비된 결과로 판단된다.

이와 같이 제4전 오관대왕도에서 제5전 염라대왕도로 흐르는 지옥의 과정은 업칭을 이용해 전체적인 죄의 경중을 판단한 후, 업경을 통해 세부적인 모습을 살펴보는 것이라고 할 수 있다. 실제로 『지장보살발심인연시왕경』에 의하면 업칭에 의해 판단된 죄의 경중은 사실대로 기록되어 염라대왕에게로 이관되는 것으로 되어 있다. 즉 죄인의 업을 비추어 보고 이를 검토하는 것이 업경대의 역할인 셈이다.

통도사 〈염라대왕도〉
(ⓒ통도사성보박물관)와
옥천사 〈염라대왕도〉(ⓒ하지권)에
등장하는 업경. 같은 구도의 도축
장면이 표현되어 있다.

통도사 〈염라대왕도〉 하단의 향 우측 아래에는 쇠 절구에 죄인을 넣고 철심이 박혀 있는 쇠공이를 단 디딜방아로 찧는 모습이 표현되어 있다. 이는 춘마지옥(椿磨地獄, 碓磑地獄)에 대한 표현인데, 이 역시 『지장경』에 근거한다. 또 이 부분에서는 방아에서 빼져 나온 죄인의 몸을 날카로운 톱니 모양의 도구로 쓸어 넣는 옥졸의 모습도 확인된다. 디딜방아를 밟고 있는 옥졸의 등은 유난히 울룩불룩한데 이는 옷 안에 돌을 넣고 있기 때문이다. 과거에는 무게가 많이 나가는 큰 디딜방아를 쉽게 들어올리기 위해서 허리나 등에 돌을 매

고성 옥천사 〈시왕도〉〈염라대왕도〉(ⓒ하지권)

고는 하였다. 즉 몸무게를 늘려서 일을 용이하게 하기 위한 것인데, 여기에는 이와 같은 부분이 도상적으로 표현되어 있는 셈이다.

옥천사 〈염라대왕도〉는 염라대왕이 수염을 꼬듯이 어루만지고 있는 것이 매우 이색적이다. 통도사 〈염라대왕도〉에서 살펴지는 풍성한 수염은 확인되지 않지만 수염을 강조하려는 점에서는 통하는 측면이 있다. 전체적인 구도와 하단의 업경대 및 춘마지옥의 표현 역시 큰 차이 없이 대동소이하다.

탁자에는 먹에 '평사낙안(平沙落雁)'이라는 글이 새겨져 있는 것이 확인된다. 평사낙안은 중국 동정호 주변 소수(瀟水)와 상강(湘江)이 합류하는 지역의 빼어난 여덟 경치인 소상팔경(瀟湘八景) 중 하나이다. 또 이는 고운 빛으로 정갈하게 펼쳐진 모래사장에 기러기 떼가 살포시 내려앉는다는 의미이므로, 수려하게 쓰인 글씨에 대한 시적 표현이기도 하다.

고성 옥천사 〈염라대왕도〉 부분-
"平沙落雁"(ⓒ하지권)

제6전 변성대왕도

통도사 〈변성대왕도〉 역시 상단의 구조는 다른 시왕도와 크게 차이나는 부분은 없지만, 다른 점이라면 앞선 〈송제대왕도〉에서와 같이 옥졸로 호랑이가 등장하는 모습이 확인되는 정도이다.

구름무늬로 분리된 하단의 특징적인 지옥 묘사를 보면, 칼이 숲을 이루고 있는 도산지옥(刀山地獄, 칼산지옥)이 묘사되어 있다. 도산지옥의 옆을 보면 옥졸이 죄인의 상투와 한 다리를 들어서 던지려는 장면도 표현되어 있다. 도산

양산 통도사 〈시왕도〉〈변성대왕도〉(ⓒ통도사성보박물관)

고성 옥천사 〈시왕도〉〈변성대왕도〉(ⓒ하지권)

고성 옥천사〈변성대왕도〉부분- 　　　고성 옥천사〈변성대왕도〉부분-
말을 탄 사자(ⓒ하지권)　　　　　　　"江天暮雪"(ⓒ하지권)

지옥은『구사론』에 나타나 있는 4부지옥 중 세 번째인 봉인(鋒刃)지옥에 해당한다. 이는『증일아함경』권36의 '도산지옥(刀山地獄)'이라는 이름을 통해서도 확인된다.

혹자는 도산지옥을 검수지옥(劍樹地獄)과 착각하기도 한다. 그러나 검수지옥의 검수는 칼이 나무처럼 서 있다는 의미가 아니라 잎이 칼날로 된 나무라는 의미이다. 이 검수지옥은 성욕이 심한 사람들이 가는 지옥이다.75

옥천사〈변성대왕도〉에는 앞의〈송제대왕도〉에서와 마찬가지로 말을 타고 온 전령 사자가 다시 등장한다. 그리고 탁자 위 먹에는 '강천모설(江天暮雪)'이라고 새겨져 있는데, 이는 유장하게 흐르는 강 위의 하늘에서 해질녘 폭설이 내리는 설경을 의미한다. 이 역시 소상팔경의 한 경관에 대한 묘사이다.

제7전 태산대왕도

통도사 〈태산대왕도〉 역시 상단의 구조는 대동소이한데, 옥졸로 우두가 등장하는 것 정도가 다르다고 할 수 있다.

구름무늬로 분리된 하단의 지옥은 형틀에 묶인 죄인을 거대한 톱으로 양쪽에서 썰어 절단하는 거해지옥(鋸解地獄)이다. 이 역시 『지장경』에 근거한다. 옥졸에 의해서 들린 톱은 흥부전에서 박을 켤 때 등장하는 거대한 전통적인 톱이다. 형틀의 주위에는 두려움에 떠는 죄인들이 표현되어 있다.

옥천사 〈태산대왕도〉를 보면 다른 시왕도와는 달리 지필묵함이 닫혀 있고, 그 위에 연적이 올려져 있는 모습이 확인된다. 이는 49일을 통해서 1차 판결이 완료되었다는 것을 표현하고자 한 승려화가의 의도로 판단된다.

옥천사 〈태산대왕도〉의 하단 말을 탄 사자의 안장 뒤쪽을 보면 죄인의 풀린 상투를 말에 매달아 끌고 오는 모습을 확인해 볼 수 있다. 이를 통해 옥천사 〈시왕도〉에 등장하는 사자의 또 다른 역할은 죄인을 각각의 지옥으로 이송하는 것이었음을 알게 된다. 이는 우리로 하여금 옥천사 〈시왕도〉의 사자가 전령으로서의 역할과 죄인의 송치라는 두 가지 역할을 수행하고 있음을 알게 해 준다.

망자가 사후세계에서 태산대왕을 만나는 시기는 7·7일인 49일째다. 불교적인 관점에서 49일은 사람이 죽은 뒤 다른 몸을 받기 전인 중음신(中陰身)의 기간을 끝내고 새롭게 윤회하는 시기이다. 그러므로 태산대왕은 시왕 중 염라대왕 및 오도전륜대왕

고성 옥천사 〈태산대왕도〉 부분- 죄인을 끌고 오는 사자 ⓒ하지권

양산 통도사 〈시왕도〉〈태산대왕도〉(ⓒ통도사성보박물관)

고성 옥천사 〈시왕도〉 〈태산대왕도〉(ⓒ하지권)

과 더불어 가장 중요한 존재라고 할 수 있다.

태산대왕은 본래 중국의 오악산(五嶽山)[76] 중 동쪽의 태산(泰山)을 주관하는 태산부군이 변화된 존재이다. 태항산맥의 동쪽인 산동(山東)에는 높은 산이 없기 때문에 평야에 우뚝 선 태산은 매우 신령하게 평가된다. 그래서 고대 중국인들은 태산에 사후세계로 통하는 문이 있으며, 이곳에서 태산부군의 심판이 이루어진다고 생각했다. 즉 중국판 염라대왕이 바로 태산부군인 것이다.

이와 같은 배경으로 인해서 태산은 실제 해발 1,545미터에 불과하지만 가장 높고 위대한 산인 것처럼 인식된다. 이로 인하여 진시황과 한무제 같은 역대의 최고 황제들은 태산에서 하늘에 고하는 봉선(封禪) 의식을 거행하곤 했다. 또한 태산의 신성함으로 인하여 오늘날까지 도교에서는 태산을 가장 중요한 성산(聖山) 중 한 곳으로 받들고 있다.

이러한 인식은 우리나라에도 영향을 미쳐 그 흔적이 오늘날까지 남아 있다. 예를 들면 "티끌 모아 태산"이라는 속담이 그렇고, 양사언(楊士彦)의 시조인 「태산가(泰山歌)」에 "태산이 높다 하되 하늘 아래 뫼이로다"라는 표현으로도 전해지고 있다. 또 우리가 흔히 쓰는 말 중 '할 일이 태산'이라거나 '갈 길이 태산'이라는 표현들도 한 예이다.

중국의 태산부군은 후일 불교의 약진과 함께 염라대왕과 결합되면서 처음에는 문서를 관장하는 서기(書記)와 같은 역할을 수행하게 된다. 그러던 것이 이후 시왕으로 확대되자 중앙에서 시왕의 전체를 통괄하는 염라대왕과 더불어 49일의 관장자라는 중요한 역할을 담당하게 되는 것이다.

불교적으로만 본다면 49일째가 되는 태산대왕의 심판을 끝으로 망자는 새롭게 윤회하게 된다. 그러나 앞서도 언급한 바와 같이 중국의 유교적 상례가 결합되면서 일부 망자들은 이후로도 심판이 더 진행된다. 이는 『예수시왕생칠경』과 『지장보살발심인연시왕경』에서 '복업이 이때까지도 결정되지 않았으면 다시금 다른 인연을 보게 된다'는 구절을 통해 분명해진다. 즉 이후의 제8전 평등대왕·제9전 도시대왕·제10전 오도전륜대왕에 의한 100일재와 1년인 소상, 그리고 3년인 대상이 남아 있는 것이다. 이는 이들 경전이 만들어진 9~10세기 불교와 유교의 융합이라는 중국의 현실을 반영한 것이라고 하겠다.

제8전 평등대왕도

통도사 〈평등대왕도〉의 상단 구조는 일월이 그려진 평천관을 쓰고 있는 평등대왕의 묘사 외에 다른 부분들은 대동소이해서 크게 두드러지는 면은 없다. 평등대왕의 평등은 심판이 공평하다는 의미로 염라대왕의 별칭이라는 관점도 있지만 분명하지는 않다.

구름무늬로 분리된 하단의 특징적인 지옥 묘사로는 압착기 같은 것에 죄인을 넣고 짓뭉개는 장면이 나타나 있다. 재미있는 것은 옆의 옥졸이 삐져나온 죄인의 몸 일부를 거대한 주걱 같은 도구로 밀어 넣고 있는 장면이다. 이 지옥은 석개지옥(石磕地獄, 壓石地獄)이다. 구조를 보면 오른쪽의 두 옥졸이 줄을 당겨 바위를 들었다가 놓아 떨어뜨리는 원리이다. 들린 부분의 위에는 또 다른 옥졸이 올라가 있는 모습이 보이는데, 이는 무게를 늘리고 신호를 줘서 효율적인 작업을 하기 위한 측면으로 이해된다.

석개지옥은 불교 전적에서 확인되는 일반적인 지옥은 아니다. 불교적으로 이와 유사한 지옥으로는 『아비달마구사론』 권8 등에서 확인되는 8열지옥 중 하나인 중합지옥이 있다. 중합지옥은 거대한 석산(大石山) 사이에 죄인들

양산 통도사 〈시왕도〉 〈평등대왕도〉 (ⓒ통도사성보박물관)

고성 옥천사 〈시왕도〉〈평등대왕도〉(ⓒ하지권)

을 몰아넣으면 산이 저절로 닫혀 뭉개지는 구조의 지옥이다. 이와 유사한 지옥으로는 『지장경』에 나오는 협산(夾山)지옥이 있다.

고성 옥천사 〈평등대왕도〉 부분-
말을 탄 사자(ⓒ하지권)

〈평등대왕도〉의 하단에서 중합지옥과 같은 거대한 산의 형상은 찾아 볼 수 없다. 그러나 표현의 한계로 인해 중합지옥을 간략화해서 바위를 압착하는, 방아와 같은 구조로 표현한 것이 아닌가 한다. 다만 바위라는 질료의 표현으로써 석산의 이미지를 상징하는 정도라고 판단된다.

옥천사의 〈평등대왕도〉에는 어떤 문건을 쥐고서 말을 달리는 사자의 모습이 그려져 있다는 점에서 차이가 있다. 또 탁자 위의 먹에는 "龍光射牛(용광사우)"라는 글이 쓰여 있는데, 이는 앞선 제3전의 〈송제대왕도〉에서 살펴본 바 있는 "龍光射牛斗(용광사우두)"를 축약한 것이다.

고성 옥천사 〈평등대왕도〉 부분-
"龍光射牛"(ⓒ하지권)

평등대왕은 중국 전통의 상례에 따른 100일제와 관련된다. 그러나 불교에서는 제(祭)가 아닌 재(齋)를 올린다. 제사의 '제(祭)'는 음식을 많이 진설해서 조상이 드신 후 이를 후손들이 나누어 먹으면서(飮福) 유대감을 키우고 조상의 음덕을 입는 의식이다. 이에 비해서 불교에서 말하는 '재(齋)'는 몸과 마음가짐을 정갈히 한다는 의미이다. 다시 말해 '잘못을 씻고 거듭난다'는 뜻인 것이다. 그러므로 유교적인 100일'제' 구조를 따르기는 하지만 이는 불교적으로 변형된 100일'재'라는 점에서 차이가 있다. 결국 불교의 100일재는 죽은 망자의 각성을 촉구하는 의식이라고 하겠다.

제9전 도시대왕도

도시대왕은 '도조(都弔)대왕'이라고도 하는데 유교의 소상, 즉 1년(朞年) 상에서의 심판을 주관한다.

통도사 〈도시대왕도〉 상단은 기존의 시왕도들과는 사뭇 다르다. 하단에만 표현되던 지장보살이 상단 좌측의 허공에 영기(靈氣)를 타고 나타나 있으며, 도시대왕과 권속들이 지장보살을 바라보면서 놀라움과 존경의 예를 표하고 있기 때문이다. 특히 도시대왕은 이전의 대왕들과는 달리 합장을 한 채 지장보살에 대한 높은 존경심을 나타내고 있다.

이런 모습은 옥천사의 〈도시대왕도〉에도 나타나는데 이 두 불화 하단의 판관과 녹사 중 일부가 지장보살을 바라보고 있는 점도 이채롭다. 〈도시대왕도〉의 상단과 하단이 한 폭의 그림으로 연결되어 있다고는 하더라도 실제로는 공간과 층위가 완전히 다르다는 점을 고려하면 이는 지나친 표현이 아닌가 생각된다. 앞서도 언급한 바와 같이 상단이 법원이라면, 하단은 감옥으로 양자는 완전히 다른 공간을 의미하기 때문이다.

그럼에도 이와 같은 무리한 구도를 취하고 있는 것은 〈도시대왕도〉에서 지장보살의 보다 강력한 중생 구제의 모습을 나타내기 위한 것이 아닌가 한다. 왜냐하면 제10전의 오도전륜대왕의 단계에서는 윤회가 이루어지므로 도시대왕 때가 아니고서는 더 이상 구원의 손길을 뻗기가 어렵기 때문이다. 실

양산 통도사 〈시왕도〉 〈도시대왕도〉 (ⓒ통도사성보박물관)

고성 옥천사 〈시왕도〉〈도시대왕도〉(ⓒ하지권)

제로 〈오도전륜대왕도〉에는 다른 시왕도와 달리 지장보살이 등장하지 않는다. 즉 지장보살은 〈도시대왕도〉 속에서 최대한의 능력을 보여 지옥 중생의 구제에 총력을 다 하고 있는 것이다.

구름무늬로 분리된 하단의 지옥 묘사에서 확인되는 특징은 크게 두 가지이다.

첫째는 앞선 제4전 〈오관대왕도〉에서 언급한 바 있는 업칭에 대한 부분이다. 여기에서는 죄인에 대한 문서를 올려서 죄의 무게를 판가름하는 것으로 표현되어 있다. 옥천사 〈도시대왕도〉에는 하단의 향우측에 사자가 업칭에 죄를 다는 선악(善惡) 문서를 전달해 주는 모습이 표현되어 있다. 이렇게 되면 사자는 판결문 전달과 죄인의 압송, 그리고 죄인에 대한 선악 문서의 전달까지 실로 다양한 역할을 한다는 것을 알게 된다.

통도사 〈도시대왕도〉(ⓒ통도사성보박물관)와 옥천사 〈도시대왕도〉(ⓒ하지권)에 등장하는 업칭.

업칭이 본래 제4전의 오관대왕에게서 제9전의 도시대왕에게로 옮겨지는 것은 제5전의 염라대왕에 부여했던 무게 비중을 최종 윤회를 관장하는 제10전의 오도전륜대왕에게로 옮긴 것과 밀접한 관련이 있다. 즉 업칭은 염라대왕의 판단을 돕는 도구에서 윤회의 최종 결정을 위한 도구로 변모하고 있는 것이다.

통도사 〈도시대왕도〉 하단 향 좌측에는 얼음산에 갇혀 고통 받는 죄인들이 묘사되어 있다. 이것은 한빙지옥(寒氷地獄)에 대한 표현이다. 『장아함경』 권19의 「세기경-지옥품」에 따르면 '한빙지옥에는 대한풍(大寒風)이 불어서 신체를 얼리고 피부가 떨어져 나간다'고 되어 있다. 이 한빙지옥은 『지장경』에서도 살펴진다.

옥천사 〈도시대왕도〉에는 한빙지옥이 거대한 얼음판만이 중첩된 구조로만 표현되어 있어 이채롭다. 그리고 도시대왕의 탁자 위 먹에는 '소상야우(瀟湘夜雨)'라는 글씨가 새겨져 있는데, 이 역시 소상팔경 중 하나로 소상의 절경을 적시는 밤비를 의미한다.

고성 옥천사 〈도시대왕도〉 부분-"瀟湘夜雨" ⓒ하지권

제10전 오도전륜대왕도

통도사 〈오도전륜대왕도〉의 상단은 앞서 〈도시대왕도〉의 경우와 마찬가지로 기존의 대왕도들과는 큰 차이가 있다.

오도전륜대왕(五道轉輪大王)은 5도의 윤회판(法輪臺)을[77] 굴리는 주재자라는 의미이다. 이런 점에서 대상인 3년의 탈상을 관장하기 때문에 유교와 불교를 통틀어 명계의 마지막을 주관하는 단호한 대왕이다. 그렇기 때문에 다른 시왕들과는 달리 봉익관을 착용한 무관 복장을 하고 있는 특징이 있다. 여기에는 엄격한 윤회의 최종 결정자라는 상징성이 내포되어 있는 것이다.

구름무늬로 분리된 하단의 묘사 역시 이것이 마지막 윤회를 나타내는 도상이란 점을 분명히 하고 있다. 통도사 〈오도전륜대왕도〉에는 특별한 지옥

양산 통도사 〈시왕도〉〈오도전륜대왕도〉(ⓒ통도사성보박물관)

의 표현은 없다. 그 대신 여러 죄인들이 다양한 모습의 옥졸들에게 끌려와서 윤회의 판 위에 올려지는 모습이 그려져 있다.

먼저 향 좌측에는 말 형태를 한 마두 옥졸이 있으며, 그 앞쪽에는 여러 짐승들의 가죽이 수북이 쌓여 있는 모습이 확인된다. 이는 5도 중 축생계로 떨어지는 이들에게 씌워지는 가죽이다. 실제로 마두 옥졸의 우측에는 한 옥졸이 오른손으로는 죄인의 머리채를 잡고 왼손으로는 가죽 한 장을 들고 가는 모습이 그려져 있다. 이러한 모습은 18세기에 조성된 국립중앙박물관 소장의 〈제십오도전륜대왕도〉 등을 통해서 보다 명확한 확인이 가능하다.

그 앞에는 판관이 붓을 거꾸로 든 채 판결문을 살펴보고 있는데, 죄인에게 맞는 가죽을 찾아왔는지 확인하는 의미로 이해된다. 그 우측을 보면 한 옥졸이 죄인에게 말가죽을 반쯤 씌우고 있는 모습이 확인된다. 또 윤회판의 아래에는 고동색의 뱀이 그려져 있는데, 이 역시 가죽에 씌워진 결과로 추정해 볼 수 있다. 이렇게 되면 〈오도전륜대왕도〉의 하단에는 지옥에서 벗어나 각각에게 맞는 가죽을 찾고 그것이 씌워지며 완전히 축생으로 탈바꿈하는 잔인한 묘사가 순차적으로 그려져 있는 셈이다. 다만 윤회판 아래의 뱀은 뱀 자체가 인도 전통에서 거듭남과 순환을 상징한다는 점에서 여기에는 그 위쪽의 5도윤회를 상징하는 의미로 해석될 여지도 있다.

강제로 축생의 가죽을 씌우는 장면은 윤회가 가진 재생의 의미와는 일치하지 않는다. 가죽을 통해 변신한다는 것은 오히려 윤회와 충돌하는 내용이기 때문이다. 그럼에도 이와 같은 묘사가 한 그림 안에 표현되어 있다는 점은 무척이나 흥미롭다. 이는 보는 이로 하여금 보다 실질적으로 와 닿는 표현을 하기 위한 의도적인 왜곡이라고 판단된다. 이러한 도상의 목적에는 필연적으로 권선징악이라는 교화와 감계(鑑誡)의 목적이 내포되기 때문이다.

〈제십오도전륜대왕도〉, 조선, 18세기, 비단에 채색, (그림)144.8×121.8cm, 국립중앙박물관(ⓒ국립중앙박물관)

하단 향 우측에는 윤회의 수레바퀴가 위치하고 있다. 이는 전륜대왕의 명칭이 어디로부터 나오게 되었는지를 판단할 수 있는 근거가 된다. 그런데 이 윤회의 바퀴 표현은 티베트불교의 육도윤회도와 상당히 유사한 구조를 보이고 있어 주목된다.

『근본설일체유부비나야잡사』 권17이나 『근본설일체유부비나야』 권34에는 인도 사원의 문 옆에 오취생사윤회도(31쪽)가 있었다는 기록을 볼 수 있다. 이는 수레바퀴 모양의 원 안에 아수라를 제외한 5도윤회를 표현한 그림이다. 이와 같은 회화 유형이 티베트불교의 육도윤회도로 유전하게 되고, 이것이 다시금 고려시대의 원 간섭기를 거치면서 티베트 라마불교의 영향을 받아 윤회 바퀴의 표현으로 남게 되는 것이다.

〈오도전륜대왕도〉의 윤회 바퀴 표현이 라마불교의 영향을 받았다는 도상적인 증거는 '뱀'이 등장한다는 점이다. 티베트의 육도윤회도 중간에는 탐욕(貪)과 성냄(瞋), 어리석음(癡)의 삼독(三毒)을 상징하는 돼지와 뱀, 그리고 비둘기가 그려져 있다. 한편 통도사 〈오도전륜대왕도〉에는 윤회 바퀴 위로 여섯 가닥의 선으로 묘사된 윤회 표현에 축생의 한 길이 온전히 뱀에 할당되어 있다.

〈육도윤회도〉 부분

이 둘 사이에는 물론 차이점도 있다. 윤회의 바퀴 위에 올라가서 윤회판을 돌리는 존재가 티베트의 육도윤회도에는 염라대왕으로 표현된다. 그러나 시왕도에서는 염라대왕이 제5전에 위치하고 있으므로 여기에는 등장할 수 없다. 이로 인하여 〈오도전륜대왕도〉의 윤회판은 네 개의 눈을

가진 바퀴의 주재자가 돌리는 것으로 표현된다. 이러한 윤회 바퀴의 표현은 시왕도의 발달과 더불어 우리 식으로의 변화와 재구성이 이루어졌다는 것을 알게 해 준다.

그럼 다시 윤회판 위로 6도윤회를 나타내는 부분을 보자. 좌측의 두 길은 축생이며, 그 다음부터 차례로 아귀→아수라→인간→천(신)으로 되어 있는 것을 알 수 있다. 시왕도에서는 명부가 지옥을 포함하고 있기 때문에 지옥을 제외한 5도윤회만을 나타내고 있는 것이다. 이를 통해서 우리는 전륜대왕의 별칭이 왜 오도전륜대왕인지를 알 수 있다.

한편 이로부터 〈오도전륜대왕도〉의 5도 표현은 『근본설일체유부비나야잡사』나 『근본설일체유부비나야』에 기록된 오취생사윤회도에서의 표현과 다르다는 것을 알 수 있다. 앞서 이야기한 바 있지만 오취생사윤회도의 5도는 아수라가 제외되었기 때문이다. 하지만 〈오도전륜대왕도〉에 묘사된 5도는 지옥이 제외된 경우이다. 특히 〈오도전륜대왕도〉의 윤회 표현에서 아수라가 인간보다 하열한 존재로 되어 있다는 점은 6도윤회가 본래 선삼도(善三道, 三善道)와 악삼도(惡三道, 三惡道)로 구성되어 있다는 것을 간과한 판단이라는 점에서 주목된다.

		선삼도	악삼도
上	신적인 존재	천	아수라
中	지상의 존재	인간	축생
下	악귀의 존재	아귀	지옥

아수라와 인간의 위치를 바꾸는 것은 인간의 입장에서 생각한 측면이 강

〈육도윤회도〉, 티베트

고성 옥천사 〈시왕도〉〈오도전륜대왕도〉(ⓒ하지권)

하다. 이러한 경향은 후대의 부파불교시대에 와서 나타나는데, 이는 〈오도전륜대왕도〉가 이와 같은 후대의 영향에 의해서 재구성되었다는 것을 의미한다.

윤회판 위쪽으로 올라가는 윤회의 흐름은 어두운 세 줄기와 밝은 세 줄기의 두 가닥으로 시작되어 전체가 여섯 줄기로 완성되고 있다. 이는 선삼도와 악삼도에 대한 인식이 이와 같은 도상의 배경에 존재한다는 것을 의미한다. 그러나 윤회판의 회전이 지옥을 포함한 명계에서 일어나고 있으므로 5도만을 표현하게 되면서 6도의 완성이라는 필연성에 의해 축생도가 분화되고 있는 것이다.

옥천사 〈오도전륜대왕도〉 하단 향 좌측에는 통도사 〈오도전륜대왕도〉에선 볼 수 없는 맹렬한 불길에 휩싸인 두 폭의 철문이 표현되어 있다. 그 사이에 알몸으로 그려진 두 망자의 모습이 확인된다. 이는 지옥문을 나타낸 표현이다. 이와 같은 양상은 18세기에 그려진 국립중앙박물관 소장의 〈제십오도전륜대왕도〉 등을 통해서도 확인된다. 이러한 지옥문의 표현이 일본 지온인에 소장되어 있는 조선 전기 〈지장시왕18지옥도(地藏十王十八地獄圖)〉의 흑암(黑闇)지옥의 표현과 유사하다고 해서 이를 흑암지옥으로 판단하는 경우도 있다. 그러나 그보다는 죄인이 지옥에서 나와 윤회의 장으로 나아가는 모습을 나타내는 것이라고 해석하는 게 보다 타당하다. 다소 시대가 늦기는 하지만 19세기에 조성된 국립중앙박물관 소

고성 옥천사 〈오도전륜대왕도〉
부분-지옥문 ⓒ하지권

〈제십오도전륜대왕도〉(19세기) 부분 - 하단 (ⓒ국립중앙박물관)

장의 〈제십오도전륜대왕도〉의 중앙 부분을 보면 명부의 심판장을 빠져나가 윤회의 장으로 나아가는 모습을 확인해 볼 수 있다. 그러므로 장면의 전개상 지온인 소장 〈지옥시왕18지옥도〉에 나타나는 흑암지옥의 표현이라기보다는 대상까지 마치고 지옥을 벗어나 윤회로 나아가는 상황이란 관점으로 이해하는 것이 보다 합리적이다.

『예수시왕생칠경』과 『지장보살발심인연시왕경』에는 망자가 오도전륜대왕의 명계에 머무는 시기와 관련해서 선업을 쌓을 것이 특히나 많이 강조되어 있다. 이러한 선업은 자신이 살아서 짓는 것인 동시에 죽은 뒤에는 후손들이 추선(追善)공양을 통하여 만들어 줄 수도 있다. 이는 마지막으로 윤회하는 결정의 상황에서 좋은 공덕만이 최후의 의지처가 된다는 것을 말해 주는 것이다.

사찰에 장엄된
석가모니불의 생애
팔상도

석가모니불에 대한 관심의 환기

석가모니불은 불교의 교조인 동시에 아미타불이나 약사여래와 같은 부처님들과 달리 우리 세계 속에 존재했던 역사적인 실존 인물이다. 불교의 많은 부처님 중 석가모니불을 제외한 다른 부처님들의 경우 모두 석가모니불의 가르침을 통해서 등장하는 분들일 뿐이다. 즉 불교의 많은 불보살들은 모두 석가모니불이라는 화병에 꽂힌 다양한 꽃들인 셈이다.

아미타불이나 약사여래 등은 우리와는 다른 세계에 존재하는 부처님들이다. 이를 '타방불(他方佛)'이라고 말한다. 한편 연등불(제화갈라보살)이나 미륵불은 우리와 같은 세계 속에 존재하는 부처님이긴 하지만, 각각 아주 먼 과거와 미래의 존재로서 '타시불(他時佛)'이라고 한다.

우리 세계의 계보로만 본다면 석가모니불은 이전의 가섭불을 잇고 있다. 그러나 석가모니불이 부처님이 되는 데 있어서 중요한 사건은 먼 과거의 연등불과 관련된다. 그러므로 석가모니불을 연등불과 연결시켜 이해하는 구조가 보다 일반적이다.

실제로 사찰의 전각 중 영산전(靈山殿)이나 팔상전(八相殿)은 석가모니불을 중심으로 좌우에 각각 제화갈라보살과 미륵보살을 모시고 있다. 영산전은 영산회상을 상징하는 전각으로 석가모니불과 관련된 분들을 모셔 놓는다. 그리고 팔상전은 석가모니불의 일생 중 중요한 부분을 여덟 단계로 나누어 팔상도(八相圖)로 봉안한 전각이다. 즉 영산전이 영산회상을 구현한 것이라면, 팔상전은 석가모니불의 생애를 테마로 하는 기념 전각인 셈이다. 그런데 조선 후기가 되면 양자의 엄격한 구분은 사라지고 모두 석가모니불을 중심으로 한 기념 전각으로서 상호 유사한 정도로 이해되곤 한다.

석가모니불은 불교의 교조이며 역사적인 인물로 전기 자료가 상세하다는 점, 또 조선 후기에 이르면 한국의 사찰이 석가모니불을 중심으로 하는 대웅전으로 대부분 통일된 구조를 갖는다는 점에서 관련 비중이 증대하게 된다. 이 과정에서 팔상도와 같은 그림이 조성되는 것이다.

석가모니불의 생애에 대한 팔상도의 표현 방식

불교에는 다양한 경전들이 있으며 이 중에는 석가모니불의 생애를 정리하고 있는 것들도 다수 존재한다. 대표적인 것으로는 『불본행경(佛本行經)』7권, 『불소행찬(佛所行讚, Buddhacarita)』5권, 『방광대장엄경(方廣大莊嚴經)』12권, 『중허마하제경(中許摩訶帝經)』13권 등이 있다. 또 총 60권으로 이루어진 『불본행집경(佛本行集經)』도 있다. 불교에는 석가모니불의 전기와 관련된 경전만도 100권이 훨씬 넘는 것이다.

물론 이러한 경전들이 석가모니불의 열반 이후 곧장 편집된 것은 아니다. 석가모니불의 전기는 열반 후 100년 정도부터 편집되기 시작해서, 기원후까지 계속 증가하고 개변되며 재제작된다. 그러므로 현재 우리가 보는 석가모니불의 생애가 모두 사실이라 하기엔 어려운 측면이 있다.

석가모니불의 생애에 대한 관심은 불교가 종교화되는 것과 축을 같이 한다. 이렇다 보니 당연히 관련된 문헌의 재편집과 증가 양상이 생기게 마련이다. 그런데 이러한 변화의 근저에는 80년이란 석가모니불의 위대한 삶의 여정이 배경으로 존재한다. 즉 생애에 대한 기본 자료부터가 많았던 것이다. 이로 인해 석가모니불의 생애가 경전으로 정비되기 전부터 어떤 방식으로 축약해 정리할 것인지에 대한 문제가 대두하게 된다.

이와 같은 문제의식은 기원전 2세기의 바르후트 대탑의 난간 부조 등에서 확인할 수 있다. 그러나 팔상도와 같이 정리가 완비된 모습은 서북 인도 파키스탄에 위치한 간다라의 5세기 불전부조(佛傳浮彫) 등을 통해서야 비로소 살펴진다.

석가모니불의 생애는 최종적으로 잉태·탄생·출가 결심·출가 단행·수행·깨달음·첫 설법·열반(입적)의 총 여덟 단계로 정리된다. 이들 장면을 한문으로 각각 도솔래의상(兜率來儀相), 비람강생상(毘藍降生相), 사문유관상(四門遊觀相), 유성출가상(踰城出家相), 설산수도상(雪山修道相), 수하항마상(樹下降魔相), 녹원전법상(鹿苑轉法相), 쌍림열반상(雙林涅槃相)이라고 하며, '팔상성도(八相成道)'라고 통칭한다. 이는 '진리(道)를 완성하는 여덟 단계'[78]라는 의미이다. 석가모니불의 생애를 열 단계가 아닌 여덟 단계로 정리하는 것은 이러한 시도가 10진법이 일반화되는 기원후보다 빠른 시점에 시작되었기 때문이다. 인도는 전통적으로 4진법을 사용했고, 4의 배수로서 여덟 단계 장면으로의 축약이 정립되는 것이다. 실제로 인도의 불교성지 역시 '4대성지'[79], '8대성지'[80]라는 표현을 사용하는데 같은 이유에 의한 측면이다.[81]

앞서 이야기했듯 팔상도는 팔상성도를 표현한 그림이다. 하지만 팔상도는 한 장면에 한 주제만을 표현하진 않는다. 마치 만화에서 하나의 큰 그림 속에 컷을 분절하듯, 중심 주제와 관련된 전후의 상황들이 함께 묘사되는 방식으로 구성되어 있기 때문이다. 물론 만화와 같이 명확한 분절은 나타나지 않는다. 다만 구름이나 나무 또는 지형의 표현을 이용해 하나의 그림을 여러 구획으로 나누고, 그것을 통해 사건의 스토리가 흘러가도록 하고 있다. 또 때로는 하나의 장면 속에 다른 시간대의 여러 장면을 동시에 넣는 이시동도법(異時同圖法)을 사용해서 사건의 전개를 표현하기도 하였다. 즉 여러 장면과 여러 시간의 사건들을 한 폭의 그림에 동시에 넣는 방식이 사용되고 있는 것이다. 이러한 점 때문에 석가모니불의 생애에 대한 사전 지식이 없다면 팔상도의 내용을 파악하는 것은 그리 녹록치 않다. 그림에 담긴 이야기를 모르는 이들은 파악에 어려움을 겪는 것이다.

현재 우리가 사용하고 있는 한글에는 띄어쓰기와 문장부호가 정착되어

마야 왕비의 태몽, 기원전 2세기,
콜카타 인도박물관

태자의 출가, 2~3세기,
인도박물관

싯닷타 태자의 탄생, 2~3세기,
파키스탄 라호르박물관

6년 고행과 수자타의 공양, 2~3세기,
독일 베를린국립인도미술관

아픈 사람을 만나는 싯닷타 태자, 2~3세기,
파키스탄 페샤와르박물관

마라를 물리치는 부처님, 1~2세기,
영국 대영박물관

부처님의 첫 설법(초전법륜), 1~2세기,
파키스탄 탁실라박물관

부처님의 반열반, 2~3세기,
인도박물관

위의 불전도는 기원전 2세기부터 기원후 3세기 사이에 조성된 것으로 이 책의 편집자가 팔상도의
내용에 맞추어 선정한 불전도(佛傳圖)이다.

〈관경서분변상도〉, 고려, 비단에 채색, 150.5×113.2cm, 일본 사이후쿠지

있다. 그런데 과거 한문을 사용하던 때에는 띄어쓰기도 문장부호도 없었다. 그래서 글의 내용을 정확하게 이해하는 것이 훨씬 어려웠다. 팔상도와 같이 이야기가 있는 그림도 마찬가지다. 그래서 각 그림의 옆에 내용에 관한 설명을 적어 놓기도 하는데, 조선시대에 조성된 팔상도 중 일부에서 이 같은 모습을 발견할 수 있다.

이는 시대를 거슬러 고려불화에서도 확인된다. 일본 사이후쿠지[西福寺] 소장 〈관경서분변상도〉는 건물의 기둥에 도상의 내용을 적어 놓는 방식을 취하고 있어 흥미롭다. 이는 별도의 공간을 구획해서 내용을 적지 않았다는 점에서 초기의 형태로 이해될 수 있다.

관경서분변상도는 사이후쿠지 소장본 외에도 1312년에 조성된 다이온지[大恩寺] 소장본이 한 점 더 있다. 그런데 여기에는 그림에 관한 설명이 포함되어 있지 않다. 사이후쿠지 소장본의 연대가 분명하지 않지만 두 관경서분변상도는 비슷한 연대의 불화임에는 틀림없다. 즉 동시대의 그림임에도 설명이 있는 그림과 없는 그림으로 나뉘는 것이다.

사실 그림에 내용 설명을 적는다는 것은 그림에 대한 모독일 수 있다. 이는 그림을 그린 작가가 표현의 한계를 스스로 인정하는 셈이 되기 때문이다. 이런 점에서 그림에 설명이 존재하는 것이 타당한가에 대해서는 논란의 여지가 있을 수 있다. 그러나 팔상도처럼 스토리가 뚜렷한 종교화의 경우에는 설명이 없으면 전문가조차도 이해하기 어려운 부분이 있다. 또 종교화는 대중의 손쉬운 이해를 통한 포교의 목적을 내포한다는 점에서, 설명이 쓰이는 것 역시 충분한 타당성을 확보한다고 판단된다.

탱화 팔상도와 벽화 팔상도

팔상도는 석가모니불의 생애를 여덟 폭으로 축약한 그림이다. 이런 점에서 매우 중요한 의미를 갖는 그림이지만, 동시에 이런 불화를 모시는 팔상전이나 영산전은 그리 많지 않다. 왜냐하면 석가모니불은 신앙의 대상임에 틀림없지만 그의 생애는 신앙의 대상으로 보기에 어려움이 있기 때문이다. 그러므로 현재까지 전해지는 팔상도는 약 20여 점(1925년까지 소재 불명이거나 소실된 것을 포함하면 총 43점) 정도에 불과하다.

현존하는 팔상도로 가장 연대가 오래된 것은 1709년에 조성된 예천 용문사 〈팔상도〉(보물 제1330호)이다. 한편 대표적인 것으로는 1725년에 그려진 순천 송광사 영산전 〈팔상도〉(보물 제1368호)와 1728년의 쌍계사 팔상전 〈팔상도〉(보물 제1365호), 그리고 1775년에 조성된 양산 통도사 영산전 〈팔상도〉(보물 제1041호)를 들 수 있다. 이 중 가장 완성도가 뛰어난 것은 단연 통도사 〈팔상도〉이다. 즉 용문사 〈팔상도〉가 가장 오래되었다는 상징성을 가진다면, 통도사 〈팔상도〉는 가장 높은 완성도를 보이고 있는 것이다.

이들 팔상도에는 모두 다루고 있는 상황에 대한 설명이 기재되어 있다. 다만 기재의 형식에 다소 차이가 있는데, 용문사 〈팔상도〉는 방제 형태의 간략한 형식이라면, 다른 세 팔상도는 그림 주위로 사각의 칸을 만들고 그 속에 상황과 관련된 내용을 비교적 소상히 적어 놓고 있다. 시대가 뒤로 갈수록 설명이 늘어나는 양상이 확인되는 것이다.

팔상도는 처음 볼 때 다소 복잡한 것 같지만 석가모니불의 생애라는 공통된 요소를 배경으로 하고 있다는 점, 또 불화의 구성 방식이 상호 유사하다는 점 때문에 조금만 익숙해지면 어렵지 않은 그림이 된다. 물론 석가모니불

남양주 불암사 『석씨원류응화사적』 권2 목판, 조선, 1673,
28.3×64.0cm, 불교중앙박물관, 보물 제591호(ⓒ불교중앙박물관)
목판 좌측의 변상도는 부처님의 열반을 표현하고 있다.

의 생애에 대한 기본 지식이 없다면 난이도는 크게 달라질 수 있다.

팔상도의 구조가 유사한 데는 세종의 발원에 의해 수양대군이 주관하여 1447년 완성되는 『석보상절(釋譜詳節)』과 1631년 중국 명나라 말기에 간행된 석가모니불 전기인 『석씨원류응화사적(釋氏源流應化事蹟)』의 영향이 크다. 조선에서 유통된 이 두 책은 모두 목판본으로 석가모니불의 생애와 관련된 중요한 사건을 도해(圖解)해 놓고 있다. 이는 일종의 목판변상도인 셈인데 이러한 그림의 구도가 이후의 팔상도에 반영되는 것이다.

팔상도는 거는 그림인 탱화 형태의 것과 더불어 벽화 형태의 작품도 전해온다. 석가모니불의 생애는 불교적으로 중요하며, 또 신도들로서는 가장 듣고 싶어 하는 이야기 중 하나이다. 그렇다 보니 전각 내의 팔상도 외에 전각 외부의 벽화로도 많이 그려지곤 하는 것이다. 그러나 이런 경우는 탱화 형식의 팔상도에 비해서 상황 묘사가 적고, 단순하게 표현된다. 불전의 벽화가 혼

예천 용문사 〈팔상도〉, 조선, 1709, 비단에 채색, 224.0×180.0cm, 예천 용문사, 보물 제1330호(ⓒ김성철)

양산 통도사 〈팔상도〉, 조선, 1775, 비단에 채색, 233.5×151.0cm, 양산 통도사, 보물 제1041호(ⓒ통도사성보박물관)

공주 동학사 대웅전 팔상벽화 중 도솔래의상도(위)와 비람강생상도(아래)
팔상도가 벽화로 그려질 경우 간략한 표현으로 구성된다.

란스럽게 그려지면 오히려 장엄함이 떨어지면서 피로감을 주게 된다. 이 때문에 사찰 전각에는 선종 수행과 관련된 십우도처럼 간략한 그림이 선호되곤 한다. 그러므로 팔상도 역시 장면의 축약을 통해서 훨씬 단순하게 그려지는 것이다.

팔상도의 구성 방식과 내용

팔상도의 구체적인 측면은 가장 연대가 오래되고 단순하게 처리되어 있는 예천 용문사 〈팔상도〉와 가장 화려한 작품인 양산 통도사 영산전 〈팔상도〉를 대비하면서 살펴보도록 하겠다. 이 두 그림을 비교해 보면 같은 내용의 불화가 어떻게 유전되면서 변모했는지를 판단해 보는 것이 가능하다.

두 불화의 제작연도 시차는 66년이다. 앞서 살펴본 조선불화의 시대 구분에 따르면 용문사 〈팔상도〉는 제3기에 속하는 그림이며, 통도사 영산전 〈팔상도〉는 제4기의 그림이 된다. 제3기는 양란 이후 수습 과정에 있던 안정이 덜된 상황인 반면, 제4기는 전후 복구가 끝나고 불교가 민중화를 통해서 새롭게 거듭나는 시기이다.

제1 도솔래의상도(兜率來儀相圖)

용문사 〈팔상도〉의 첫 번째 그림인 〈도솔래의상도〉를 보면, 먼저 상단에는 호명(護明)보살이 타고 있는 여섯 개의 상아를 가진 흰 코끼리를 천신들이 둘러싸고 있는 모습이 확인된다. 아래쪽에는 담으로 공간이 분리된 카필라국의 정반왕(淨飯王) 왕궁이 표현되어 있다. 그중 한 전각 안에 후광을 두른 마

예천 용문사 〈팔상도〉 〈도솔래의상도〉 (ⓒ김성철)

야(摩耶) 부인이 시중을 받다가 곤한지 기대어 잠든 모습을 볼 수 있는데, 상단의 표현이 하단의 마야 부인에게 빨려들어 가듯 연결되어 있다(乘象入胎).

이 장면의 이해를 위한 배경 지식에 대해 조금 알아보자. 먼저 상단의 호명보살은 석가모니불의 전생으로, 신들의 세계인 욕계 6천[82] 중 세 번째인 도솔천(兜率天)에 있었다. 이렇듯 부처님으로 탄생하기 이전의 최후 몸을 가진 보살을 '일생보처(一生補處)'라고 한다.[83]

호명보살이 타고 있는 흰 코끼리는 코끼리의 왕으로 우리 문화의 백호와 같이 강한 힘과 위용을 상징하는 동물이다. 인도에서는 국왕처럼 존귀한 이들은 코끼리를 타고 다녔다. 즉 코끼리는 최고의 권위를 나타내는데, 이런 측면이 석가모니불의 태몽에 영향을 미치게 되는 것이다.

인도인들의 설화에는 코끼리의 왕을 하얀 코끼리, 즉 '백상(白象)'이라고 한다. 그런데 이 백상 중에서도 강한 코끼리는 상아가 네 개이며, 이 코끼리보다도 더 강한 최고의 코끼리는 여섯 개의 상아를 가지고 있다. 이를 '육아백상(六牙白象)'이라고 한다.

도솔래의상도는 호명보살이 육아백상을 타고 어머니인 마야 부인의 태속으로 잉태(摩耶託夢)되고 있는 장면을 표현한 것이다. 여기에서의 '도솔래의'란, '도솔천에서 성인이 거둥하여 왔다'는 의미이다.

다음으로 통도사 〈팔상도〉의 경우를 보면, 언뜻 복잡한 것 같지만 전체적인 사선 구도와 중심 내용은 크게 다르지 않다는 것을 알 수 있다. 다만 용문사의 경우가 상하의 2단 구분만 하고 있다면, 통도사의 경우 상하뿐만이 아니라 좌우로도 나뉘어 총 네 장면을 표현하고 있다.

구름으로 나뉜 상단의 좌측에는 석가모니불의 성(姓)인 구담(瞿曇) 씨, 즉 고타마(Gotama)의 시조와 관련한 이야기가 담겨 있다. 내용인즉슨 구담 선인

양산 통도사 〈팔상도〉 〈도솔래의상도〉 (ⓒ통도사성보박물관)

의 제자가 왕위를 동생에게 양보하고 수행자가 되었는데, 어느 날 도둑으로 몰려 나무에 묶인 채 활에 맞아 죽는 비참한 최후를 맞게 된다. 이후 스승인 구담 선인이 그 죽음을 애도해서 피에 젖은 흙을 가져다 두 그릇에 담아두니, 천신이 변화시켜 10달 뒤에 각각 남자와 여자가 되었고, 이들이 석가모니불의 조상인 구담 성씨의 시조가 되었다는 것이다.

양산 통도사 〈도솔래의상도〉 부분

그림을 보면 활에 죽임을 당하는 인물과 두 그릇 안에 있는 아이의 모습이 확인된다. 이 부분은 석가모니불의 전생인 호명보살이 왜 하필 정반왕과 마야 부인의 아들로 잉태되어야 했는지에 대한 배경이 된다. 고대 인도에서는 종성(種姓)이 신성한가에 큰 비중을 두었으므로 석가모니불의 생애 역시 이 부분을 강조한다. 통도사 〈도솔래의상도〉는 바로 이와 같은 내용을 그림으로 표현하고 있는 것이다.

양산 통도사 〈도솔래의상도〉 부분

한편 하단의 중앙에는 거대한 나무로 화면을 분절하고 우측에는 정반왕과 마야 부인이 함께 등장하는 모습을 표현하였다. 이는 마야 부인의 임신을 안 정반왕이 당시 바라문을 불러서 잉태된 아이의 미래를 물어 봤다는 내용을 그린 것이다. 자세히 보면 한 대신 복장을 하고 있는 바라문이 문지기가

양산 통도사 〈도솔래의상도〉 사건 순서

지키는 왕궁의 정문을 통과해서 대전 앞에 도착하는 장면이 표현되어 있다. 흥미로운 것은 헐레벌떡 뛰어오는 듯한 생동감과 그와 상반되는 정반왕과 마야 부인의 평온한 자태이다. 군주의 위엄과 신하의 태도가 잘 표현되어 있는 것이다. 다만 아쉬운 점은 너무 치켜 올라간 과장된 전각의 처마 선이 이국적이기도 하지만 한편으론 비현실적이기도 하다는 점이다.

제2 비람강생상도(毘藍降生相圖)

비람강생상의 '비람(毘藍)'이란, 석가모니불이 태어난 룸비니(Lumbinī)를 한자로 표현한 것으로, 비람강생상도는 룸비니 동산에서의 탄생(강생)을 표현한 그림이다.

마야 부인은 당시 해산 풍습에 따라 친정인 콜리야국으로 해산을 하러 가던 도중 갑자기 산기를 느끼게 된다. 이때 시종들이 찾은 해산을 위한 적당한 장소가 바로 룸비니 동산이다. 이곳에 임시 산실이 가설되고 석가모니불은 결국 길 위에서 태어나게 된다.

용문사 〈팔상도〉의 〈비람강생상도〉는 역시 상하의 2단 구성으로 되어 있다. 상단에는 갓 태어난 석가모니불이 좌정해 있고, 그 주위로 후광처럼 아홉

예천 용문사 〈팔상도〉〈비람강생상도〉(ⓒ김성철)

마리의 용이 물을 뿜어서 새로 태어난 석가모니불을 씻어 주고(九龍吐水灌沐身) 있는 모습이 확인된다. 비람강생상도의 구룡토수 표현은 불교가 종교화되면서 후대에 첨가된 존귀함을 표현하기 위한 상징적인 내용으로, 오늘날까지 부처님 오신 날의 관욕(관형) 의식으로 유전되고 있다.

구룡토수 장면의 아래 향 우측에는 마야 부인이 룸비니 동산에서 오른손으로 무우(無憂, aśoka)나무, 즉 근심이 없는 나무의 가지를 잡자 우측 옆구리로 석가모니불이 탄생한 것을 표현하고 있다(樹下誕生). 그림을 자세히 보면 오른손을 들고 있는 마야 부인과 오른쪽 팔 아래의 넓은 옷섶 자락으로 가부좌한 석가모니불이 밀려 나오듯 태어나는 것을 확인해 볼 수 있다. 마야 부인이 무우나무의 가지를 잡자 석가모니불이 탄생했다는 것은 어머니에게 아무런 고통도 주지 않고 태어났다는 상징적인 표현이다. 또 오른쪽 옆구리로 태어난다는 것은 석가모니불의 신분이 크샤트리아(Kṣatriya), 즉 왕족 계급이라는 것을 나타낸다. 인도신화에 따르면 크샤트리아는 최초의 존재인 푸루샤(Puruṣa)의 몸 쪽에서 나온다는 전승이 있기 때문이다.[84]

예천 용문사 〈비람강생상도〉 부분

그 아래로는 구슬과 같은 원형의 작은 물체로 이루어진 직사각형과 어린 석가모니불이 그려져 있다. 여기서 원형의 물체는 바로 연꽃이다. 연꽃이 만든 직사각형 공간 안의 어린 석가모니불은 오른손으로 하늘을 가리키고, 왼손으로는 땅을 가리킨 채 서 있다. 이것은 '즉행칠보(卽行七步)'의 장면으로 석가모니불이 탄생하자마자 오른손으로 하늘을 가리키고 왼손으로는 땅을 가리킨 채 일곱 걸음을 걸었다는 내용을 표현한 것이다. 이런 탄생불의 손 모습(手印)을 천지를 가리키고 있다고 해서 '천지인(天地印)'이라고 한다. 관욕 의식 때 사용되는 아기 불상(天地佛)의 형태는 바로 여기에서 유래한다.

예천 용문사
〈비람강생상도〉 부분

그런데 『불본행집경』 권8과 『중허마하제경』 권3에는 이때 그냥 일곱 걸음이 아닌 동서남북 사방으로 각각 일곱 걸음을 걸은 것으로 되어 있다. 이 그림은 이러한 4방 7보설을 취하여 직사각형을 묘사하고 있는 것이다(四方七步指天地). 또 경전에는 이때 각각의 걸음을 디디려 하자 연꽃이 먼저 피어올라 그 발을 받친 것으로 되어 있다. 이로 인하여 직사각형의 낱낱을 연꽃으로 그려 놓은 것이다.

우리가 흔히 아는 "天上天下(천상천하) 唯我爲尊(유아위존) 三界皆苦(삼계개고) 吾當安之(오당안지)"라는 말은 석가모니불이 이 걸음을 걸으면서 천명하신 우리 세계에서의 첫 말씀이다. 이를 탄생 직후에 외친 게송이라고 해서 '탄생게(誕生偈)'라고 한다. 이것은 『수행본기경』 권상에 나오는 것으로, '신과 인간들 중 부처님만이 오직 최고로 존귀한 존재이며, 삼계, 즉 욕계·색계·무색계의 모든 세계는 고통 속에 매몰돼 있으니 내가 마땅히 평안하게 하리라'는 의미이다.

이 장면의 좌측으로는 사천왕이 석가모니불에게 천을 바치고(四天王獻衣相), 이 천으로 몸을 감싼 어린 석가모니불을 유모 또는 시녀가 안고 있는 모습이 표현되어 있다. 그 아래로는 후광을 두른 마

예천 용문사
〈비람강생상도〉 부분

야 부인이 좌정하고 요람에 뉘인 석가모니불을 보고 있는 장면도 살펴진다.

이외에도 사천왕의 아래에는 밭 전(田) 자와 같은 형태가 확인되는데, 이는 석가모니불이 태어나자 땅에서 저절로 네 개의 샘이 솟아올랐다는 내용을 표현한 것이다(地忽自然湧出四池). 이 샘은 갓 태어난 석가모니불을 씻기기 위한 용도로 아무도 사용하지 않은 새 샘의 용출을 의미한다. 그런데 이는 위에서 살펴본 것과 같이 아홉 마리의 용이 물을 뿜어 석가모니불을 씻겨 주었다는 구룡토수의 내용과 서로 다른 관점이라는 점에서 주목된다. 즉 구룡토수의 전승은 불교가 종교화되면서 후대에 부가된 존귀함의 상징인 것이다.

이야기의 순서로만 본다면, 중간 부분 우측의 마야 부인이 석가모니불을 해산하는 것이 가장 먼저이고, 그 다음이 탄생게를 천명하면서 걸음을 걷는 것이 된다. 그리고는 아홉 마리 용이 석가모니불을 씻어 주고, 이후 네 샘이 솟아 나온다. 마지막으로 사천왕이 바친 천 이야기와 유모 또는 시녀가 석가모니불을 감싸 안고 요람에 누인 것으로 끝이 난다. 이렇게 놓고 본다면 우리는 이 그림의 배열이 이야기의 순서를 따른 게 아니라는 것을 알 수 있다. 이는 이야기의 순서보다 장면의 중요도가 그림의 구조에 큰 영향을 미쳤기 때문이다. 결국 이 불화에서 석

예천 용문사 〈비람강생상도〉 사건 순서

양산 통도사 〈팔상도〉〈비람강생상도〉(©통도사성보박물관)

가모니불의 탄생과 관련해 가장 비중 있게 다뤄지는 큰 사건은 구룡토수인 것이다. 그런데 사실 경전에는 이 부분보다 즉행칠보와 탄생게를 천명하는 내용이 훨씬 중요하고 비중 있게 다루어진다. 그럼에도 이와 같은 표현이 가능한 것은 구룡토수와 연관된 관욕의 비중을 크게 부각하고자 했기 때문으로 판단된다.

다음으로는 통도사 〈팔상도〉의 〈비람강생상도〉를 살펴보자. 상단에 표현된 이야기는 앞의 용문사의

양산 통도사 〈비람강생상도〉 부분

경우와 큰 차이가 없다. 하지만 이 그림에서는 구룡토수보다도 즉행칠보와 탄생게 천명 장면을 보다 중요시했음을 알 수 있다. 이는 두 불화 간의 관점 차이를 느껴볼 수 있는 부분이다.

상단의 좌측에 표현된 구룡토수의 관욕 모습을 자세히 보면, 어린 석가모니불이 앉아 있는 좌대가 구룡으로 된 완연한 관욕대(灌浴臺), 즉 관욕 받침대인 점을 확인할 수 있다. 실제로 통도사성보박물관에는 이와 유사한 형태의 관욕대 유물이 전하고 있어 흥미롭다.

관욕 장면의 우측 아래에는 석가모니불의 머리 위로 뻗어오르는 오색 빛을 통해서 여느 장면보다 강조된 석가모니불의 즉행칠보·탄생게 천명 장면이 그려져 있다. 그리고 그 옆에는 샘이 솟아오르는 장면이 표현되어 있는데, 통도사 〈팔상도〉에는 찬 성질인 샘과 따뜻한 성질인 샘 두 가지만 살펴

진다. 즉 일종의 냉수와 온수인 셈이다. 즉 행칠보 장면의 우측 위에는 마야 부인이 무우나무 가지를 오른손으로 잡자 석가모니불이 우협으로 탄생하는 모습이 표현되어 있다.

좌측 하단에는 용문사 〈비람강생상도〉에는 나타나지 않는 장면이 살펴진다. 바로 새로 태어난 석가모니불을 모셔 가는 작은 가마와 악기를 연주하는 군중들에 둘러싸여 귀성(歸城), 즉 왕궁으로 돌아가는 장면이 등장하고 있는 것이다. 이는 시점으로 보았을 때 탄생 뒤의 상황이다. 또 소나무 숲으로 표현된 화면의 분절을 통해서 정반왕의 궁전이 묘사되어 있다. 이곳에서 태자의 탄생이 보고되고, 어린 석가모니불을 모신 거대한 보반(寶盤)이 당도하는 것이다. 정반왕과 궁전의 묘사 부분에는 태자가 32상과 80종호를 두루 갖추고 있으므로 반드시 부처님이 될 것이라고 예언하는 아사타(阿私陀, Asita) 선인이

양산 통도사 〈비람강생상도〉 부분

양산 통도사 〈비람강생상도〉 부분

나타나 있다. 아사타 선인은 당시의 위대한 수행자로서, 태자가 제왕이 되기를 바라는 정반왕의 기대와 달리 부처님이 될 것이라고 단언하는 인물이다. 이는 이후에 정반왕이 석가모니불의 왕궁 생활을 즐겁게 하여 출가하려는 생각이 들지 않도록 하기 위해 갖은 노력을 기울이는 이유가 된다. 이 때

문에 태자는 삶의 고통을 제대로 자각하지 못하다가 다음의 사문유관(四門遊觀)을 통해서 인간의 본질적인 고통을 자각하게 되고 마침내 출가의 길로 나아간다.

제3 사문유관상도(四門遊觀相圖)

사문유관상에서 '사문(四門)'이란 왕궁의 네 문을 의미하며, '유관(遊觀)'이란 현실적이며 누구에게나 닥치는 고통에 대한 자각을 의미한다. 사문유관상도란 석가모니불이 태자로서의 교육을 받으며 성장하던 중 왕궁 밖을

양산 통도사 〈비람강생상도〉 사건 순서

나가면서 겪게 되는 실존적 고통의 자각에 관한 내용이 담긴 불화이다.

　석가모니불은 출가 결심을 하는 과정에서 차례로 왕궁의 네 문을 통해 바깥으로 나가게 된다. 이때 동쪽 문 밖에서 연로하고 추한 노인을 보고, 남쪽 문을 나서서는 심하게 고통 받는 환자를 목격한다. 그리고 서쪽 문 밖에서 죽은 시체를 목도하고, 마지막으로 북쪽 문 밖에서는 출가한 수행자를 만나게 된다.[85] 이로 인하여 왕궁 안에서의 환락은 제한된 기쁨에 지나지 않으며, 모든 인간은 늙고 병들고 죽을 수밖에 없다는 본질적인 고통을 자각한다. 즉 석가모니불의 출가는 생로병사라는 모든 인간이 가지는 숙명적인 고통에 대한 문제의식과 이의 극복에 위치하고 있는 것이다. 이 사건은 이후 석가모니

예천 용문사 〈팔상도〉 〈사문유관상도〉(ⓒ김성철)

불이 출가하여 진리를 구하는 직접적인 계기가 된다.

용문사 〈팔상도〉의 〈사문유관상도〉를 보면, 중앙의 청기와를 얹은 왕궁의 오른쪽 아래에 태자가 말을 타고 나가서 노인을 보는 모습(東門路逢老人)과 왕궁 하단에 태자가 병자를 목도하는 모습이 그려져 있다(南門路觀病者). 또 왕궁의 왼쪽 부분에서 태자는 북쪽을 보고 있는데, 그곳에는 관에 염을 한 시체가 들어 있는 상여가 지나가는 모습이 확인된다(西門路觀死屍). 또 상단의 우측에는 태자가 말에서 내려 석장을 짚은 출가한 수행자와 대화하는 장면이 그려져 있다(北門得遇沙門).

상단 우측에 표현된 수행자와의 대화 내용은 이렇다. 태자가 왜 출가했는지를 묻자 수행자는 자신이 세간을 벗어나 진리를 통해 해탈을 구하고 있다고 대답한다. 그런데 이 부분을 자세히 보면 대화의 내용을 알지 못하더라도 이를 짐작해 볼 수 있는 힌트가 있다. 바로 수행자 머리 위로 표현된 부분이 그것이다. 이는 출가자에게 연결된 구름을 타고서 산, 즉 출세간에 이르는 모습을 표현하고 있다. 이는 출가자가 태자에게 한 대답의 내용과 상통한다. 언뜻 보면 이 구름이 만화의 말풍선과 같이 보일 정도여서 재미있다.

예천 용문사 〈사문유관상도〉 부분

한편 출가 수행자의 모습이 긴 눈썹의 완연한 노승으로 표현되어 있어 흥미롭다. 당시에는 석가모니불도 출가하지 않은 상황이니 이때의 수행자가 승려일 수는 없다. 이와 같은 표현은 승려화가가 불화를 조성한 당시의 관점

양산 통도사 〈팔상도〉 〈사문유관상도〉 (ⓒ통도사성보박물관)

으로 그림을 그렸기 때문에 나타나는 현상이다.

용문사 〈사문유관상도〉의 특징은 총 세 가지를 들 수 있다. 첫째는 태자가 출가자를 만나는 장면에서만 말에서 내려 존경을 표하고 있는 모습이 표현되어 있다는 점. 둘째는 태자가 보고 있는 방향이 곧 사문유관의 특정 내용과 직접적으로 연결된다는 점. 마지막 셋째는 구름과 같이 하얗고 얇은 연속적 무늬를 통해 네 가지 사건의 장면을 분절하고 있다는 점이다.

다음으로 통도사 〈팔상도〉의 〈사문유관상도〉를 살펴보면, 전체적인 내용은 용문사의 경우와 동일하다. 다만 구조적으로 하단은 거대한 두 그루 소나무가 뒤틀린 것을 경계로 좌우가 양분되어 있고, 상단은 구름과 언덕처럼 생긴 연속적인 무늬를 통해 화면이 좌우로 분절된다는 점이다.

중앙에 왕궁을 표현한 점은 두 그림이 동일하다. 다만 통도사의 경우 사문유관의 네 장면 모두에 각각의 성문을 표현하고 있어 이채롭다. 즉 사문유관의 내용을 충실히 표현하고 있는 것이다.

시간 순서상 가장 먼저인 노인의 목격은 상단의 우측에 배치되어 있다. 이 부분을 보면 성문을 배경으로 세 마리 말이 끄는 수레에서 노인과 상면하고 있는 석가모니불의 모습이 표현되어

양산 통도사 〈사문유관상도〉 사건 순서

있다. 다음으로 하단의 우측에는 역시 성문을 배경으로 수레에서 환자를 목격하는 모습이 확인된다. 하단의 좌측에는 성문을 배경으로 상여와 그것을 멘 일행이 표현되어 있다. 이 부분에서 흥미로운 점은 지극히 조선문화적인 상복과 굴건(屈巾)을 착용한 상주의 모습이 표현되어 있다는 점이다. 끝으로 좌측 상단에는 역시 성문을 배경으로 수레에서 내려 지장보살과 같은 모습을 한 성문(聲聞) 형상의 출가 수행자와 합장한 태자가 대화하는 모습이 표현되어 있다. 즉 통도사 〈사문유관상도〉는 우측의 상단에서부터 시계 방향으로 동→남→서→북의 구조를 보이고 있는 것이다. 이는 사천왕의 방위 배치와도 일치한다는 점에서 주목된다.

제4 유성출가상도(踰城出家相圖)

'유성출가'란 성을 넘어가 출가한다는 의미이다. 석가모니불의 전기 자료에는 그가 출가하기 전 부왕인 정반왕이 석가모니불의 심리 변화를 눈치챘다고 한다. 그래서 모든 성문을 국왕이 직접 통제하고, 태자의 단속을 엄격하게 행한다. 그러나 출가 결심이 굳건해진 석가모니불은 애마인 백마 건척(犍陟)을 타고 마부 차익(車匿)과 함께 밤에 동쪽 성을 넘는 출가를 감행한다. 전기에는 이때 정거천(淨居天) 신의 인도로 사천왕이 말의 네 발을 각각 받쳐 성을 넘어갈 수 있도록 했다고 되어 있다.

실제로 성벽에 의해서 상하의 2단으로 분절되어 있는 용문사 〈유성출가상도〉의 상단을 보면, 야밤에 성을 넘는 태자의 말 발 아래에 사천왕이 표현되어 있는 것을 확인해 볼 수 있다(夜半踰城). 다른 한 가지 흥미로운 점은 성을 넘는 모습이 구름을 타고 있는 것처럼 표현되어 있고, 그 구름의 끝 가닥이 중앙의 숙연한 표정의 인물과 연결되어 있다는 점이다. 이 인물은 태자로

예천 용문사 〈팔상도〉 〈유성출가상도〉(ⓒ김성철)

출가의 결심을 굳히는 것을 나타내는 표현이다(初啓出家).

　중앙에 표현된 숙연한 태자의 좌측을 보면, 왕궁에 빈자리가 보이고 여인과 신하들이 쓰러져 있는 모습이 확인된다. 빈자리는 왕궁을 나와 밖에 서 있는 태자의 자리이다. 경전에는 태자가 출가하려고 하자 방해되지 않게 신들이 시녀와 신하들을 잠재웠다는 내용이 있다. 바로 이 대목을 표현하고 있는 것이다. 하단 우측을 보면 마부 차익이 말 건척을 끌고 와서 대기하고 있는 모습이 보인다. 또 그 양옆으로는 무장을 한 사천왕의 모습과 등을 밝혀 들고 있는 정거천의 모습도 확인된다. 정리하면 태자가 출가의 의지를 굳히자 왕궁의 모든 사람들은 잠들게 되고 마침내 태자는 건척을 타고 마부 차익과 함께 정거천과 사천왕의 도움으로 출가를 단행하게 되는 것이다. 흥미로운 것은 태자의 말인 백마 건척이 여기에는 적토마처럼 표현되어 있고, 정거천 역시 조선의 관료처럼 그려져 있다는 점이다. 이는 불화가 조성될 당시의 시대 상황에 따른 반영으로 이해된다.

　위와 같은 내용 구조는 통도사의 〈유성출가상도〉에서도 확인된다. 실제로 하단의 중앙 쪽에 선 태자의 머리 위로 구름처럼 피어오르는 유성출가의 모습이나 좌측 왕궁의 빈 옥좌, 그리고 쓰러져 잠든 여성들, 하단 우측에 차익이 백마 건척을 끌고 나와 있는 구조는 전적으로 동일하다. 또한 상단의 태자가 출가하는 모습도 대동소이하다. 다만 통도사 〈유성출가상도〉의 경우 사천왕이 말의 다리를 받쳐 들고 있는 모습을 보다 자세히 표현

양산 통도사 〈유성출가상도〉 부분

양산 통도사 〈팔상도〉 〈유성출가상도〉 (ⓒ통도사성보박물관)

하였다는 점과 건척이 백마로 그려져 있다는 차이가 있다.

한편 활처럼 휘어 있는 거대한 소나무와 성곽으로 분절된 중단의 우측 장면은 용문사 〈유성출가상도〉에서는 보이지 않는 새로운 내용이다. 이 부분의 아래쪽을 보면 흰 말이 또다시 나타나는데, 이 그림은 출가한 태자를 뒤로하고 마부 차익이 빈 말과 태자의 의복, 장신구를 가지고 와서 무릎을 꿇고 상황을 복명하는 대목을 그린 것이다. 왕궁 안에는 충격에 휩싸인 듯한 두 여성이 시종들에 둘러싸여 있는 것이 살펴지는데, 두 여성의 머리 관을 보면 신분에 차등이 있다는 것을 알 수 있다. 좀 더 화려한 보관을 착용하고 있는 여성은 석가모니불의 이모인 마하파자파티(Mahāpajāpatī), 즉 대애도(大愛道)이다. 이 인물은 마야 부인이 일찍 사망하자 석가모

양산 통도사 〈유성출가상도〉 부분

양산 통도사 〈유성출가상도〉 사건 순서

니불을 양육한 실질적인 어머니와 같은 존재이다. 좌측의 덜 화려한 보관을 착용한 여성은 석가모니불의 부인인 야수다라(耶輸陀羅, Yaśodharā)이다. 『석보상절』에 따르면 연등불 당시 구이(俱夷)였던 야수다라는 신심 깊은 선혜(善慧)에게 후생에 언제나 부부가 될 것을 제안한다. 그러자 선혜는 언제든 출가하겠다면 막지 않는다는 조건으로 결혼을 승낙한다. 이 인연이 맺어져 태자와 야수다라는 결혼을 하게 되고 석가모니불의 출가를 막지 못하게 된다. 이 교과서에도 나오는 이야기의 끝이 바로 이 부분에 표현되어 있는 것이다.

제5 설산수도상(雪山修道相圖)

'설산수도'란 석가모니불이 출가한 뒤 설산, 즉 히말라야가 보이는 곳에서 고행과 수행을 하였다는 것을 의미한다. 석가모니불이 출가해서 이동하는 곳은 라마그라마(Ramagrama, 藍摩國)와 바이샬리(Vaiśālī, 毘舍離)를 거친 마가다국의 수도 왕사성이다.

실제로 6년간 고행한 곳도 왕사성 인근의 고행림(苦行林)이었다. 이곳에서 설산인 히말라야는 보이지 않는다. 이런 점에서 설산수도라는 말은 과장된 표현이다. 인도문화 속에는 히말라야에 대한 깊은 숭배의식이 존재한다. 이로 인하여 석가모니불의 수행도 설산수도라 말하는 것이다.

석가모니불은 백마 건척을 타고 마부 차익과 함께 성을 넘어 출가한 후 동쪽을 향하여 외가 나라인 콜리야국 방향의 라마그라마로 가게 된다. 이곳에서 태자의 호화로운 장신구를 벗어 차익에게 준다. 이때 한 사냥꾼과 만나게 되었는데, 이 사냥꾼은 동물을 안심시키기 위해서 수행자의 복장인 가사(袈裟, kāṣāya)를 입고 있었다. 수행자는 생명체를 죽이지 않기 때문에 동물들이 가사를 착용한 사람을 보면 경계 태세가 느슨해지는 것을 역으로 노린 것

석제부조, 인도, 2~3세기, 높이 28.0cm · 너비 25.5cm, 국립중앙박물관(ⓒ국립중앙박물관)
이 부조는 사냥꾼과 막 출가한 석가모니불이 서로 옷을 교환하는 장면을 표현하고 있다.

이다. 석가모니불은 이 사냥꾼의 가사를 태자의 값비싼 외투와 맞바꾼다. 그러고는 앉은 채 상투를 풀어 차고 있던 보검으로 머리카락을 베어 버린다. 이때의 삭발은 태자가 수행자로 거듭나는 순간이란 점에서 인도와 남방불교에서는 전통적으로 높이 존중되는 사건이다.『대당서역기』권6에 의하면 이곳에 삭발을 기리는 기념탑이 세워져 있었다고 한다. 또 남방불교권에는 태자가 상투를 자르는 장면에 대한 그림과 부조 등이 다수 남아 있다.

가사를 착용하고 삭발을 하는 것으로 태자의 출가는 완전해진다. 이후 석

보검으로 상투를 자르는 석가모니불, 미얀마 바간 아난다사원(ⓒ자현)

가모니불은 차익에게 당신의 평상복과 장신구를 가지고 건척과 함께 왕궁으로 돌아가 출가의 사실을 복명하게 한다. 이후 6년 고행으로 잘 알려져 있는 본격적인 수행에 돌입하게 된다.

 용문사 〈설산수도상도〉를 보면 산의 능선으로 분절된 장면의 가장 우측에 머리를 풀어헤치고 칼로 머리카락을 베는 태자의 모습이 그려져 있다(金刀削髮). 그런데 이때 사용되는 칼은 조선시대에 사찰에서 삭발 시 사용하던 삭도(削刀) 형태이다. 남방불교의 그림 등에서 확인되는 보검으로 머리칼을 자르는 것과는 사뭇 다른 표현이다. 아마 보검으로 머리를 자르면 깨끗하게 될 수 없다는 생각 때문에 삭도가 등장하는 것이 아닌가 판단된다. 한편 『대당서역기』 권6에는 이때 태자가 스스로 머리카락의 큰 무더기를 자르자 정

예천 용문사 〈팔상도〉〈설산수도상도〉(ⓒ김성철)

거천이 옆에서 깨끗하게 손질해 준 것으로 되어 있다. 어쩌면 용문사 〈설산수도상도〉는 이 두 장면을 하나로 함축해 표현하고 있다는 판단도 가능하다. 이 불화의 삭발 장면을 보면 앞쪽에 건척과 차익이 공손하게 무릎을 꿇고 있고, 그 우측에는 귀족풍의 사람이 서 있는 모습이 확인된다. 이는 사람이 아니라 제석천으로 석가모니불의 처음 삭발된 머리를 받아서 천궁으로 가져가 모셨다는 내용을 표현한 것이다. 실제로 자세히 보면 제석천이 긴 머리카락 두 뭉치를 들고 있는 것이 확인된다.

삭발하는 장면의 좌측에는 흰색 장삼을 착용한 것으로 보이는 석가모니불이 차익에게 궁으로 돌아가서 상황을 전달하라고 지시하는 내용(車匿辭還)이 그려져 있다. 흰색의 장삼은 사실은 녹색으로 칠해졌던 것인데, 박락이 심해서 흰색처럼 보이는 것이다. 자세히 보면 녹색 빛이

예천 용문사
〈설산수도상도〉 부분

남아 있다는 것을 알 수 있는데, 이는 조선시대 장삼의 색이 녹색이었던 게 반영된 것이다. 그림을 보면 석가모니불의 지시를 대변하듯 말 안장 위에는 그의 평상복과 장신구가 얹어져 있다.

이 〈설산수도상도〉에는 용문사 〈팔상도〉 전체를 아울러 석가모니불의 머리에 처음으로 후광이 표현되어 있어 주목된다. 이는 출가를 기점으로 수행자로 거듭나는 상황을 상징하는 것으로 판단된다.

용문사 〈설산수도상도〉 하단을 보면 푸른 나무와 운문으로 분절된 왕궁에 차익이 돌아와서 복명하는 모습(車匿還宮復命)이 확인된다. 말을 보면 태

예천 용문사
〈설산수도상도〉 부분

자의 평상복과 장신구가 실려 있는 모습이 살펴지며, 왕궁에는 두 명의 여성이 충격을 받고 오열하는 모습이 그려져 있다. 이 여인들은 마하파자파티와 야수다라이다. 통도사 〈팔상도〉에서는 〈사문유관상도〉에 표현된 부분이 용문사 〈팔상도〉에는 〈설산수도상도〉에 그려져 있는 것이다. 이야기의 전후 상황을 고려해 볼 때 용문사 〈팔상도〉의 전개가 더 타당하다고 판단된다. 그리고 마지막으로 상단 왼편에는 설산과 숲을 배경으로 정좌한 채 고행과 깊은 수행에 돌입하는 석가모니불(六年苦行)이 그려져 있다. 이때의 그림을 보면 머리의 두광은 물론이거니와 몸에 신광도 표현되어 있는 모습이 확인된다. 또 머리에는 깨달음의 상징인 육계와 나발(螺髮)도 그려져 있다. 그러나 이때는 아직 수행자일 뿐 정각을 성취한 석가모니불은 아니다. 왜냐하면 진정한 석가모니불은 마왕의 항복을 받는 다음 그림인 〈수하항마상도〉에 표현되기 때문이다.

다음으로 통도사 〈팔상도〉의 〈설산수도상도〉를 살펴보자. 일견 매우 복잡한 구조를 띠고 있는 것 같지만, 조금만 주의를 집중해서 보면 전체 내용은 용문사의 불화와 크게 다르지 않다는 것을 알게 된다.

먼저 하단의 중앙에는 거대한 고목으로 화면을 중간 분할한 모습이 살펴진다. 하단의 좌측에 표현된 부분은 박락이 심하여 잘 구분이 되지 않지만, 자세히 보면 태자가 보검으로 머리카락을 자르는 모습임을 알 수 있다. 그 앞쪽에는 의복과 장신구가 놓여 있으며, 주변에는 건척과 차익이 무릎을 꿇

양산 통도사 〈팔상도〉 〈설산수도상도〉 (ⓒ통도사성보박물관)

고 있는 모습이 확인된다. 그리고 머리를 자르는 태자 옆에는 잘린 머리카락을 쟁반에 받는 제석천의 모습도 그려져 있다.

거대한 나무의 우측 하단에는 차익이 건척을 데리고 울면서 돌아가는 모습이 표현되어 있다. 이 대목은 앞의 〈사문유관상도〉에서 이미 차익이 돌아와 복명하는 모습이 그려져 있었다는 점에서 이야기 흐름의 일관성 문제를 노출하는 부분이라고 하겠다.

통도사 〈설산수도상도〉의 중간 부분에는 부왕인 정반왕이 대신들과 진귀한 물건으로 태자의 귀성을 종용하는 모습이 그려져 있다. 그림을 자세히 보면 수레에 진귀한 물건을 실어서 끌고 가는 모습과 대신들이 태자가 있는 곳을 다른 사람에게 물어서 찾아가는 장면, 그리고 풀 자리에 앉아 있는 태자를 찾아와서 무릎을 꿇고 환궁을 간청하는 모습이 차례로 살펴진다.

상단은 태자가 환궁 요구를 물리치고 본격적으로 수행하는 모습과 그 단계를 묘사하고 있다. 먼저 상단의 우측에는 설산을 배경으로 풀 자리를 깔고 앉아 선정의 자세로 6년간 고행하는 모습이 그려져 있

**양산 통도사
〈설산수도상도〉 부분**

다. 태자의 머리 위를 자세히 보면 새가 앉아 있는 것을 볼 수 있는데, 이는 오래도록 움직이지 않고 한 자세로 명상에 잠겨 있어 새가 둥지를 튼 것을

형상화한 것이다. 경전에는, 하루는 깊은 명상에서 깨어나니 머리 위에 새가 둥지를 틀고 이미 알을 낳았다고 한다. 그래서 알이 깨질까 봐 움직이지 않고 다시금 그대로 깊은 명상에 잠겼다가 보니 알이 부화해서 이미 새끼들이 날아갔다는 내용이 있다. 석가모니불의 한 번 명상이 얼마나 깊고 오랫동안 지속되었는지를 알 수 있는 대목이다.

수행 중인 석가모니불의 옆에는 다섯 명의 남성이 있는데, 이들이 바로 오비구[86]이다. 이들은 출가한 태자가 환궁을 거절하자 정반왕이 귀족 자제 중 다섯 명을 선발해서 수행 중인 태자를 보필하기 위해 파견한 석가족 청년들이다.[87] 이들은 후일 석가모니불이 깨달음을 얻고 난 뒤 첫 설법의 대상이 되어 차례로 아라한(阿羅漢, arhat)[88]이 된다.

양산 통도사
〈설산수도상도〉 부분

다음으로 상단의 중앙에는 옷을 벗고 몸을 닦는 모습이 표현되어 있다. 석가모니불은 6년 동안의 극심한 고행을 한 뒤에 이러한 방법으로는 완전한 깨달음을 증득할 수 없다는 것을 알게 된다. 깨달음이란 고통이 아니라 집착을 여의어 어디에도 걸림 없는 대자유를 증득하는 '중도(中道)'였기 때문이다. 이 결심을 상징적이고 외적으로 표현하는 것이 바로 목욕이다. 당시 고행주의자들은 목욕이 심신을 상쾌하고 기분 좋게 한다고 해서 이를 쾌락으로 규정해 금기시했다. 그렇기 때문에 석가모니불은 고행의 포기로 당신이 고행하던 고행림 곁의 니련선하(尼連禪河)에 들어가서 목욕을 하게 된다.

당시 유행하던 고행의 핵심은 단식과 절식이었다. 그런 고행을 해 온 석가모니불은 힘이 없어 목욕을 하던 도중 물살에 쓸려 내려가 생명이 위험한 순간에 봉착하게 된다. 이때 마침 강으로 뻗어 내려 온 버드나무 가지를 잡고서 간신히 올라오게 되었다고 한다. 통도사 〈설산수도상도〉에는 이 내용이 구체적으로 그려져 있지는 않지만, 목욕을 마치고 나온 모습이 묘사된 부분 좌측을 보면 물살이 거센 강과 가지가 처져 강물에 닿아 있는 나무를 확인해 볼 수 있다. 또 이때 석가모니불은 가사를 빨

양산 통도사
〈설산수도상도〉 부분

다가 놓치는 문제가 생기는데 그 가사를 제석천이 가져다주는 모습도 그려져 있다. 통도사 〈팔상도〉의 설명에는, 이와 같은 일들은 모두 석가모니불의 깨달음을 방해하기 위해 마왕 파순이 벌인 일이라고 적어 놓았다. 그러나 경전에 의하면 이것은 과도한 고행으로 인해 생긴 사건들일 뿐이다. 한편 파도가 회오리쳐 각종 어류들이 하늘로 빨려 올라가는 듯한 모습과 그 옆에 물을 다스리는 용왕을 이기기 위해 제석천이 금시조로 변화한 모습이 그려져 있어 흥미롭다. 특히 여기의 금시조 표현은 반인반조의 특이한 모습이라는 점에서 이제 막 변신하고 있는 제석천의 모습이라는 데 주목된다.

다시 상단 중앙의 부분을 보면 목욕을 한 석가모니불 앞에 목장주의 딸인 수자타(Sujātā, 善生女)가 우유죽을 공양 올리는 모습이 그려져 있다. 경전에 따르면 당시 석가모니불이 목욕을 마치고 커다란 나무 밑에 앉아 있을 때, 마침 목축이 잘되기를 기원하기 위해서 수자타가 우유죽을 쑤어 나왔다가 석가모니불에게 올리게 되었다고 한다. 당시 석가모니불은 수자타가 제공한

양산 통도사
〈설산수도상도〉 부분

우유죽을 통해서 손상된 체력을 회복하게 된다.

세 명의 여성으로 그려져 있는 수자따의 우유죽 공양 장면의 아래에는 다섯 명의 남성들이 보이는데 이들은 오비구를 그린 것이다. 불전에 의하면 이 다섯 명의 수행자는 석가모니불이 고행을 포기하고 우유죽을 먹자 더 이상 수행이 깃들 수 없다고 판단해서 석가모니불을 등지고 떠나가는 것으로 되어 있다. 이들을 다시 만나게 되는 것은 뒤의 초전법륜상에서 살펴지는 녹야원(鹿野苑)에서이다. 하지만 통도사 〈설산수도상도〉의 이 부분에서 살펴지는 오비구의 모습은 출가인의 복색이 아니다. 즉 고행을 중지한 석가모니불을 떠나는 오비구가 아니라, 정반왕의 명령으로 석가모니불을 보필하기 위해서 찾아오는 오비구인 것이다. 여기에서는 구름과 같은 처리를 통한 공간 분할을 하고 있기는 하지만, 목욕한 뒤의 모습과 다섯 사람이 석가모니불을 찾아오는 모습을 절묘하게 대비시키고 있어 주목된다. 즉 이는 찾음과 떠남이라는 이중구조를 잘 살려내고 있는 통도사 〈설산수도상도〉만의 또 다른 묘미라

양산 통도사 〈설산수도상도〉 사건 순서

고 하겠다.

　이상의 통도사 〈설산수도상도〉의 사건 순서를 정리해 보면, 하단 좌측의 태자가 보검을 들고 삭발하는 것이 첫 번째이며, 하단 우측에 위치한 차익의 환궁이 두 번째가 된다. 그리고 그림의 중간 부분에 있는 대신들의 회유 장면이 세 번째에 해당한다. 그 다음이 상단의 정반왕에 의해서 후일 오비구가 되는 다섯 사람이 찾아와 출가 생활에 동참하는 것, 그리고 마지막으로 상단 우측의 6년 고행과 좌측의 고행 포기 및 수자타의 우유죽 공양으로 정리할 수 있겠다.

제6 수하항마상도(樹下降魔相圖)

'수하항마'는 석가모니불이 보리수나무 밑에서 마왕의 군대로부터 항복을 받았다는 의미이다.

　석가모니불은 고행을 포기한 후 고행림에서 자리를 옮겨 전정각산(前正覺山)으로 이동한다. 이곳에서 명상에 들었다가 깨달음을 얻을 자리가 아니라고 판단하여 보드가야(Bodhgaya, 佛陀伽耶)로 재차 옮겨가게 된다.[89]

　석가모니불은 보드가야에서 꼴 베는 목동에게 길상초(吉祥草)를 얻어 보리수나무 밑에 깔고, 깨달음을 증득하지 못하면 다시는 일어나지 않겠다는 비장한 각오로 최후의 명상에 든다. 이때 마왕의 궁전이 흔들리면서 마왕에게 불길한 기운이 엄습해 왔다고 한다.

　용문사 〈팔상도〉의 〈수하항마상도〉는 상단과 하단의 2단 구도를 기본으로 하고 있다. 또 중앙의 석가모니불에게서 뻗쳐 올라간 빛을 중심으로 상단이 좌우로 분리되는 구조를 보이고 있는데, 상단 좌측 하늘에 떠 있는 궁전이 바로 마왕의 궁전이다. 그런데 이 궁전 부분을 보면 안에서 밖으로 말풍

예천 용문사 〈팔상도〉 〈수하항마상도〉 (ⓒ김성철)

선 모양의 그림이 있는 것을 볼 수 있다. 이는 궁전 안 마왕이 불길한 기운을 느끼는 것을 의미한다. 그래서 결국 궁전 아래에 표현되어 있는 바와 같이 마군을 지상으로 파견하게 되는 것이다.

다음으로 가로로 늘어선 나무에 의해서 경계가 나뉘어져 있는 하단을 살펴보자. 석가모니불이 중앙의 수미좌와 같은 금강보좌(金剛寶座) 위에서 보리수를 배경으로 항마촉지인의 자세를 취하고 있는 것이 확인된다. 한편 석가모니불의 머리 위로는 빛줄기가 뿜어져 나오고 있다. 그 빛 속에는 다섯 화불이 존재하는데, 이는 석가모니불의 깨달음이 멀지 않았음을 의미한다. 이로 인하여 마군들이 극심한 공격을 가함에도 석가모니불 앞의 정병 하나 움직이지 못한다(魔衆搖瓶). 마군은 석가모니불의 위신력(威神力)에 전혀 상대가 되지 않는 것이다.

하단의 정병을 자세히 보자. 이는 고려불화 수월관음도에 등장하는 고려시대의 정병과 일치한다. 이 정병은 인도불교의 수행자들이 가지고 다니던 물병을 변형한 것으로 처음에는 미륵보살의 상징이었다가 후에 관세음보살의 전유물이 된다. 이로 인해 후대의 수월관음도에는 반드시 정병이 그려지는 것이다. 실제 고려시대까지만 해도 관세음보살을 모시는 관음전에는 정병이 단 위에 놓이곤 했다. 그래서 정병은 현재까지 고려시대 유물로 다수 남아 있다.

석가모니불은 마군의 공격을 막으며(魔軍拒戰), 한편으로는 정상 육계에서 자비의 빛을 발해 지옥의 확탕지옥 속 중생들을 구원하고 있다. 석가모니불의 머리 부분을 자세히 보면, 위로 뻗어 올라가는 빛줄기 이외에 하단의 우측 방향으로 떨어지는 곡선 형태의 빛줄기가 하나 더 확인된다. 이 빛이 닿는 곳에 불이 지펴진 세 발 달린 솥과 솥 안의 중생들이 표현되어 있는데 바

〈의겸등필수월관음도〉
부분 - 정병(ⓒ국립중앙박물관)

청동은입사포류수금문정병, 고려, 높이 37.5cm,
국립중앙박물관, 국보 제92호(ⓒ국립중앙박물관)

로 확탕지옥의 모습이다. 석가모니불은 마군을 상대하면서 지옥을 제도할 정도로 여유로운 상황인 것이다.

마왕은 결국 패배하게 된다. 석가모니불 바로 좌측을 보면 군주 복장을 한 인물이 고꾸라져 있는 모습이 확인되는데, 이것이 바로 패배한 마왕 파순을 표현한 부분이다. 경전에 따르면 석가모니불은 마왕에게 '너는 과거 단 한 생 동안 착한 일을 한 공덕으로 지금 마왕이 되어 대단한 위력을 갖추고 있지만, 나는 3대아승지겁 547생에 걸친 지난한 이타행의 보살도를 통해서 지금 성불하려고 한다. 그러므로 너는 나를 막을 수 없다'라고 말한다. 그러자 마왕은 '내가 과거에 행한 선행은 당신이 지금 증명했지만 당신이 쌓았다는 547생의 선행은 어떻게 증명하겠는가?'라고 되묻는다. 이때 석가모니불은 왼손 위에 올려놓은 오른손을 들어 중지로 땅을 가리키며 '대지가 나를 위해서 증명할 것이다'라고 말한다. 이때 대지의 신이 땅에서 솟아나와 석가모니불의 선행을 증명하게 되고, 결국 마왕은 패하게 되었다고 한다.

예천 용문사
〈수하항마상도〉 부분

이 이야기의 장면에서 석가모니불이 취한 손의 자세는 여러 부처님을 표현한 불화나 불상 등에서 석가모니불을 가름할 수 있는 기준이 된다. 즉 '항마촉지인'의 기원이 바로 이 그림 속에 존재하고 있는 것이다. 항마촉지인은 석가모니불만이 취하는 수인이라고 하여 '별인(別印)'이라고 하는데 촉지, 대지를 짚어서, 항마, 마왕에게 항복받는 자세라는 의미이다. 용문사 〈수하항마상도〉의 중앙 석가모니불 역시 항마촉지인을 취하고 있는데, 이는 마왕과의 전쟁에서 석가모니불이 승리하였음을 의미하는 것이다.

석가모니불과 마왕 파순 간의 최후 대화(논쟁)는 인도인들의 논쟁 문화와 그들이 대지를 맹세의 증거로 세우는 방식을 반영하고 있다. 우리가 맹세를 할 때 '하늘에 걸고 맹세하건데'라고 말하는 것처럼 말이다. 이 때문에 부처님의 성도 장면을 묘사한 간다라의 부조 등에서는 대지의 신이 땅에서 솟아나오는 모습도 표현되곤 한다.

마지막으로 상단 우측 부분을 보면 마군들이 항복하여 합장하고 있는 모습이 확인된다(降魔軍). 이는 이 불화가 담고 있는 이야기의 대미(大尾)에 해당한다.

예천 용문사 〈수하항마상도〉 부분

상단에 그려진 석가모니불의 머리 부분을 살펴보자. 자세히 보면 여기에서 뻗어나간 곡선의 하얀 영기(靈氣)가 상단 좌측의 마왕궁으로도 뻗어나가고 있는 것을 확인해 볼 수 있다. 이는 마왕의 항복과 완전한 평정을 상징하는 회화적 표현이라고 하겠다.

다음으로 통도사의 〈수하항마상도〉를 살펴보자. 먼저 이야기의 시작은 상단의 우측에서 시작된다. 석가모니불은 깊은 명상에 잠겨 있는데, 천신들이 내려와서 석가모니불의 깨달음이 멀지 않았음을 찬탄하고 있다. 이 장면의 시점은 두 가지를 통해서 알 수 있다. 첫째는 위쪽의 하늘에 별이 떠 있는 모습이다. 여기에서 북두칠성과 삼태성을 확인해 볼 수 있다. 석가모니불은 계명성(啓明星), 즉 금성이 떠오르는 새벽녘에 깨달음을 증득한다. 그러므로 아

양산 통도사 〈팔상도〉 〈수하항마상도〉 (ⓒ통도사성보박물관)

직 깨달음의 시간은 오지 않은 것이다. 또 다른 하나는 석가모니불의 손 모양이다. 옷 속에 가려져 있기는 하지만 윤곽으로 봤을 때 오른손을 왼손 위에 올려놓은 선정인의 자세를 취하고 있다. '선정인'이란 선정, 즉 명상을 하는 모습을 상징하는 수인이다. 즉 아직까지는 깊은 명상 상태에 잠겨 있는 것이다.

양산 통도사
〈수하항마상도〉 부분

그 다음의 내용은 히단에 커다란 나무로 공간 분할이 되어 있는 좌측에서 확인된다. 이를 보면 석가모니불이 육계에서 빛을 발해 아래쪽의 마왕궁을 비추는 것이 살펴진다. 마왕궁의 위쪽에는 세 명의 젊은 여인이 그려져 있는데 이는 마왕의 세 딸이다.

인도신화에 따르면 천상에서 가장 아름다운 존재는 마왕의 세 딸이라고 한다. 마왕은 이 딸들을 이용해서 석가모니불을 유혹하려고 한다. 그러나 온갖 교태를 부리는 마왕의 세 딸에게 석가모니불은 '겉은 아름답지만 속에는 온갖 오물이 들어 있을 뿐이며, 현재의 아름다움은 결국 세월과 함께 무너질 것'이라 지적한다. 그러자 세 여성은 그 자리에서 추한 노파로 변하게 된다. 통도사 〈수하항마상도〉에는 마왕궁 위의 아름다운 세 딸에 더하여 석가모니불의 시선 앞으로 추한 모습을 보이며 당황하고 있는 세 딸을 표현함으로써 이야기 속 다른 시간대를 한 장면에 담아내고 있다. 각 장면을 분할해 시간대 변화를 처리했던 다른 그림과 달리 하나의 그림에 두 가지 시간대를 그리는 이시동도법을 사용하고 있는 것이다.

세 딸의 유혹이 실패하자 마왕은 직접 마군을 이끌고 석가모니불에게 맞서기 위해서 나아간다. 이 부분은 하단의 우측에 흰 코끼리를 타고 마군들에 둘러싸여 있는, 얼굴이 셋인 마왕의 모습을 통해서 확인해 볼 수 있다. 이 세 얼굴의 마왕은 그림의 중앙 우측에 물병을 쓰러트리려는 마군의 장면에서도 확인된다. 이는 마왕의 직접적인 지휘 아래 마군들이 석가모니불의 정병을 쓰러트리려 안간힘을 쓰고 있는 부분이다. 재미있는 것은 밧줄을 당기는 마군들 아래에 북과 꽹과리를 치면서 독려하는 마졸들도 있다는 점이다. 또

양산 통도사 〈수하항마상도〉 부분
마왕은 세 딸이 석가모니불을 유혹하는 데 실패하자 마군을 이끌고 나아간다. 하지만 결국 패배하고 만다.

그 아래로는 기치창검이 즐비한 마군의 당당한 위용이 표현되어 있다.

끝으로 상단의 좌측에는 패배한 마군들의 모습이 표현되어 있다. 이 대목에서 석가모니불은 거대한 보리수를 배경으로 항마촉지인을 취하고 있으며, 허늘에 일곱의 화불을 뿜어내며 정각의 상황을 연출하고 있다. 즉 통도사 〈팔상도〉는 앞의 용문사 〈팔상도〉와는 달리 이 대목을 깨달음 성취의 순간으로 표현하고 있는 것이다. 한편

양산 통도사 〈설산수도상도〉 사건 순서

이 장면의 우측에는 천둥신이 발까지 동원하여 신나게 북을 치고 있는 모습이 확인된다. 이에 맞추어 칼 등을 든 천신들이 땅 위의 마군들을 향해 바위를 떨어트려 압사시키는 모습이 표현되어 있다. 실제로 풀 자리를 깔고 앉아 있는 석가모니불의 앞에 무릎을 꿇고 합장한 채 항복한 마군들과 압사당한 마군들이 함께 그려져 있는 모습이 확인된다. 그리고 그 옆에는 땅 위로 몸을 반쯤 내민 대지의 신이 다수 그려져 있다. 그 위쪽으로는 다수의 천신 무리가 하강하는 모습이 나타나 있으므로, 이들은 이에 호응하는 토지신 등의 지신 무리로 생각해 볼 수 있다. 이렇게 석가모니불은 마왕을 항복시키고 더없이 높고 존귀한 깨달음(無上正等正覺)을 증득하게 된다.

제7 녹원전법상도(鹿苑轉法相圖)

'녹원전법상'은 바라나시(Vārāṇasī)의 사르나트(Sārnāth), 즉 녹야원에서 오비구를 상대로 처음 불교의 가르침을 전개하는 것을 의미한다. '녹원'이란 녹야원의 줄임말이며, '전법'이란 전법륜(轉法輪), 즉 진리의 가르침을 전개한다는 의미이다.

 석가모니불은 보드가야의 보리수 아래에서 정각을 성취한 후 최초의 가르침을 어디에서 펼 것인가를 사유한다. 그러다가 당신이 6년간의 고행을 포기하자 수행을 포기했다고 오해해 떠난 오비구들이 녹야원에 있는 것을 알고 그곳으로 가신다. 이렇게 해서 석가모니불은 녹야원에서 오비구를 만나 당신이 깨달은 중도의 가르침을 전하게 된다. 그 결과 오비구 중 교진여가 가장 먼저 깨달음을 얻게 되고 이후 차례로 네 사람이 모두 윤회의 속박으로부터 벗어난 대자유의 경지인 아라한과를 증득한다. 이와 같은 내용을 그린 그림이 바로 녹원전법상도이다.

 용문사 〈팔상도〉의 〈녹원전법상도〉를 보면, 모란 같은 구름무늬로 분리된 하단에 석가모니불이 설법의 자세인 설법인을 취하고 있는 모습이 확인된다(鹿苑轉法). 석가모니불의 좌우에는 연꽃을 든 문수보살과 보현보살(현재 훼손되어 있다)이 존재하며, 그 바깥쪽에는 제석천과 범천이 합장한 채 시립한 모습으로 표현되어 있다. 그리고 그 아래쪽에는 가사와 장삼을 착용하고 있는 오비구의 뒷모습이 그려져 있다. 오비구 중 중앙에 있는 제자만 두광이 그려져 있는데, 이를 통해서 이 인물이 교진여라는 것을 알 수 있다. 이 장면에서 인도나 간다라, 그리고 티베트 등의 불교미술에서는 녹야원을 상징하는 사슴 한 쌍이 무릎을 꿇고 석가모니불의 가르침을 경청하는 모습이 표현되곤 한다. 그러나 우리의 녹원전법상에는 이런 모습은 살펴지지 않는다.

용문사 〈녹원전법상도〉의 상단을 보면 노사나불의 설법 장면이 살펴진다. 상단 중앙에 보관을 착용하고 보살 형태로 그려져 있는 노사나불은 깨달음에 입각한 석가모니불의 다른 모습으로, 설법인의 하나인 양손을 밖으로 펼치고 있는 수인을 취하고 있다(說大華嚴轉法).

노사나불 주위에는 좌우로 각각 여섯 명씩 총 12명의 보살이

초전법륜상 부분-하단, 인도 사르나트박물관
중앙 법륜을 중심으로 좌우에 사슴 한 쌍이 있다. 이는 녹야원에서의 첫 설법을 상징한다.

표현되어 있으며, 그 아래에는 중앙에 광배를 두르고 연화좌 위에 앉아 있는 청법보살과 좌우에 국왕의 모습이 살펴진다. 청법보살이란 가르침을 청하는 보살이라는 의미이다. 단 이 불화에서 그가 누구인지는 불분명하다. 청법보살 좌우의 국왕은 석가모니불에게 귀의해 신도가 된 군주를 나타낸 것이다. 군주의 바깥쪽 좌우에는 우락부락한 모습의 사천왕을 확인해 볼 수 있다. 이 불화에서는 사천왕과 제석천·범천이 상·하단에 나뉘어서 등장하고 있는 셈이다.

무지개 같은 구름무늬로 분절된 12보살의 위쪽에는 좌우 세 명씩 총 여섯 명의 호법신들이 배치되어 있다. 또 그 너머로는 12명씩 총 24명의 화불이 그려져 있는 것도 확인된다. 이상의 상단은 한 폭의 노사나불회도를 방불케 하는 상당한 스케일의 표현이 담겨져 있다고 할 수 있다. 이는 석가모니불이 『화엄경』을 설하는 장면을 표현한 것이다. 이처럼 『화엄경』 관련 장면이 등

예천 용문사 〈팔상도〉 〈녹원전법상도〉(ⓒ김성철)

장하는 것은 대승불교에서 『화엄경』의 내용을 석가모니불의 최초 설법이라고 보기 때문이다. 초기불교와 부파불교(소승불교)의 관점에서는 녹야원의 오비구에 대한 설법이 첫 설법인 반면, 대승불교에서는 『화엄경』이야말로 최초의 설법이라고 판단하는 것이다.

용문사 〈녹원전법상도〉는 이러한 두 가지 견해를 모두 수용해서 각기 단을 나누어 배치하고 있다. 다만 두 장면 중 무게 비중은 『화엄경』과 관련한 노사나불의 설법 장면에 더 크게 두고 있는데, 이것은 상·하단의 공간 분할의 크기 및 장엄 규모 등을 통해서 판단할 수 있다. 이는 우리의 불교가 북방으로부터 전래한 대승불교권에 속하기 때문이라는 점은 재론의 여지가 없다.

『화엄경』에서는 석가모니불이 보드가야에서 완전한 깨달음을 증득하고 진리의 당체(當體, 본질)인 법신 비로자나불과 한 몸이 되는 것으로 되어 있다. 그리하여 노사나불의 설법 장면이 표현되는 것이다. 마치 내가 10년 전의 나를 회상하게 되면 나의 정신은 10년 전의 나로 깨어나지만, 그렇다고 나는 10년 전의 나도 아니고, 현재의 나도 아닌 상태인 것과 같다. 이런 비로자나불과 석가모니불의 통합된 모습이 바로 노사나불이라고 이해하면 되겠다. 다시 말해서 상단의 노사나불은 석가모니불과 다른 존재가 아니라는 말이다.

동아시아의 화엄사상가들은 『화엄경』이 설해지는 시기를 석가모니불이 보드가야의 보리수 아래에서 깨달음을 얻은 직후 3·7일, 즉 21일 간이라고 말한다. 이때 가장 깊은 깨달음의 경지를 설했는데, 이 가르침은 대승의 보살들만이 이해할 수 있었다고 한다. 그런데 이런 경우 녹야원이라는 장소의 측면과 맞지 않는 문제가 발생한다. 그럼에도 화엄종과 화엄사상의 성격이 강한 동아시아 불교에서는 이러한 불일치를 감수하면서 『화엄경』과 관련된 부분을 추가하기에 주저함이 없었다. 이는 우리나라 모든 팔상도의 녹원전법

양산 통도사 〈팔상도〉 〈녹원전법상도〉 (ⓒ통도사성보박물관)

상도에서 확인되는 공통된 측면이다.

　다음으로는 통도사의 〈녹원전법상도〉를 살펴보도록 하자. 한눈에 보았을 때 가장 눈에 띄는 부분은 녹원전법상이 아닌 상단 중앙의 노사나불 설법 장면이다.

　그림을 보면 설법인을 한 노사나불 중심으로 좌우에 두광과 신광을 갖춘 거대한 문수보살과 보현보살이, 그리고 이들을 필두로 각각 8보살씩 도합 16보살이 그려져 있다. 그 바깥쪽에는 제석천과 범천을 필두로 호법신들이 둥글게 감싸고 있으며, 노사나불의 위쪽 좌우에는 마하가섭과 아난을 필두로 하는 제자들이 각각 10명씩 모두 20명이 표현되어 있다. 또 노사나불의 위쪽으로는 10명의 화불이 그려져 있는 모습도 확인된다.

　노사나불의 좌대 아래쪽에는 중앙에 놓인 탁자와 그 위에 놓인 향로를 중심으로 좌우에 각각 12명씩 총 24명의 군주와 귀족들이 배치되어 있다. 그리고 그 바깥쪽에는 사천왕의 모습도 살펴진다.

　『화엄경』이 석가모니불의 정각 직후 설법이라면 제자들은 표현되지 않는 것이 타당하다. 그런데 『화엄경』 안에도 대승불교경전의 특징상 제자들이 다수 등장하고 있다. 이런 점에서 다소 모순되기는 하지만 이것은 경전에서부터 비롯되는 문제이므로 비단 불화만의 문제는 아니다. 또 불화의 특징상 장엄을 위

양산 통도사
〈녹원전법상도〉 부분

해 제자를 배치하는 것은 아미타불회도 등에서도 쉽게 확인되는 모습이라는 점에서 큰 문제는 아니라고 하겠다.

하단의 중앙에는 엄청난 크기의 탑이 위치하고 있는 것이 확인된다. 탑의 주위에는 이를 경외의 눈으로 바라보는 호법선신들이 둘러싸고 있다. 또 대탑의 상부에는 여러 화불들이 탑을 찬탄하는 모습도 그려져 있다. 이 대탑은 석가모니불의 깨달음에 의해서 이후 이루어지게 되는 인류의 행복과 불교적인 번영을 상징한다. 이 상징적인 대탑을 중심으로 화면의 좌우가 분리되어 있는데, 먼저 좌측에는 기원정사가 지어지는 과정의 이야기로 코살라국 사위성의 급고독 장자가 기타 태자의 땅에 금을 까는 장면이 그려져 있다. 그림에는 시종이 코끼리에 금을 싣고 온 장면 아래로 급고독 장자와 기타 태자의 대화 모습이 표현되어 있다. 그리고 대화 장면의 하단에는 바닥에 금을 깔고 있는 시종의 모습도 그려져 있다. 당시 기타 태자는 땅을 팔지 않으려는 마음으로 땅 전체에 금을 깔면 팔겠다고 제안했다가, 급고독 장자가 제안을 실행에 옮기자 탄복하면서 기원정사에 문을 세워 주고 나무를 시주하게 된다.

이 그림의 맞은편에는 아소카(Aśoka, 阿育)왕

양산 통도사
⟨녹원전법상도⟩ 부분

아소카석주, 인도 사르나트박물관

의 전생 이야기가 표현되어 있다. 아소카왕은 석가모니불이 열반한 뒤 약 200년 뒤에 태어나서 최초로 전 인도를 통일하고 불교를 널리 편 왕이다.

아소카왕의 전생 이야기는 무척이나 감동적이다. 전생에 어린아이인 아소카왕이 흙장난을 하던 중 석가모니불을 만나 자신들이 쌀이라 칭하면서 놀던 흙을 그에게 보시한다. 이때 시자인 아난이 아이를 저지했지만, 석가모니불은 그 아이의 정성을 보아 그 흙을 받게 된다. 그리고는 아난에게 '이 아이는 다음 생에 이 흙을 보시한 공덕으로 전 인도를 통일하는 대제왕이 될 것'이라고 예언하며, '다만 흙을 쌀이라고 믿고 주었지만 그럼에도 흙은 흙이므로 성격이 거칠고 인물이 추하게 된다'고 말하였다. 이 말대로 아소카는 통일전쟁이 완수될 때까지 무척 포악하고 잔인한 인물의 행태를 보이게 된다. 그러나 통일 이후 자신이 석가모니불에 의해 예견된 인물임을 알고는 불교에 귀의하여 가장 신심 있고 자비로운 복지의 제왕으로 탈바꿈한다.

이후 아소카는 모든 석가모니불의 유적지를 참배하면서 '아소카석주'라는 기념비를 만들어 건립하고, 석가모니불의 사리를 나누어 전 인도에 8만 4천 개의 불탑을 건립해 봉안하였다는 전승이 있다. 여기에서 '8만 4천'이란 매우 많다는 의미로 사용되는 고대 인도인들의 상투어이다. 아소카가 녹야원에 건립한 초전법륜을 기념하는 석주는 현재 인도의 국장(國章)으로 모든 화폐 등에 도안되어 있다.

통도사 〈녹원전법상도〉의 우측 하단 부분을 보면 종종머리를 하고 있는 어린아이들이 흙장난을 하고 노는 장면이 묘사되어 있는데, 이 중 한 아이가 흙을 석가모니불에게 건네는 모습이 살펴진다. 또 그 주변에는 집에 흙을 발라서 단장하고 불탑을 만드는 모습도 표현되어 있는데, 이는 후일 아소카왕이 복지의 황제가 되며 8만 4천 탑을 건립하게 된다는 것을 암시하는 부분이다.

이로써 통도사 〈녹원전법상도〉는 불교의 큰 인물인 급고독 장자와 아소카왕의 두 인물을 대칭 구조로 그려 놓고 있음을 알 수 있다. 그런데 이 두 사건은 초전법륜보다 훨씬 이후의 일로서 통도사 〈녹원전법상도〉가 불교의 확대와 관련된 사건까지 포함하고 있음을 알 수 있다.

마지막으로 이 아소카왕의 전생 그림의 위에는 항마촉지인을 취하고 있는 석가모니불 옆으로 다섯 승려들이 가르침을 듣는 모습이 확인된다. 이 부분이 바로 오비구를 대상으로 한 초전법륜의 모습을 표현해 놓은 부분이다. 흥미로운 것은 녹원전법상이 화제(畫題)임에도 불구하고, 이 표현이 놀랍도록 작게 그려져 있다는 점이다. 더불어 첫

양산 통도사 〈녹원전법상도〉 사건 순서

설법을 묘사하고 있음에도 불구하고 석가모니불은 설법인이 아닌 항마촉지인을 하고 있어 다소 당황스럽기까지 하다. 통도사 〈녹원전법상도〉의 이러한 부분은 용문사의 〈녹원전법상도〉에 나타난 오류의 허용치보다 지나친 감이 없지 않다. 즉 화제는 녹원전법상이지만 실질적인 그림의 핵심은 어디까지나 『화엄경』의 설법인 셈이다.

제8 쌍림열반상도(雙林涅槃相圖)

쌍림열반상은 석가모니불이 쿠시나가라(Kuśinagara, 拘尸那伽羅)에 있는 두 그루의 사라나무 사이에서 열반에 드는 모습을 의미한다. '열반'이란 본래 '깨달음'이라는 의미이다. 불교에서는 육체가 있는 상태에서의 깨달음이란 육체적인 한계가 수반되는 미완의 깨달음이라는 관점을 견지한다. 육체가 있는 한 늙고, 병들고, 죽는 것과 같은 숙명을 피할 수 없기 때문이다. 그래서 이런 깨달음을 아직 남은 것이 있는 깨달음이란 뜻으로 '유여열반(有餘涅槃)'이라고 한다. 보드가야의 보리수 아래에서 깨달은 석가모니불은 유여열반을 한 셈이다. 한편 유여열반을 증득한 사람이 육신으로부터 벗어나게 되면, 이를 완전한 깨달음이란 뜻에서 '무여열반(無餘涅槃)'을 증득하였다고 한다. 이는 남은 것이 없는 완전한 깨달음의 상태라는 의미이다.[90]

무여열반의 의미가 육체적인 죽음을 포함하기 때문에 열반이라는 단어는 흔히 입적과 같은 죽음으로 이해되곤 한다. 특히 큰스님들의 입적에 대한 존칭으로 열반이라는 표현을 쓰기 때문에 이러한 인식은 더욱 굳어지게 된다. 그러나 본래 열반이라는 말은 불교에서 지향하는 최고의 깨달음을 지칭하는 것, 그 이상도 그 이하도 아니다.

석가모니불은 80세가 되는 해에 바이샬리에서 마지막으로 안거에 드신

예천 용문사 〈팔상도〉〈쌍림열반상도〉(ⓒ김성철)

후, 다자탑(多子塔) 옆에서 3개월 뒤 당신께서 열반에 들 것임을 제자들에게 고지한다. 이후 작은 도시와 마을들을 경유하며 북으로 이동해 간다. 이 과정에서 '쿠시나가라'라는 작은 도시국가에서 열반에 들게 되는데, 이 상황을 그린 그림이 바로 쌍림열반상도이다.

흥미로운 것은 초전법륜의 내용을 담은 녹원전법상도 다음에 곧장 쌍림열반상도가 위치한다는 점이다. 석가모니불이 35세에 보드가야에서 깨달음을 얻고 이후 80세에 열반에 든 점을 고려하면 45년간이나 가르침을 설해 왔다는 것을 알 수 있다. 그럼에도 첫 설법에 대한 묘사로서의 녹원전법상 뒤에 곧바로 마지막에 해당하는 쌍림열반상이 등장하는 것이다. 이는 석가모니불의 생애를 나누는 비중이 보드가야의 성도까지에 집중되어 있다는 것을 의미한다. 이와 같은 판단이 어떻게 작용한 것이며, 불교사에서 어떤 정당성을 얻어 일반화되는 것인지에 관해서는 분명하지 않다. 다만 중요한 것은 팔상도가 석가모니불의 생애 전체를 고르게 안배하고 있지 않다는 점이다. 이 때문에 급고독 장자가 기원정사를 보시하는 사건과 같은 굵직한 일도 녹원전법상 안의 한 구석에만 들어가게 되는 것이다.

먼저 용문사〈팔상도〉의〈쌍림열반상도〉를 살펴보면, 아래쪽의 중앙에 석가모니불이 오른팔을 괴고 누워 있는 모습을 볼 수 있다. 경전에는 석가모니불이 머리를 북쪽으로 두고 서쪽을 향한 채, 오른팔을 괸 상태로 열반에 드는 것으로 나타난다. 불화는 바로 이 대목을 표현하고 있는 것이다.

그리고 그 배경으로는 두 그루의 사라나무가 마치 활처럼 휘어져 연리지(連理枝)로 이어진 것 같은 형태를 보인다. 이는 전체적으로 거대한 광배와 같은 구조를 형성하고 있는데, 승려화가는 이 부분을 보다 부각시키기 위해 나무의 바깥쪽 테두리에 연속된 구름무늬까지 그려 넣고 있다. 석가모니불의 공간에 대한 신성함을 강조하고자 하는 모습이 확인되는 것이다.

또 석가모니불의 주검(法軀)[91] 좌우로는 머리에 후광을 두른 화려한 모습의 보살들이 배치되어 있고, 사라나무의 위쪽으로는 대체로 담담한 표정의 제자들이 자리 잡고 있다. 한편 석가모니불의 주검 아래쪽에는 후광을 두른 보살과 제자, 그리고 후광이 없는 제자 및 신도들이 한 데 뒤섞여 있는 모습이다. 그런데 이 부분에는 슬퍼서 오열하는

예천 용문사
〈쌍림열반상도〉 부분

제자들이 유독 많으며, 신도들도 슬픔을 주체하지 못하고 옷섶으로 눈물을 훔치고 있는 모습이 살펴진다. 경전에 따르면 석가모니불이 열반에 들자 깨달은 제자들은 담담해 했고, 깨닫지 못한 제자들은 슬픔에 오열했다고 한다. 이 불화는 이러한 모습을 위아래로 나누어서 표현하고 있는 것이다. 다만 두광의 표현이 보통 깨달은 자에게만 사용된다는 점에서 오열하는 모습의 제자들에도 두광을 적용한 것은 조금 문제가 있다고 볼 수 있다.

한편 이 〈쌍림열반상도〉에서 흥미로운 점은 석가모니불의 주검 앞에 제사상과 같은 공양단이 설치되어 있다는 점이다. 굽이 있는 그릇이 사용된 것하며, 좌우의 촛대와 초의 표현이 완연하다. 공양단의 중앙 앞쪽에 모래시계처럼 그려진 그릇은 향로의 예전 형태인 향완(香垸)을 표현한 것으로 추정된다. 석가모니불의 열반에 공양단의 묘사는 무척이나 어색하다. 이는 조선시대의 관점이 반영된, 지극히 조선적인 표현이라고 할 수 있기 때문이다. 당시에는 사람이 죽게 되면 음식을 진설하는 것이 일반적이었으니, 이와 같은

예천 용문사 〈쌍림열반상도〉 부분

인식이 반영된 것이다. 그림은 필연적으로 시대의 인식을 모사할 수밖에 없다는 점이 다시 한 번 확인되는 부분이다.

용문사 〈쌍림열반상도〉는 상단에 무지개 같은 가느다란 구름무늬를 통해서 상단과 하단을 나누고 있다. 상단에는 좌우의 사천왕과 그 안쪽에 조금 작은 신들 각각 두 명씩 총 네 명의 호위를 받는 여성 신의 모습이 그려져 있다. 이 여성이 상단의 핵심 인물인 석가모니불의 생모 마야 부인이다.

마야 부인은 룸비니에서 석가모니불을 출산하고 난 뒤 왕궁으로 돌아와 7일 만에 사망한다. 이후 제석천이 사는 도리천에 태어나게 되는데, 도리천의 신은 수명이 인간보다 훨씬 길기 때문에 결국 석가모니불이 먼저 죽음에 이르는 상황이 발생하는 것이다. 『경율이상(經律異相)』 권4의 「현반열반(現般涅槃)」에는 석가모니불이 열반에 들어 입관을 마치자 그의 제자인 아나율이 신통으로 도리천에 올라가 마야 부인에게 이 사실을 알렸다고 되어 있다. 이후 마야 부인은 부처님이자 아들의 마지막을 보기 위해서 도리천의 신들과 함께 내려와 끊임없이 눈물을 흘리다 혼절하게 된다. 그러나 석가모니불은 이미 입관이 끝난 뒤였기 때문에 마야 부인은 석가모니불의 진용을 볼 수 없었다. 이러한 상황에서 돌아가신 석가모니불은 관 밖으로 일어나 합장을 한 채 어머니를 위해서, '모든 생명 있는 것은 반드시 죽게 되는 것이니 너무 상심하지 말라'고 위로한다.[92] 이 불화의 상단은 바로 이 부분을 묘사하고 있는 것이다. 일본의 열반도 등에서는 마야 부인이 오열하는 모습으로 많이 표현되는데, 우리나라의 쌍림열반상도 속 마야 부인은 그저 담담하게 주변인 같은 시선으로 바라보듯 감정을 통제하고 있어 주목된다. 같은 내용을 담고 있지만 관점에 따라 전혀 다른 표현 방식이 살펴지는 것이다.

〈열반도〉(일본, 14세기) 부분 - 오열하는 마야 부인

다음으로는 통도사의 〈쌍림열반상도〉를 살펴보도록 하자. 가장 먼저 눈에 띄는 것은 하단을 크게 차지하고 있는 쌍림열반의 모습이다. 보살과 제자 및 호법신들을 둥글고 빼곡하게 구성하여 석가모니불의 열반을 애도하는 많은 군중들을 위엄 있고 엄숙하게 표현하고 있다. 등장인물들의 규모면에서 용문사 〈쌍림열반상도〉와 비교가 되지 않을 정도로 차이가 나는데, 이 부분의 등장인물들만 가지고도 한 폭의 거대한 불화가 완성될 수 있을 정도이다. 그러나 이 부분의 전체적인 구조는 용문사의 〈쌍림열반상도〉와 유사하다. 즉 양자 사이에는 규모의 차이가 존재할 뿐 전체적인 구조의 차이는 크지 않은 것이다. 다만 많은 제자들이 석가모니불의 열반을 슬퍼하는 모습을 보이고 있지만 그럼에도 감정 표현이 과하지 않은 인상이다. 이는 이들 대부분이 후광이 둘려진 인물인 동시에 좁은 공간에 많은 군중을 밀집시키다 보

양산 통도사 〈팔상도〉 〈쌍림열반상도〉 (ⓒ통도사성보박물관)

〈**열반도**〉, 일본, 14세기, 비단에 채색, (그림)196.9×188.6cm, 미국 메트로폴리탄미술관

니, 오열하는 것과 같은 큰 동작을 묘사할 수 없었기 때문으로 이해된다.

일본의 열반도에는 흔히 이 부분에서 동물들도 몸을 추스르지 못한 채 슬피 울며 나뒹구는 모습이 확인되는데, 우리 불화에서는 이와 같은 모습은 살펴지지 않는다. 경전에는 이때 여러 동물들도 슬픔을 주체하지 못했다는 내용이 기록되어 있다. 일본의 열반도는 바로 이와 같은 내용을 표현하고 있는 것이다. 이에 비해 우리는 유교적인 문화의 영향으로 초상과 관련해 동물의 표현을 탐탁지 않게 생각하는 측면이 작용한 것 아닌가 판단된다.

양산 통도사 〈쌍림열반상도〉 부분

열반에 든 석가모니불의 앞쪽에는 용문사 〈쌍림열반상도〉와 마찬가지로 공양단이 설치되어 있으며, 그 위에는 중앙의 향로와 촛대를 중심으로 좌우에 다기와 공양물이 진설되어 있다. 공양단의 좌측에는 열반하신 석가모니불을 향해 팔을 뻗고 있는 제자이면서 유일하게 후광 없는 인물이 표현되어 있다. 이는 아난으로 석가모니불의 55세 때부터 80세에 이르기까지 25년간 시자(侍者), 즉 비서와 같은 역할을 담당했던 인물이다.

아난은 타고난 천재로 한 번 들으면 잊지 않는 기억력의 소유자였다. 그래서 현존하는 모든 경전은 아난이 암송해서 전한 것으로 기록되어 있을 정도이다. 불교의 모든 경전은 '나는 이와 같이 들었다(如是我聞)'라는 말로 시작된다. 여기에서의 '나'가 바로 아난인 것이다. 그러나 아난의 경우 석가모니불을 모시는 일 때문에 자신의 수행 시간이 부족했다. 이로 인하여 부처님께서 열반에 들 때까지 성문사과(聲聞四果)[93]의 첫 단계인 수다원과(須陀洹果), 즉 진리를 보는 법(法)의 눈이 청정한 단계에밖에 이르지 못했다.[94] 이 때문에 아난에게는 후광 표현을 하지 않은 것이다.

공양단의 우측에 있는, 머리가 유독 솟아 있는 인물은 석가모니불의 10대 제자 중 천안제일인 아나율이다. 일반적으로 불화에서 아난의 반대편에 등장하는 인물은 마하가섭이다. 그러나 석가모니불이 열반할 때 마하가섭은 멀리 있어 미처 당도하지 못했다. 그렇기 때문에 이 인물은 그를 최후까지 호종했던 제자 중 가장 장로(長老)[95]인 아나율로 보아야 한다.

그림의 중간 우측을 보면 한 여인과 두 시녀가 서 있고, 석가모니불은 금

양산 통도사 〈쌍림열반상도〉 부분

관 위에 떠올라서 많은 화불(化佛)들을 뿜어내는 모습이 그려져 있다. 이 부분에 등장하는 여인은 마야 부인이다. 한편 이 부분을 자세히 보면 금관 안에서 연기가 피어오르는 듯한 표현의 연결을 통해 가부좌한 작은 부처님이 금관에서 나온 것임을 알 수 있게 한다. 이는 슬퍼하는 마야 부인에게 가르침을 설하는 석가모니불을 표현하고 있는 것이다. 이 장면에서 한 가지 더 살펴야 할 부분은 바로 금관 부분이다.『장아함경』권3「유행경」에 의하면 석가모니불을 향탕으로 씻은 후 무명천으로 감아서 금관(金棺)에 넣고, 이 금관을 철곽(鐵槨)에 안치한 것으로 되어 있다. 즉 금관이 겉쪽은 아니었던 것이다. 하지만 이 불화에서는 석가모니불이 안치된 관을 금관으로 표현하면서 석가모니불의 권위와 장엄함을 부각시키고 있다.

  그 아래로는 횃불을 들고 화장을 시도하는 모습이 그려져 있다. 이것을 다비식에서 '거화(擧火)'라고 하는데, 경전의 기록에는 이 불이 향목에 옮겨 붙지 않아 화장이 실패했다고 전한다. 그 이유는 석가모니불의 열반 이후 그의 가르침을 결집하고 교단의 기틀을 확립하게 되는 마하가섭이 당도하지 않았기 때문이다. 이는 마야 부인에 대한 설법과 함께 열반한 뒤의 시점에도 석가모니불의 의지가 드러나는 중요한 사건이다. 이후 마하가섭이 뒤늦게 당도하자 석가모니불은 금관의 밖으로 발을 내밀어 제자가 발에 예배할 수 있도록 배려한다. 이것을 표현한 것이 바로 중단 좌측의 그림이다.

  금관 밖으로 발을 내민 이 사건을 '곽시쌍부(槨示雙趺)'라고 한다. 선종에서는 이를 염화미소(拈華微笑), 다자탑전분반좌(多子塔前分半座)와 함께 '삼처전심(三處傳心)'[96]이라고 한다. 삼처전심이란 석가모니불이 마하가섭에게 세 차례에 걸쳐서 진리의 마음을 전했다는 의미이다. 곽시쌍부는『사분율』권54와『마가승기율(摩訶僧祇律)』권32, 그리고『장아함경』권4 등에서 폭넓게 나타난다. 그러나 『십송율(十誦律)』 권60에는 천신(天神)이 관(棺)을 열고 염습을 풀어 헤친 것으로 되어 있어 차이를 보이기도 한다.

중단 좌측의 장면에는 마하가섭이 이미 입관이 완료된 금관을 부여잡고 어찌할 바를 몰라 하는 듯한 모습을 보이고 있다. 승려화가는 이러한 마하가섭의 모습과 함께 두 발이 금관 밖으로 나온 석가모니불의 모습을 표현해서 곽시쌍부의 극적인 순간을 묘사하고 있다. 이 장면에서 금관을 에워 싼 제자들은 하단의 인물들이 아닌 마하가섭과 함께 동행한 500명의 제자들을 상징적으로 표현한 것이다.

이 부분에서 확인되는 마하가섭의 특징은 머리가 유독 솟아 있다는 점이다. 이는 중국에서 지혜와 장수의 의미를 상징한다는 점은 앞서도 설명한 바 있다. 이와 같은 표현 방식은 치성광여래도의 남극노인성이나 도교 신선도의 노자 표현에서도 확인된다.

마야 부인의 좌측 위쪽에는 날아가는 금관과 그 뒤를 따르는 아난의 모습이 그려져 있다. 이는 마하가섭이 예배를 마치자 금관이 쿠시나가라의 말라족들이 대관식을 올리던 천관사(天冠寺)로 이동한 것을 나타낸다. 이곳에서 석가모니불의 다비가 진행되는데, 경전에는 마하가섭을 필두로 하는 제자들이 석가모니불의 관을 오른쪽으로 세 번 돌며 마지막 예를 갖추자 금관 안에서 저절로 불이 나오며 화장이 이루어진 것으로 되어 있다. 이는 석가모니불의 모든 뜻이 흡족해져서 뜻에 들어맞았음을 의미한다.

상단의 좌측 그림은 화장의 불길이 거세게 뿜어지면서 사리가 비처럼 쏟아지는 모습을 표현한 것이다. 사리는 모든 부처님이 마지막 최후에 중생들에게 남기는 깨달음의 유산(遺産)이자 자비심의 결정(結晶)이며, 모든 공덕이 산출되는 위대한 공양의 통로이다. 『석보상절』 권하에 따르면 이때 산출된

양산 통도사 〈쌍림열반상도〉 부분

사리의 양이 여덟 섬 네 말이나 되었다고 한다. 불화를 자세히 보면 상단 좌측 구석에는 사천왕이 표현되어 있고, 그 아래로 하급신들이 사리병을 받쳐 들고 있는 모습이 확인된다. 그 맞은편에는 노비구로 표현되어 있는 마하가섭과 젊은 비구의 모습으로 나타나 있는 아난을 필두로 한 제자들이 공경히 합장을 한 채 서 있다. 그리고 가운데에는 그릇 크기에 따라 사리를 가득 담고 있는 재가의 남성 신도(優婆塞)들이 표현되어 있다.

끝으로 상단의 우측에는 취합된 사리를 향성(香姓, Droṇa)바라문이 석가모니불의 사리를 모시기 위해 참석한 여덟 개 나라의 군주들에게 공평하게 나뉘주는 모습이 그려져 있다. 경전에 따르면 이때 쿠시나가라의 말라족들은 석가모니불의 열반처가 자신들의 영토임을 주장하며 사리를 독차지하려 했다고 한다. 이 때문에 당시 인도 여러 나라의 맹주였던 마가다국의 아사세(阿闍世)왕이 분노했고 분위기가 험악해진다. 이 상황에서 이를 중재하고 사리를 분배하는 인물이 바로 향성바라문이다.

상단을 보면 맨 우측 위로 원유관을 착용한 아사세왕이 좌우의 시종과 함께 크게 그려져 있는 모습이 확인된다. 그리고 그 아래쪽에는 같은 원유관을 착용한 여섯 개 나라의 군주와 익선관 혹은 사모(紗帽)의 변형으로 보이는 관모를 착용한 인물들이 표현되어 있다. 원유관을 착용한 군주들 중 일부는 사리를 받아들고 있는 모습으로 그려져 있어 이미 일정 부분 분배가 진행된 상태임을 알 수 있다.

상단의 중앙에는 신령스러운 영기를 뿜어내는 삼층탑 다섯 기가 표현되어 있는데, 이는 이들 군주들이 사리를 모시고 가서 건립한 여덟 개의 근본8탑을 상징한다. 물론 인도 탑은 대접을 뒤집어 놓은 형태(覆鉢形)에 일산을 씌워 놓은 모양으로, 이 그림에 표현되어 있는 우리 식의 석탑 형태는 당연히 맞는 표현이 아니다. 하지만 군주나 신하의 표현 등도 모두 우리 식으로 개변되어

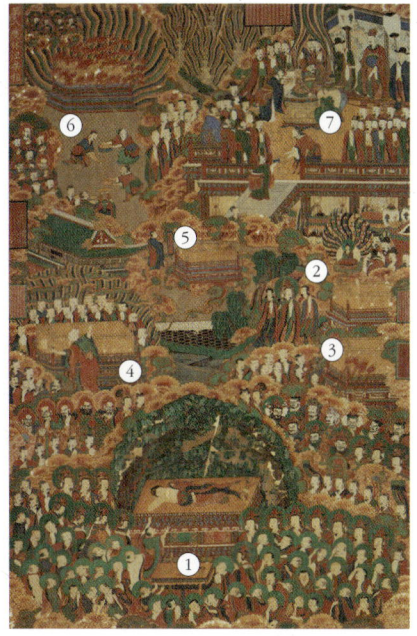

양산 통도사 〈쌍림열반상도〉 사건 순서

산치 제3탑, 인도, 기원전 1세기경, 인도 마디아프라데시주 ⓒ자현

있으니 이는 굳이 탓할 일도 아니다. 불교는 각 문화권에 전달되면서 그에 맞는 옷으로 갈아입게 된다. 이는 우리가 속한 동아시아의 경우에도 마찬가지다. 이런 점에서 통도사 〈쌍림열반상도〉의 삼층탑 표현이야말로 어떤 의미에서는 진정 불교적인 모습이라고 하겠다.

조선 후기
민중의 상처와 야단법석의 상징
괘불도

조선 후기 민중불교와 괘불도

괘불도의 '괘불'이란 족자형으로 걸도록 되어 있는 불교 그림이라는 의미이다. 티베트 라마불교의 영향에 의한 탱화 역시 족자형의 거는 그림이었다는 점은 앞서 언급한 바 있다. 그러나 한국사찰은 불화를 족자형으로 말았다 폈다 하지 않는다. 이는 우리에게 탱화 이전 벽화 전통이 존재했기 때문이다. 이 때문에 탱화는 족자형이 아닌 후면에 틀이 갖춰진 액자형으로 신속하게 바뀌게 된다. 이런 점에서 본다면 한국불화에서 괘불도야말로 진정한 의미에서의 탱화라고 이를만하다.

현존하는 괘불도는 100여 점 정도가 있는데(1945년까지는 총 117점) 모두 조선 후기에 조성된 것으로 비교적 최근의 것을 제외한 54점이 보물로 지정되어 있다. 국가 지정 문화재 비율로만 본다면 괘불도는 단연 압도적이라 이를만하다. 이는 그만큼 괘불도가 중요하다는 방증이 된다.

괘불도 중에는 보물 제1279호로 지정되어 있는 나주 죽림사의 〈세존괘불도〉(56쪽)가 1622년 조성된 불화로 가장 오래된 것이며, 보물 제1265호인 부여 무량사의 〈미륵불괘불도〉(156쪽)는 1627년의 연대를 가지고 있다. 17세기 초반의 괘불도가 있다는 점은 임진왜란 이후의 전후 회복과 아울러 불교가 민중화되면서 저변이 빠르게 확대되었다는 것을 의미한다.

조선은 성리학을 국시(國是)로 삼아 숭유억불정책을 시행해 왔다. 하지만 임란과 호란 이후부터는 국가 통제가 한계 상황에 봉착한다. 이 과정에서 예학(禮學)을 강조하며 유교주의를 보다 강도 높게 주장하지만 양란 이전의 상황으로 되돌릴 수는 없었다. 결국 조선 후기에는 유교원칙주의자들에 의한 '그들만의 리그'와 민중과 결합한 불교의 회복·약진이 두드러지는 시기라고 하겠다. 한편 유교 내에서도 변화가 감지된다. 그것은 시대 변화에 따른 실학(實學)의 대두와 전개로 정리해 볼 수 있다.

양란을 기점으로 불교의 외연이 확대된 데는 몇 가지 이유가 있다. 먼저 국시인 성리학이 민중을 보호하지 못했다는 인식이 생겨났다는 점, 둘째 불교가 승군 등의 활약 및 민중 구호 활동을 통해서 민중과 아픔을 함께했다는 점, 마지막 셋째는 임란으로 인해 억울하게 죽은 이들을 위한 종교적 해결책이 불교에 있었다는 점이 그것이다.

유교는 내세관이 약하다. 『논형(論衡)』 권6의 「복허(福虛)」에는 우리가 익히 아는 말인 '인명재천(人命在天)', 즉 사람의 목숨은 하늘에 달려 있다는 말이 있다. 또『맹자』의「이루(離婁)」상(上)에는, 천명은 항상 하지 않다는 '천명미상(天命靡常)'이란 말도 수록되어 있다. 그런데 이러한 유교의 뚜렷하지 못한 내세관은 전쟁으로 인해 비극적인 죽음을 맞은 이들과 산 자들에게 위안이 되기에 충분치 못했다. 결국 불교가 그 결핍된 자리를 차지하게 되면서 외연이 급속도로 넓어지게 되는 것이다.

한편 이러한 외연 확장에는 또 다른 이유도 존재한다. 한국불교는 삼국시대에 전래된 직후부터 국가적인 후원과 보호 아래 고려시대까지 천 년 이상을 평안하게 지내 왔다. 이 과정에서 민중에 대한 절실함이 사라지게 되고, 이는 조선에 들어 지배이데올로기가 바뀌게 되자 불교가 일거에 몰락하는 결과를 초래한다. 그러나 불교는 숭유억불기인 조선 전기를 거치면서 점차 변모하게 되고, 이것이 양란을 겪으면서 민중화되는 결과를 가져온다.

위와 같은 배경 속에서 여러 사찰에는 불전(佛殿)에 수용되지 않을 정도로 많은 수의 신도들이 몰리게 되었고, 결국 절 마당인 주불전 앞쪽을 활용해 법회를 열기에 이른다. 이런 상황에서 불전의 불상을 대체할 상(像)으로 조성되는 것이 바로 대형의 괘불도이다.

괘불도가 걸린 불전 바깥에서 진행된 법회는 말 그대로 야단법석의 상황이었다. 다만 이 시기의 대형 법회는 고려시대 및 조선 초기까지의 법회와는 성격이 다르다. 앞서 이야기한 바대로 고려시대, 조선 초기의 대형 법회가 국가 및 왕실의 후원에 의한 것이라면 양란 이후의 대형 법회는 민중의 요구에 의한 것이었기 때문이다. 이런 점에서 조선 후기의 괘불도는 이전 시기부터 존재했을 것으로 추측되는 괘불도[97]에 비해 불화의 수준은 떨어질지 몰라도 의미의 완성도는 훨씬 더 뛰어나다고 할 수 있다.

괘불도의 용도와 천도 의식

보통 괘불도를 거는 곳은 주불전 앞쪽으로 그곳에는 돌로 된 한 쌍의 괘불대가 위치한다. 이곳에 국기게양대와 같은 긴 나무대가 가설되고, 이를 따라서 마치 국기를 게양하듯 괘불도를 펼쳐 걸게 된다.

괘불도를 가설하고 전개되는 불교 의식은 영산재, 수륙재, 생전예수재와 같은 대형의 불교 의식이다. 이 중에서 핵심은 영산재이며, 이 때문에 현존하는 괘불도는 대부분 석가모니불을 중심으로 하는 석가모니괘불도이거나 영산회상괘불도가 된다. 영산재는 석가모니불을 중심으로 하는 영산회상을 구현하고, 이러한 수승한 공덕을 통해서 조상의 천도를 진행하는 의식이다. 영산재는 그 종교적 특수성과 예술적 깊이를 인정받아 2009년 유네스코 세계무형문화유산에 등재되기도 하였다.

수륙재는 '천지명양수륙재(天地冥陽水陸齋)'를 말한다. 하늘과 땅, 그리고 죽은 생명과 산 생명, 물과 육지의 모든 유주·무주의 영혼들을 천도하는 대화합의 불교 의식이다.

생전예수재는 윤달이 드는 4년 마다 살아 있는 사람이 미리 자신의 죄업을 탕감하는, 일종의 산 사람을 대상으로 하는 49재라고 이해하면 되겠다.

이들 불교 의식은 많은 불교 신도들의 동참 속에 거대하게 진행되었으며, 이러한 과정에서 괘불도의 필연성을 요구받게 된다. 그런데 이들 세 불교 의식은 모두 조상 및 영혼의 천도와 관련된 천도재의 성격을 가진다는 공통점이 있다. 이는 이와 같은 종교 의식의 유행과 괘불도의 요청이 양란 이후의 대중 심리와 무관하지 않다는 점을 단적으로 보여준다. 물론 여기에는 유교의 조상 숭배 영향에 따른 측면 역시 존재한다는 점은 재론의 여지가 없다.

이야기 속의 이야기

괘불도의 보관과 거는 방법

괘불도는 특성상 야외에 걸리는 대형 불화이다. 그리하여 불전 내에 보관하던 괘불도를 펼쳐 설치하고, 접어 보관하는 데 상당한 시간이 요구된다. 그렇다 보니 미리 예정된 법회 날 갑자기 비가 오거나 바람이 부는 등의 일이 생기면 손상이 가지 않을 수 없다. 그래서일까? 현존하는 모든 괘불도는 영험하다는 말이 전해진다. 그 이유는 현존 괘불도들이 모두 수백 년에 걸쳐 단 한 차례도 그러한 손상을 입지 않았다는 것을 의미하기 때문이다.

괘불도는 많은 경우 1년에 몇 차례나 사용되지만, 적을 때는 몇 년 만에 사용되기도 하는 비일상적인 불화이다. 이런 상황이다 보니 말려 있는 상태로 보관되어 있는 것이 오히려 일상이 된다. 그런데 대형인 데다가 해당 사찰을 대표하는 예배화라는 점에서 보관이 보통 까다롭지 않다. 여기에 회화 작품의 특성상 습기에 노출되면 문제가 발생하게 마련이다. 결국 습기가 적고 통풍이 잘되는 곳에 보관해야만 한다.

그리하여 선택되는 곳이 해당 사찰에서 너비가 가장 긴 전각인 주불전, 그것도 후불화가 걸리는 벽의 뒤쪽이 되곤 한다. 이와 더불어 보통 나무로 된 긴 직사각형의 괘불함 속에 모셔지며, 예배화라는 특성과 습기의 침해를 막기 위해 바닥으로부터 띄워지게 되는데 이때 사용되는 것이 바로 괘불함 받침이다. 정리하자면 괘불도는

양산 통도사 괘불 설치 장면(ⓒ하지권)
괘불이 보관되어 온 전각에서 여러 대중이 함께 괘불을 이운한다. 이후 한 쌍의 괘불대에 양쪽을 걸어 올리면 펼쳐지며 괘불대에 걸리게 된다.

주불전 후면의 괘불함 속에 모셔져 괘불대 받침 위에 놓이는 것이다.

그런데 여기에는 다른 한 가지의 문제가 있다. 앞쪽에 불상이 모셔진 상황에서 너비가 긴 괘불함을 전각에 난 출입문을 통해 넣거나 뺄 수가 없다는 점이다. 이와 같은 문제를 해결하기 위해서 괘불함을 모셔 놓는 전각의 뒤쪽 한 켠에는 바닥에 작은 문이 별도로 조성된다. 이 쪽문이 바로 괘불이 출입하는 통로, 즉 '괘불문'이다.

괘불은 이 통로를 통해서 대규모의 법회 시 주불전 앞에 걸리게 된다.

먼저 괘불을 빼내 주불전 앞의 도르레 장치가 설치되어 있는 한 쌍의 괘불대 앞에 놓는다. 그리고는 괘불의 끝에 위치한 고리에 줄을 묶고 도르레에 걸어 양쪽에서 동시에 잡아당긴다. 이렇게 되면 괘불도가 서서히 펼쳐지면서 괘불대에 걸리게 된다. 괘불도가 다 펼쳐지면 바람에 의한 펄럭임과 그에 따른 파손을 막기 위해서 광목과 같은 긴 천으로 × 자로 고정한다. 괘불도를 괘불함에 넣는 방식은 이의 반대로 진행된다고 생각하면 되겠다.

괘불도가 주불전의 앞에 걸린다는 것은 주불전이 완전히 가려진다는 것을 의미한다. 이는 괘불도의 상징성이 주불전 안의 불상과 후불화의 의미까지 모두 포함한다는 뜻이 된다. 즉 괘불도는 비일상적인 불화이지만, 펼쳐지게 되면 주불전의 존상마저도 능가하는 최고의 권위를 가지는 불화가 되는 셈이다.

괘불도의 구분과 특징

괘불도는 크게 독존도(獨尊圖)와 다존도(多尊圖), 그리고 군도(群圖)와 다불도(多佛圖)로 구분한다.

독존도는 한 명의 불보살상을 표현한 그림을 의미한다. 이런 경우는 석가모니불을 불형(佛形)으로 표현하는 것보다 보관을 쓴 보살의 형상인 보관불형(寶冠佛形)으로 나타내는 것이 보다 일반적이다. 불형의 괘불도는 1673년에 조성된 구례 천은사〈석가모니괘불도〉(보물 제1340호)가 대표적이다. 또 보관불형으로는 청도 적천사〈석가모니불 추정 괘불도〉(보물 제1432호)와 1725년에 제작된 청량산〈석가모니괘불도〉(보물 제1210호) 등을 꼽아볼 수 있다.

보관불형의 괘불도들은 모두 부처님이 다수의 화불이 그려진 화려한 보관을 쓰고, 연꽃 가지를 잡은 연지인(蓮枝印)을 한 입상(立像)으로 표현된다. 이는 괘불도만의 특이한 표현 방식이라는 점에서 이색적이다. 이것은 삼신불의 표현에서 보신 노사나불을 장엄보살로 그려내는 것처럼, 영산회상의 석가모니불이 법화사상의 관점에 따라서 보신으로 규정되기 때문으로 판단된다. 즉 보신이라는 원만상의 표현이 바로 보관불형 괘불도라는 말이다.

다음으로 다존도는 중앙의 부처님을 중

구례 천은사〈석가모니괘불도〉, 조선, 1673, 삼베에 채색, 894.0×567.0cm, 구례 천은사, 보물 제1340호(ⓒ문화재청)

양산 통도사 〈석가여래괘불도〉, 조선, 1767, 모시에 채색, 1204.0×493.0cm, 양산 통도사, 보물 제1350호(ⓒ하지권)

심으로 삼존이나 오존, 또는 칠존이나 구존을 표현한 불화이다. 삼존도로는 1683년의 곡성 도림사 〈영산회괘불도〉(보물 제1341호)나 1769년의 남해 용문사 〈영산회괘불도〉(보물 제1446호) 등이 있다. 삼존도는 중앙의 석가모니불과 좌우에 각각 문수보살·보현보살의 석가삼존이 그려져 있는 괘불도이다.

오존도로는 1705년에 조성된 예천 용문사 〈영산회괘불도〉(보물 제1445호)가 대표적이다. 오존도는 삼존도에 마하가섭과 아난이 첨가된 형태이다.

칠존도로는 1702년의 연대를 가지는 통영 안정사 〈영산회괘불도〉(보물 제1692호)와 1700년 조성의 부안 내소사 〈영산회괘불도〉(보물 제1268호) 등을 들 수 있다. 이 중 안정사 〈영산회괘불도〉는 오존도를 기본으로 다보여래와 아미타불의 두 부처님이 추가되어 있는 형식이다. 다보여래는 『묘법연화경』

남해 용문사 〈영산회괘불도〉, 조선, 1769, 삼베에 채색, 865.5×585.0cm, 남해 용문사, 보물 제1446호(ⓒ남해 용문사)

예천 용문사 〈영산회괘불도〉, 조선, 1705, 1097.0×661.8cm, 예천 용문사, 보물 제1445호(ⓒ문화재청)

진주 청곡사 〈영산회괘불도〉, 조선, 1722, 삼베에 채색, 1040.0×641.0cm, 청곡사문화박물관, 국보 제302호(ⓒ문화재청)

권4 「견보탑품(見寶塔品)」에 등장하는 『묘법연화경』의 설법을 증명하는 부처님이다. 이는 괘불도가 법화사상에 따른 영산회상도라는 점을 나타내 준다. 다보여래와 아미타불을 석가모니불의 좌우에 등장시키는 것은 다른 불화에서는 찾아보기 어려운 괘불도만의 특이한 특징 중 하나이다. 이는 1661년 간행된 불교의 의식문인 『오종범음집(五種梵音集)』의 영산회와 관련된 영산작법(靈山作法)에서 청해 모셔지는 불보살을 표현한 것으로, 조선 후기 괘불도의 특수한 전형을 이루는 측면이다. 다음으로 내소사 〈영산회괘불도〉는 안정사 〈영산회괘불도〉에서와는 달리 마하가섭과 아난이 관세음보살과 대세지보살로 대체되어 있다. 즉 석가삼존과 관세음, 대세지의 두 보살 및 다보여래와 아미타불이 등장하는 형태인 것이다.

구존도로는 1722년의 청곡사문화박물관 소장 청곡사 〈영산회괘불도〉(국보 제302호) 등이 있다. 이 괘불도에는 삼존도에 앞의 안정사 〈영산회괘불도〉와 내소사 〈영산회괘불도〉에 등장하는 모든 인물인 마하가섭과 아난, 그리고 다보여래와 아미타불, 관세음보살과 대세지보살이 등장한다. 즉 석가모니불을 중심으로 영산재 의식에 필요한 필수 인원이 모두 도상화되어 있는 것이다.

다음으로 군도는 영산회상과 관련된 다수의 인물이 등장하는 복합적인 괘불도를 의미한다. 1710년 조성된 안동 봉정사 〈영산회괘불도〉(보물 제1642호)는 석가모니불 8대보살과 10대제자가 그려져 있다. 또 1688년에 조성된 상주 북장사 〈영산회괘불도〉(보물 제1278호)에는 사천왕과 8대보살 그리고 10대제자와 8대금강이 표현되어 있어, 구도적인 차이가 있기는 하지만 거대한 영산회상도를 방불케 한다. 또 진천 영수사 〈영산회괘불도〉(보물 제1551호)(158쪽)에는 화면 전체에 100명이 넘는 인물들이 빼곡히 채워져 있어 매우 이채

상주 북장사 〈영산회괘불도〉, 조선, 1688, 삼베에 채색, 1320.0×807.0cm, 상주 북장사, 보물 제1278호(ⓒ연합뉴스)

청주 안심사 〈영산회괘불도〉, 조선, 1652, 모시에 채색, 726.0×472.0cm, 청주 안심사, 국보 제297호(ⓒ문화재청)

영주 부석사 〈오불회괘불도〉, 조선, 1745, 비단에 채색, 850.0×580.0cm, 영주 부석사, 보물 제1562호(ⓒ영주 부석사)

롭다.

끝으로 다불도로는 삼계불괘불도와 삼신삼계불괘불도 그리고 오불회괘불도의 세 종류가 있다. 삼계불괘불도는 1684년의 상주 용흥사〈삼계불괘불도〉(보물 제1374호)가 대표적이며, 삼신삼계불괘불도는 1745년에 조성된 영주 부석사〈오불회괘불도〉(보물 제1562호) 등이 있다. 또 다른 오불회괘불도로는 1628년의 안성 칠장사〈오불회괘불도〉(국보 제296호)(286쪽)가 있다.

괘불도에 담긴 석가모니불의 수인

괘불도의 표현 중에 우리는 석가모니불의 수인을 주목할 필요가 있다.

1622년의 나주 죽림사〈세존괘불도〉에서부터 본존 석가모니불의 수인인 항마촉지인에서 특이한 모습이 확인되기 때문이다. 나주 죽림사〈세존괘불도〉의 석가모니불은 촉지를 한 오른손의 새끼손가락이 비정상적으로 벌

나주 죽림사〈세존괘불도〉부분-
수인(ⓒ성보문화재연구원)

청주 안심사〈영산회괘불도〉부분-
수인(ⓒ문화재청)

어져 있는 모습이 확인된다. 이는 1649년에 조성된 청주 보살사 〈영산회괘불도〉(보물 제1258호)와 1650년에 그려진 공주 갑사 〈삼신불괘불도〉(국보 제298호), 그리고 1652년에 조성된 청주 안심사 〈영산회괘불도〉(국보 제297호)와 1657년의 세종 비암사 〈영산회괘불도〉(세종 유형문화재 제12호)에서도 같은 양상이 살펴진다. 이렇듯 특이한 양상이 나타나는 이유는 손바닥을 바깥쪽이 아닌 안쪽을 내미는 것과 관련된다.

    석가모니불이 항마촉지를 할 때 손바닥이 안으로 가게 했는지 또는 바깥쪽으로 가게 했는지에 대한 부분은 경전에 나타나는 것이 없다. 실제로 티베트 라마불교나 남방불교의 도상에는 항마촉지인과 여원인(시여인)이 결합되어 손바닥이 밖을 향하는 양상이 다수 존재한다.[98] 이와 같은 영향에 의해서 조선 후기 괘불도에 이러한 수인의 형태가 나타나는 것으로 추정된다.[99] 그러나 이러한 양식이 왜 이 시기에 갑자기 돌출했다가 사라지게 되었는지에 대한 명확한 연결고리는 현재 확인되지 않는다. 그러나 이것은 괘불도의 석가모니불에 대한 한 특징이 된다는 점에서 무척이나 흥미롭다.

주석

I. 불화의 탄생

1   천불화현은 코살라국 사위성에서 이교도들이 신통으로 도전하자 석가모니불이 천 명으로 분신하는 등 다양한 신통으로 이교도들을 굴복시킨 일을 말한다. 이때의 신통이 석가모니불의 일생에서 가장 위대한 신통인 이유로 특별히 '대신변(大神變)', 혹은 '대신통변(大神通變)'이라고 특칭해 부르곤 한다. 이 사건 이후 천불화현의 장소엔 이를 기념하는 대규모의 탑이 건립되었으며, 현재까지도 거대한 위용을 자랑하고 있다.

2   『천사경』은 인간들이, 염라대왕이 보낸 생·노·병·사·치죄(治罪)의 다섯 천사를 알아보지 못하고, 악업만을 일삼다가 마침내 지옥에서 고통 받게 된다는 내용의 경전이다. 이 경전은 『염라왕오천사경(閻羅王五天使經)』의 단독 경전으로도 전해지고 있다.

3   야차는 '야크샤(Yakṣa)'의 음사로 인도 토착민들이 숭배한 숲이나 나무의 정령을 말한다. 후일 불교와 결합하면서 불교와 부처님의 가르침인 불법의 수호자로서 역할을 부여받게 된다.

4   프레스코 기법이란 벽에 석회를 발라 마감하는 과정에서 회칠이 마르기 전 그림을 그려 안료가 석회 속으로 스며들어 가도록 하는 방식이다. 이렇게 되면 벽을 덮고 있는 석회가 그림의 색을 잡고 있기 때문에 박락이나 탈색으로부터 보다 견고한 내구성을 갖게 된다.

5   풍대란 일본의 족자 위쪽에 보이는, 두 줄로 공간을 분할하는 선을 지칭하는데 중국에서는 이를 '경연(驚燕)'이라고 한다. 이런 점에서 한국불화 상단의 끈 표현과 뜻도 안 통할뿐더러, 한국불화의 용어로도 적합하지 않다.

6   티베트의 라싸 3대 사원 중 한 곳인 드레풍 사원[哲蚌寺]은 매년 높이 42미터에 폭 37미터의 괘불도를 산비탈을 끼고 거는 괘불재(卦佛齋)로 유명하다. 티베트는 고산 지대에 자리하고 있어 강우량이 적은데 이러한 환경적 요인은 괘불도 문화가 발달할 수 있었던 하나의 원인이 되었다.

II. 한국불화의 역사

1   부처님은 제자들에게 머리카락과 함께 수염도 깎도록 했다. 그러므로 불상에도 수염이 표현될 수 없다. 그러나 동아시아문화권에서는 수염을 권위와 노회한 지혜의 상징으로 이해한다. 이로 인하여 불상에도 이른 시기부터 수염을 그리기 시작했다. 이러한 전통은 현재까지 특이한 형태의 표현으로 불상과 불화에 남아 있다.

장천 1호분〈예불도〉부분 - 불상
(ⓒICOMOS 한국위원회)

2   '大士'는 큰 스승을 의미하는 '大師'가 아닌 '보살'이라는 의미이다. 설산

대사는 별칭으로 '설산동자(童子)'라고도 불린다. 즉 설산대사는 나이 어린 구도자의 표상인 셈이다. 설산대사는 뒤에 나오는 살타 왕자와 더불어 석가모니불의 전생이다.

3 『삼국사기』 권48 「열전(列傳)」 제8에는 솔거의 〈노송도〉에 관한 내용이 수록되어 있다. 이에 따르면 솔거가 황룡사 벽에 그린 〈노송도〉가 매우 실감나 새들이 날아들어 벽에 부딪히곤 떨어졌다고 한다. 솔거는 이외에도 경주 분황사의 관세음보살상과 진주 단속사의 유마거사상도 그린 것으로 되어 있다.

4 중생사는 백율사(栢栗寺), 민장사(敏藏寺)와 더불어 경주의 3대 관음도량이다.

5 사찰에 그려진 불교 벽화로 가장 오래된 것은 1377년에 조성되었을 것으로 추정되는 영주 부석사 조사당 벽화이다. 이 벽화는 후대에 여러 차례에 걸쳐 덧칠 작업이 이루어졌지만, 첫 조성 시기는 조사당이 창건되는 1377년으로 보는 것이 일반적이다. 조사당 벽화는 의상 대사를 모신 곳인 조사당을 장엄하던 것으로, 제석천과 범천 그리고 사천왕의 총 여섯 점으로 구성되어 있다. 조사당 벽화는 석굴암과 유사한 배치 구조로 의상 대사가 금산보개여래(金山寶蓋如來)의 후신(後身)이었다는 믿음에 의해 부처님의 예로서 존숭됨에 따라 조성된 것으로 판단된다. 의상이 금산보개의 후신이라는 기록은 『삼국유사』의 「의상전교(義湘傳敎)」와 민지(閔漬)가 1297년에 찬술한 『유점사사적기(楡岾寺事蹟記)』 등에서 확인된다.

영주 부석사 조사당 벽화
-제석천□범천

영주 부석사 조사당 벽화
-사천왕 (왼쪽부터 남방증장천왕, 서방광목천왕, 북방다문천왕, 동방지국천왕)

고려, 토벽에 채색, 각각 205.0×75.0cm, 영주 부석사, 국보 제46호(ⓒ영주 부석사)

6   동아시아의 불교미술에서 표현되는 사자는 우리가 익히 알고 있는 사자에 비해 다소 왜소한 모습을 띈다. 불교에서 표현되는 사자는 체구가 작은 아시아 사자이기 때문이다. 이렇듯 동아시아 불교미술 작품에 등장하는, 다소 왜소해 보이는 사자의 표현은 인도로부터 전파된 아시아 사자에 대한 표현의 답습이라고 하겠다.

7   후(煦)는 대각국사(大覺國師) 의천(義天)의 이름이다. 『대각국사문집(大覺國師文集)』에 따르면, 문종은 자신의 네 왕자들을 모아 놓고 누가 출가해서 복전(福田), 즉 승려가 될 것인지를 물었다. 그러자 당시 11세의 후가 출가를 자원한다. 그는 중국 송나라로 유학해서 천태종을 들여와 개창하고, 대장경의 주석서인 『교장』을 간행하는 등 많은 업적을 남기게 된다.

8   원 간섭기의 시호에 '충(忠)' 자가 들어가는 여섯 임금의 생몰년과 재위 기간은 다음과 같다.
    제25대 충렬왕(1236~1308, 재위 1274~1308)
    제26대 충선왕(1275~1325, 재위 1298·복위 1308~1313)
    제27대 충숙왕(1294~1339, 재위 1313~1330·복위 1332~1339)
    제28대 충혜왕(1315~1344, 재위 1330~1332·복위 1339~1344)
    제29대 충목왕(1337~1348, 재위 1344~1348)
    제30대 충정왕(1338~1352, 재위 1349~1351)

9   고려 말 지장신앙이 더욱 진전된 양상을 보여주는 불화가 있다. 미국 메트로폴리탄미술관에 소장되어 있는 〈아미타지장병립도〉(130쪽)가 그것이다. 이 불화에서는 아미타불과 관세음보살, 지장보살의 아미타삼존에서 관세음보살이 빠져 있다.

10 『관무량수경』은 정선 13관(定善十三觀)과 산선 3관(散善三觀)의 구조를 취하고 있는데, 이 중 산선 3관이 바로 구품왕생에 해당하는 부분이다.
    구품왕생 ─┬─ [상품] 상품상생·상품중생·상품하생
              ├─ [중품] 중품상생·중품중생·중품하생
              └─ [하품] 하품상생·하품중생·하품하생

11 고려 후기 나한신앙의 유행에는 해주 신광사(神光寺)와 관련된 측면도 있다. 신광사에는 923년 중국 양나라에서 전래한 오백나한상 또는 오백나한도가 모셔져 있었다. 그런데 1330년 원나라 제11대 혜종이 고려로 유배와 있다가 이 나한상에 기도한 뒤 황제가 되고 1341년에는 원찰로 지정되어 원나라의 대대적인 후원을 받는다. 이는 분명 고려에 나한신앙의 유행을 초래하였을 것이다.
    다만 신광사의 오백나한이 상이었는지 불화였는지는 분명하지 않다. 『삼국유사』「전후소장사리」에는 사신으로 갔던 윤질이 오백나한상을 모셔온 것으로 되어 있지만, 『고려사』「세가」권1에는 '오백나한화상(五百羅漢畵像)'이라고 되어 있기 때문이다.

12   16나한의 명칭은 다음과 같다.
  1. 빈도라발라타사(賓度羅跋囉惰闍, Piṇḍola-bharadvāja)
  2. 가낙가벌차(迦諾迦伐蹉, Kanakavatsa)
  3. 가낙가발리타사(迦諾迦跋釐墮闍, Kanakabharadvāja)
  4. 소빈타(蘇頻陀, Subinda)
  5. 낙거라(諾距羅, Nakula)
  6. 발타라(跋陀羅, Bhadra)
  7. 가리가(迦理迦, Kālika)
  8. 벌사라불다라(伐闍羅弗多羅, Vajraputra)
  9. 수박가(戌博迦, Jīvaka)
  10. 반탁가(半託迦, Panthaka)
  11. 라후라(羅睺羅, Rāhula)
  12. 나가서나(那伽犀那, Nāgasena)
  13. 인게타(因揭陀, Aṅgaja)
  14. 벌나파사(伐那婆斯, Vanavāsin)
  15. 아씨다(阿氏多, Ajita)
  16. 주도(리)반탁가(注茶半託迦, Cūḍapanthaka)

13   독성신앙은 16나한 가운데 신통이 탁월하면서 영원히 입적하지 않는 빈두로(賓頭盧, 빈도라발라타사), 즉 나반존자(那畔尊者)를 모시는 신앙이다. 그런데 빈두로와 나반의 음(音)이 서로 매우 다르고 신앙 배경에도 차이가 있어 애초 서로 다른 신앙이 후에 결합되었을 가능성을 배제할 수 없다.

14   아미타불의 극락정토와 관련하여 소위 '정토삼부경(淨土三部經)'이라 불리는 세 종류의 경전이 중요하다. 그것은 『무량수경(無量壽經)』, 『아미타경(阿彌陀經)』, 『관무량수경』이다. 이 중 『관무량수경』의 배경이 드라마틱하며, 극락과 관련된 구체적인 내용을 상세하게 묘사하고 있어 불화 표현에 이용되는 빈도가 높다.

15   『원각경』에 등장하는 12보살의 명칭은 다음과 같다.
  1. 문수사리보살(文殊師利菩薩)
  2. 보현보살(普賢菩薩)
  3. 보안보살(普眼菩薩)
  4. 금강장보살(金剛藏菩薩)
  5. 미륵보살(彌勒菩薩)
  6. 청정혜보살(淸淨慧菩薩)
  7. 성덕자재보살(威德自在菩薩)
  8. 변음보살(辯音菩薩)

주석

9. 정제업장보살(淨諸業障菩薩)
10. 보각보살(普覺菩薩)
11. 원각보살(圓覺菩薩)
12. 현선수보살(賢善首菩薩)

16 미륵신앙과 관련하여 소위 '미륵삼부경(彌勒三部經)'으로 일컬어지는 경전은 『미륵상생경(彌勒上生經)』, 『미륵하생경(彌勒下生經)』, 『미륵성불경(彌勒成佛經)』이다.

17 '석가모니열반도'는 불교에 비해 내세관이 부족한 성리학이 강조되면서부터 죽음을 환기시킬 수 있다는 점에 의해 점차 터부시되기 시작한다. 이는 조선시대 팔상도 중 열반도(쌍림열반상도)가 간략화되는 결과를 초래하게 된다. 그러나 불교가 발달한 고려시대에는 열반도가 큰 거부감 없이 받아들여졌을 것이다. 특히 불교에서의 열반은 35세 때 석가모니가 보리수 아래에서 깨달음(有餘涅槃)을 얻는 것보다 한 단계 더 높은 완전한 깨달음(無餘涅槃)을 상징한다는 점에서 더욱 그렇다.

18 북두칠성의 별 이름과 도교식의 명칭은 다음과 같다.
1. 천추성(天樞星) - 탐랑성군(貪狼星君)
2. 천선성(天璇星) - 거문성군(巨文星君)
3. 천기성(天機星) - 녹존성군(祿存星君)
4. 천권성(天權星) - 문곡성군(文曲星君)
5. 옥위성(玉衡星) - 염정성군(廉貞星君)
6. 개양성(開陽星) - 무곡성군(武曲星君)
7. 요광성(搖光星) - 파군성군(破軍星君)

19 삼태육성의 도교식 명칭은 다음과 같다.
1. 상태성(上台星) - 허정개덕성군(虛精開德星君)
2. 중태성(中台星) - 육순사공성군(六淳司空星君)
3. 하태성(下台星) - 곡생사록성군(曲生司祿星君)

20 이십팔수를 각 방위에 맞추어 분리하면, 각 일곱 개의 별자리에 총 161성이 배치된다. 고구려 고분벽화에 사신도(四神圖)를 그리는 것은 죽은 군주가 자미대제로 이십팔수를 거느린다는 의미이다.
1. 동방 - 창룡(蒼龍) 7수: 각(角)·항(亢)·저(氐)·방(房)·심(心)·미(尾)·기(箕) 총 30성
2. 남방 - 주작(朱雀) 7수: 정(井)·귀(鬼)·유(柳)·성(星)·장(張)·익(翼)·진(軫) 총 59성
3. 서방 - 백호(白虎) 7수: 규(奎)·누(婁)·위(胃)·묘(昴)·필(畢)·자(觜)·삼(參) 총 47성
4. 북방 - 현무(玄武) 7수: 두(斗)·우(牛)·여(女)·허(虛)·위(危)·실(室)·벽(壁) 총 25성

21 인로왕보살의 인로왕은 '최고의 인도자'라는 의미이다. 망자를 사후세계로 인도해 가는 저승

안내자로서 중국의 문화 배경에서 만들어진 보살이다. 일반적으로 깃발을 들고 망자를 인도하는 역동적인 모습으로 표현되곤 한다.

22   배채법은 불화의 뒷면에도 일정한 농도의 채색을 해 앞면에 비치게 하는 회화 기법이다. 이렇게 하면 은은한 발색(發色)이 가능해서 그림의 품격이 높아지며, 빛에 대한 저항력도 강해진다.

23   불화에 표현된 불보살의 자유로운 구도와 경직된 구도는 고려불화와 조선불화를 구분하는 대표적인 차이점이다. 그러나 조선불화를 대표하는 경직 구도는 고려시대 내에서도 읽힌다. 같은 고려불화라 하더라도 조성 시기가 이를수록 측면 자세의 불화가 많고, 고려 말로 갈수록 정면 자세의 불화 비중이 커지는 것이다. 이러한 양상의 이유는 두 가지로 판단된다.

첫째는 고려 말로 갈수록 걸개그림인 탱화의 범위가 넓어졌다는 점이다. 걸개그림의 영역 확대는 주로 벽화로 조성되었던 후불도와 같이 정면 구도를 보였던 불화까지도 걸개그림의 형태로 그려졌음을 의미한다. 이는 또한 이전과 달리 후불도도 왜구에 의한 약탈 대상이 될 수 있었다는 것을 뜻한다. 이로 인해 우리는 현존하는 고려불화를 통하여 고려 말 불화의 구도가 점차 정면 구도로 변화되었음을 감지할 수 있다.

둘째는 고려 말기에 성리학이 약진했다는 점이다. 주지하다시피 고려 말이 되면 성리학의 위세가 점차 강력해지는 모습을 확인할 수 있다. 당시 불교가 유학자들에 의해 공공연히 비판받았다는 점이나 고려 말 불교계의 큰 승려인 왕사 나옹(懶翁)이 대관(臺官, 사헌부)과 도당(都堂)에 의해 탄핵되어 죽음에 이르게 되었다는 점은 이러한 사회상을 단적으로 나타내 준다. 이렇듯 성리학의 영향이 증대되면서 조선불화와 같은 경직된 구도의 불화 비율이 증대되는 것이다.

이들 두 측면은 전자가 잔존하는 고려불화의 비율에 의한 분석이라면, 후자는 고려 말 사상의 변화에 입각한 판단이다. 고려 말기에 살펴지는 불화의 구도 변화는 이와 같은 두 양상이 종합적으로 영향을 끼친 결과라고 할 수 있겠다.

24   『고려사』 권39의 「세가」 29, 충렬왕 7년(1281) 6월의 원 간섭기 초기 기록에 의하면, 당시 고려 불교계에는 결혼하는 승려의 비율이 절반이나 되었고, 뇌물에 의해서 승직이 거래되는 등 심각한 상황에 처해 있었음을 알 수 있다. 이와 같은 양상은 라마불교의 영향에 의한 것으로 원 간섭기가 끝날 무렵 더욱 심각해졌을 것이란 추정을 가능케 한다. 이러한 상황 속에 고려 말의 선승(禪僧)들은 라마불교의 영향을 정화하고자 하였으며, 이 과정에서 불교는 성리학의 성장에 효율적으로 대처하지 못하게 된다.

25 태종에 의한 종파 통합 이전의 11종과 종파 통합 이후 7종은 아래와 같다.

통합 이전 11종	통합 이후 7종
1. 조계종(曹溪宗)	1. 조계종(曹溪宗)
2. 총지종(摠持宗)	2. 천태종(天台宗)
3. 천태소자종(天台疏字宗)	3. 총남종(摠南宗)
4. 천태법사종(天台法事宗)	4. 화엄종(華嚴宗)
5. 화엄종(華嚴宗) →	5. 자은종(慈恩宗)
6. 도문종(道文宗)	6. 중신종(中神宗)
7. 자은종(慈恩宗)	7. 시흥종(始興宗)
8. 중도종(中道宗)	
9. 신인종(神印宗)	
10. 남산종(南山宗)	
11. 시흥종(始興宗)	

26 태종에 의해 일곱 개 종으로 축소된 조선불교 7종은 세종에 의해 선종과 교종의 양종으로 또다시 통합된다.

조계종(曹溪宗)·천태종(天台宗)·총남종(摠南宗)　　　　→ 선종
화엄종(華嚴宗)·자은종(慈恩宗)·중신종(中神宗)·시흥종(始興宗) → 교종

27 태종이 242개 사찰을 남기고, 이후 세종이 36곳으로 축소했다는 것은 이들 사찰 외에 다른 곳이 폐사(廢寺)되었다는 의미가 아니라 정부 지원 사찰의 총수를 조정했다는 의미로 받아들여지고 있다.

28 조선시대를 양분하는 기점은 선조 재위기를 포함한 임진왜란이다. 그런데 이 외의 시기 구분에 있어 임진왜란에 필적할만한 뚜렷한 기준이 존재하지 않는다. 그러므로 여기에는 연구자들의 관점에 따른 차이가 존재할 수밖에 없다.

29 육계란 부처님의 32가지 특이 형상(三十二相) 중 32번째에 해당하는 것으로, 정수리가 우뚝 솟아 있는 모습인 '정계상(頂髻相)'을 의미한다. 부처님의 32상 중에서 31번째의 '백호상(白毫相)' - 미간에 흰 털이 나서 오른쪽으로 말려 있는 형상 - 과 이 '정계상'이 가장 중요하다.

30 인도인들은 머리 위 상투 속에 구슬을 넣고 다니는 전통이 있다. 이것을 '계주'라고 하는데, 이는 후에 '최상'과 '최고'라는 상징적 의미가 부여된다. 이것이 불상으로 수용된 게 바로 계주 표현이다. 이 계주를 육계 위에 표현하면 '정상 계주'라 하고, 육계 앞쪽에 표현하면 '중간 계주'라고 칭한다.

31 명숙공주와 홍상이 성종의 장수를 기원하며 조성한 다섯 종의 불화는 〈약사삼존십이신장도〉를 포함하여, 〈미타여래도(彌陀如來圖)〉, 〈치성광여래도〉, 〈관음도〉, 〈의암관음도(倚岩觀音圖)〉이다. 이 중 〈의암관음도〉는 수월관음도와 유사한 양식의 불화로 추정된다.

32　응신이란 관세음보살이 중생의 바람에 따라 그에 준한 눈높이에 맞는 대상으로 변화해 중생을 구원하는 것을 의미한다. 이러한 변화 모습이 〈삼십이관음응신도〉에서는 32가지가 확인되기 때문에 '32응신'이라고 한다.

33　일본의 승려 엔닌[圓仁]은 당나라 구법 순례와 관련된 기행문을 남겼는데 이것이 『입당구법순례행기(入唐求法巡禮行記)』이다. 여기에는 828년 우란분절이 7월 보름에 시작되어 17일에 끝났다고 기록되어 있다. 이는 과거 우란분절 행사가 3일간 지속되는 대규모 행사로 진행되었음을 알게 해 주는 중요한 기록이다.

34　선교양종이란 표현은 세종이 선종 교파를 '선종'으로, 교종 교파를 '교종'으로 통합하여 두 종파만 남겼음을 의미하기도 하지만, 이후 한 종파로 통합되어 통불교적 성향을 가졌던 때의 종파를 일컫기도 한다. 이 책에서는 후자의 의미를 사용한 것이다.

35　1차 예송은 1659년 효종이 붕어하자 효종의 계모인 자의대비(慈懿大妃)가 상복을 3년 입어야 하는지 1년 입어야 하는지에 대한 논쟁이었다. 이때는 1년을 주장한 서인이 승리하게 되는데 이 논쟁이 1659년인 기해년에 있었으므로 이를 '기해예송'이라고 한다. 2차 예송은 1674년 효종의 부인인 인선왕후가 사망하자, 자의대비가 상복을 1년 입어야 하는지 9개월 입어야 하는지에 대한 논쟁이다. 이때는 1년을 주장한 남인이 승리하게 되는데, 이 논쟁은 갑인년에 있었으므로 이를 '갑인예송'이라고 한다.

36　중음은 '중유(中有)'라고도 하는데, 이생과 다음 생 사이의 중간 기간을 의미한다. 이 시기는 재판의 심리 기간과 같아서 이때의 영향 관계에 따라 다음 생의 질적인 변화가 발생할 수 있다.

37　이중환의 『택리지(擇里志)』를 보면 전라도 등 한양(수도)과 먼 도에는 양반이 존재하지 않는다는 내용이 있다. 이는 3대가 삼사에 들지 못하면 양반으로 보지 않는 관점에 따른 것이다.

38　조선 후기의 회화 표현을 보면 귀인은 상체가 크고 길며 하체가 짧은, 지금의 일반적인 미적 기준으로 보면 환영받을 만한 모습이라 할 수 없다. 이에 비해서 지체가 낮은 하인이나 노복은 긴 하체를 가진 늘씬한 체형으로 그려진다.

Ⅲ. 사찰에서 만나는 불화들

1　부처님께서 앉아 있는 좌대는 인도 우주론의 중심산인 수미산 정상 도리천을 상징한다. 그러므로 이를 수미산과 같은 좌대라고 해서 '수미좌'라고 칭하는 것이다.

2　사천왕은 수미산의 중턱에 살면서 각 방위를 관장하며, 악으로부터 이 세계를 수호하는 신이다. 이들이 사는 수미산 중턱을 사천왕이 사는 곳이라고 해서 '사왕천'이라고 칭한다.

3   참고로 고려시대까지의 사천왕 배치 위치와 지물은 조선시대에 와서 다음과 같이 바뀌게 된다. 이는 본래 십자형인 사방의 구조를 간방(間方)으로 틀어 배치해야 하는 상황에서 시계 방향으로 돌려 배치할 것이냐, 아니면 반시계 방향으로 돌려 배치할 것이냐의 차이에 따른 것이다.

본존과 사천왕의 기본 구도			시대별 사천왕의 간방 배치 구도			
	북방 다문천왕		통일신라에서 고려까지의 정형 (시계 방향)		조선의 정형 (반시계 방향)	
서방 광목천왕	중앙 본존불	동방 지국천왕	서방광목천왕	북방다문천왕 (탑 혹은 탑과 창)	북방다문천왕 (탑과 창)	동방지국천왕 (비파)
	남방 광목천왕		남방증장천왕	동방지국천왕	서방광목천왕 (용과 여의주)	남방증장천왕 (칼)

4   다문천왕의 지물이 부처님을 상징하는 탑과 전쟁 무기인 창이라는 언밸런스한 측면 때문에 창을 일산(日傘, 양산)과 같은 측면으로 바꾸어 조성하는 경우도 발견된다. 그러나 여기에서의 탑은 종교적인 숭배 대상으로서의 의미가 아니라 전쟁에서 반드시 승리하기 위한 필승의 수호물이라는 뜻을 가진다. 석가모니불의 성물이 전쟁의 승리와 관련된 수호물의 용도로도 사용되는 것은 『사분율(四分律)』 권52에 나오는 왕자이자 장군인 구바리(瞿婆離)의 이야기를 통해서 확인해 볼 수 있다.

탑이 필승의 상징물이기 때문에 탑과 창이 같이 나타날 수 있는 것이며, 탑은 사천왕의 리더인 북방다문천왕이 지니게 되는 것이다.

5   각각의 방위를 특정한 색깔과 연관시키는 문화는 중국뿐만 아니라 인도에도 있다. 이러한 인도 문화는 도상을 중요시하는 밀교를 타고서 동아시아로 이식된다. 그렇기 때문에 사천왕의 방위와 관련된 얼굴색의 표현은 현재 밀교에 입각한 색 처리와 오행에 따른 색 표현, 두 가지가 혼재되어 있는 실정이다.

6   사천왕의 방위 및 명호 문제와 관련해서 핵심이 되는 부분 중 하나는 1628년의 중수 기록이 확인되는 순천 송광사의 소조사천왕상(보물 제1467호)이다. 이 상에는 먹으로 탑을 든 사천왕상을 '광목천왕'이라 적고 있기 때문이다. 그러나 탑을 든 왼손 아래의 허리춤에는 보취가 표현되어 있고, 얼굴색은 오행에서 북방을 나타내는 검은색으로 되어 있다(본래 검은색이었던 얼굴 부분은 수리 후 모두 살색으로 통일되었다). 즉 묵서(墨書)와 도상이 불일치하는 것이다. 이 문제와 관련해서 필자는 묵서에 오류가 있다고 판단한다. 왜냐하면 사천왕의 방위와 명호 문제는 아미타불회도의 이해와 관련해서 시작되어 오류가 확대되는 것으로 판단되기 때문이다. 이 책의 Ⅲ부 '서방정토 극락세계의 불보살, 아미타불회도' 참조.

순천 송광사 소조사천왕상, 조선, 1628(추정), 높이 403.0cm, 순천 송광사, 보물 제1467호(ⓒ송광사성보박물관)
사천왕상에 기록된 바에 따르면 사천왕문 입구에서 바라보았을 때 오른편 안쪽부터 시계 방향으로 북방다문천왕, 동방지국천왕, 남방증장천왕, 마지막으로 창을 든 천왕을 서방광목천왕으로 한다. 서방광목천왕의 허리춤에는 보쥐의 형상이 표현되어 있다.

7 수기란 부처님이 수행자에게 미래에 부처님이 될 것이라는, 결정된 불변의 예언을 주는 것을 뜻한다.

8 불자는 벌레가 서식하기 좋은 인도에서 벌레를 함부로 잡을 수 없었던 수행자들이 벌레를 쫓고 물리치는 용도로 사용하던 도구이다. 이후 수행자의 권위를 상징하는 도구가 되어 군주도 지니는 물건이 된다. 그래서 '불진(拂塵)'이라고도 하는데 이는 번뇌를 털어 내는 도구라는 의미이다. 현재도 대한불교조계종에서 최고의 어른인 종정이 추대될 때에는 불자를 전달하는 것으로 상징 삼고 있다.

9 정병은 군지(軍持, kuṇḍkā)로 물병(水瓶)이나 씻을 물을 담은 병(瓶)이라는 의미이다. 정병은 수행자들이 가지고 다니면서 목을 축이거나 손발을 씻는 데 사용한다. 그러므로 이는 수행자의 상징이 되는데, 힌두교에서는 범천의 지물이 되며 불교에서는 원래 미륵보살이 지니는 물건이었다. 그러나 후대에는 미륵보살보다 관세음보살과 결합해서 나타나는 것으로 변모하게 된다.

10 왼쪽을 오른쪽보다 위계가 높은 것으로 인식하는 사례는 우리나라 역사 안에서도 쉽게 확인할 수 있다. 한 예로 조선시대 중앙 관직 중 가장 높은 자리인 영의정 다음에 오는 관직이 좌의정, 그 다음이 우의정이란 점을 들 수 있다. 불화의 경우도 보살이나 신중의 좌우 배치에 이러한 측면이 그대로 반영된다. 본존을 중심으로 대칭이 되는 경우에 위계가 높은 존재를 향 우측, 다시 말해 본존을 중심으로 좌측에 배치하는 것이다. 이는 석가모니의 좌우 보처로 문수와 보현이 위치하는 것이나, 아미타불의 좌우 보처로 관세음과 대세지가 배치되는 것 등을 통해서 확인해 볼 수 있다.

11 『원각경』은 가르침을 설하는 주체로서 부처님의 명호가 뚜렷하게 드러나 있지 않은 특징을 가지고 있다. 그러므로 경전을 통한 정확한 명호 파악은 불가능하다. 그러나 도상으로 본다면 노사나불의 표현으로 보는 것이 타당하다.

12 포복은 군주의 곤룡포와 양반들의 도포 및 승려의 장삼이나 도사의 도포와 같은 동아시아 전통의 품이 큰 겉옷을 일컫는 총칭이다.

13 노자에 관한 설화 중에는 그의 이름과 관련한 내용이 있다. 내용인즉 어머니 뱃속에서 81년 동안 있다가 태어날 때부터 백발이 성성한 지혜로운 분이었기 때문에 노자(老子)라 했다는 것이다. 이는 '노(老)=지혜(知慧)'라는 중국의 관점에 입각한 설화이다.

14 노자상에서 머리가 솟아 있는 것이 원래부터 도교적인 표현이었는지, 아니면 불상이나 불화의 육계 표현을 차용한 것인지에 대한 관계는 불분명하다.

15 사천왕은 우리가 사는 사바세계의 수미산 중턱, 사왕천에 사는 존재들이다.

16 불교에서의 용은 동아시아에서 말하는, 승천하는 용이 아닌 나가(那伽, Nāga), 즉 킹코브라를 의미한다. 인도 용은 물의 신으로 우리가 흔히 아는 용궁의 용왕이라는 개념은 이러한 인도 용에 기인한다.

17 백상은 사자와 함께 불교의 대표적인 상징 동물이다. 특히 백상 중에서도 상아를 여섯 개 가진 백상이 최고가 되는데, 이를 '육아백상(六牙白象)'이라 한다. 육아백상은 석가모니불의 태몽에 등장한 동물인 동시에 보현보살이 탈 것이기도 하다.

18 중국 용은 여의주를 입에 물거나 손으로 잡고 있지만, 인도 용은 여의주를 머리 위의 상투 속에 둔다. 이것은 인도 전통의 계주 문화를 용의 설화가 계승하고 있기 때문이다.

19 『삼국사기』 권32 「잡지(雜志) 1-제사(祭祀)」에 등장하는 삼산은 나력(奈歷), 골화(骨火), 혈례(穴禮)이며, 오악은 동-토함산, 남-계룡산, 서-지리산, 북-태백산, 중앙-팔공산이다.

20 삼성각에는 중앙의 치성광여래를 중심으로 좌우에 독성인 나반존자와 산신이 모셔진다. 그러나 해안가 쪽의 삼성각에는 산신 대신 용왕이 등장한다.

21   아미타불과 관련된 8대보살 중에는 우리가 익숙하게 들어왔던 보살들과 달리 생소한 두 보살이 있다. 바로 허공장보살과 금강장보살이다. 허공장보살은 지혜와 자비가 허공과 같이 무한함을 의미하는 보살이며, 금강장보살은 금강계밀교의 우두머리인 동시에『화엄경』「십지품(十地品)」에 등장하는 최고의 보살 중 한 명이다.

22   타방불이란 아미타불과 같이 다른 세계에 상주하고 있는 부처님들을 의미한다.

23   '금강'과 '철위'는 금강산과 철위산을 의미한다. 그러나 이는 하나의 산을 관점에 따라 다르게 표현하는 것으로, 서로 다른 산을 가리키는 것은 아니다. 불교의 우주론에 따르면 우주의 맨 바깥에는 전 우주를 감싸고 있는 거대한 테두리 역할을 하는 산이 있다. 이를 쇠로 된 테두리와 같다고 해서 '철위산'이라고 한다. 또 이 테두리 산은 무척 견고하기 때문에 금강과 같다고 해서 '금강산'으로 불리기도 한다. 즉 하나의 산을 질료의 관점에서 보느냐, 기능과 역할의 관점에서 보느냐에 따라 달리 부르는 것이다.

24   불화는 종교미술에 속하기 때문에 자유도가 높을 수 없다. 그런데 이러한 불화 중에서 가장 자유도가 높은 것이 바로 괘불도이다. 괘불도의 자유도는 다른 불화들에 비해서 확연히 높게 나타나는데, 이는 양란 이후 시대적 요청에 의해서 새롭게 대두하기 때문 아닌가 한다. 즉 도상의 일정한 원칙이 확립되기 전 여러 지역에서 제작되다 보니 작가의 의도가 더 크게 작용할 수 있었다는 말이다.

25   육환장은 석장(錫杖, 金錫拄杖), 즉 승려들이 짚고 다니는 지팡이의 일종으로 여섯 개의 고리를 가진 지팡이라는 뜻이다.

26   정토삼부경이란『아미타경』·『무량수경』·『관무량수경』을 일컫는다.

27   비밀불교라는 의미의 밀교는 태장계(胎藏界)와 금강계(金剛界)의 두 가지가 있다. 태장계는 『대일경(大日經)』을 배경으로 비로자나불은 선정인(禪定印)과 유사한 법계정인(法界定印)을 취한다. 이에 반해 금강계는『금강정경(金剛頂經)』을 바탕으로 하며, 비로자나불은 지권인을 취하게 된다. 한국불교의 비로자나불은 신라 하대 선종의 발달과 연관되며, 대다수가 지권인으로 통일되어 있다.

28   삼계불은 동아시아 불교문화권에서만 확인되는 특징적인 부처님의 배치 방식이다. 남향을 선호해서 주불전의 방향을 남쪽으로 배치하는 동아시아의 배경문화에 따른 측면이기 때문이다. 참고로 인도문화권은 주불전의 입구를 남향이 아닌 동향으로 배치한다. 이는 전각의 구조상 삼계불의 형식이 불가능하다는 것을 의미한다. 동아시아 문화권의 남향 선호는『한서(漢書)』권30,「예문지(제자략서)」등에서 확인되는 '군인남면지술(君人南面之術)'의 관점 때문이다. 이는 현재까지 동아시아인들의 남향 선호 문화로 유전되고 있다.

29   삼계불(三界佛)을 삼세불(三世佛)로 일컫는 문제로 인하여 일부에서는 시간적인 삼세불은 '해 세(歲)' 자를 사용해 '삼세불(三歲佛)'이라고 해야 한다는 주장도 있다. 그러나 한자에 이미 정확한 개념 규정이 있는데, 굳이 같은 발음의 글자를, 그것도 한 해나 나이의 의미이자 세월을 뜻하는 '歲'

를 넣어서 사용할 필요는 없다고 판단된다. 즉 이는 용어의 면으로나 한자의 의미상으로나 맞지 않는 것이다.

30 유순은 인도의 거리를 재는 도량형 단위로 군주가 행장을 차리고 하루 동안 가는 거리를 의미한다. 현대의 개념으로 8킬로미터 정도로 판단한다.

31 우리나라 사찰에서 가장 많이 사용되는 홀수는 3배(拜), 3잡(匝), 3청(請), 3층탑, 3존불에서와 같은 '3'이다. 그러나 불화에서 일반적으로 핵심이 되는 대상은 중앙에 위치하는 본존으로서 '1'의 상징성을 가진다.

32 조선시대의 상복과 조문복은 모두 흰색이다. 즉 조선시대 조문객은 흰색 복장만을 입은 것이다. 그래서 양반들은 흰색 갓에 흰 도포를 착용하게 된다. 바로 이 복장이 저승사자의 한 모티브로 작용한다. 사후세계는 '어두울 명(冥)' 자를 쓰는 명계(冥界)이다. 즉 어둡고 음침한 세계인 것이다. 여기에 동아시아에서는 전통적으로 죽음과 삶이 모든 면에서 반대라고 여기는 측면이 있다. 이러한 '명계'의 어두운 이미지와 이승과 '반대'라는 의미로 저승의 복장은 검은 색이라는 인식이 만들어지게 된다. 이렇게 해서 검은 갓에 검은 도포를 입는 저승사자의 이미지가 완성되는 것이다.

33 제석천의 정전을 『화엄경』에서는 '묘승전(妙勝殿)'이라 하지만, 『구사론(俱舍論)』에서는 '수승전(殊勝殿)'으로 나타난다. 그러나 『기세경(起世經)』과 『기세인본경(起世因本經)』에는 다만 '승전(勝殿)'이라고만 되어 있을 뿐이다. 그러므로 묘승전과 수승전은 전각에 대한 고유명사라기보다 그 빼어남을 상징화한 명칭으로 이해된다.

34 제석천의 정전인 묘승전이 나오는 『화엄경』의 부분은 제3회 설법에 해당하는 부분으로, 60권본 『화엄경』의 7~10권, 80권본 『화엄경』에서는 16~18권에 해당한다.

35 관음죽은 자주색 대나무인 자죽(紫竹)으로 중국의 보타산(普陀山)에 가면 군락을 이루어 자라는 모습을 확인할 수 있다.

36 인도불교의 관음조는 앵무새과의 새이다. 그러나 동아시아 관음조는 주작(朱雀, 빨간 참새)과 비슷한 유형의, 파란색으로 색만 달리하는 작은 파랑새이다. 실제로 관음조는 1990년대까지 낙산사에서 종종 목격되어 신문기사화된 적이 있다.

37 사람을 세는 단위는 '명'이고, 옷을 세는 단위는 '벌'이다. 이처럼 각각의 의미 있는 대상에 따라 세는 단위가 달라진다. 이런 단위 중 신들을 세는 단위를 '위(位)'라고 한다. 우리가 제사를 지낼 때 쓰는 말로 '신위(神位)'나 '위패(位牌)'라 하는 것은 바로 신을 세는 단위인 위라는 표현에 따른 것이다.

38 『화엄경』「세주묘엄품」에 나오는 신 39위는 80권본 『화엄경』에 따른 것이며, 60권본 『화엄경』에는 33위만 등장한다.

39   우리나라의 모든 사찰에서는 먼저 상단인 부처님께 공양을 올리고, 이것을 중단 퇴공 한 후에 스님들과 신도들이 나누어 먹는다. 즉 절밥은 전체가 거대한 상물림 구조로 이루어져 있는 것이다.

40   여기에서 상단, 중단, 하단의 구분은 104위 신들의 위계를 비정한 것으로 신중도의 상단, 중단, 하단의 구분과는 차이가 있다.

41   가람신의 역할은 비사문천을 중심으로 하는 사천왕에서 시작되어 위태천으로 옮겨진다. 그러다가 원·명시대가 되면 『삼국지』가 희곡으로 극화되어 대중적인 영향이 확대되고, 가람신의 역할이 관우에게 넘어가 현재에 이르게 된다.

42   신중도에 따라서는 위태천이 금강저 없이 합장만 하고 있거나, 아예 금강저를 시자가 별도로 들어주는 이색적인 경우도 있다.

43   전도는 도(道), 즉 진리를 전한다는 의미로 석가모니불의 '전도선언(傳道宣言)'에서 비롯하는 불교적 용어이다.

44   근세 기독교의 동아시아 진출이 성공하지 못했던 이유 중 가장 많이 손꼽히는 것은 유교의 제사주의 전통, 즉 조상 숭배(manism)와의 충돌이다. 불교가 이 부분을 적극 수용했다는 점은 불교의 동아시아 확대에 있어서 매우 긍정적인 요인이 되었다는 것을 알 수 있다.

45   인도는 영토가 광범위하기 때문에 지역에 따라서는 5월 15일부터 8월 15일이 우기인 경우도 있다. 이로 인하여 4월 15일에서 7월 15일까지를 '전안거(前安居)', 5월 15일부터 8월 15일까지를 '후안거(後安居)'라고 한다.

46   당나라의 불공(不空)이 번역한 『유가집요구아난다라니염구궤의경(瑜伽集要救阿難陀羅尼焰口軌儀經)』에는 7여래의 명호가 각각 보승(寶勝)·이포외(離怖畏)·광박신(廣博身)·묘색신(妙色身)·다보(多寶)·아미타(阿彌陀)·세간광대위덕자재광명(世間廣大威德自在光明) 여래로 되어 있어 차이가 있다. 즉 감로왕여래와 세간광대위덕자재광명여래 간에 출입의 차이가 있는 것이다.

47   아귀는 탐욕이 많지만 언제나 주려 있는 아이러니한 환경 속에 처해 있다. 그래서 먹을 것을 보면 양보하지 않고 다툼을 일삼는데, 마침내 쟁취해서 먹더라도 그것이 입에 들어가면 불이 된다(焰口). 우리가 흔히 사용하는 아귀다툼이라는 말은 여기에서 유래된 것이다. 또 바다 생선 중 아귀는 큰 입으로 작은 먹이를 닥치는 대로 삼킨다는 의미에서 붙여진 이름으로, 아귀의 탐욕에서 차용된 명칭이란 견해가 있다.

48   아귀도(餓鬼道)는 고대의 열악한 환경 속에서 사는 비문화적인 원시인과 죽은 뒤 후손의 조령제(祖靈祭)를 받지 못해서 굶주린 귀신의 관념이 한데 묶여 형성된 것으로 이해된다. 이 중 전자가 지상에 사는 아귀이며, 후자가 땅 속에 사는 아귀가 된다. 땅 속 아귀의 형태를 나타내는 대표적인 표현은 '배는 남산만 하고 목은 바늘귀만 하다'는 것이다. 이는 굶주려 죽어 가는 이들의 형상이 투

영된 것으로 여겨진다.

49 확탕지옥은 죄인을 끓는 가마솥에 넣어서 고통을 주는 지옥이며, 대사지옥은 거대한 독사에게 물리게 하는 지옥이다. 그리고 출장지옥은 배꼽으로 창자를 뽑아내는 지옥을 의미한다. 이외의 다른 지옥에 관한 설명은 Ⅲ부 주석 66~68 참조.

50 『지장경』에 지장보살의 서원이라고 하여 구체적으로 나타나는 것은 없다. 그러나 여러 차례 반복되어 나타나는 것을 종합해 보면 '중생을 제도해 마치고서야 비로소 보리를 증득하겠다(衆生度盡方證菩提)'와 '지옥이 비기 전에는 맹세코 성불하지 않겠다(地獄未空 誓不成佛)'로 정리될 수 있다.

51 지장보살이 법륜을 들고 있는 경우는 진리의 바퀴가 계속 돌아가듯 지장보살의 구제와 교화가 끝이 없다는 점을 상징하는 것으로 이해된다.

52 오지관은 유식학과 밀교가 결합하여 생긴 것으로 오지에 오방불(五方佛)이 결합된 형태이다. 각각 평등성지(平等性智)-보생(寶生)여래(남방), 묘관찰지(妙觀察智)-아미타여래(서방), 성소작지(成所作智)-불공성취여래(북방), 대원경지(大円鏡智)-아촉(阿閦, 不動)여래(동방), 법계체성지(法界體性智)-대일여래(중앙)를 의미한다.

53 우리에게 등신불 하면 가장 먼저 떠오르는 것이 김동리 소설 「등신불」이다. 이 소설에서는 만적이라는 승려가 몸을 불사르는 소신공양을 한 후 몸에 금이 입혀지는 것으로 되어 있다. 그러나 이는 전적으로 소설 속의 이야기일 뿐 이러한 등신불은 존재하지 않는다.

등신불이란 '등신(等身)', 즉 내 육체와 같은 부처님상이라는 의미이다. 이러한 등신불에는 두 종류가 있다. 첫째는 불상을 조성하는 사람이 자신의 키나 얼굴 모습 또는 자신의 신체적 특징 중 일부와 같은 불상을 조성하는 것이다. 이렇게 되면 조성자를 닮은 부처님상이 완성된다. 이를 내 몸의 어딘가와 같은 부처님상이라는 의미에서 등신불이라고 한다.

둘째의 경우는 다소 특수하다. 수행이 잘된 승려는 입적 후에도 시신(法軀)이 썩지 않는 이적(異蹟)이 발생한다. 이런 경우 수년 동안 모셔두었다가 옻칠을 해 개금한다. 이렇게 되면 육신 그대로의 상(像)이 만들어진다. 이러한 경우도 등신불이라고 한다. 이는 매우 특수한 경우인데 김교각은 이 두 번째 경우에 해당한다. 그러나 일반적으로 등신불이라고 할 때에는 첫 번째를 가리키는 것이 보편적이다.

54 『예수시왕생칠경』은 4년마다 돌아오는 윤달에 스스로 살아 있는 자신의 49재를 미리 지내고 죄를 참회하는 의식인 생전예수재(生前預修齋)에 관한 내용을 담고 있는 경전이다. 이는 동아시아 전통의 윤달 의례에 불교적인 49재 의식이 결합된 형태라고 할 수 있다.

55 소목법은 유교에서 사당에 조상들의 신주를 모실 때 배치하는 방법이다. 사서의 하나인 『중용』에는, 종묘의 예법에는 신위(神位)가 시조를 중심으로 소목의 순서에 따라서 배치되어야 한다(宗廟之禮, 所以序昭穆也)는 점이 분명하게 언급되어 있다. 이와 같은 소목법이 조상 숭배와 관련된 시왕

전과 명부전의 배치에 영향을 미쳐 10대왕의 위치 역시 소목법에 의한 배치를 따르게 되는 것이다.

56 면류관은 앞뒤에 구슬을 꿰어 늘어트린 줄 수로 위계를 나타낸다. 황제는 앞뒤가 각 12줄로 전체 24줄의 면류관을 착용한다. 황태자나 왕은 앞뒤가 아홉 줄로 전체 18줄의 면류관을 착용하며, 제후와 왕자는 일곱 줄로 되어 전체가 14줄인 면류관을 사용한다. 면류관 중에는 이외에 더 위계가 낮은 다섯 줄로 된 것도 있는데, 이런 경우 뒤쪽에는 줄 장식이 없다.

57 속설에는 염라대왕이 이고 있는 책이 불경이나 명계의 심관과 관련된 명부 책(혹은 치부 책)이라고 하지만 이는 잘못된 염라대왕의 모습을 보고서 만들어진 것일 뿐 근거가 없는 말이다.

58 요즘은 제사를 사망 날짜 전날에 지내는 모습이 종종 목도되는데 이는 잘못된 것이다. 과거에는 밤 11시부터 자시가 시작되면서 날짜가 바뀌었다. 또 제사는 자시인 11시부터 시작되었다. 밤 12시를 기준으로 날짜가 바뀌는 요즘의 경우 이때는 사망하기 전날이 된다. 바로 이 부분에서 사망하기 전날에 제사를 지내는 경우가 생겨나게 된 것이다. 즉 이는 현대에 들어와 날짜의 기준이 달라지면서 생긴 문제이다. 그러므로 예전처럼 밤 11시부터 제사를 지낸다면 전날에 해도 무방하지만, 제사 시간을 11시 이전으로 앞당긴다면 이는 명백한 헛 제사가 된다.

59 염라신앙의 확대는 위진남북조의 혼란기에 이루어진다. 또 이 시기에는 중국 전통의 지역적인 사후세계 관념이나 심판관의 개념도 약진한다. 이것이 통일제국인 수·당 시기에 들어서게 되면 염라를 중심으로 한 10대왕으로 정리된다. 이는 다시금 지장보살을 통해서 통합되는 구조를 완성하게 되는데, 이것이 지장시왕신앙의 정립이다. 이와 같은 측면은 10세기의 『돈황유서(敦煌遺書)』 등을 통해서 확인해 볼 수 있다.

60 인도신화에 따르면, 염라는 변조신(遍照神, Vivasvat)과 공교신(工巧神, Saraṇyu) 사이에서 태어난 아들이다.

61 염라대왕과 염라국의 변화에 대해서는 『아비달마구사론(阿毘達磨俱舍論)』 권11의 「분별세품(分別世品)」을 통해서 확인해 볼 수 있다.

62 인도의 서북쪽 지역에서는 전통적으로 7진법 체계를 사용했다. 이 때문에 7은 만수(滿數)가 되고, 7×7은 완전히 한 번 완료된다는 의미를 가지게 된다. 우리가 60갑자 주기에 의해서 환갑에 상징성을 부여하는 것과 비슷한 관념이라고 이해하면 되겠다.

63 티베트의 파드마삼바바(Padmasambhava, 蓮華生上師)가 찬술한 『사자(死者)의 서(書)』도 '49일 윤회론'에 기반한다.

64 무속에서는 아이 귀신을 '새타니'라고 하는데, 무당 중 동자 신을 모시는 경우가 여기에 해당한다.

65 이들 동자는 이후 불교적으로 재해석되어 당나라 말의 『예수시왕생칠경』과 송나라 때 유행하

는 『수능엄경(首楞嚴經)』에서, 망자의 선과 악을 빠짐없이 기록하여 저승의 판단을 도와주는 선동자와 악동자로 등장하게 된다. 즉 〈지장시왕도〉에 등장하는 동자 표현에는 둘 다 남자인 선·악동자 형식과 음양론에 입각한 동자와 동녀가 등장하는 방식의 두 가지가 존재하는 것이다.

66 8열지옥

    등활지옥 : 뜨거운 불길 속에서 고통 받다가 죽고 살고를 반복하는 지옥.

    흑승지옥 : 신체가 먹줄로 재단되어 톱으로 절단되는 지옥.

    중합지옥 : 거대한 바위산이 하나로 합쳐지면서 압사되는 고통을 주는 지옥.

    호규(규환)지옥 : 쇠로 된 가마솥에서 삶아지는 지옥.

    대규(대규환)지옥 : 호규지옥보다 고통의 강도가 훨씬 심해서 크게 소리치게 되는 지옥.

    염열지옥 : 온몸이 타들어 가는 지옥.

    대열(대극열)지옥 : 염열지옥보다 더 심한 강도의 고통으로 타들어 가는 지옥.

    무간지옥 : 고통을 받는 과정이 끝없고 지옥에서의 기간이 영원에 가까운 지옥.

67 4부지옥

    당외지옥 : 불과 열에 의해서 온몸이 익으며 타오르는 지옥.

    시분지옥 : 온갖 더러운 오물이 가득 차 있는 지옥.

    봉인지옥 : 날카로운 칼날이 촘촘히 꽂혀서 가득 차 있는 칼산지옥.

    열하지옥 : 용암이 흘러 거대한 바다를 이루고 있는 지옥.

68 8한지옥

    알부타지옥 : 심한 추위로 몸이 부르트는 지옥.

    이랄부타지옥 : 추위로 몸이 부르터 살이 터지는 지옥.

    알찰타지옥 : 추위로 고통스러워 신음 소리가 터져 나오는 지옥.

    확확바지옥 : 심한 추위로 혀가 얼면서 신음 소리가 터져 나오는 지옥.

    호호바지옥 : 심한 추위로 입을 제대로 벌리지 못한 채 낮은 신음 소리만이 터져 나오는 지옥.

    올발라지옥 : 극심한 추위로 몸이 얼어서 푸른 연꽃 색처럼 되는 지옥.

    발특마지옥 : 더욱 극심한 추위로 몸이 얼어 터져서 붉은 연꽃처럼 되는 지옥.

    마하발특마지옥 : 매우 극심한 추위로 온몸이 얼어 터져서 거대한 붉은 연꽃처럼 되는 지옥.

69 전각의 벽면이 작을 경우에는 두 시왕씩이 한 폭에 조성되어 총 다섯 폭이 되기도 한다. 그러나 이런 경우에도 각각의 시왕은 완전히 독립된 상태로 표현된다. 즉 한 공간 속에 두 시왕이 존재하는 것이 아니라, 완전히 분절된 두 시왕이 하나의 화폭 속에 담겨지는 방식인 것이다.

70 사직사자란 연직·월직·일직·시직사자를 말하는데, 우리 전통의 연주·월주·일주·시주와 관련된 사주문화에 상응하는 것으로 이해된다. 즉 산 사람에게는 사주가 있고, 죽게 되면 사직사자가 망자를 거두게 되는 구조인 것이다.

71 고성 옥천사 〈시왕도〉 중 1975년 도난된 것은 제1전 〈진광대왕도〉와 제2전 〈초강대왕도〉이다. 이 중 〈초강대왕도〉는 지난 2016년 9월 23일 프랑스의 한 개인 소장자에게서 환수되었다.

72 마갈어는 마카라(makara)로 고래를 기본으로 해서 신격화된 물고기의 수장이다. 물의 신인 바루나(Varua)가 타고 다니는 동물이기도 하다.

73 나하는 지옥을 의미하는 '나락(奈落)의 강'이란 뜻이다. 그러나 실제로는 명계에 가기 위해 건너야 하는 강으로 이승과 저승을 분절하는 역할을 한다. 나하는 생전에 지은 공덕의 양에 따라서 세 가지 방법으로 건너게 된다. 첫째는 가장 좋은 것으로 다리를 이용해서 건너는 것이다. 둘째는 나하 나루에서 배를 타고 건너는 것이며, 셋째는 수영 등의 방법으로 알아서 건너는 것이다. 이렇게 나하를 건너는 방법이 세 가지이기 때문에 나하를 다른 말로 '삼도천(三途川)'이라고도 한다.

74 10의 중간 숫자는 5와 6이지만, 동아시아문화에서 짝수는 홀수에 비해 하열한 숫자란 인식이 있어 5를 중간 숫자로 본다. 동아시아문화의 이러한 측면은 종교와 관련된 모든 숫자에도 적용되며, 전통적인 명절의 날짜도 1월 1일(설)·3월 3일(삼짇날)·5월 5일(단오)·7월 7일(칠석)·9월 9일(중양절)처럼 홀수로 구성된다.

75 성욕이 심한 이들은 검수지옥의 나무 위에서 옷을 벗고 있는 이상형의 이성을 보게 된다. 그 이성을 얻기 위해서 나무를 올라가게 되면 나무의 칼날 잎들이 모두 아래를 향한다. 강한 애욕 때문에 칼날에 베이는 고통을 감수하고 나무 위에 올라가면 이성은 홀연히 나무 아래쪽으로 이동해 있고 칼날 같은 나뭇잎은 반대로 위를 향하게 된다. 결국 다시 내려가면서 고통을 당하게 되는데, 이러한 과정은 애욕이 끊어질 때까지 시지포스의 신화처럼 무한히 반복된다.

76 오악이란 중국을 대표하는 다섯 개의 큰 산으로 동-태산(泰山, 1,545미터), 서-화산(華山, 2,160미터), 남-형산(衡山, 1,290미터), 북-항산(恒山, 2,017미터), 중앙-숭산(嵩山, 1,494미터)을 가리킨다. 오악의 해발을 보면 생각보다 높지 않은데, 이는 중국의 지형이 서고동저(西高東低), 즉 서북쪽은 높고 동쪽은 낮은 형태로 되어 있기 때문이다. 이 때문에 서북쪽으로 가면 해발 3,000미터도 낮은 산이 되고, 동쪽에서는 1,500미터도 높은 산이 된다. 또 오악에는 단순히 산의 높이뿐만 아니라 웅장함과 기백도 함께 포함된다.

77 오도전륜대왕도에 나타나는 윤회판은 판이 세로로 세워져 마치 외발 자전거와 같은 형태의 철차(鐵車)로 나타나는 경우가 있다. 이는 일본 지온인에 소장되어 있는 조선 전기의 〈지장시왕18지옥도〉나 국립중앙박물관에 소장되어 있는 19세기 조성의 〈제십오도전륜대왕도〉(416쪽)를 통해 확인해 볼 수 있다.

78 불교에서 부처님의 완전한 깨달음은 수하항마 시점의 깨달음, 즉 성도(成道) 단계에서 이루어지는 것이 아니라 쌍림열반 시점의 열반, 즉 입적에서 완성된다고 이해한다. 깨달음의 진정한 완성은 육체적인 굴레로부터 벗어난 뒤에야 가능하다는 인도인들의 이원론에 기반한 사고방식에 입각

한 측면이다.

79 4대성지는 탄생-룸비니, 깨달음-보드가야, 첫 설법-사르나트, 열반-쿠시나가르이다.

80 8대성지는 4대성지에 석가모니불이 뛰어난 신통을 펼친 장소인 취상조복(醉象調伏)-왕사성, 천불화현(千佛化現)-사위성, 열반고지(涅槃告知)-바이샬리, 천상하강(天上下降)-상카시아가 추가된다.

81 불교에서 흔히 살펴지는 4월 8일, 4성제, 8정도, 12연기, 16대국, 8만 4천, 32상 80종호 등도 모두 4진법 체계에 의한 숫자들이다.

82 욕계 6천은 순서대로 사왕천→도리천→도솔천→야마천→화락천→타화자재천이다.

83 일생보처란 다음 생에 태어나서 비어 있는 부처님의 자리를 메운다는 의미이다. 요즘으로 치면 아직 취임하지 않은 대통령 당선자쯤으로 이해하면 되겠다. 현재 이 자리에는 미륵보살이 존재한다. 그래서 미륵이 도솔천에 있다고 하는 것이다. 이러한 미륵보살이 지상으로 하생하게 되면 미륵불이 된다. 이러한 내용의 경전이 바로 『미륵하생경』이며, 이 장면을 그린 그림을 〈미륵하생경변상도〉라고 한다.

84 인도의 신분제도인 카스트제도는 사람을 브라흐만(사제 계급), 크샤트리아(왕족이나 귀족 계급), 바이샤(평민 계급), 수드라(노예 계급)로 구분한다. 이러한 계급제도의 정당성을 부여하는 것이 『리그베다(Rig-veda)』의 제10장에 나와 있는 「푸루샤 찬가」이다. 이에 따르면 원인(原人)인 푸루샤가 해체되는 과정에서 브라흐만은 머리에서 나왔고, 크샤트리아는 두 팔에서 나왔으며, 바이샤는 두 정강이에서, 수드라는 두 발에서 나왔다고 한다.

85 사문유관의 순서는 동-노인, 남-병자, 서-시체, 북-사문(沙門)이다. 이러한 방위의 순서는 고대 인도의 태양 숭배 전통에서, 해가 동쪽에서 떠서 남쪽으로 기울고 서쪽으로 지는 것을 모사한 것이다. 또 인도는 더운 기후로 인해 동아시아에서 확인되는, 일조량이 풍부한 남향을 선호하는 문화가 없다. 대신 농사와 관련해서 동쪽이 방위의 중심이 된다고 생각한다. 이 때문에 사문유관은 동쪽에서 시작되고, 석가모니불의 출가나 성도 역시 모두 동쪽을 통해서 이루어지는 것이다. 또 인도문화에서 동쪽 다음으로 선호되는 방위는 북쪽이다. 이는 히말라야와 관련된 신성함에 대한 인식과 고대 인도의 무역 루트가 서북쪽으로 열려 있었던 것에 연관된다. 이 때문에 세속적 삶의 대안으로 나타나는 출가 수행자는 북쪽에서 만나는 것으로 나타난다.

86 '오비구'는 다섯 명의 승려라는 뜻으로 이들의 이름은 경전에 따라 조금씩 다르게 나타난다. 다만 오비구로 거론되는 인물 중 석가모니불의 가르침을 받고 가장 먼저 깨달음을 얻은 것으로 기록된 인물인 교진여(憍陳如)는 분명하며, 석가모니불의 수제자인 사리불과 목건련을 석가모니불에게 인도해 오는 아설시(阿說示, 馬勝) 역시 이견이 있을 수 없다. 이외에 석가모니불의 시자인 아난의 스승이었던 십력가섭(十力迦葉) 역시 큰 문제가 없다고 판단된다. 그러나 마하남(摩訶男)이나 바제(婆提)

또는 바부(婆敷) 등은 정확하지 않다.

87 경전에 따라서는 오비구가 알라라칼라마의 제자였다가 석가모니불을 따르게 된 인물들이라고 기록된 바도 있다. 그러나 이는 잘못된 내용이다.

88 아라한이란 윤회의 사슬을 끊어 버린 초기불교 최고의 이상인격(理想人格)을 말한다.

89 전정각산이란 석가모니불이 완전한 깨달음인 정각의 전에 오른 산이란 의미이다. 한편 보드가야란 본래 이 지역의 명칭인 '가야'에 석가모니불이 이곳에서 깨달음을 얻었다고 해서 '보드(붓다)'가 덧붙여진 이름이다.

90 불교에서는 석가모니불이 열반에 들었을 때에야 비로소 깨달음이 완성된다고 판단한다. 이로 인하여 불교에서 쓰는 연기(年紀)인 불기(佛紀)는 석가모니불의 탄생 년이 아닌 열반 년을 기준으로 한다. 즉 석가모니불이 열반한 80세 되는 해가 불기 1년이 되는 셈이다. 이는 불교가 판단하는 '완전한 완성'의 의미가 어디에 있는지를 알게 해 준다.

91 오늘날은 사리(śarīra)를 화장(茶毘)하고 남은 신령한 영골(靈骨)의 의미로만 제한적으로 사용하지만, 초기불교의 문헌에 따르면 부처님의 시신 역시 사리로 표현된다. 즉 고대로 가면 사리에 대한 범주가 훨씬 넓게 설정되는 것이다.

92 일반적으로 석가모니불은 열반 이후 먼 곳에 있던 마하가섭이 입관 이후에 당도하자, 예의를 허락하기 위해서 관 밖으로 발을 보이신 것으로만 알려져 있다. 그러나『경율이상』권4와『대당서역기』권6의 '구시나가라(쿠시나가르)'에 대한 기록을 보면, 석가모니불은 입관 후에도 총 세 번의 의지적인 행동을 보이신다. 첫째는 아난에게 세 번이나 팔을 내밀어 길이 치워졌는지를 물으신 내용이다. 둘째는 슬퍼하는 어머니를 위로하기 위해서 관에서 일어나신 일이다. 마지막 셋째는 관 밖으로 두 발을 내밀어 마하가섭이 예를 표할 수 있도록 하신 것이다.

93 성문사과는 흔히 '4쌍8배'라고 하는데, 아래에서부터 차례로 수다원향, 수다원과, 사다함향, 사다함과, 아나함향, 아나함과, 아라한향, 아라한과를 일컫는다.

94 수다원을 '예류과(預流果)', 혹은 '입류과(入流果)'라고 한다. 이는 성자의 흐름에 들어갔다는 의미이다.

95 장로는 덕장연로(德長年老)의 줄임말로 출가한 지 오래된 승려를 존칭하는 표현이다. 석가모니불은 만년에 제자들에게 출가한 지 오래되고 나이 많은 선배들의 법명을 함부로 부르는 것은 올바르지 않으니, 응당 장로나 존자(尊者)로 칭하라고 지시한 바 있다.

96 삼처전심(三處傳心)은 석가모니불이 마하가섭에게 깨달음의 핵심인 심법(心法), 즉 선지(禪旨)를 전했다는 세 가지 사건을 일컫는다. 이 중 염화미소(拈花微笑)가 가장 널리 알려져 있는데 아이러니하게도 이에 대한 경전적 배경은 존재하지 않는다.

97 불교가 국가적인 후원을 받을 때 국가 주도의 초대형 법회가 이루어졌다는 점은 이때에도 괘불도와 같은 역할을 한 무언가가 존재했을 개연성을 환기시킨다. 그러나 이와 관련해 현존하는 유물은 없다.

98 항마촉지인의 상태에서 손등이 아닌 손바닥이 보이는 것도 여원인 또는 시여인(施與印)이라고 한다. 이러한 구분이 가장 뚜렷하게 나타나는 유적은 인도네시아 족자카르타에 위치한 보로부두르(Borobudur) 유적의 사방불(四方佛) 중 남쪽 보생여래의 수인이다.

인도네시아 보로부두르 유적의 보생여래불상(ⓒ자현)
이 불상의 오른손은 손바닥이 전면을 향하고 있다.

99 현재 우리나라에 불화와 불상을 통틀어서 여원인 형식의 항마촉지 자세를 취하고 있는 불상은 동화사가 위치한 팔공산 상봉(上峰)에 부조되어 있는 마애약사여래불좌상 한 구뿐이다. 즉 석가모니불과 관련된 예는 존재하지 않는 것이다.

540

도판 목록

※ 본 도서에 수록된 도판 중 본래 도판과 도판의 부분이 연속적으로 이어지는 경우 아래의 목록에서 제외
하였습니다.

I. 불화의 탄생

그림의 기원과 종교미술
- 라스코 동굴 벽화 모사도, 구석기시대, 기원전 15,000~13,000년경, 프랑스(ⓒ연합뉴스)
- 울주 대곡리 반구대 암각화, 신석기시대, 약 800.0×500.0cm, 울산, 국보 제285호(ⓒ울산암각화박물관)
- 영취사 〈영산회상도〉, 조선, 1828, 비단에 채색, 364.0×244.0cm, 국립중앙박물관(ⓒ국립중앙박물관)
- 아잔타석굴의 벽화와 존상, 6세기경, 아잔타석굴 2굴, 인도(ⓒ자현)

초기불교 2대 정사와 최초의 불화
- 평창 월정사 적광전 내부 단청
- 죽림정사 터, 인도(ⓒ하지권)
- 기원정사 터, 인도(ⓒ하지권)
- 산치대탑 부조, 인도(ⓒ자현)
- 아잔타석굴 오취생사윤회도, 5세기 말경, 아잔타석굴 17굴, 인도

벽화부터 탱화까지, 불화 양식의 변화
- 아잔타석굴 천장화, 6~7세기경, 아잔타석굴 12굴, 인도(ⓒ자현)
- 아잔타석굴 연화수보살 벽화, 5세기경, 아잔타석굴 1굴, 인도(ⓒ자현)
- 티베트 쇼톤 축제 현장(ⓒ연합뉴스)
- 영취사 〈영산회상도〉 부분-풍대(ⓒ국립중앙박물관)
- 해남 대흥사 〈영산회상도〉 부분-풍대(ⓒ국립중앙박물관)
- 강서중묘(고구려) 묘실 동쪽 천장화 부분-당초문(ⓒICOMOS 한국위원회)
- 〈지장보살도〉 부분-인동문(일본 네즈미술관)
- 〈지장시왕도〉 부분-연화문(독일 베를린동아시아박물관)
- 〈아미타삼존도〉 부분-보상화문(미국 메트로폴리탄미술관)

불화의 용도와 구분
- 〈아미타극락회도〉, 조선, 1828, 비단에 채색, 263.5×181.8cm, 국립중앙박물관(ⓒ국립중앙박물관)
- 불설대보부모은중경, 조선, 1681, 종이에 수묵, 국립중앙박물관(ⓒ국립중앙박물관)
- 부산 범어사 보제루 〈목우도〉(ⓒ석공)
- 영천 은해사 〈염불왕생첩경도〉, 조선, 1750, 비단에 채색, 159.8×306.5cm, 은해사성보박물관, 보물 제1857호(ⓒ불교중앙박물관)
- 〈삼장보살도〉, 조선, 18세기, 비단에 채색, (그림)214.5×213.0cm, 국립중앙박물관(ⓒ국립중앙박물관)
- 평창 월정사 용금루 해탈문 천장화(ⓒ하지권)
- 나전경함, 고려, 나무-골각패갑·나전, 높이 22.6cm·폭 20.0×41.9cm, 국립중앙박물관(ⓒ국립중앙박물관)

- 감지은니대방광불화엄경 정원본 권 31, 고려, 1337, 감색 종이에 금·은니, (전체)31.0×881.7cm, 삼성미술관 리움, 국보 제215호(ⓒ삼성미술관 리움)
- 화엄경행원품신상합부, 고려, 감색 종이에 금니, 국립중앙박물관(ⓒ국립중앙박물관)
- 나주 죽림사 〈세존괘불도〉, 조선, 1622, 삼베에 채색, 509.0×263.0cm, 나주 죽림사, 보물 제1279호(ⓒ성보문화재연구원)
- 양산 통도사 괘불재(ⓒ하지권)
- 동해 삼화사 국행수륙재, 국가무형문화재 제125호(ⓒ동해 삼화사)

Ⅱ. 한국불화의 역사

한국의 불교 전래와 삼국시대의 불화
- 장천 1호분 〈예불도〉, 고구려, 5세기 중·후반, 회벽에 채색, 중국 길림성 집안시(ⓒICOMOS 한국위원회)
- 무용총 〈접객도〉, 고구려, 5세기 전반, 회벽에 채색, 중국 길림성 집안현 우산남록(ⓒICOMOS 한국위원회)
- 쌍영총 〈행렬도〉, 고구려, 5세기 후반, 회벽에 채색, 평안남도 남포시 용강군 용강읍(ⓒICOMOS 한국위원회)
- 요동성총 〈요동성도〉 모사본
- 동명왕릉 묘실 벽면 연화문, 고구려, 4세기 말~5세기 초, 회벽에 채색, 평양시 역포구역 용산리(ⓒICOMOS 한국위원회)
- 덕흥리고분 〈연지도〉, 고구려, 408, 회벽에 채색, 평안남도 대안시
- 〈천수국만다라수장〉, 아스카시대, 비단에 자수, 88.5×82.7cm, 일본 주구지
- 호류지 금당 내 〈아미타정토도〉 모사도
- 부여 능산리 고분벽화 연화비운문 모사도(ⓒ국립부여박물관)
- 두침, 백제, 6세기, 나무-금속·금제, 길이 40.0cm·높이 33.7cm, 국립공주박물관, 국보 제164호(ⓒ국립중앙박물관)
- 두침 부분-연화문(ⓒ국립중앙박물관)
- 옥충주자 모사본, 7세기, 일본 호류지
- 옥충주자 모사본 부분-〈공양도〉
- 옥충주자 모사본 부분-〈수미산도〉
- 백제금동대향로, 백제, 6세기, 금속-금동제, 높이 61.8cm, 국립중앙박물관, 국보 제287호(ⓒ국립중앙박물관)
- 옥충주자 모사본 부분-〈시신문게도〉
- 옥충주자 모사본 부분-〈사신사호도〉
- 옥충주자 모사본 부분-천불상
- 옥충주자 모사본 부분-〈영산회도〉
- 덕화리 1호분 묘실 동쪽 천장 벽화 부분, 고구려, 5세기 말~6세기 초, 회벽에 채색, 평안남도 대동군 덕화리(ⓒICOMOS 한국위원회)
- 덕화리 2호분 묘실 서쪽 천장 벽화 부분, 고구려, 5세기 말~6세기 초, 회벽에 채색, 평안남도 대동군 덕화리(ⓒICOMOS 한국위원회)

- 오회분 제4호묘 묘실 북쪽 천장 벽화 부분, 고구려, 6세기 말~7세기 초, 회벽에 채색, 중국 길림성 집안시 대왕촌(ⓒICOMOS 한국위원회)
- 쌍영총 현실 천장화 부분, 고구려, 5세기 후반, 회벽에 채색, 평안남도 남포시 용강군 용강읍(ⓒICOMOS 한국위원회)
- 영주 순흥 벽화고분 연꽃 그림, 신라, 5세기 후반, 경상북도 영주(ⓒ문화재청)
- 신라백지묵서대방광불화엄경 변상도 바깥면, 통일신라, 754~755, 자색 닥종이에 은니, 25.7×10.9cm · 24.0×9.3cm, 삼성미술관 리움, 국보 제196호(ⓒ삼성미술관 리움)
- 신라백지묵서대방광불화엄경 변상도 안쪽면, 통일신라, 754~755, 자색 닥종이에 금 · 은니, 25.7× 10.9cm · 24.0×9.3cm, 삼성미술관 리움, 국보 제196호(ⓒ삼성미술관 리움)

고려불화의 시대에 따른 특징과 변화
- 〈대보적경사경변상도〉, 고려, 1006, 감지에 은니, 29.1×45.2cm, 일본 교토국립박물관
- 〈보협인다라니경판화변상도〉, 고려, 1007 이후, 6.8×239.1cm, 불교중앙박물관, 보물 제1571호(ⓒ불교중앙박물관)
- 〈양류관음도〉, 고려, 비단에 채색, 142.0×61.5cm, 일본 센소지
- 〈아미타독존내영도〉, 고려, 1286, 비단에 채색, 203.5×105.1cm, 일본 니혼은행
- 〈비로자나불도〉, 고려, 비단에 채색, 162.0×88.2cm, 일본 후도인
- 〈아미타삼존도〉, 고려, 14세기, 비단에 채색, 110.7×51.0cm, 삼성미술관 리움, 국보 제218호(ⓒ삼성미술관 리움)
- 〈아미타불도〉, 고려, 비단에 채색, 163.0×87.0cm, 일본 교쿠린인
- 〈아미타불도〉, 고려, 비단에 채색, 190.0×87.2cm, 일본 쇼보지
- 〈수월관음도〉, 고려, 1323, 비단에 채색, 227.9×125.8cm, 일본 다이토쿠지
- 〈의겸등필수월관음도〉 부분-파랑새(ⓒ국립중앙박물관)
- 여수 흥국사 〈수월관음도〉 부분-파랑새(ⓒ문화재청)
- 〈지장보살도〉, 고려, 비단에 채색, 106.8×45.5cm, 일본 네즈미술관
- 〈지장보살도〉, 고려, 비단에 채색, 84.5×36.8cm, 미국 메트로폴리탄미술관

고려불화의 주제와 구도적 특징
- 〈석가삼존십육나한도〉, 고려, 14세기, 비단에 채색, 93.0×46.2cm, 삼성미술관 리움(ⓒ삼성미술관 리움)
- 〈아미타삼존도〉, 고려, 비단에 채색, 117.3×60.2cm, 미국 메트로폴리탄미술관
- 〈아미타구존도〉, 고려, 비단에 채색, 143.0×87.0cm, 일본 도쿠가와미술관
- 〈비로자나삼존도〉, 고려, 비단에 채색, 123.0×82.0cm, 독일 쾰른동아시아박물관
- 〈천수천안관음도〉, 고려, 14세기, 비단에 채색, 93.8×51.2cm, 삼성미술관 리움(ⓒ삼성미술관 리움)
- 〈지장시왕도〉, 고려, 비단에 채색, 109.0×56.8cm, 독일 베를린동아시아박물관
- 〈오백나한도-제백칠십 혜군고존자〉, 고려, 비단에 채색, 54.0×37.3cm, 국립중앙박물관, 보물 제1883호(ⓒ국립중앙박물관)
- 〈오백나한도-제삼백오십칠 의통존자〉, 고려, 비단에 채색, 51.8×37.0cm, 국립중앙박물관, 보물 제1883호(ⓒ국립중앙박물관)

- 〈관경십육관변상도〉, 고려, 1323, 비단에 채색, 224.2×139.1cm, 일본 지온인
- 〈원각경변상도〉, 고려, 비단에 채색, 165.0×85.0cm, 미국 보스턴미술관
- 〈미륵하생경변상도〉, 고려, 비단에 채색, 171.8×92.1cm, 일본 지온인
- 〈치성광여래왕림도〉, 고려, 비단에 채색, 126.4×55.9cm, 미국 보스턴미술관
- 〈아미타삼존도〉, 고려, 비단에 채색, 111.2×50.9cm, 일본 네즈미술관
- 〈아미타지장병립도〉, 고려, 비단에 채색, (그림)94.6×55.6cm, 미국 메트로폴리탄미술관
- 〈수월관음도〉, 고려, 14세기, 비단에 채색, 119.2×59.8cm, 삼성미술관 리움, 보물 제926호(ⓒ삼성미술관 리움)
- 강진 무위사 〈백의관음도〉, 조선, 1476, 토벽에 채색, 320.0×280.0cm, 강진 무위사, 보물 제1314호(ⓒ하지권)
- 〈아미타삼존도〉, 고려, 비단에 채색, 100.5×54.2cm, 일본 MOA미술관
- 〈아미타팔대보살도〉, 고려, 비단에 채색, 175.3×91.5cm, 일본 도쿄예술대학
- 〈수월관음도〉, 고려, 비단에 채색, 98.0×55.0cm, 독일 쾰른동아시아박물관

조선불화의 시대 구분과 특징

- 강진 무위사 〈아미타여래삼존벽화〉, 조선, 1476, 토벽에 채색, 270.0×210.0cm, 강진 무위사, 보물 제313호(ⓒ하지권)
- 〈석가삼존도〉, 조선, 1565, 비단에 채색, (그림)60.5×32.0cm, 미국 메트로폴리탄미술관
- 회암사 〈약사삼존도〉, 조선, 1565, 비단에 금니, (그림)54.2×29.7cm, 국립중앙박물관(ⓒ국립중앙박물관)
- 〈약사삼존십이신장도〉, 조선, 1477, 비단에 채색, 85.7×55.9cm, 삼성미술관 리움(ⓒ삼성미술관 리움)
- 함창 상원사 〈사불회도〉, 조선, 1562, 비단에 채색, (그림)90.0×74.0cm, 국립중앙박물관, 보물 제1326호(ⓒ국립중앙박물관)
- 영암 도갑사 〈삼십이관음응신도〉, 조선, 1550, 비단에 채색, 235.0×135.0cm, 일본 지온인
- 〈감로도〉, 조선, 16세기, 비단에 채색, 322.0×281.0cm, 국립중앙박물관(ⓒ국립중앙박물관)
- 부여 무량사 〈미륵불괘불도〉, 조선, 1627, 비단에 채색, 1213.0×685.5cm, 부여 무량사, 보물 제1265호(ⓒ부여 무량사)
- 공주 마곡사 〈석가모니불괘불도〉, 조선, 1687, 삼베에 채색, 1065.0×709.0cm, 공주 마곡사, 보물 제1260호(ⓒ문화재청)
- 진천 영수사 〈영산회괘불도〉, 조선, 1653, 모시에 채색, 835.0×579.0cm, 진천 영수사, 보물 제1551호(ⓒ문화재청)
- 여수 흥국사 〈(영산회상)후불도〉, 조선, 1693, 삼베에 채색, 406.0×475.0cm, 여수 흥국사, 보물 제578호(ⓒ성보문화재연구원)
- 원주 구룡사 〈삼장보살도〉, 조선, 1727, 비단에 채색, 250.0×170.0cm, 월정사성보박물관, 보물 제1855호(ⓒ월정사성보박물관)
- 보성 대원사 〈시왕도〉, 조선, 1766, 비단에 채색, 보성 대원사, 보물 제1800호(ⓒ국립문화재연구소)
- 구례 천은사 〈삼장보살도〉, 조선, 1776, 모시에 채색, 187.0×395.5cm, 구례 천은사, 보물 제1888호(ⓒ구례 천은사)
- 울진 불영사 〈영산회상도〉, 조선, 1733, 삼베에 채색, 420.0×389.0cm, 울진 불영사, 보물 제1272호(ⓒ울

진 불영사)
- 동화사 〈아미타극락회도〉, 조선, 1703, 비단에 채색, 307.5×244.0cm, 국립중앙박물관(ⓒ국립중앙박물관)
- 합천 해인사 〈영산회상도〉, 조선, 1729, 비단에 채색, 240.0×229.5cm, 합천 해인사, 보물 제1273호(ⓒ해인사성보박물관)
- 남양주 수종사 금동불감 〈아미타극락회상도〉, 조선, 1459~1493, 동판에 채색, 13.5×17.0cm, 불교중앙박물관, 보물 제1788호(ⓒ불교중앙박물관)
- 하동 쌍계사 〈영산회상도〉, 조선, 1687, 비단에 채색, 403.0×275.0cm, 하동 쌍계사, 보물 제925호(ⓒ불교문화재연구소)
- 〈신중도〉, 조선, 1736~1795, 비단에 채색, 175.0×126.5cm, 국립중앙박물관(ⓒ국립중앙박물관)
- 〈지장보살도〉, 조선, 1714, 비단에 채색, (그림)106.0×110.5cm, 국립중앙박물관(ⓒ국립중앙박물관)
- 〈칠성도〉, 조선, 종이에 채색, 188.0×187.0cm, 국립중앙박물관(ⓒ국립중앙박물관)
- 삼척 영은사 〈범일국사진영〉, 조선, 1788, 94.5×63.0cm, 월정사성보박물관, 강원 유형문화재 제140호(ⓒ월정사성보박물관)
- 삼척 영은사 〈사명당대선사진영〉, 조선, 1788, 95.5×65.0cm, 월정사성보박물관, 강원 유형문화재 제141호(ⓒ월정사성보박물관)
- 순천 송광사 국사전 〈십육대조사진영〉, 조선, 비단에 채색, 순천 송광사, 보물 제1043호(ⓒ송광사성보박물관)

Ⅲ. 사찰에서 만나는 불화들

한국불화의 대표 주제, 영산회상도

- 양산 통도사 〈영산회상도〉, 조선, 1734, 삼베에 채색, 339.0×233.0cm, 양산 통도사, 보물 제1353호(ⓒ통도사성보박물관)
- 순천 송광사 영산전 〈석가모니후불도〉, 조선, 1725, 비단에 채색, 124.0×186.5cm, 순천 송광사, 보물 제1368호(ⓒ송광사성보박물관)
- 충주 용연사 〈영산회상도〉, 조선, 1777, 비단에 채색, 267.5×235.0cm, 동국대학교박물관(ⓒ동국대학교박물관)
- 구례 천은사 〈아미타후불도〉 부분-사천왕(ⓒ구례 천은사)
- 홍천 수타사 소조사천왕상 부분(ⓒ자현)
- 해남 대흥사 〈영산회상도〉, 조선, 1749, 비단에 채색, 351.5×247.3cm, 국립중앙박물관(ⓒ국립중앙박물관)
- 영월 보덕사 사성전 후불도, 조선, 1868, 비단에 채색, 178.0×93.5cm, 월정사성보박물관, 강원 유형문화재 제139호(ⓒ월정사성보박물관)
- 경주 석굴암 석굴 제석천상·범천상(ⓒ불교문화재연구소)
- 영주 부석사 조사당 벽화-제석천과 범천(ⓒ영주 부석사)
- 〈원각경변상도〉 부분-하단 중앙(미국 보스턴미술관)
- 〈지장시왕도〉 부분-제석천과 범천(일본 계조인)
- 〈신중도〉, 조선, 1855, 비단에 채색, 170.6×159.1cm, 국립중앙박물관(ⓒ국립중앙박물관)
- 〈제석천룡도〉, 조선, 1750, 비단에 채색, (그림)173.3×204.0cm, 국립중앙박물관(ⓒ국립중앙박물관)

- 〈산신도〉, 조선, 비단에 채색, 146.1×99.8cm, 국립중앙박물관(ⓒ국립중앙박물관)
- 〈제석천룡도〉(1750) 부분-용왕(ⓒ국립중앙박물관)
- 〈약사삼존십이신장도〉, 조선, 16세기, 비단에 채색, 123.0×127.5cm, 미국 보스턴미술관
- 여수 흥국사 〈(영산회상)후불도〉 부분-가루라(ⓒ성보문화재연구원)
- 구례 천은사 극락보전 〈제석천룡도〉 부분-긴나라(ⓒ불교문화재연구소)
- 여수 흥국사 〈(영산회상)후불도〉 부분-불화 상단(ⓒ성보문화재연구원)

서방정토 극락세계의 불보살, 아미타불회도

- 수락산 내원암 〈아미타극락회상도〉, 조선, 1831, 비단에 채색, 134.8×183.3cm, 국립중앙박물관(ⓒ국립중앙박물관)
- 구례 천은사 〈아미타후불도〉, 조선, 1776, 삼베에 채색, 360.0×277.0cm, 구례 천은사, 보물 제924호(ⓒ구례 천은사)
- 여수 흥국사 〈(영산회상)후불도〉 부분-사천왕(ⓒ성보문화재연구원)
- 하동 쌍계사 〈삼세불도〉, 조선, 1781, 비단에 채색, (아미타불회도)495.0×314.5cm · (석가모니불도)474.0×316.5cm · (약사불도)496.0×320.5cm, 하동 쌍계사, 보물 제1364호(ⓒ불교문화재연구소)
- 부석사 무량수전 내부(ⓒ문화재청)
- 문경 대승사 〈아미타불목각탱〉, 조선, 256.0×280.0cm, 문경 대승사, 보물 제575호(ⓒ불교문화재연구소)
- 대구 동화사 염불암 〈극락구품도〉, 조선, 1841, 비단에 채색, 170.5×163.0cm, 대구 동화사, 대구 유형문화재 제58호(ⓒ문화재청)
- 밀양 표충사 〈아미타구품도〉, 조선, 1880, 비단에 채색, 184.0×170.0cm, 표충사호국박물관, 경남 유형문화재 제467호(ⓒ불교중앙박물관)
- 고양 흥국사 〈극락구품도〉, 조선, 비단에 채색, 146.0×205.0cm, 고양 흥국사, 경기 유형문화재 제143호(ⓒ고양 흥국사)

세 개의 몸, 세 곳의 세계, 삼신불도·삼계불도

- 양산 통도사 〈삼신불도〉, 조선, 1759, 비단에 채색, (석가모니불회도)420.0×176.0cm · (비로자나불회도)420.0×315.0cm · (노사나불회도)420.0×176.0cm, 양산 통도사, 보물 제1042호(ⓒ통도사성보박물관)
- 양산 통도사 〈삼신불도〉 〈비로자나불회도〉(ⓒ통도사성보박물관)
- 양산 통도사 〈삼신불도〉 〈노사나불회도〉(ⓒ통도사성보박물관)
- 순천 송광사 〈화엄경변상도〉, 조선, 1770, 비단에 채색, 281.5×268.0cm, 순천 송광사, 국보 제314호(ⓒ송광사성보박물관)
- 양산 통도사 〈삼신불도〉 〈석가모니불회도〉(ⓒ통도사성보박물관)
- 김천 직지사 〈삼존불도〉, 조선, 1744, 비단에 채색, (석가모니불회도)610.0×300.0cm · (아미타불회도·약사불회도)610.0×240.0cm, 김천 직지사, 보물 제670호(ⓒ성보문화재연구원)
- 김천 직지사 〈삼존불도〉 〈석가모니불회도〉(ⓒ성보문화재연구원)
- 김천 직지사 〈삼존불도〉 〈약사불회도〉(ⓒ성보문화재연구원)
- 하동 쌍계사 〈삼세불도〉 〈약사불회도〉(ⓒ불교문화재연구소)
- 김천 직지사 〈삼존불도〉 〈아미타불회도〉(ⓒ성보문화재연구원)

- 안성 칠장사 〈오불회괘불도〉, 조선, 1628, 비단에 채색, 656.0×404.0cm, 안성 칠장사, 국보 제296호(ⓒ성보문화재연구원)
- 〈오불회도〉, 조선, 1467, 비단에 채색, 159.1×108.2cm, 일본 주린지

불법의 수호자들, 신중도
- 서울 봉은사 판전 〈신중도〉, 조선, 1857, 비단에 채색, 237.0×224.4cm, 서울 봉은사, 서울 유형문화재 제230호(ⓒ서울 봉은사)
- 보은 법주사 〈104위 신중도〉, 조선, 1897, 면에 채색, 292.0×341.0cm, 보은 법주사(ⓒ불교문화재연구소)
- 〈제석신중도〉, 조선, 1798, 비단에 채색, 202.0×172.0cm, 국립중앙박물관(ⓒ국립중앙박물관)
- 구례 천은사 극락보전 〈제석천룡도〉, 조선, 1833, 비단에 채색, 165.5×175.0cm, 구례 천은사(ⓒ불교문화재연구소)
- 〈신중도〉(1855) 부분-일천자와 월천자(ⓒ국립중앙박물관)
- 〈신중도〉(1855) 부분-선녀와 동자(ⓒ국립중앙박물관)
- 청동 금강저(삼고저), 고려, 34.0cm, 청동, 국립중앙박물관(ⓒ국립중앙박물관)
- 청동 금강저(오고저), 고려, 21.5cm, 청동, 국립중앙박물관(ⓒ국립중앙박물관)
- 서울 봉은사 대웅전 〈신중도〉, 조선, 1844, 비단에 채색, 200.5×245.0cm, 서울 봉은사, 서울 유형문화재 제229호(ⓒ서울 봉은사)
- 〈신중도〉, 조선, 삼베에 채색, (그림)140.0×113.0cm, 국립중앙박물관(ⓒ국립중앙박물관)

감로를 통한 조상 천도의 염원, 감로도
- 보석사 〈감로도〉, 조선, 1649, 삼베에 채색, (그림)220.0×235.0cm, 국립중앙박물관(ⓒ국립중앙박물관)
- 〈감로도〉, 조선, 18세기, 삼베에 채색, (그림)200.7×193.0cm, 국립중앙박물관(ⓒ국립중앙박물관)
- 서울 흥천사 〈감로도〉, 1939, 면에 채색, 147.0×207.8cm, 서울 흥천사(ⓒ불교문화재연구소)
- 영천 은해사 백흥암 〈감로왕도〉, 조선, 1792, 비단에 채색, 225.0×218.5cm, 영천 은해사 백흥암, 경북 유형문화재 제319호(ⓒ불교문화재연구소)
- 〈작호도〉, 조선, 19세기, 종이에 채색, (그림)134.6×80.6cm, 국립중앙박물관(ⓒ국립중앙박물관)

지옥 중생들을 반드시 구제하리라, 지장보살도
- 대구 북지장사 〈지장보살도〉, 조선, 1725, 비단에 채색, 224.2×179.4cm, 국립중앙박물관(ⓒ국립중앙박물관)
- 대구 동화사 〈지장삼존도〉, 조선, 1816, 비단에 채색, 96.2×75.2cm, 대구 동화사, 대구 유형문화재 제60호(ⓒ불교문화재연구소)
- 고창 선운사 도솔암 금동지장보살좌상, 고려, 높이 96.9cm, 고창 선운사 도솔암, 보물 제280호(ⓒ고창 선운사 도솔암)
- 고성 옥천사 〈지장보살도〉, 조선, 1744, 비단에 채색, 199.5×147.5cm, 고성 옥천사, 보물 제1693호(ⓒ하지권)
- 보성 대원사 김교각상
- 서산 문수사 청련암 〈지장시왕도〉, 조선, 1774, 비단에 채색, 132.0×158.0cm, 수덕사근역성보관, 충남

유형문화재 제173호(ⓒ불교중앙박물관)
- 순천 송광사 광원암 〈지장보살도〉, 조선, 1879, 비단에 채색, 173.0×155.8cm, 송광사성보박물관(ⓒ송광사성보박물관)
- 〈지장시왕도〉, 고려, 비단에 채색, 115.2×59.1cm, 일본 계조인

망자의 심판과 지옥의 묘사, 시왕도
- 〈제일진광대왕·제삼송제대왕도〉, 조선, 18세기, 비단에 채색, 116.8×145.4cm, 국립중앙박물관(ⓒ국립중앙박물관)
- 양산 통도사 〈시왕도〉, 조선, 1775, 비단에 채색, 각 119.5×87.0cm, 양산 통도사, 경남 유형문화재 제549호(ⓒ통도사성보박물관)
- 고성 옥천사 〈시왕도〉, 조선, 1744, 비단에 채색, 각 165.0×117.0cm, 고성 옥천사, 보물 제1693호(ⓒ하지권)
- 양산 통도사 〈시왕도〉〈진광대왕도〉(ⓒ통도사성보박물관)
- 양산 통도사 〈시왕도〉〈초강대왕도〉(ⓒ통도사성보박물관)
- 고성 옥천사 〈시왕도〉〈초강대왕도〉(ⓒ하지권)
- 양산 통도사 〈시왕도〉〈송제대왕도〉(ⓒ통도사성보박물관)
- 고성 옥천사 〈시왕도〉〈송제대왕도〉(ⓒ하지권)
- 양산 통도사 〈시왕도〉〈오관대왕도〉(ⓒ통도사성보박물관)
- 고성 옥천사 〈시왕도〉〈오관대왕도〉(ⓒ하지권)
- 양산 통도사 〈시왕도〉〈염라대왕도〉(ⓒ통도사성보박물관)
- 〈염라대왕도〉, 조선, 19세기, 비단에 채색, 117.5×96.5cm, 국립중앙박물관(ⓒ국립중앙박물관)
- 고성 옥천사 〈시왕도〉〈염라대왕도〉(ⓒ하지권)
- 양산 통도사 〈시왕도〉〈변성대왕도〉(ⓒ통도사성보박물관)
- 고성 옥천사 〈시왕도〉〈변성대왕도〉(ⓒ하지권)
- 양산 통도사 〈시왕도〉〈태산대왕도〉(ⓒ통도사성보박물관)
- 고성 옥천사 〈시왕도〉〈태산대왕도〉(ⓒ하지권)
- 양산 통도사 〈시왕도〉〈평등대왕도〉(ⓒ통도사성보박물관)
- 고성 옥천사 〈시왕도〉〈평등대왕도〉(ⓒ하지권)
- 양산 통도사 〈시왕도〉〈도시대왕도〉(ⓒ통도사성보박물관)
- 고성 옥천사 〈시왕도〉〈도시대왕도〉(ⓒ하지권)
- 양산 통도사 〈시왕도〉〈오도전륜대왕도〉(ⓒ통도사성보박물관)
- 〈제십오도전륜대왕도〉, 조선, 18세기, 비단에 채색, (그림)144.8×121.8cm, 국립중앙박물관(ⓒ국립중앙박물관)
- 〈육도윤회도〉, 티베트
- 고성 옥천사 〈시왕도〉〈오도전륜대왕도〉(ⓒ하지권)
- 〈제십오도전륜대왕도〉(19세기) 부분-하단(ⓒ국립중앙박물관)

사찰에 장엄된 석가모니불의 생애, 팔상도

- 불전도-마야 왕비의 태몽, 기원전 2세기, 콜카타 인도박물관
- 불전도-싯닷타 태자의 탄생, 2~3세기, 파키스탄 라호르박물관
- 불전도-아픈 사람을 만나는 싯닷타 태자, 2~3세기, 파키스탄 페샤와르박물관
- 불전도-태자의 출가, 2~3세기, 인도박물관
- 불전도-6년 고행과 수자타의 공양, 2~3세기, 독일 베를린국립인도미술관
- 불전도-마라를 물리치는 부처님, 1~2세기, 영국 대영박물관
- 불전도-부처님의 첫 설법(초전법륜), 1~2세기, 파키스탄 탁실라박물관
- 불전도-부처님의 반열반, 2~3세기, 인도박물관
- 〈관경서분변상도〉, 고려, 비단에 채색, 150.5×113.2cm, 일본 사이후쿠지
- 남양주 불암사『석씨원류응화사적』권2 목판, 조선, 1673, 28.3×64.0cm, 불교중앙박물관, 보물 제591호(ⓒ불교중앙박물관)
- 예천 용문사〈팔상도〉, 조선, 1709, 비단에 채색, 224.0×180.0cm, 예천 용문사, 보물 제1330호(ⓒ김성철)
- 양산 통도사〈팔상도〉, 조선, 1775, 비단에 채색, 233.5×151.0cm, 양산 통도사, 보물 제1041호(ⓒ통도사성보박물관)
- 공주 동학사 대웅전 팔상벽화 중 도솔래의상도와 비람강생상도
- 예천 용문사〈팔상도〉〈도솔래의상도〉(ⓒ김성철)
- 양산 통도사〈팔상도〉〈도솔래의상도〉(ⓒ통도사성보박물관)
- 예천 용문사〈팔상도〉〈비람강생상도〉(ⓒ김성철)
- 양산 통도사〈팔상도〉〈비람강생상도〉(ⓒ통도사성보박물관)
- 예천 용문사〈팔상도〉〈사문유관상도〉(ⓒ김성철)
- 양산 통도사〈팔상도〉〈사문유관상도〉(ⓒ통도사성보박물관)
- 예천 용문사〈팔상도〉〈유성출가상도〉(ⓒ김성철)
- 양산 통도사〈팔상도〉〈유성출가상도〉(ⓒ통도사성보박물관)
- 석제부조, 인도, 2~3세기, 높이 28.0cm·너비 25.5cm, 국립중앙박물관(ⓒ국립중앙박물관)
- 보검으로 상투를 자르는 석가모니불, 미얀마 바간 아난다사원(ⓒ자현)
- 예천 용문사〈팔상도〉〈설산수도상도〉(ⓒ김성철)
- 양산 통도사〈팔상도〉〈설산수도상도〉(ⓒ통도사성보박물관)
- 예천 용문사〈팔상도〉〈수하항마상도〉(ⓒ김성철)
- 〈의겸등필수월관음도〉부분-정병(ⓒ국립중앙박물관)
- 청동은입사포류수금문정병, 고려, 높이 37.5cm, 국립중앙박물관, 국보 제92호(ⓒ국립중앙박물관)
- 양산 통도사〈팔상도〉〈수하항마상도〉(ⓒ통도사성보박물관)
- 초전법륜상 부분-하단, 인도 사르나트박물관(ⓒ자현)
- 예천 용문사〈팔상도〉〈녹원전법상도〉(ⓒ김성철)
- 양산 통도사〈팔상도〉〈녹원전법상도〉(ⓒ통도사성보박물관)
- 아소카석주, 인도 사르나트박물관
- 예천 용문사〈팔상도〉〈쌍림열반상도〉(ⓒ김성철)
- 〈열반도〉(일본, 14세기) 부분-오열하는 마야 부인
- 양산 통도사〈팔상도〉〈쌍림열반상도〉(ⓒ통도사성보박물관)

- 〈열반도〉, 일본, 14세기, 비단에 채색, (그림)196.9×188.6cm, 미국 메트로폴리탄미술관
- 산치 제3대탑, 인도, 기원전 1세기 경, 인도 마디아프라데시주(ⓒ자현)

조선 후기 민중의 상처와 야단법석의 상징, 괘불도
- 양산 통도사 괘불 설치 장면(ⓒ하지권)
- 구례 천은사 〈석가모니괘불도〉, 조선, 1673, 삼베에 채색, 894.0×567.0cm, 구례 천은사, 보물 제1340호(ⓒ문화재청)
- 양산 통도사 〈석가여래괘불도〉, 조선, 1767, 모시에 채색, 1204.0×493.0cm, 양산 통도사, 보물 제1350호(ⓒ하지권)
- 남해 용문사 〈영산회괘불도〉, 조선, 1769, 삼베에 채색, 865.5×585.0cm, 남해 용문사, 보물 제1446호(ⓒ남해 용문사)
- 예천 용문사 〈영산회괘불도〉, 조선, 1705, 1097.0×661.8cm, 예천 용문사, 보물 제1445호(ⓒ문화재청)
- 진주 청곡사 〈영산회괘불도〉, 조선, 1722, 삼베에 채색, 1040.0×641.0cm, 청곡사문화박물관, 국보 제302호(ⓒ문화재청)
- 상주 북장사 〈영산회괘불도〉, 조선, 1688, 삼베에 채색, 1320.0×807.0cm, 상주 북장사, 보물 제1278호(ⓒ연합뉴스)
- 청주 안심사 〈영산회괘불도〉, 조선, 1652, 모시에 채색, 726.0×472.0cm, 청주 안심사, 국보 제297호(ⓒ문화재청)
- 영주 부석사 〈오불회괘불도〉, 조선, 1745, 비단에 채색, 850.0×580.0cm, 영주 부석사, 보물 제1562호(ⓒ영주 부석사)
- 나주 죽림사 〈세존괘불도〉 부분-수인(ⓒ성보문화재연구원)
- 청주 안심사 〈영산회괘불도〉 부분-수인(ⓒ문화재청)

주석

- 장천 1호분 〈예불도〉 부분 - 불상(ⓒICOMOS 한국위원회)
- 영주 부석사 조사당 벽화, 고려, 토벽에 채색, 각각 205.0×75.0cm, 영주 부석사, 국보 제46호(ⓒ영주 부석사)
- 순천 송광사 소조사천왕상, 조선, 1628(추정), 높이 403.0cm, 순천 송광사, 보물 제1467호(ⓒ송광사성보박물관)
- 인도네시아 보로부두르 유적의 보생여래불상(ⓒ자현)

- 이 책에 수록된 도판의 저작권 표시는 도판 설명에 함께 표시하였습니다. 잘못 파악된 것이 있다면 출판사로 연락 주시기 바랍니다. 쇄를 바꿀 때 수정하도록 하겠습니다.
- 문화재청과 국립중앙박물관, 국립부여박물관 및 국립문화재연구소에서 제공된 사진은 공공누리 제1유형으로 개방한 저작물을 이용하였으며, 해당 저작물은 각 기관의 홈페이지 및 개별 요청을 통해 무료로 제공받을 수 있습니다.

불화의 비밀

초판 1쇄 펴냄 2017년 7월 11일
초판 5쇄 펴냄 2023년 4월 10일

지은이 · 자현
발행인 · 정지현
편집인 · 박주혜

펴낸곳　조계종출판사
　　　　서울 종로구 삼봉로 81 두산위브파밀리온 1308호
　　　　전화 02-720-6107~9 ｜ 팩스 02-733-6708
　　　　구입문의｜불교전문서점 향전(www.jbbook.co.kr) 02-2031-2070~1
　　　　출판등록 제2007-000078호(2007. 04. 27.)

ⓒ 자현, 2017
ISBN 979-11-5580-092-8　03910

- 책값은 뒤표지에 있습니다.
- 이 책에 수록된 작품의 저작권은 해당 저작자에게 있습니다.
- 저작자와 출판사의 허락 없이 이 책의 일부 또는 전부를 복제·복사하는 것을 금합니다.
- (주)조계종출판사의 수익금은 포교 및 교육 기금으로 활용됩니다.
- 이 도서의 국립중앙도서관 출판예정도서목록(CIP)은 서지정보유통지원시스템 홈페이지(http://seoji.nl.go.kr)와 국가자료공동목록시스템(http://www.nl.go.kr/kolisnet)에서 이용하실 수 있습니다.(CIP제어번호: CIP2017013758)